Les impératifs du développement industriel durable en République démocratique du Congo

Collection « Études africaines »

dirigée par Denis Pryen et son équipe

Forte de plus de mille titres publiés à ce jour, la collection « Études africaines » fait peau neuve. Elle présentera toujours les essais généraux qui ont fait son succès, mais se déclinera désormais également par séries thématiques : droit, économie, politique, sociologie, etc.

Dernières parutions

Arsène ELONGO, *Métaphore dans la culture congolaise,* 2023.
Jaribu MULIWAVYO, *Procès contre les rebelles ADF À Beni, Récit d'une tragédie politico-judiciaire*, 2023.
Dieudonné MUSA ALOKPO, *L'éducation en Afrique dans des sociétés en mutation. À partir du cas de la RD Congo*, 2023.
Ruddy KABAMBI TSHITADI, *Internationalisation de l'insécurité des eaux du bassin du Congo. Géostratégie de la sécurité*, 2023.
Émile AMOUZOU, *Littérature comparée et enseignement du français. Pour une didactique des humanités en Afrique : le cas de la Côte d'Ivoire*, 2023.
Sena Yawo AKAKPO-NUMADO et Bilakani TONYEME (dir.), *L'école en Afrique. La fin des mythes et le début d'une nouvelle ère*, 2023.
Sabine NDZENGUE AMOA, *Justice pour l'environnement en Afrique et ailleurs. La cour internationale pour le climat (CIC)*, 2023.
Fernand Ghislain Ateba Ossendé, *Politiques et développement des industries culturelles et créatives. Vers une possible adéquation au Cameroun*, 2023.
Antoine NGUIDJOL, *Métapolitique africaine. Une contribution à la renaissance de la pensée*, 2023.
Mandiou TRAORÉ, *Le règlement des litiges commerciaux en Afrique de l'Ouest*, 2023.
Léon KOUNGOU, *Sahel indocile. Coup d'Etat, institution et impuissance de la puissance française*, 2023.

Victor Puati Vangu

Les impératifs du développement industriel durable en République démocratique du Congo

Face aux exigences de l'éthique et du leadership

Préface de Jean-Michel Prins

L'Harmattan

5-7, rue de l'École-Polytechnique ; 75005 Paris

http://www.editions-harmattan.fr

ISBN : 978-2-14-030882-6

EAN : 9782140308826

Préface

C'est avec grand intérêt que j'ai pris connaissance du contenu de la brochure de Monsieur Victor Puati Vangu, intitulée *Les impératifs du développement industriel durable en République démocratique du Congo, face aux exigences de l'éthique et du leadership.* Cet ouvrage contient des informations destinées aux chercheurs, aux exploitants des mines, des hydrocarbures, de l'agriculture des forêts et du tourisme.

Ce travail est le reflet de la thèse de Doctorat en Droit que l'auteur prépare à Paris sous la direction du Professeur Camille KUYU MWISSA.

Je pense qu'avec le bon usage de ce livre, les décideurs politiques et économiques en République Démocratique du Congo peuvent tirer beaucoup de bénéfices en termes de programmes d'incitation aux investisseurs nationaux et étrangers. C'est une question de volonté politique car ce grand pays possède tout pour réussir le développement industriel durable.

Jean-Michel PRINS
Directeur exécutif du
Bureau d'Étude Économique
et des Investissements
BEIDER

LISTE DES ABRÉVIATIONS ET SIGLES

ACA	Association of Chartered Certified Accoutants
ACP-CE	Afrique, Caraïbe, Pacifique Communauté Européenne
AIA	Association Internationale d'Afrique
AIC	Association Internationale du Congo
AID	Association Internationale pour le Développement (BM)
ANAPI	Agence Nationale pour la Promotion des Investissements
APE	Accord de Partenariat Économique
BCB	Banque Congolaise Belge
BEDEIR	Bureau d'Études et Recherches pour les Investissements, Internationaux
CEPGL	Communauté Économique des Pays des Grands Lacs
CIRDI	Centre International pour le Règlement des Différends
CIRGI	Centre International de Règlement en matière d'Environnement
CK	Compagnie du Katanga
CMB	Compagnie Maritime Belge
CMC	Compagnie Maritime du Congo (ex-CMZ)
COBEAL	Compagnie Belge pour l'Industrie de l'Aluminium
COHYDRO	Congolaise des Hydrocarbures
COFACE	Compagnie Française d'Assurance pour le Commerce
COLECTRIC	Congolaise d'électricité du Congo
COMESA	Marché Commun de l'Afrique de l'Est et du Sud
CSK	Compagnie Spéciale du Katanga
DSCRP	Document de Stratégie de la Croissance et de Réduction de la Pauvreté
LAJP	Laboratoire d'Anthropologie Juridique de Paris
DSRP-1	Document Intérimaire de Stratégie de Réduction de la Pauvreté
EIC	Etat Indépendant du Congo
FEC	Fédération des Entreprises du Congo
FPI	Fonds de Promotion de l'Industrie
GECOMIN	Société Générale Congolaise des Minerais
IRES	Institut de Recherche Économique et Sociale
ITTE	Initiative pour la Transparence des Industries Extractives
IV	Intégration verticale
OCC	Office Congolais de Contrôle
OCPT	Office Congolais de Poste et Télécommunication
OFIDA	Office des Douanes et Accises
OGEGREM	Office de Gestion et Fret Maritime
OHADA	Organisation sur l'harmonisation du Droit des Affaires
OMD	Objectif du Millénaire pour le Développement de 2015

MIGA	Multinational Investisment Guarantee Agency
PAR	Plan d'Atténuation et de Réhabilitation
PPD	Plan de Développement Durable
PPTE	Pays Pauvres Très Endettés
SADC	Communauté de Développement de l'Afrique Australe
SCAIVI	Société de Colonisation Agricole au Mayumbe
SGM	Société Générale des Mines
SNEL	Société Nationale d'Électricité
SNAESSCAM	Service National d'Assistance et d'Encadrement de Small Scale Mining
STABEX	Système de stabilisation des recettes d'exportation
SYSMIN	Système de stabilisation des fonds miniers
UMAC	Union Monétaire de l'Afrique Centrale
UMHK	Union Minière du Haut Katanga
UNEF	Union des Écologistes Forestiers
ZOFI	Zone Franche d'Inga

Introduction

La République démocratique du Congo, pays de 2 345 850 km² composé de 26 provinces environ, 105.000.000 habitants, 9 pays voisins, 450 ethnies, ayant le deuxième fleuve après l'Amazonie, cinq langues dont le français est la langue officielle, la monnaie est le franc congolais.

Cet ouvrage sera consacré aux domaines des mines, pétrole, forêts, agriculture, infrastructures, routes, autoroute, bâtiment, usines, construction des universités, écoles, hôpitaux, barrages, unités de manufacture, industrie automobile et des pièces de rechange, adduction, traitement de l'eau, industrie de génie civil, etc.

Ce pays regorge d'énormes richesses naturelles minérales et forestières, il intègre un potentiel comprenant certains des plus grands gisements mondiaux de cuivre, de cobalt, d'étain, d'or, de coltan, de diamants, d'uranium, de bauxite, etc.

La plupart des activités minières à grande échelle en République Démocratique du Congo n'étant qu'au stade de la prospection, de recherche, d'exploitation. Les études de faisabilités ou de développement, la production industrielle n'ont pas encore apporté une contribution majeure à la production de minerais du pays en termes de volume. A l'heure actuelle, les minerais produits, exploités et vendus le sont encore essentiellement à travers l'exploitation minière artisanale.[1] Grâce au potentiel énergétique des barrages Inga I (351 MW), Inga II (1 424 MW), Inga III (grand barrage – 39 000 MW)), le pays va passer à l'exploitation industrielle à travers toutes les provinces, là où se trouvent des gisements miniers importants. Le surplus d'énergie électrique sera exporté dans d'autres pays d'Afrique et d'Europe.

Dans la province du Katanga, où l'activité économique gravite autour de l'exploitation minière, les ressources minières sont concentrées sur deux axes principaux : l'axe cuprifère et la région dite stannifère.

1. L'axe cuprifère (Copper Belt) : C'est une aire de 32.000 km² alignée suivant l'axe NO-SE au Katanga méridional (Kolwezi-Likasi-Lubumbashi) et se prolonge jusqu'en Zambie. Dans cette aire, les

1 Etudes sur l'exploitation minière artisanale de Promines, pact, INC juin 2010. p.20, In www.pactworld.org/galleries.

opérations d'exploitation minière couvrent près de 18.900 km² représentant la concession regorgeant d'importants gisements de cuivre à haute teneur et les minerais associés tels que le Cobalt, le Zinc, le Plomb. On y trouve aussi l'argent, le cadmium, le rhénium, le platine, l'uranium.[1]

2. La région stannifère (TIM REGION) ; c'est l'aire alignée suivant l'Axe SO-NE au Katanga septentrional (KIPAMBA-MITWABA-MALEMBA NKULU-MANONO) et couvre près de 14.000 km², et se prolonge jusqu'au Nord Kivu en passant par le Maniema et le Sud Kivu. Elle regorge d'importants gisements de la cassitérite (étain), de l'or, du coltan (colombo tantalite), de pegmatites.[2]

Par ailleurs, s'agissant de l'exploitation des gisements miniers tels que décrits par l'ONG l'Union des Écologistes-Forestiers (UNEF)[3], après une enquête menée au Katanga, il a été démontré que les sociétés minières :

- Ne consultent pas les populations locales pour l'élaboration de leurs études d'impact environnemental (E.I.E) ;
- Manquent des plans de développement durable (PDD) impliquant le bien-être social et économique des populations affectées tandis qu'elles n'exécutent pas leurs plans d'atténuation et de réhabilitation (PAR).

Ce faisant, naissent certaines inquiétudes légitimes et fondées liées au fait que pour plus ou moins 26.062.080 hectares concédés aux entreprises minières (permis de recherche et permis d'exploitation) aucune consultation des populations locales n'a eu lieu, les considérations environnementales n'ont pas été prises en considération. Ce qui, selon l'ONG précitée, entraîne les conséquences de l'ordre ci-après : superposition des concessions minières, villages, terrains, agricoles, nappes aquifères, zones interdites, biodiversité.[4]

L'étude Promines quant à elle relève que l'exploitation minière a des impacts majeurs sur l'environnement en République Démocratique du Congo. Les arbres par exemple sont coupés et abandonnés sur les sites miniers artisanaux afin de fournir du bois pour construire des camps, pour étayer les tunnels et les puits ainsi que la production du charbon de

1 LUFUMA KAPENDA & D. KISANGA MUKOBE, *Contribution à l'amélioration de la gouvernance des ressources minières dans le Katanga*, 2009, pp. 5 & 6. In Base.afrique-gouvernance.net/docs/a43.
2 *Idem*.
3 Rapport Général sur les Journées Minières au Katanga - MUSEE de Lubumbashi, du 30 au 31 mai 2008, p. 8 in www.congoforum.be/Upldocs/JourneesMinieres-KATANGA.
4 *Idem*.

bois pour le feu et la cuisson. Les déchets sont mal gérés, ce qui conduit à la création des terrils autour des sites. L'exploitation minière artisanale s'effectue généralement à proximité des sources et cours d'eaux. Les sources d'eau ne sont pas protégées et l'eau qui devrait être réservée à la consommation humaine est contaminée par les minerais lavés. Les polluants, et notamment le mercure sur les sites d'extraction d'or sont introduits dans l'eau et dans l'environnement. Lorsque la mine devient improductive, les mineurs se déplacent vers le site suivant sans rien faire pour réhabiliter les sites qu'ils ont utilisés.[1]

Nous pensons qu'il est important de réfléchir sur la problématique du couplage de l'exploitation minière en République Démocratique du Congo et des stratégies du développement industriel durable. En effet, à ne prenant en considération que les principes combinés premier, troisième et quatrième de la déclaration de RIO[2] l'on peut conclure que :

- « Les êtres humains sont au centre des préoccupations relatives au développement durable. Ils ont droit à une vie saine et productive en harmonie avec la nature » ;
- « Le droit au développement doit être réalisé de façon à satisfaire équitablement les besoins relatifs au développement et à l'environnement des générations présentes et futures » ;
- « Pour parvenir à un développement industriel durable, la protection de l'environnement doit faire partie intégrante du processus de développement et ne peut être considérée isolément ».

Au demeurant, la question la plus pertinente qui se pose est celle de savoir dans quelle mesure les conditions d'exploitation minières du Congo peuvent générer un développement industriel durable. Cette préoccupation est d'autant plus légitime que d'une part, le code minier de 2002, le règlement minier et le régime fiscal en République Démocratique du Congo semblent fournir une base d'exploitation durable et transparente des ressources minières du pays et semblent également introduire une nouveauté qu'est la création d'un service chargé de la protection de l'environnement minier dans le secteur minier congolais, en raison des contraintes d'ordre environnemental attaché au déroulement des activités minières[3], et d'autre part, comme cela ressort

1 Etudes Promines, *op cit*, pp. 7 & 8.
2 *Déclaration de RIO sur l'environnement et de développement principes de gestion des forêts,* 1992. In http://www.un.org/french/events/rio92/rio-fp.htm.
3 MUKENDI WAFWANA Emery, *Droit Minier Volume I, Principe de gestion du domaine minier*, Ed. Bruyant, 2005, p. 243.

notamment du rapport n° 43202-ZR de la banque mondiale, au Katanga les mines sont exploitées depuis plusieurs années sans considérations pour l'environnement. Des résidus des mines et des terrils de déchets se dégradent et pourraient produire des graves défaillances, faisant courir des sérieux risques de pollution pour les cours d'eau et les terres arables. Le drainage des eaux acides provenant des mines pollue les sources d'eau de consommation de plusieurs zones. La fermeture inappropriée des excavations et des mines présente un danger pour la biodiversité, notamment les humains et les animaux. Les lourds engins d'évacuations de produits, l'alimentation des chantiers et la production minière traversent fréquemment les villages, à des vitesses représentant un risque pour les habitants des villages. La plupart des petites fonderies et usines établies au Katanga, ces dernières années pour le traitement des produits provenant de l'exploitation minière artisanale, s'opèrent en ne respectant pas ou peu les mesures de protection de l'environnement.

Dans ce contexte, on a longtemps parlé de l'usine de traitement de CHEMAF qui déverserait des déchets toxiques en amont de la zone de captage d'eau de consommation de la ville de Lubumbashi[1]. C'est dans l'analyse de cette problématique que réside l'intérêt de cet ouvrage.

Cet intérêt se situe à des niveaux différents :

D'abord sur le plan universitaire, outre l'intérêt pédagogique et scientifique, notre approche pluridisciplinaire qui fait cohabiter le droit, l'anthropologie, l'économie, l'éthique et l'environnement durable, se veut aussi novateur par rapport à l'approche classique de juristes positivistes.

Sur le plan pratique, l'étude des textes juridiques et institutionnels, leur adéquation ou inadéquation pour le développement industriel durable en République Démocratique du Congo présente un intérêt certain. Sur le plan personnel, il s'agit pour moi de faire une évaluation a posteriori des travaux que j'ai effectués au sein du gouvernement congolais d'abord en tant que Chargé de mission au Cabinet du Ministre de la Coopération Internationale, ensuite comme Conseiller au Cabinet du Ministre du Travail et de la Prévoyance Sociale après l'avènement de la troisième République, le 17 mai 1997. Enfin, le travail pourra servir au gouvernement congolais. Il va sans conteste que tel qu'esquissé, notre ouvrage pourra contribuer d'une part à l'amélioration de *lege ferenda*, du code des investissements, code forestier, loi foncière, code minier congolais aux étudiants de facultés de droit et d'économie, et d'autre part à une gestion rationnelle de la terre, des ressources minières et forestières

1 Rapport Banque Mondiale, *op. cit*, pp. 72 & 73.

en vue de parvenir au développement industriel durable en République Démocratique du Congo.

Le Congo est un pays au sol et sous-sol très riches. Le Roi Léopold II et le Royaume Belge ont su utiliser ces richesses et amorcer un développement industriel qui faisait la fierté de la colonie belge. Paradoxalement, ce tissu industriel a quasiment disparu après l'accession du Congo à l'indépendance. Ce pays figurait parmi les moins avancés de la planète, il rencontre des difficultés pour son décollage. Certes, depuis quelques années, le Congo amorce une remontée au point d'atteindre aujourd'hui un taux de croissance de 8,5% par an. Mais, que signifie ce taux de croissance fort retrouvé s'il est dû à une exploitation accrue des ressources naturelles et énergétique au profit des puissances étrangères et des multinationales ? Comment comprendre qu'un pays aussi riche ait aujourd'hui l'indice du développement humain le plus bas de la planète avec 87,7 % de la population en dessous du seuil de pauvreté ? Pourquoi cette contre-performance économique ? A quelles conditions le Congo pourra-t-il accéder à un développement industriel durable ?

L'ouvrage qui commence par une introduction générale, s'articule en deux parties comprenant chacune trois chapitres subdivisés en sections. Chaque partie débute par une introduction et termine par une conclusion. La première partie intitulée « Le droit et le développement industriel durable en République Démocratique du Congo » étudie la nature et les principes de gestion des terres de communautés locales, les instruments juridiques et institutionnels du développement industriel au Congo et les principes fondamentaux de la nouvelle législation foncière de 1960 à 1973. La deuxième partie intitulée « Sur les conditions d'un développement industriel durable en République Démocratique du Congo » traite de l'impact environnemental de l'exploitation minière au Congo, la lutte contre les entraves au développement industriel durable, et la recherche de progrès économique.

PREMIÈRE PARTIE

Le droit et le développement industriel durable en République Démocratique du Congo

Chapitre 1

Nature et principes de gestion des terres des communautés locales

Nous estimons qu'il est nécessaire de circonscrire la notion relative à cette catégorie de terre avant de déterminer la nature et les principes qui gouvernent les terres des communautés locales. Ce chapitre est subdivisé en trois sections. La première sera axée sur ce qu'il faut entendre par nature des terres des communautés locales, la deuxième va analyser la nature du droit qui gouverne ceux qui occupent ces terres es communautés locales, enfin la troisième section analyse les principes de gestion de ces terres à la lumière de la loi et de la conception coutumière, européenne et africaine.

Section 1
Nature de terres des communautés locales

Les terres des communautés locales sont, selon l'article 388 de la loi n°73-021 du 20 juillet 1973 portant régime général des biens, régime foncier et immobilier et régime des sûretés, celles que ces communautés habitent, cultivent ou exploitent d'une manière quelconque – individuelle ou collective – conformément aux coutumes et usages locaux.

Tout en définissant la terre appartenant aux communautés locales, la loi précitée ne donne pas la définition exhaustive de la communauté locale. Cette définition est donnée par la loi n° 011/ 2002 du 29 août 2002 portant code forestier. En effet, l'article 1er de cette loi au point 17 définit la communauté locale comme « une population traditionnellement organisée sur la base de la coutume et unie par des liens de solidarité clanique ou parentale qui fondent sa cohésion interne. Elle est caractérisée, en outre, par son attachement à un terroir déterminé.[1] » Sur le plan de l'organisation territoriale, la communauté locale peut être l'équivalent du secteur ou de la chefferie. En effet, la loi organique n°08/016 du 07 octobre 2008 portant composition, organisation et

1 Art 1 point 17 de la loi n°011/ 2002 du 29 août 2002 portant code forestier.

fonctionnement des entités territoriales décentralisées, leurs rapports avec l'Etat et les provinces définit le secteur et la chefferie comme suit :

> « *Le secteur est un ensemble généralement hétérogène de communautés traditionnelles indépendantes, organisées sur base de la coutume. Il a à sa tête un chef élu et investi par les pouvoirs publics.* »[1] « *La chefferie est un ensemble généralement homogène de communautés traditionnelles organisées sur base de la coutume et ayant à sa tête un chef désigné par la coutume, reconnu et investi par les pouvoirs publics* ».[2]

Il convient de noter que la définition de terres des communautés locales telle que donnée par la loi foncière de 1973, est la reproduction fidèle de l'article premier alinéa 1 du décret du 3 juin 1906 relatif aux terres indigènes est différente. En effet, cet article dispose : « Sont terres occupées par les indigènes, aux termes des dispositions précitées, les terres que les indigènes habitent, cultivent ou exploitent d'une manière quelconque conformément aux coutumes et usages locaux ». Comme on peut le remarquer, le législateur de 1973, n'a fait que remplacer le mot « indigène » par le groupe des mots « communautés locales ». Ce remplacement peut se justifier par le fait que le mot indigène a une connotation coloniale et à notre avis les mots dans le sens de communautés locales ont pris une connotation culturelle de « citoyens indépendants et peuples libres » depuis l'accession du Congo à l'indépendance.

Le décret du 3 juin 1906 avait notamment pour but de donner une interprétation large au droit d'occupation reconnu aux indigènes par le décret du 1er juillet 1885 qui disposait en son article 1er ce qui suit : « *Nul n'a le droit d'occuper des terres vacantes, ni de déposséder les indigènes des terres qu'ils occupent ; les terres vacantes doivent être considérées comme appartenant à l'Etat* ». Cette disposition a fait l'objet d'une interprétation abusive de la part de l'administration coloniale, aboutissant au confinement des autochtones sur des territoires étroits. Cette situation avait provoqué une vive critique de la politique coloniale vis-à-vis des indigènes. Voilà pourquoi, en date du 23 juillet 1904, le Roi-Souverain avait mis sur pied une commission d'enquête ayant pour but de recueillir toutes les informations en rapport notamment avec la situation foncière des indigènes.

---

1 Art 66 al 1 de la loi organique n°08/ 016 du 07 octobre 2008 portant composition, organisation et fonctionnement des entités territoriales décentralisées et leurs rapports avec l'Etat et les provinces.

2 Art 67 al 1 de la loi précitée.

Voici ce qu'on peut lire dans ce rapport :
« La législation de l'Etat Indépendant n'a point défini ce qu'il faut entendre par "terres occupées par les indigènes" et les tribunaux de l'Etat n'ont jamais eu l'occasion de se prononcer sur cette question [ ] Ainsi appliquée abusivement, elle s'opposerait à toute évolution de la vie indigène ».[1]

Mais comme le décret de 1906 n'avait pas défini ce qu'il fallait entendre par cultiver et exploiter, l'administration coloniale a eu encore la charge de préciser la portée de ces termes de la manière suivante :

- Par « cultivent », il faut considérer comme cultivés par eux et, par conséquent, reconnaître comme terres indigènes, quelle que soit leur étendue, les terres qui, quoique laissées temporairement en jachères, sont comprises parmi celles qu'ils mettent périodiquement en culture.[2]
- Par « exploitent », il s'entend de toute espèce d'utilisation des terres par les indigènes, quels que soient donc les avantages qu'ils en retirent ou la forme de ces avantages : qu'ils consistent en cueillette, telle la cueillette des fruits de palme, ou extraction de terre ou de produits minéraux telles les terres plastiques, les salines, etc.[3]

L'administration précise que l'exploitation susceptible de servir de base à l'appropriation du sol par les indigènes doit être faite à titre privatif et à titre permanent ou périodique.

E. Boelaert signale qu'à côté de cette interprétation, d'autres instructions ont été données par le Gouverneur Général aux agents chargés de délimiter les terres occupées par les indigènes et de constater la nature des droits d'occupation. Voici les termes de ces instructions : « …le Gouvernement n'entend pas révoquer la tolérance dont les indigènes ont profité jusqu'à présent, mais il importe de définir exactement la nature des droits des indigènes et le régime des terres qui en sont affectées en déterminant les conditions sous lesquelles ces terres pourraient passer en cas de vente ou de location en mains de tiers acquéreurs.

L'enquête locale à laquelle vous vous livrerez, conformément à ma dépêche prérappelée, devra fixer les caractères propres de ces droits originaires indigènes. Ce n'est évidemment pas une propriété même collective. Ce n'est pas davantage un usufruit ou une servitude. C'est

1 Recueil usuel de la législation de l'Etat Indépendant du Congo, T.5, p. 673.

2 P. Piron et J. Devos, Codes et Lois du Congo belge, matières civiles, commerciales, pénales, Bruxelles, Larcier, 1960, p. 424.

3 P. Piron et J. Devos, *op. cit*, p. 673.

plutôt un droit réel *sui generis* grevant la propriété au profit d'une ou plusieurs collectivités. »[1]

De son côté, O. Louwers estime que l'interprétation administrative n'a pas de valeur légale, elle est même équivoque et imprécise. Il se demande qu'en cas d'une contestation née à la suite de l'interprétation de cette disposition, sur quelle base les tribunaux trancheront-ils ? Il déplore que le décret susvisé permette toutes les interprétations qu'on veut. Et de ce fait, de région à région, on pourrait dire de fonctionnaire à fonctionnaire, ou de gouvernement à gouvernement, on constate des interprétations très différentes ; les unes sont restrictives de la notion de « terres indigènes », d'autres libérales. L'avenir des indigènes est devenu de plus en plus incertain et précaire. Avec l'évolution de la situation économique, avec le développement de la colonie, les natifs peuvent de nouveau se trouver cantonnés dans les espaces étroits et être à la merci des occupants des terres entourant leurs villages[2].

E. Boelaert va dans le même sens, lorsqu'il note que le décret de 1906 a compliqué la question des terres indigènes au lieu de la trancher définitivement. En effet, souligne-t-il, depuis la promulgation de ce décret, les textes légaux semblent même éviter le terme « terres indigènes » pour parler de « terres grevées de droits réels soit d'habitation, soit de culture, soit d'exploitation ». L'administration, renchérit-il, a introduit la théorie des « droits sui generis », qui ne trouve aucune base dans le décret de 1906, dans le but de restreindre les terres indigènes.[3]

De tout ce qui précède, il ressort que les textes sur les terres indigènes ont posé beaucoup des problèmes dans la pratique. La question qui se pose est celle de savoir pourquoi le législateur de 1973 a reconduit pratiquement le même texte pour régler la question des terres des communautés locales. Le problème de la délimitation de ces terres se pose encore jusqu'à présent. A notre avis, il serait peut-être à la base du blocage de l'ordonnance du Président de la République prévue par l'article 389 de la loi foncière de 1973, qui doit régler les droits de jouissance régulièrement acquis par les communautés locales individuellement et collectivement.

Il sied de noter que la définition des terres indigènes comme celle des terres des communautés locales a pour but de délimiter ces terres, afin de

---

1 E. Boelaert, *Législation foncière de l'Etat Indépendant du Congo et Droit naturel*, in Aequatoria n°2, 1954, p. 45.

2 O. Louwers, *Le problème des terres indigènes*, in Journal des Tribunaux d'Outre-mer, n°47, 1954, p. 67.

3 E. Boelaert, *op. cit*, p. 46.

permettre à l'Etat de dégager l'espace foncier nécessaire pour le développement socio-économique du pays. Cependant, la détermination de la nature des droits fonciers des communautés locales est une nécessité qui s'impose.

Section 2
Nature du droit de communautés locales

Aucun texte de loi n'explique de manière claire la nature des terres appartenant aux communautés locales. Les textes tant coloniaux que du Congo indépendant se limitent à définir ces terres comme celles d'occupation. Devant ce vide, c'est la controverse qui a gagné du terrain. Mais la discussion tourne autour de la question de savoir si le droit des communautés locales sur leurs terres est un droit de propriété ou pas. D'une façon générale, on distingue d'une part ceux qui pensent qu'il ne s'agit pas d'un droit de propriété et d'autre part ceux qui soutiennent qu'il s'agit d'un droit de propriété. Les arguments des uns et des autres portent sur des points suivants : le caractère aliénable ou inaliénable de la terre en droit coutumier, la conception indigène de la terre, le concept d'occupation de la terre et enfin la conception de la propriété indigène par rapport à la propriété européenne et africaine. Comme ces arguments se recoupent, nous pensons utile de pouvoir les analyser simultanément afin d'éviter de nous répéter. Ainsi, dans les lignes qui suivent, nous allons reprendre les arguments des uns et des autres avant d'indiquer notre position.

A. Aliénabilité ou inaliénabilité des droits fonciers coutumiers

Ceux qui refusent d'admettre que les droits fonciers coutumiers sont des droits de propriété, s'appuient sur le fait que la terre en droit coutumier est inaliénable. Ainsi, disent-il, la faculté d'aliéner est un élément essentiel du droit de propriété. Ils préfèrent qualifier les droits fonciers coutumiers comme étant des droits d'occupation et d'usage ou encore des droits *sui generis*.[1]

Les défenseurs du droit de propriété objectent, en faisant remarquer que, refuser la propriété des terres coutumières aux groupements locaux sous prétexte qu'il leur manque la faculté d'aliénation, qui dans les droits romain et européens-occidentaux serait un élément essentiel du droit de

---

1 E. Kremer, *Le droit foncier coutumier du Congo belge*, in Bulletin des juridictions Indigènes et du droit coutumier congolais, n°9, 1956, p. 243.

propriété, c'est fausser la question en prenant ces législations comme des modèles universels pour juger toutes les autres à leur image.

D'ailleurs, disent-ils, des juristes éminents estiment que le *jus abutendi* des Romains, constituant dans leur droit un des attributs du propriétaire, ne signifie point droit d'aliénation de disposition juridique, mais bien droit de disposition matérielle, le droit de transformer la substance d'une chose, allant même jusqu'au droit de la détruire. Dans ce cas, personne, hormis Dieu ou un être supérieur à l'homme, ne pourrait être propriétaire d'un fonds puisque aucun être humain ne saurait transformer un fonds comme tel. Disposer matériellement d'une terre, c'est la détourner de sa destination normale pour lui en donner une particulière. Or, ce droit les indigènes le possèdent assurément ; ils ont donc le droit d'abusus de leur domaine.[1]

Selon le professeur G. Malengreau, le fait de l'inaliénabilité n'amoindrit pas la propriété, car il ne porte pas sur la propriété elle-même, mais plutôt sur la capacité du titulaire des droits de propriété.[2]

Quant à A. Sohier, quelle que soit la qualification attribuée à ces droits, dans la mesure où ils constituent des droits de jouissance absolue, privative, perpétuelle, ils sont assimilables au droit de propriété.[3]

S'interrogeant sur le sens réel de l'inaliénabilité, A. Sohier revient à la charge, en estimant que ce principe veut que le clan ne puisse pas conventionnellement céder les droits fonciers à titre définitif. Mais les droits pouvaient être démembrés, cédés temporairement ou même pour une durée indéfinie. D'autre part, les droits pouvaient être abandonnés ; notamment par émigration ou en s'inclinant devant le droit du plus fort. Et ceci n'excluait pas qu'un contrat ne fut conclu à cette occasion, dans le cas d'un traité de paix terminant une guerre.[4]

De son côté, J. Vannes pense que le droit de disposition n'implique pas nécessairement le droit d'aliénation, autrement dit, on peut être propriétaire d'une chose et ne pas pouvoir la vendre, le droit d'aliénation n'étant qu'une caractéristique du droit de propriété et non pas un élément essentiel de celui-ci. Le fait de pouvoir transformer la nature d'un terrain suffirait à lui seul, en principe, pour faire conclure au droit de propriété dans le chef de l'auteur de la transformation. Le fait de ne pas pouvoir aliéner une chose n'implique pas nécessairement l'absence

1 *Ibidem.*
2 G. Malengreau, *Les droits fonciers coutumiers chez les indigènes du Congo belge*, Bruxelles, IRCB, 1947, p. 71.
3 A. Sohier, *Les terres indigènes*, in Journal des Tribunaux d'Outre-mer, n°53, 1954, p.157.
4 A. Sohier, *Les problèmes des terres indigènes*, in Journal des Tribunaux d'Outre- mer, n°63, 1955, p.126.

de propriété ; il peut n'être qu'une restriction au principe de la plénitude des pouvoirs du propriétaire ; cette restriction pourra provenir soit de la nature de la chose elle-même, soit d'une convention mais elle n'est pas par elle-même exclusive du droit de propriété.[1]

Le professeur Lukombe note d'abord que l'inaliénabilité ne détruit pas pour autant la propriété foncière coutumière qu'elle limite cependant l'absolutisme. Mais dans quel système juridique, s'interroge-t-il ensuite, le principe de la propriété n'est-il pas conçu comme susceptible de relativité ? Il prend l'exemple de l'article 544 du code civil Napoléon qui, après avoir affirmé que la propriété est un droit absolu, s'empresse d'ajouter que l'on ne doit en faire un usage prohibé par les lois ou par les règlements. Selon cet auteur, cette limitation ou relativité traduit à vrai dire le souci des rédacteurs du code de tenir compte des données de l'ordre social. De même, sous le ciel africain, la pensée juridique africaine a pu prévoir les obligations des propriétaires fonciers, telle celle de ne pas aliéner la terre. Dans ce système, la relativité du droit de propriété se traduit alors par ce fait que les règles juridiques imposent au propriétaire certains devoirs. Ces derniers sont, ici aussi, justifiés par les données particulières de l'ordre social.[2]

Voilà l'argument des uns et les contre arguments des autres sur la question de l'aliénabilité ou l'inaliénabilité des droits fonciers coutumiers. Le second élément de la discussion concerne la conception que les indigènes se font de la terre.

B. Conception coutumière de la terre

Plusieurs théories ont été avancées sur la conception que les africains ont de la terre. Globalement, elles tendent à affirmer que la propriété de la terre appartient aux ancêtres ou aux êtres supérieurs à l'homme. Seuls ces êtres ont la faculté d'aliéner la terre mais les vivants disposent des droits absolus et exclusifs d'occupation et d'usage. Ainsi, les droits des vivants ne sauraient être analysés comme un droit de propriété.[3] Le professeur Mulumba Katchy va dans le même sens lorsqu'il affirme que la terre coutumière est la propriété commune du clan, des vivants et des morts ; celle-ci revêt un caractère magique et sacré.[4]

---

1 J. Vannes, *Le droit foncier coutumier en territoire de Kabongo*, in Bulletin des Juridictions Indigènes et du droit coutumier congolais, n°7,1954, p. 166.
2 Lukombe Nghenda, *Droit civil : les biens*, Kinshasa, Publications des Facultés de Droit des Universités du Congo, 2003, p. 385.
3 E. Kremer, *op. cit*, p. 245.
4 Mulumba Katchy, *op. cit*, p. 113.

Les études menées sur terrain dans le cadre de l'enquête sur le droit foncier coutumier semblent confirmer cette thèse. En effet, dans une étude sur le droit foncier dans le groupement Bena Kankonde, province du Kasaï, voici ce que rapporte J. Van Boeckhout :

> « *Les véritables propriétaires de ces terres sont les ancêtres (Bankamba) dont le chef de groupement est le représentant vivant ; il est copropriétaire par sa descendance. Le chef de groupement n'a pas le droit ni les pouvoirs de disposer de ces terres d'une manière absolue et exclusive ; il est chargé par les ancêtres de conserver ce patrimoine et de les représenter dans les litiges nés de cette propriété. […] La propriété de terres ne peut faire l'objet d'un contrat quelconque et la convention ayant la cession de la propriété comme objet n'est pas valable et frappée d'une nullité absolue ; les conditions essentielles […] pour la validité de cette convention font défaut.* ».[1]

Mayer va dans le même sens, lorsque analysant la conception de la terre chez les Bena Tshitolo, il note que :

> « *La terre ne peut être vendue, car elle renferme les esprits des ancêtres. Elle appartient non seulement aux vivants mais aussi aux morts de la famille. Pour l'indigène, la propriété du sol n'est pas seulement une question d'espace ; c'est aussi une question de temps. Car elle remonte dans le passé et s'étend déjà sur toutes les générations futures. La propriété est donc collective dans le sens de la famille ; n'importe quel parent peut exploiter le sol réservé à son clan. Ce clan comprend en outre les parents décédés* ».[2]

Analysant ces théories, Kremer pense que le refus de reconnaître aux groupements la propriété foncière tire souvent son origine lointaine de l'absence de la faculté d'aliénation dans le chef des groupements. Il poursuit, en affirmant que, ces théories peuvent être justes au point de vue philosophique, mais ne valent pas dans le domaine juridique.

Le professeur Kalambay pense que les arguments avancés par les partisans de la thèse métaphysique sont certes séduisantes, surtout pour les peuples dont on a vanté le sens religieux profond, mais malheureusement elles ne résistent pas toutes à une analyse approfondie de la conception philosophique et métaphysique des autochtones, car si les morts sont propriétaires du domaine foncier ou s'ils sont dans l'impossibilité physique d'assister à une assemblée des vivants, ils ont, selon la conception bantoue du pouvoir, leurs représentants accrédités sur la terre, dans la personne du chef ou des chefs de famille. Ce chef représente parfaitement les morts et les vivants, dès lors il serait capable

---

1 J. Van Boeckhout, *Le droit foncier chez le groupement Bena Kankonde du secteur Bena Ngoshi province Kasaï*, in Bulletin des Juridictions Indigènes et du droit coutumier congolais, n°2, 1957, p. 33.

2 Ch. Mayer, *Enquête sur le droit coutumier des Bena Tshitolo*, in Bulletin des Juridictions Indigènes et du droit coutumier congolais, n°2, 1953, p. 25.

de parler au nom de tous et d'aliéner le domaine foncier, tout au moins en partie. Mais en fait le chef n'agit pas ainsi, sauf dans certaines circonstances où il est forcé de le faire lorsque, par exemple, il doit mettre certains biens en gage.[1]

Voilà l'état de la question en ce qui concerne la conception indigène de la terre. Le troisième argument sur lequel porte la discussion concerne l'occupation effective de la terre par les indigènes.

C. Concept d'occupation effective de la terre

Pour s'accaparer des terres indigènes en les déclarant vacantes et par conséquent les domanialiser, l'administration coloniale tirait argument du manque d'occupation effective et réelle de ces terres par les communautés locales. C'est ainsi qu'elle avait défini les terres indigènes comme celles qu'ils habitent, cultivent et exploitent d'une manière quelconque conformément aux coutumes et usages locaux.[2]

Ceux qui pensent que les indigènes étaient propriétaires de ces terres avancent des arguments contraires pour démontrer que les terres indigènes, sont effectivement et réellement occupées par ceux qui en sont propriétaires. Ci-dessous, nous reprenons quelques arguments avancés.

Il y a appropriation d'un fonds, pense le professeur Malengreau, lorsqu'une personne l'occupe avec la volonté d'en acquérir la propriété. Sur le plan juridique, « occuper » ne signifie pas occupation exhaustive, mais occupation dans un sens ou dans un autre, voire occupation symbolique. Il suffit que l'occupant fasse servir son fonds dans un but déterminé et choisi par lui et qu'il ait l'intention d'empêcher chaque intrus d'y exercer des droits.[3]

Selon Kremer, ceux qui refusent la propriété de leurs terres aux collectivités indigènes, sous prétexte qu'elles ne les occupent pas exhaustivement, confondent le sens usuel du mot occupation avec son sens juridique[4]. Il y a occupation acquisitive d'un bien sans maître, affirme Sohier, dès qu'il existe une prise de possession suffisante pour pouvoir y exercer les droits dont on s'empare. Ainsi par exemple, j'occupe une maison lorsque je m'empare de sa clé et m'installe dans son rez-de-chaussée, même si je laisse vide les pièces des étages. A fortiori,

---

1 G. Kalambay Lumpungu, *Le droit foncier zaïrois et son unification*, Thèse de doctorat, Université Catholique de Louvain, 1973, p. 377.

2 Voir ce qui a été dit *supra*.

3 G. Malengreau, *op cit*, pp 77-78.

4 E. Kremer, *op cit*, p. 246.

quand dans ces pièces j'exerce des activités. Chasser en installant un garde-chasse, exploiter les bois, faire la récolte des fruits sont assurément des modes de prise de possession des forêts qui, faits avec la volonté de se les approprier, en constituent l'occupation. Lorsqu'un agriculteur pratiquant la culture extensive laisse une partie de ses terres en jachère pendant la période de régénération, il cesse de les occuper au sens vulgaire, il n'en perd pas la possession au sens juridique.[1]

Toute la législation foncière de l'Etat Indépendant, note E. Boelaert, a perdu de vue que pratiquement toutes les populations congolaises vivaient en grande partie de la chasse, la pêche et la cueillette. Elles ne vivaient que grâce à la forêt. Celle-ci leur procurait logement, vêtement et nourriture. C'est leur domaine forestier qui devait leur procurer les sticks, les feuilles, les lianes pour la construction et l'entretien de leurs maisons et des dépendances ; les ustensiles de ménage, de culture, les engins de chasse et de pêche ; les poteries, les nasses, les nattes, les médicaments, les stimulants, les ornements ; les fibres pour leurs vêtements, et toutes ces mille choses qui composent la vie. Il s'agit là d'une occupation effective selon les possibilités et les besoins des indigènes.[2]

L'occupation de la terre patriarcale, renchérit E. Boelaert, est suffisante pour justifier la propriété. En droit naturel, il n'est pas indispensable que j'épuise l'utilité d'une chose ou d'une terre pour pouvoir la dire mienne ; il suffit que je la fasse servir, d'une façon réelle, mais de mon choix, à ma personne, et que j'aie la volonté d'interdire à tout étranger un usage quelconque indépendant de mon consentement. Dès lors l'occupation effective est jointe à l'intention, et l'on a tous les éléments constitutifs du titre de la propriété. Le propriétaire qui cultive la moitié de son domaine et laisse l'autre moitié en réserve de chasse ou en jachère n'est pas moins propriétaire de cette moitié-là.[3] Le quatrième point de discussion concerne la question de savoir si la propriété telle que prévue en droit occidental est conçue de la même manière par les Africains.

D. Conception européenne et africaine de droit de propriété

Nous allons d'abord donner les arguments de ceux qui pensent que la propriété foncière coutumière pouvait être analysée en se référant aux caractères de la propriété en droit occidental, ensuite voir les arguments

1 A. Sohier, *Les terres indigènes*, in Journal des Tribunaux d'Outre-mer, n°50, 1954, p. 116.
2 E. Boelaert, *Législation foncière de l'Etat Indépendant et Droit naturel*, in Aequatoria, n°2, 1954, p. 49.
3 E. Boelaert, *op cit*, p. 50.

de ceux qui pensent que la propriété foncière coutumière obéit à une autre conception de chose, le droit foncier coutumier.

a. Conception européenne de la propriété

Les tenants de cette thèse estiment que le droit foncier coutumier est un droit de propriété parce qu'il renferme tous les caractères attachés à ce droit. En effet, tel que prévu dans le code civil napoléon, la propriété est un droit exclusif, perpétuel, général et absolu.

Dans son étude sur le droit coutumier du Congo belge, A. Sohier écrit notamment que le chef, en prenant possession d'un territoire non occupé, il le faisait avec l'intention d'acquérir d'abord la souveraineté politique, mais aussi l'usage exclusif de la terre et de tous ses produits. Désormais personne n'aurait pu y exercer de droits sans son autorisation. Il n'est pas douteux que les droits ainsi acquis répondent à la définition de la propriété en droit européen. C'est d'ailleurs renchérit-il, un fait d'expérience que le Noir a parfaitement la notion de la propriété du sol. Sans doute, la prise de possession ne s'accompagne pas d'une occupation et d'une exploitation intensives de tout le territoire, mais explique-t-il, il en est de même en Europe où il y a des forêts, des terres incultes, sans qu'on songe à contester la nature du droit des propriétaires.[1]

Dans une étude consacrée à la tenure foncière coutumière dans un monde moderne, Liz Alden Wily définit la tenure foncière coutumière comme la propriété foncière issue des systèmes pratiqués par la plupart des communautés africaines en milieu rural pour faire valoir et organiser la propriété, la jouissance, l'accès, et pour règlementer l'utilisation et le transfert.[2]

Pour sa part, analysant les spécificités des régimes fonciers africains, Pierre-Claver Kobo note que les droits fonciers coutumiers sont assimilés purement et simplement, à des droits de propriété de conception romaine.[3]

Mais les partisans de la thèse négationniste estiment que ce droit n'est pas exclusif parce que les titulaires du droit coutumier sur la terre ne se réservent pas toutes les utilités présentes et futures de leur domaine. En effet, disent-ils, si tout premier venu s'installe, cultive, chasse, pêche, et cueille des fruits à son gré, comme bon lui semble et sans autorisation,

---

1 A. Sohier, *Le droit coutumier du Congo belge*, in Bulletin des Juridictions Indigènes et du droit coutumier congolais, n° 10, 1946, p. 308.

2 Liz Alden Wily, *La tenure foncière coutumière dans un monde moderne* in Rights + ressources, Janvier 2012, p. 1.

3 P.C. Kobo, *Spécificités des régimes fonciers africains*, in Pénant, 4e trimestre 1990, p. 228.

les droits cesseraient d'être exclusifs et l'on ne devrait plus parler de la propriété.[1] En outre, pensent-ils, l'esprit africain traditionnel ne connaît pas l'appropriation du sol, le principe est que le droit de propriété appliqué à un objet quelconque réside dans le travail qui a produit l'objet ou le fait acquérir, la terre ne peut être considérée comme le produit d'un travail humain, elle n'a pas de valeur patrimoniale. Elle est comme le ciel et la mer, appartient à des divinités.[2] A cette critique, les auteurs de la thèse affirmative répondent qu'il s'agit là d'une simple tolérance qui n'est pas gouvernée par une règle de droit. Cette tolérance est justifiée par la situation de fait extrêmement simple d'une population peu nombreuse déployant une activité limitée sur des terres fort étendues. Mais les propriétaires fonciers, lorsqu'ils se sentent forts, s'arrogent toujours le droit d'expulser les intrus même après plusieurs générations.[3]

Le caractère perpétuel de ce droit se justifie par le fait qu'il ne s'éteint pas par le non-usage. En effet, la collectivité ne peut pas perdre une partie de son domaine par le non-usage.[4] Ce droit est également général, dans la mesure où il accorde aux membres du groupe la faculté de tirer tous les usages du domaine collectif dans les limites prévues par la coutume.[5]

b. Concept coutumier et africain de la propriété

La propriété prévue par le code civil possède trois attributs qui sont l'usus, le fructus et l'abusus. Les tenants de la thèse affirmative de la propriété foncière coutumière pensent qu'elle a aussi les trois attributs.

Si le droit d'usage ainsi que celui de jouissance sur les terres coutumières n'est pas discutables, celui de disposer est au cœur de la controverse. C'est le même argument principal qui est à la base de la négation de ce droit. A ce sujet, les partisans de la thèse affirmative avancent plusieurs arguments pour tenter de justifier leur position.

Discutant sur la question de savoir si chez les Kuba, il existe la propriété foncière, Vansina pense qu'on ne peut transposer le concept de propriété romaine en droit coutumier kuba parce qu'il s'agit là de deux systèmes juridiques différents. Mais on peut bien concevoir une notion de propriété qui est différente. En droit coutumier kuba, l'usufruit n'est

---

1 Lukombe Nghenda, *op. cit*, p. 375.

2 Mohamed Yahya Ould Abdel Wedoud, *Réflexion sur la propriété foncière en Mauritanie à la lumière de la nouvelle législation foncière et domaniale*, in Pénant, octobre-novembre 2005, p. 475.

3 G Malengreau, *op. cit*, p. 112.

4 G. Kalambay Lumpungu, *op. cit*, p. 375.

5 *Ibidem.*

pas le seul privilège du propriétaire mais que celui-ci peut disposer de ces terres, puisqu'un village cède des terres à un autre village. En fait, renchérit-il, toutes les qualités requises par le droit romain sont présentes et le concept est donc d'application, si l'on considère que dans cette société la terre n'a aucune valeur marchande. Il nous semble, par ailleurs, qu'une étude plus poussée chez d'autres peuples primitifs permettrait de découvrir que l'inaliénabilité totale est, en fait, plus rare qu'on ne l'a pensé.[1]

De son côté, J. Vannes, dans son étude sur le droit foncier coutumier en territoire de Kabongo note que :

> « *L'indigène ne cède pas son domaine ; en particulier, il ne le vend pas. [...] En effet, le droit de vente n'épuise pas à lui seul le droit de disposition ; le droit de disposer d'une chose peut s'exercer de différentes manières ; entre autres la vente d'une chose est une manifestation du droit de disposition ; il en est d'autres : assécher un marais, transformer une forêt en terre de culture, vider un lac naturel, tout cela, c'est transformer la nature d'une chose ou sa destination et ce sont là des manifestations évidentes du droit de disposition.* »[2]

Dans sa thèse consacrée à l'unification du droit foncier congolais, le professeur Kalambay Lumpugu pense que malgré l'élément d'inaliénabilité grevant le domaine foncier des groupements traditionnels, ce domaine constitue d'abord une propriété et ensuite une propriété collective dans le sens qu'il appartient à la collectivité traditionnelle groupant un nombre indéfini d'individus remplissant certaines conditions prévues par la coutume. Le principe de cette propriété collective est que les droits sur la terre sont partagés par une collectivité, c'est-à-dire, ces droits sont le plus souvent fractionnés entre la collectivité et les individus qui la composent en ce sens que l'individu a le droit d'utiliser les terres tandis que la communauté a celui de fixer le caractère et l'étendue de cet usage pour les autres et pour l'individu. Ainsi donc, continue-t-il, nous pensons que la collectivité traditionnelle est titulaire du droit de propriété coïncidant avec son domaine foncier. Mais en vertu de ce qui vient d'être dit, les droits qu'exercent la collectivité et ses membres concurremment sur le domaine foncier sont complexes et ne trouvent pas d'équivalents dans le code civil.[3]

Le professeur Lukombe va dans le même sens lorsqu'il note qu'aucune réserve ne devrait être émise sur ce que le droit coutumier sur

---

1 J. Vansina, *Le régime foncier dans la société kuba*, in Zaïre, novembre 1956, p.903.

2 J. Vannes, *Le droit foncier coutumier en territoire de Kabongo*, in Bulletin des Juridictions Indigènes et du droit coutumier congolais, n°7, 1954, p. 172.

3 G. Kalambay Lumpungu, *op. cit*, pp. 367-368.

la terre est un droit de propriété et ce, que la propriété soit prise en tant que fait ou en tant que concept théorique. Mais, poursuit-il, admettre l'existence du droit coutumier de propriété ne saurait empêcher que celui-ci soit à considérer comme un droit dont la différenciation juridique n'est pas entièrement achevée.[1]

René Rarijaona pense de la même manière au sujet du droit foncier africain et malgache. Selon l'auteur, ce droit ne peut pas être réduit à un simple droit d'usufruit, il s'agit bien d'un véritable droit de propriété. En effet, si le titulaire jouit d'un certain nombre de prérogatives, il est tenu à des obligations. Mais, poursuit-il, ce droit est un système juridico religieux, en ceci qu'il porte encore l'empreinte des conceptions sociales et religieuses des populations.[2]

E. Notre opinion sur la question

Nous constatons d'abord que ce débat est alimenté par le refus de qualifier avec exactitude la nature des droits des communautés locales par les pouvoirs publics tant de l'époque coloniale que ceux d'aujourd'hui. Ensuite, la conception occidentale du droit de propriété est différente de la conception coutumière du même droit, surtout lorsque l'objet du droit de propriété est la terre. En effet, les principes qui régissent la terre coutumière en Afrique en général, et en République Démocratique du Congo en particulier, sont trop éloignés des principes européens en la matière. D'où, il est difficile pour quelqu'un qui n'a pas pris du temps pour comprendre le mécanisme régissant cette matière de se faire une idée exacte de la situation. La confusion qui entoure ce débat trouve sa cause principale en la référence constante au concept du droit romain. Or, comme le constate Rarijaona, le droit coutumier africain et malgache est un droit qui n'a pas encore atteint un degré de différenciation permettant de lui trouver une correspondance dans le droit européen. C'est un droit qui porte plus ou moins profondément les marques des conceptions religieuses et des structures sociales, lesquelles en font leur originalité.[3]

En outre, à la suite de Félicien Challaye, nous pensons qu'il faut se garder de croire que les formes du droit sont identiques dans toutes les sociétés, à tous les moments ; ne point parler de la propriété, de l'héritage, comme s'il n'y avait qu'un seul type immuable de propriété ou

---

1 Lukombe Nghenda, *op. cit*, p. 382.

2 R. Rarijaona, *Le concept de propriété en droit foncier de Madagascar*, Paris, Cujas, 1967, p. 46.

3 R. Rarijaona, *op. cit*, p. 25.

d'héritage.[1] E. Boelaert va dans le même sens lorsqu'il souligne avec pertinence qu'il est évident que le droit de propriété est adapté à l'ensemble des institutions sociales d'un pays, qu'il doit y avoir donc des différences de système d'après les pays et le temps. Dans ce sens, on peut même dire que la propriété n'existe pas, qu'il y a des propriétés. Mais toutes ces formes, tous ces systèmes évoluant de propriété n'en trouvent pas moins dans le droit naturel leur commun dénominateur, et les historiens qui traitent de ces systèmes parlent aussi bien de la propriété dans les sociétés primitives que de la propriété romaine ou quiritaire. Pour être différents, ces divers systèmes n'en sont pas moins légitimes et dignes de respect.[2]

Mais une autre question est de savoir si ce débat garde encore son actualité. La pertinence de la question se justifie par le fait qu'aujourd'hui, l'Etat est devenu l'unique propriétaire foncier. En effet, l'article 53 de la loi n° 73/021 du 20 juillet 1973 portant régime général des biens, régime foncier et immobilier et régime des sûretés dispose que « Le sol est la propriété exclusive, inaliénable et imprescriptible de l'Etat ». Le même principe est aussi affirmé par la loi n°011/2002 du 29 août 2002 portant code forestier qui dispose en son article 7 que les forêts constituent la propriété de l'Etat. Cette mesure étatique est justifiée par le professeur Kangulumba lorsqu'il écrit qu'au plan de l'anthropologie juridique, l'option d'appropriation du sol par l'Etat semble rencontrer la conception et le statut de la terre de la grande majorité de Congolais dans la mesure où le sol a toujours été considéré comme un bien à usage commun, certes sous la surveillance d'une autorité clanique ou publique. En effet, poursuit l'auteur, la conception congolaise de la propriété est « communautaire » alors qu'il n'est pas exclu des droits individuels à l'intérieur de toute propriété.[3] Il ressort de ces dispositions que les terres tant urbaines que rurales appartiennent à l'Etat. La loi foncière a rendu les terres des communautés locales domaniales[4] et a promis que le droit de jouissance acquis régulièrement par ces communautés devrait être réglé par une ordonnance du Président de la République[5].

---

1 F. Challaye, *Histoire de la propriété*, col. Que sais-je ? Paris, P.U.F, 1967, p. 94

2 R.P.E. Boelaert, *L'Etat Indépendant du Congo et les terres indigènes*, Bruxelles, Académie royale des sciences coloniales, 1956, p. 15.

3 V. Kangulumba Mbambi, *Précis de droit civil des biens*, Tome 1, Louvain- la- Neuve, Bibliothèque de droit africain, 2007, p. 328.

4 Article 387 de la loi foncière.

5 Article 389 de la loi foncière.

Sur le plan purement juridique, il y a lieu d'affirmer que si avant la promulgation de la loi de 1973, les autochtones avaient sur leur terre un droit de propriété, depuis l'entrée en vigueur de celle-ci, le droit foncier des communautés locales n'est plus un droit de propriété. C'est un droit de jouissance comme dans les circonscriptions urbaines[1]. D'ailleurs, la loi n°11/022 du 24 décembre 2011 portant principes fondamentaux relatifs à l'agriculture dispose en son article 18 que :

> « *Il est reconnu à chaque communauté locale les droits fonciers coutumiers exercés collectivement ou individuellement sur ses terres conformément à la loi. L'ensemble des terres reconnues à chaque communauté locale constitue son domaine foncier de jouissance et comprend des réserves des terres de cultures, de jachère, de pâturage, de parcours, et les boisements utilisés régulièrement par la communauté locale.*[2]»

Il convient de noter que cette loi qui date de décembre 2011, confirme que le droit des communautés locales sur leur terre est un droit de jouissance et non un droit de propriété. Mais elle ne donne pas plus de précision sur la nature de ce droit de jouissance. Cela nous paraît compréhensible. En effet, cette loi n'a pas pour but de déterminer la nature des droits fonciers que la population peut détenir et particulièrement les communautés locales. Cela relève, conformément à la loi foncière, d'une ordonnance du Président de la République. Mais, étant donné que l'ordonnance promise n'a jamais été prise, il y a un vide juridique parce que la nature exacte de ce droit de jouissance n'est pas encore déterminée. Ce vide est également déploré par Nyamugabo Mpova lorsqu'il écrit que cette ordonnance qui aurait réglé cette importante question n'a jamais été prise. Elle devrait prévoir la façon dont les terres occupées par les communautés locales s'acquièrent, se transmettent et aurait pu certainement éviter des conflits qui naissent suite à la concession de ces terres par l'administration foncière à des personnes étrangères à ces communautés.[3]

Cependant, sur le plan pratique, les communautés locales se comportent en véritables propriétaires fonciers à côté de l'Etat. Ainsi, aucune exploitation de ces terres n'est possible sans l'accord de ces « communautés propriétaires ». Un auteur a mieux exprimé cette situation, lorsqu'il écrit que la population s'épanouit et se reconnaît

---

1 Il convient de noter que dans les circonscriptions urbaines, l'Etat accorde aux particuliers les droits de jouissance appelés concessions. Ces concessions peuvent être perpétuelles ou ordinaires.

2 Loi n°11/022 du 24 décembre 2011 portant principes fondamentaux relatifs à l'agriculture.

3 Nyamugabo Mpova, *Réflexion critique sur la gestion de la loi foncière*, in la loi du 20 juillet 1973 portant régime général des biens, régime foncier et immobilier et régime des sûretés au Congo. Trente ans après : Quel bilan ? Essai d'évaluation, Louvain-la-Neuve, Bruylant-Academia, 2004, p. 32.

volontiers dans l'orthodoxie juridique coutumière, qui donne compétence en matière de l'affectation et de l'utilisation des terres, aux notabilités du village, du clan et de la chefferie. Il nous semble, ajoute- t-il, que les chefs coutumiers ne se sentent pas concernés par tout ce qui est prévu par la loi foncière et une telle attitude fait du droit écrit l'apanage d'une poignée d'intellectuels souvent citadins et de commerçants qui les corrompent.1 Dans le même sens, Nyamugabo constate que la coexistence de la coutume avec la loi foncière passe à travers les chefs coutumiers qui jouent un rôle de premier plan dans la gestion du patrimoine foncier. Dans beaucoup des contrées, poursuit-il, c'est au chef coutumier qu'il faut s'adresser ; c'est à lui qu'il faut payer la redevance appelée « kalinzi » au Sud-Kivu chez les Bashi ; « makasu » ou « nsaku ya mungwa » « sac de sel » chez les Bakongo. Même dans la Ville de Kinshasa, c'est le chef coutumier humbu ou teke qui trône et distribue de droit les lopins de terre à ses conditions[2]. Telle est la situation actuelle, nous y reviendrons plus loin. Comment alors ces terres sont-elles gérées ? C'est l'objet de la troisième section de notre étude.

Section 3
Principes de gestion des terres des communautés locales

Nous avons dit que les terres des communautés locales sont régies par la coutume. La multitude des tribus, et par conséquent des coutumes, existant en République Démocratique du Congo peut, a priori, rendre aléatoire une étude dans ce contexte. Mais, il convient de noter que l'analyse approfondie de la question a démontré qu'il existe des principes communs applicables à toutes ces coutumes quel que soit le système de parenté (matrilinéaire ou patrilinéaire). C'est dans ce sens que le professeur Kalambay conclut à l'unicité des principes fonciers dans toute la République Démocratique du Congo, à la suite de l'étude menée par Biebuyck en la matière.[3] Analysant l'incidence du régime foncier sur le développement agricole au Zaïre, le professeur Lumpungu Kamanda va dans le même sens lorsqu'il écrit que chez les Bashi comme chez les Banande, le régime des terres est sensiblement le même que celui des

1 M. Ulwortho Genombe, *La question des terres, vecteur de la guerre en Ituri*, in Paroles de justice, 2005, p. 175.

2 Nyamugabo Mpova, *op. cit*, p. 32.

3 G. Kalambay Lumpungu, *Droit civil : Régime foncier et immobilier*, vol II, 2 éd, Kinshasa P.U.C, 1999, p. 68.

autres régions de la République.[1] De son côté, Pierre Gannagé note que les droits fonciers, en dépit de leurs origines différentes et de la physionomie propre de chacun d'eux, revêtent des traits communs qui tendent à les rapprocher. Ils se présentent comme des droits collectifs établis dans l'intérêt du clan, de la tribu ou de la communauté religieuse. La terre chez beaucoup de peuplades d'Afrique, appartient ainsi au groupe qui l'a reçue de ses ancêtres et doit y demeurer de génération en génération. Elle constitue une valeur sacrée, les individus n'exerçant sur elle que des droits d'administration et de jouissance. Elle est, par suite, inaliénable, cette inaliénabilité dérivant de sa nature et garantissant son affectation.[2] Dans une conférence sur l'évolution juridique de la société congolaise, Lafontaine, alors Procureur du Roi à Léopoldville, soulignait que si le Congo belge est un, le Congo indigène ne l'est pas, et toutes les coutumes ne sont pas identiques de l'Ituri au Bas-Congo, ni de l'Oubangui au Katanga. Il Cependant renchérit-il, avec nombre d'auteurs, nous croyons qu'il y a moyen de découvrir des dispositions communes et que ce n'est en vérité que sur des détails d'application qu'il y a des différences importantes entre les coutumes bantoues.[3]

Dans une étude relativement récente sur les conflits fonciers en Ituri initiée par R.C.N Justice et Démocratie[4], on peut lire ce qui suit :

« *Sur le plan foncier, toutes les coutumes sont presque semblables : la terre est un bien commun à un lignage, un clan, un groupement sous l'autorité et la gestion du chef de clan, du groupement ou du lignage. A l'intérieur de chaque communauté, les membres ont droit égal de jouissance et d'usage de la terre. Celle-ci n'est pas aliénable, c'est-à-dire non cessible ni transmissible. En cas de succession au trône, l'héritier n'apparaît que comme le continuateur du pouvoir de gestion de la terre. En effet, la terre n'est pas un bien personnel du chef coutumier ou d'une autre autorité sans exception.* »[5]

C'est ce fonds commun qui nous intéresse. Cependant, nous ne manquerons pas de souligner certaines particularités liées à telle ou telle autre coutume. Cette section sera analysée en trois paragraphes. Le premier sera axé sur les droits collectifs fonciers, le deuxième va être

---

1 Lumpungu Kamanda, *Le régime foncier au Zaïre et son incidence sur le développement agricole*, in Cahiers Economiques et Sociaux, vol xi, n°s 3 et 4, 1973, p. 65.

2 P. Gannagé, *Les droits fonciers coutumiers : rapport général*, in Revue juridique et politique indépendance et coopération, 1970, pp. 1102-1103.

3 Lafontaine, *L'évolution juridique de la société congolaise*, in Bulletin des Juridictions Indigènes et du droit coutumier congolais, n°1, 1956, p 158.

4 RCN Justice et Démocratie est une organisation non gouvernementale internationale de droit belge qui œuvre dans le domaine de la justice et de la démocratie.

5 RCN Justice et Démocratie, *Les conflits fonciers en Ituri : de l'imposition à la consolidation de la paix*, www.rcn-ong.be, septembre 2009, p. 27.

consacré aux droits individuels et le troisième au caractère inaliénable de ces droits.

A. Caractère collectif du droit foncier coutumier

Selon deux enquêtes que nous avons menées successivement dans le territoire de Bumba dans la province de l'Équateur ainsi que dans celui d'Idiofa dans la province de Bandundu, il s'avère qu'à la question de savoir : selon votre coutume, à qui appartient la terre ? La totalité des personnes interrogées ont répondu que d'après leur coutume, la terre appartient au clan.[1] Cette même constatation est faite également par Ulwortho Genombe qui écrit ce qui suit au sujet du droit foncier dans le district de l'Ituri :

> « *D'une façon générale, les terres sont une propriété des villages qui les répartissent entre les clans. Ceux-ci, à leur tour, les attribuent aux différentes familles pour l'exploitation. Les terres ainsi affectées deviennent une propriété inaliénable et sont bien délimitées. Elles demeurent un héritage foncier que les générations se lèguent dans le respect des limites fixées au premier lotissement.* »[2]

Omari souligne qu'en droit foncier coutumier bakusu de la province de Maniema, le village est propriétaire du sol dans ses limites. Les terrains incultes, les cours d'eau, la faune et la flore de la circonscription, forment l'ensemble des biens communs, autrement dit, la propriété collective. Là, c'est la liberté absolue d'exploitation.[3] La situation est identique en droit foncier coutumier camerounais. En effet, on peut lire ce qui suit dans les écrits de Ngongang-Ouandji : « Quelle que soit l'emprise de l'homme sur la terre, celle-ci est considérée comme bien inaliénable de la famille, de la collectivité ou clan. »[4] Le professeur Mulumba Katchy va dans le même sens lorsqu'il écrit : « Dès que le territoire est acquis, il devient la propriété collective et exclusive du clan. La terre appartient à la parentèle, au clan, aux ancêtres. »[5]

---

1 Ces enquêtes ont été menées dans le cadre de mes recherches. Parmi les personnes interrogées, il y avait des notables, des juges assesseurs, des enseignants, des chefs coutumiers ainsi que les chefs de groupements. Il convient de noter qu'à Bumba, les personnes interrogées appartiennent à la tribu Mbudja. Elles sont patrilinéaires. En revanche, les personnes interrogées à Idiofa sont de la tribu Dinga, elles sont matrilinéaires. D'une façon générale, l'échantillon a été constitué de cent personnes, en raison de cinquante par tribu.

2 Ulwortho Genombe, *op. cit*, p. 164.

3 A.J. Omari, *Le droit foncier congolais*, in La Voix du Congolais, n° 48, 1950, p.138.

4 A. Ngongang-Ouandji, *La dévolution successorale au Cameroun*, Revue juridique et politique indépendance et coopération, n°4,1972, page 656.

5 Mulumba Katchy, *op.cit*, p. 112.

A la question de savoir : qui gère les terres du clan ? Toutes les personnes interrogées ont répondu que c'est le chef du clan. Le clan est donc titulaire d'un domaine foncier dont les délimitations sont précisées souvent par une rivière, une colline, un grand arbre etc. Dans tous les cas, les limites du domaine foncier appartenant à un clan sont connues et respectées par les clans voisins.[1]

Ce sont les membres d'un clan réunis dans un village ou dans plusieurs villages qui occupent le domaine foncier de celui-ci. Ils y exercent des droits fonciers tant individuels que collectifs très précis tels que : culture, habitation, chasse ou pêche.[2] C'est ce qui fait dire aux anthropologues juridiques que la tenure foncière en Afrique a un caractère communautaire. Cela veut dire que l'individu est complémentaire au groupe dans ce sens qu'il possède des droits individuels sur une parcelle de terre en raison de sa qualité de membre d'une communauté, son statut dérivant de cette appartenance.

S'agissant particulièrement de culture, les terres y relatives sont distribuées à chaque famille suivant ses besoins, étant donné que tous les membres de la communauté ont un droit égal d'exploitation des terres communautaires.[3]

De l'entretien que nous avons eu au mois d'avril 2010 avec monsieur Misato Likpangbola, du village Yaligimba dans la chefferie Itimbiri, il s'avère que le chef de groupement délimite les terres appartenant à chaque localité. Il appartient au chef de localité de mettre à la disposition de chaque famille les terres dont elle a besoin. Chaque membre de famille reçoit du chef de famille une portion de terre pour exploitation.[4]

De son côté, Monsieur Masha Lekansie, notable Dinga, de la chefferie Mateko affirme que chaque membre du clan doit s'adresser au chef du clan pour obtenir une portion de terre à exploiter. Cela se justifie par le fait que celui-ci est la seule personne qui connaît bien les limites des terres de chaque membre du clan.[5]

---

1 G. Kalambay Lumpungu, *Les droits fonciers coutumiers à travers la législation de la République Démocratique du Congo*, in Revue juridique et politique indépendance et coopération, 1970, p. 1177.

2 E. Gianola-Gragg, *Réflexions sur le droit foncier nzakara (la Centrafrique et le Zaïre)*, in Droit et Cultures, n° 28, l'Harmattan, 1994, p. 152.

3 E. Gianola-Gragg, *op. cit*, p. 152.

4 Cette contrée se trouve dans le territoire de Bumba. Elle est occupée par la tribu Mbudja qui est patrilinéaire. La personne interviewée est un enseignant.

5 Nous avons eu un entretien avec ce monsieur au mois de mai 2010. Il est de la tribu Dinga, qui est matrilinéaire.

Comme on peut le constater, au sein de la tribu, il existe plusieurs clans qui sont propriétaires fonciers. Ce genre d'organisation est le plus représentatif en République Démocratique du Congo.[1]

Mais à côté de cette organisation, on trouve aussi des groupements à caractère politique. Dans ces groupements, le territoire est composé de mosaïques de domaines fonciers affectés à chacun des groupements. Il est généralement admis que la base du régime foncier est constituée par les groupes de parenté et les représentants politiques ne disposent pas des domaines fonciers proprement dits, mais exercent seulement des pouvoirs politiques sur les zones, qui très souvent, englobent plusieurs entités foncières.[2]

Dans l'organisation administrative actuelle du pays, ces chefs dirigent les chefferies[3] mais aussi le groupement[4]. En tant que chef de chefferie, il est le chef de l'organe exécutif de cette entité. Sa désignation se fait conformément à la coutume locale.[5] Actuellement le pays compte à peu près 230 chefferies.[6] Comment se fait la gestion foncière dans l'un ou l'autre type d'organisation sur le domaine collectif ?

Disons que dans les deux types d'organisation, c'est le chef de clan qui gère le domaine foncier, c'est lui le chef de terres. D'une façon générale, les prérogatives du chef sont les suivantes :

1° il est chargé de la répartition des terres de culture ou de pâturage et des terrains de chasse entre les différentes familles étendues ; il répartit également les endroits pour la pêche.[7] Il convient de noter que le chef procède à une telle répartition lorsque les terres deviennent rares. Dans les zones où les terres sont nombreuses, chaque famille peut choisir les endroits qu'elle trouve mieux pour exercer ses activités.

2° il redistribue les terres non occupées de suite de l'extinction de la parentèle ou de l'abandon définitif de celles-ci par un groupe.

1 G. Kalambay Lumpungu, *Droit civil : Régime foncier et immobilier*, vol II, 2éd, Kinshasa, P.U.C, 1999, p. 68.

2 *Ibidem.*

3 La chefferie est définie comme un ensemble généralement homogène de communautés traditionnelles organisées sur base de la coutume et ayant à sa tête un chef coutumier désigné par la coutume, reconnu et investi par les pouvoirs publics.

4 Le groupement est défini comme une communauté traditionnelle organisée sur base de la coutume et érigée en circonscription administrative sous l'autorité d'un chef coutumier désigné par la coutume, reconnu et investi par le pouvoir public. Il est subdivisé en villages.

5 F. Vunduawe te Pemako, *Traité de droit administratif*, Bruxelles, De Boeck et Larcier, 2007, p. 507.

6 L. De Saint Moulin et J.C Kalombo Tshibanda, *Atlas de l'organisation administrative de la République Démocratique du Congo*, Kinshasa, CEPAS, 2005, pp. 201-234.

7 E. Kremer, *op. cit*, p. 273.

3° il est le gérant des terres non réparties, sur lesquelles, tout membre de la collectivité peut tirer des ressources, en application du principe selon lequel les terres collectives sont communes par destination.[1]

4° le chef est également compétent pour retirer à une famille les terres qu'elle possède en excédant par suite d'une diminution de ses membres, pour les attribuer à une autre famille qui en a besoin.

5° il est aussi compétent pour défendre les droits fonciers du groupe. A ce titre, il accorde et retire aux étrangers l'autorisation de s'installer et de retirer du domaine les moyens de leur subsistance.

Le chef de terres a aussi un pouvoir religieux, en sa qualité de descendant de l'ancêtre premier occupant. C'est lui qui reste en communication avec les esprits de la terre et avec les mânes, afin d'assurer la fertilité du sol et la prospérité du groupe.[2]

Il peut arriver que dans un clan qu'il y ait un chef de terre, chargé des fonctions administratives et un autre ayant des attributions religieuses ou surnaturelles. Ce dernier, qui peut être un homme ou une femme, a le pouvoir de provoquer l'intervention des mânes des ancêtres en vue de rendre la fertilité au domaine du clan ou d'en provoquer la stérilité. C'est à lui que le véritable chef de terres s'adresse en cas de disette, de pénurie de gibiers ou de poissons afin de remédier grâce à son pouvoir magique à une situation difficile pour le clan.[3]

C'est ici les lieux de noter les similitudes existant entre les droits fonciers coutumiers de divers pays d'Afrique noire. En effet, s'agissant des pouvoirs dévolus au chef de terres, voici ce qui est écrit sur les droits fonciers coutumiers au Gabon :

> « *Le chef de clan a des pouvoirs relatifs à l'octroi des droits individuels et temporaires sur la terre, tels que les autorisations de construire, de planter, de pêcher, de chasser, etc. ces droits précaires ne portent pas sur la propriété de la terre, mais sur la jouissance ; c'est pourquoi le chef de clan peut décider seul de l'octroi de ces droits, déléguer ses pouvoirs au chef de lignage, au chef de village. […] Les pouvoirs profanes du chef de clan sont essentiellement ceux de représentant du clan, d'administrateur du territoire clanique, de conservateur des terres ancestrales, d'animateur et d'organisateur des activités agraires. […]* »[4]

En contrepartie des prérogatives dont ils disposent, les chefs bénéficient de certains avantages en termes des tributs sur les activités de

---

1 E. Kremer, *op. cit*, p. 274.

2 *Ibidem.*

3 R. Philippe, *Notes sur le régime foncier au Lac Leopold II*, in Aequatoria, 1954, n°2, p. 54.

4 P-L. Agondjo-Akawe, *Les droits fonciers coutumiers au Gabon (société Nkomi, groupe Myene)*, in Revue juridique et politique indépendance et coopération, 1970, p.1144.

leurs sujets. Ces tributs se payent en nature. Ainsi, les chasseurs devraient payer les produits de la chasse, les agriculteurs, les produits agricoles et les pêcheurs, les produits de la pêche.

A ce sujet, analysant le régime foncier au Lac Léopold II, René Philipe note que chez les Bolia[1], c'est au chef de terre que reviennent les redevances sur les produits du sol, de la chasse et de la pêche. S'agissant particulièrement de la redevance due au chef de terre pour les cultures, elle ne s'applique pas aux plantes ordinaires, telles que le manioc et les bananes. Elle concerne des produits ayant une valeur marchande plus élevée. C'est notamment le cas de courges, arachides et tabacs. La redevance est fixée à un panier de chacun des produits taxables.[2]

Ainsi par exemple, pour les produits du sol, le chef a droit à un panier de safu.[3] Il a également droit à un panier de nsali « mungue au sel ».[4] Pour les produits de la chasse, tout dépend de la nature de la bête sauvage abattue. Généralement, le chef a droit à la cuisse et une partie de la queue. Mais pour certaines bêtes spéciales, il peut soit prendre l'entièreté de la bête, quitte à remettre au chasseur une somme d'argent en contrepartie, soit s'accaparer de la grande partie de la bête.[5] Des informations ou éléments recueillis sur le terrain, nous renseignent que dans la coutume Dinga, de la province de Bandundu, le tribut est appelé "Milambo". Il est exigé tant pour les activités agricoles que pour la chasse. La situation n'est pas totalement identique lorsque le chef de terre dépend d'un chef politique.

Dans les groupements politiques, l'organisation de l'autorité est complexe. Cette complexité tient à la manière dont le chef politique accède au pouvoir. D'une façon générale, le chef est un personnage qui a su s'imposer à un moment donné pour arriver au pouvoir. Les scénarios peuvent se présenter comme suit : soit, un chef de clan peut s'imposer en soumettant les autres clans d'une même tribu sous son autorité. Dans ce cas, il devient chef politique. Soit, un chef étranger qui s'impose par la conquête et réussit à soumettre les autochtones sous son autorité. Ce dernier cas est rare au Congo, comme l'a indiqué le professeur G. Malengreau.[6]

---

1 Le Bolia est une tribu qui se trouve dans la contrée anciennement dénommée Lac Léopold II. Dans la configuration administrative actuelle, il s'agit du district de Maï Ndombe dans la province de Bandundu et le lac Léopold II s'appelle lac Maï Ndombe.
2 R. Philippe, *op. cit*, p. 56.
3 Le safu est un fruit saisonnier issu d'un arbre appelé safoutier.
4 Le nsali est un fruit sauvage mais saisonnier également.
5 R. Philippe, *op. cit*, p. 53.
6 G. Malengreau, *op. cit*, p. 189.

Dans tous les cas, les chefs politiques laissaient aux autochtones le pouvoir d'organiser la gestion de leur terre et ils ne s'occupaient que du pouvoir politique. De cette manière, ils assumaient la direction politique et les chefs des clans gèrent la terre. Telle est notamment la situation chez le Bolia, où le chef politique appelé Nkumu s'occupait du pouvoir politique et les Isafu géraient le sol.[1] La même situation se retrouve chez les Basengeles selon l'ancien recteur de l'Université de Kinshasa, M. Mpase Selenge, chef politique. On trouve d'une part le clan régnant appelé Bekundi, qui exerçait le pouvoir politique et les Bikinda qui sont des chefs de terre. La séparation des pouvoirs chez ces peuples se justifie selon René Philippe de la manière suivante :

> « *Lors de l'arrivée des Bolia, une grande partie du sol était occupée par les clans Badia-Baboma qui en furent chassés par les envahisseurs. Toutefois après d'infructueux efforts de cultures, de nombreuses chasses sans abattre un seul gibier, des multiples tentatives de pêche dans les rivières et les mares, les conquérants se virent obligés de rappeler les autochtones cachés dans les forêts et parmi eux, les chefs premiers occupants de la terre envahie. [...] Ces derniers n'exercent un pouvoir total, politique et foncier, que sur les terres qu'ils trouvèrent encore libres à leur arrivée.*»[2]

De son côté, Lebrun rapporte que dans le territoire de Kabalo, plusieurs chefferies sont soumises au même régime. On a d'un côté le Kulu ou Mwine Tanda, chef de terre et de l'autre côté Mulohwe, chef politique.[3] Vannes va dans le même sens, lorsque analysant le régime foncier coutumier dans le territoire de Kabongo, il note que les conquérants de la lignée de Kabongo respectaient les droits de propriété des populations conquises, ils se contentaient de leur imposer le tribut ; nulle part dans le territoire de Kabongo, renchérit-il, nous n'avons pu recueillir un seul exemple où un chef ait donné à qui que ce soit des terres en pleine propriété.[4]

En échange de la protection que le chef politique apporte aux divers clans soumis à son autorité, il reçoit des tributs. On peut définir le tribut comme étant une quotité remise à une autorité supérieure d'une partie du produit de l'activité exercée sur un fonds. Le tribut se distingue du loyer, en ceci qu'il est versé tant par le propriétaire du sol que par l'étranger. En outre il n'est payé à l'autorité que par la personne qui dépend d'elle. Il se rapporte donc aux activités développées par les membres des tribus ou par les étrangers qui sont sous son autorité. Ces tributs qui lui sont

---

1 R. Philippe, *op. cit*, p. 52.

2 R. Philippe, *op. cit*, pp. 55-56.

3 A.G. Lebrun, *De la tenure de la terre chez les populations indigènes du territoire de Kabalo*, in Bulletin des Juridictions Indigènes et du droit coutumier congolais, 1956, n° 8, p. 195.

4 J. Vannes, *op. cit*, p. 167.

apportés généralement par le chef de terre, constituent un signe de la reconnaissance de son autorité par ce dernier et sa soumission envers lui.

Les tributs concernent principalement les produits de chasse. Chaque fois que les clans organisent le feu de brousse sur leur terre, le produit de cette chasse est partagé entre les chasseurs, le chef de clan, le chef politique et les membres du clan. Certaines bêtes sont données sans partage au chef politique. A ce sujet, analysant les droits fonciers coutumiers dans le territoire de Kabalo, secteur Bena Kamania, groupement Bena Baleo, Lebrun note qu'en ce qui concerne les fauves et grands animaux (lions, léopards, crocodiles, éléphants, hippopotames) la coutume interdit le dépeçage par le chasseur. En effet, dès que la bête est tuée, le chasseur en prend la queue et avertit le chef de clan sur les terres duquel la bête a été abattue. Ce dernier doit immédiatement avertir le chef politique qui vient personnellement sur place ou délègue un de ses lieutenants pour diriger le dépeçage de l'animal. Ainsi, la peau revient de droit au chef politique, les dents, griffes, et une quantité de viande proportionnelle à l'importance de la bête destinée à rassasier sa cour. Le chasseur reçoit du chef en récompense de son exploit une ou deux chèvres, ainsi qu'une part de la viande de l'animal abattu ; le reste est partagé entre les habitants du village sur les terres duquel la bête a été abattue.[1]

Deloof rapporte dans le même sens, lorsqu'il écrit ce qui suit concernant le droit de chasse ainsi que celui de pêche chez les Bena Mulimi du territoire de Kabalo, district de Katanga, province du Katanga :

> « *Les droits de chasse et de pêche font l'objet de réglementations sévères. Tous les clans possèdent en propriété des bras du fleuve Lualaba et de la rivière Lovidjo. Ces bras sont nettement déterminés et les droits de pêche bien définis. La moitié du produit de pêche, quel que soit l'homme qui capture le poisson, revient de droit toujours au père du clan, propriétaire du bras de rivière. […] La réglementation est également très nette et stricte au point de vue droits de chasse. […] Ces parties sont à apporter au capita du village le plus voisin, considéré comme représentant du Mulowe. Le capita prendra soin de remettre au Mulowe la moitié du produit lui apporté par le chasseur.* »[2]

Il ressort de ce qui précède que si le chef de terres est bénéficiaire des poissons, tribut de la pêche, le Mulowe, chef politique, bénéficie du

1 A.G. Lebrun, *op.cit*, p. 203.
2 R.J. Deloof, *Notes sur le régime foncier des Bena Mulimi*, in Bulletin des Juridictions Indigènes et droit coutumier congolais, n° 10, 1954, p. 252.

produit de la chasse. Marshal va dans le même sens en ce qui concerne la coutume qu'il a étudié, lorsqu'il relève que :

> « *Le propriétaire doit céder une part de ces redevances au chef politique à titre de tribut. Ce qui est dû en fait de redevances varie un peu d'une région à l'autre. Il faut partout distinguer entre ce qui revient au chef politique et ce qui revient au propriétaire. […] Ce genre de chasse n'est d'ailleurs permis par les chefs que s'ils en donnent l'autorisation spéciale ; les chasseurs n'ont droit dans ce cas qu'à la moitié du produit, l'autre moitié étant partagée entre le chef politique et le propriétaire du terrain. La redevance sur les produits de la pêche n'est due qu'une ou deux fois par an à l'époque des prises abondantes, c'est-à-dire à la fin de la saison de pluie et à la fin de la saison sèche.* »[1]

Chez les Kuba, le tribut se payait chaque année vers la fin de la saison sèche. Il était composé de toutes sortes de denrées (tissus, viande, poisson, sel etc.) ayant une valeur économique. Mais en dehors de cela, l'essence du tribut était et est toujours le paiement des « grands animaux ». C'est ainsi que si on tue un « grand animal », on doit l'apporter au chef. Ces animaux sont dans le règne animal, les chefs de la faune. Il s'agit généralement du léopard et de l'aigle. Des parties considérées comme nobles d'autres animaux sont données aussi. C'est notamment le cas des cornes du buffle, une défense d'éléphant, une cuisse d'hippopotame. En outre, certains animaux dont le genre de vie est assez mystérieux pour les Kuba doivent être offerts aussi. Dans cette catégorie tombent le pangolin arboricole et la genette noire mbiidy.[2]

D'une façon générale, note le professeur Lumpungu Kamanda, le chef du village qui dispose des pouvoirs étendus sur tout ce qui est commun, reçoit le tribut qui comprend une partie de certaines bêtes abattues sur le domaine du village, les peaux de carnassiers, les ivoires, etc. le tribut de chasse constitue pour le chef une importante source de revenus dans les régions où la faune est abondante.[3]

Dans certaines sociétés, on note une certaine tendance à la disparition de la hiérarchie du pouvoir sur la terre. C'est notamment le cas de la société Nzakara où le chef du village qui est également le chef politique ne possède plus la terre aux yeux des Nzakara. Le chef administre, défend la terre contre les étrangers et juge les disputes intercommunautaires. Chaque homme, membre du village, a droit à une parcelle de terre lui permettant de nourrir sa famille. Il n'a pas besoin de l'autorisation du chef de village pour s'installer sur une parcelle. Il

---

1 R. Marshal, *Le droit foncier des Bazela, des Balomotwa et des Banwenshi*, in Bulletin des Juridictions Indigènes et du droit coutumier congolais, n°1, 1937, pp.19-20.

2 J. Vansina, *Le régime foncier dans la société kuba*, in Zaïre, 1956, p. 925.

3 Lumpungu Kamanda, *op. cit*, p. 58.

s'ensuit que le chef ne désigne pas la parcelle que lui et sa famille peuvent occuper. La contrepartie de ce droit d'usage de la terre est souvent l'obligation de mettre la parcelle donnée en valeur. Les membres de la communauté n'ont plus l'obligation de remettre au chef les premières récoltes.[1]

Voilà ce qu'il en est concernant les droits collectifs que les membres d'un clan peuvent avoir sur leur terre. Qu'en est-il alors des droits individuels ?

B. Droits fonciers individuels

Selon les enquêtes menées, le fait que la terre appartient toujours à une collectivité, n'empêche pas que les membres de ce groupe ou les étrangers à celui-ci puissent avoir certains droits sur cette terre. En effet, dans la tribu Dinga ainsi que dans la tribu Mbuza qui ont fait l'objet de nos enquêtes, si le clan a la disposition juridique de la terre, l'individu en a la disposition matérielle. Celle-ci lui permet de jouir de la terre et de disposer juridiquement de ses produits. Il y a là un droit de jouissance sur la terre et un droit de propriété sur les produits de la terre. Cette affirmation ressort des réponses recueillies auprès des personnes interviewées sur la question de savoir :"occupez-vous un lopin de terre ?" A cette question, tout le monde a répondu par l'affirmative. La question qui se pose est celle de savoir comment s'expriment ces deux droits. Ainsi pour tenter de répondre à cette problématique, nous distinguons le droit individuel sur la terre d'une part et le droit individuel aux produits de la terre d'autre part.

a. Droit individuel sur la terre

Il y a lieu de distinguer les droits individuels que détiennent les individus, membres du groupe d'une part et les droits individuels des étrangers au groupe d'autre part.

a.1. Droit individuel des membres du groupe

Dans les deux tribus ayant fait l'objet de nos enquêtes, les individus, par leur appartenance au clan propriétaire, possèdent certains droits fonciers, notamment celui de l'habiter et de l'exploiter sous toutes les formes. C'est ainsi que dans nos enquêtes, nous avons posé aux enquêtés la question de savoir l'usage pour lequel est destiné les lopins de terre mis

---

1 E. Gianola-Gragg, *op.cit,* p. 153.

à leur disposition. Il ressort des réponses obtenues que ces lopins de terre sont destinés à l'usage agricole ou résidentiel. Ces droits n'emportent pas la propriété du sol, celle-ci étant collective. Ces droits appartiennent aux individus en vertu de la coutume. Ce sont des droits de jouissance que Kremer qualifie de droits sociaux.[1] Ces droits qui sont proches de l'usufruit du droit du système napoléon, ont la particularité d'exister tant que dure l'occupation effective de la terre qui lui sert d'assiette.

En effet, ces droits sont exercés par leurs titulaires, aussi longtemps qu'ils continueront à remplir leurs obligations vis-à-vis de la tribu et tant qu'il n'y a pas abandon de leur part, personne, même pas le chef, n'a le droit de leur priver du bénéfice de la terre.

En principe, tous les membres d'un clan peuvent sans distinction occuper et exploiter n'importe quelle partie du domaine foncier sous réserve des droits appartenant aux autres membres de la communauté. De l'entretien que nous avons eu avec plusieurs personnes sur terrain, il ressort qu'à la question de savoir comment accède-t-on aux droits individuels sur le sol, il nous a été répondu que c'est par la mise en valeur du sol. En effet, la personne qui met en valeur une portion de terre, obtient sur celle-ci un droit de jouissance exclusif. Tel est également le cas dans la tribu basongo. En effet, selon le révérend père de Beaucorps, dans cette tribu les membres du clan sont libres d'exploiter leur forêt. Chacun choisit le coin qui lui paraît favorable pour défricher les champs ou autres activités.[2] La situation est pareille chez les Bayeke. Selon Grevisse, en ce qui concerne la terre de culture, la permission de construire à proximité de telle ou telle rivière accordée à un habitant, lui confère automatiquement le droit d'établir les plantations dans les environs. Chacun fait choix à sa meilleure convenance du lopin de terre non encore occupé.[3] En analysant le droit foncier dans la société bakusu, Omari souligne que l'exploitation ou la mise en valeur d'une portion d'eau ou de terre déterminée, constitue un droit individuel strictement inviolable et inexpropriable. Après la mort du propriétaire, ce droit passe à ses héritiers.[4] C'est dans le même sens que va la jurisprudence coutumière lorsqu'elle décide que les « mikola » ou canaux de pêche

---

1 E. Kremer, *op. cit*, p. 276.
2 S.J de Beaucorps, *La propriété chez les Basongo de la Luniungu et de la Gobari*, in Bulletin des Juridictions Indigènes et du droit coutumier congolais, n°1 1943, p. 6
3 F. Grevisse, *Les Bayeke*, in Bulletin des Juridictions Indigènes et du droit coutumier congolais, n°5, 1937, p. 136.
4 A.J.Omari, *op. cit*, p. 139.

aménagés dans le marais, demeurent la propriété exclusive de ceux qui les ont creusés et à leur mort ils passent à leurs héritiers.[1]

Il a été également jugé qu'en région de Pania-Mutombo, il n'y a pas de droit exclusif de pêche au profit d'un particulier ou d'un clan sur la Lubilashi-Sankuru. Cependant la prise de possession d'un lieu de pêche par la mise sur place d'engins appropriés confère au propriétaire des engins un droit de jouissance qui doit être respecté. Nul n'est admis à déplacer ces engins.[2]

Dans une étude sur les politiques foncières et l'accès des femmes à la terre en Côte d'Ivoire, les professeurs Kone Mariatou et Ibo Guehi notent que les règles coutumières d'accès à la terre organisent le régime du droit foncier. Si au départ, la terre appartenait au premier occupant, aujourd'hui, il est un principe selon lequel la terre appartient à celui qui la met en valeur. C'est donc la notion de production, de valorisation, de valeur ajoutée par le travail à un bien inexploité, qui fonde le rapport juridique à ce bien.[3] Il y a là une similitude avec le droit foncier coutumier congolais.

En réalité, la liberté des membres du clan sur leur domaine foncier possède quelques limites. Les droits d'utilisation du domaine clanique sont partagés entre plusieurs familles pour une durée indéterminée. Ce partage est fait selon l'utilisation qu'on va en faire. Ainsi, si le clan est constitué d'un peuple chasseur, le domaine sera divisé pour la chasse, les agriculteurs s'intéresseront surtout au partage des terres de culture ; les pêcheurs procéderont à la répartition des emplacements de la pêche. Chacun fera usage exclusif de la portion du fonds qui lui est réservée en respectant la partie attribuée à d'autres familles ou d'autres individus. René Philippe exprime cette idée, lorsqu'il écrit que le seul droit du cultivateur sur le terrain qu'il occupe repose sur l'interdiction faite à quiconque non seulement d'empiéter sur ses cultures mais encore de l'occuper lorsqu'il est en jachère tant que la forêt ne l'a pas à nouveau envahi.[4] Van Boeckhout note également que :

« Le droit de cultiver et d'exploiter la terre n'est pas un droit absolu dans ce sens qu'ils n'ont pas le droit de faire des cultures où ils veulent ou désirent. En faisant leurs cultures, ils doivent tenir compte des droits de jouissance des autres : leur liberté

---

1 Tribunal du territoire de Kabengo, jugement n° 40 du 26 novembre 1936, in *Bulletin des Juridictions Indigènes et du droit coutumier* congolais, n°5, 1941, p.103

2 Tribunal de secteur de Pania-Mutombo, jugement n°51 du 5 février 1948, in *Bulletin des Juridictions Indigènes et du droit coutumier congolais,* n°12, 1952, p.357.

3 Kone Mariatou et Ibo Guehi, Les politiques foncières et l'accès des femmes à la terre en Cote d'Ivoire : cas d'Affalikro et Djangobo dans la région d'Abengourou et de Kalakala et Togognière dans la région de Ferkessedougou, www. Docstoc.com, avril 2009, p. 20.

4 R.Philippe, *op. cit*, p. 56.

est limitée par les droits acquis par d'autres individus. En principe, un individu ou une famille choisit un terrain quelconque pour y établir des cultures sous conditions de respecter les droits de jouissance des autres. »[1]

Cette obligation est importante pour le maintien de l'ordre et pour permettre à chacun de jouir en paix du fruit de son travail. Toute violation de cette obligation est sanctionnée par l'autorité coutumière.

Le chef intervient dans la répartition des terres entre différentes familles. Dans les territoires où les terres sont en abondance, il suffit que le père de famille qui a trouvé une portion de terre favorable, soumette son choix à l'approbation du chef. C'est le cas notamment des peuples qui occupent la forêt équatoriale au Congo comme le Bolia, le Basengele, le Mongo, le Nkundo etc. A ce sujet, René Philippe écrit ce qui suit au sujet de Bolia et Basengele :

« *Chacun choisit le terrain qu'il préfère, sans devoir se référer au chef de terre mais toutefois sans empiéter sur une terre déjà choisie par un autre. Le chef de terre n'intervient pas donc dans la répartition des parcelles entre ses parents et ses clients. L'abondance des terres et la faible densité de la population permettent l'adoption d'un régime aussi libéral…* »[2]

Analysant le droit foncier nkundo, Hulstaert note que n'importe quel membre peut exploiter une parcelle non encore exploitée par un autre membre ; l'autorisation du patriarche étant acquise d'avance et pouvant même être présumée si d'autres ne revendiquent aucun droit particulier. Le droit de continuer sur cette même parcelle après jachère persiste aussi longtemps qu'il désire.[3]

Lorsque les terres disponibles deviennent rares, le chef les répartit d'office entre les différentes familles, en tenant compte de leur rang social et de leur importance. Qu'en est-il alors des droits individuels des étrangers se trouvant dans un domaine foncier ?

a.2. Droits individuels des étrangers

Tous ceux qui résident dans le domaine foncier de la communauté locale ne sont pas nécessairement « citoyens »[4] de ce clan. En effet, on trouve des personnes qui sont incorporées à la communauté par le mariage, par l'adoption ou par toute autre technique admise par la

---

1 J. Van Boeckhout, *op. cit*, p. 34.
2 *Ibidem.*
3 G. Hulstaert, *Sur le droit foncier nkundo*, in Aequatoria, 1954, n° 2, pp.58-59.
4 Cette expression est empruntée de Pierre-Louis Agondjo-Okawe.

coutume et des étrangers. Ainsi, les droits fonciers individuels de ces personnes ne seront pas identiques. Tout est question du degré d'intégration des uns et des autres.[1] Les droits fonciers coutumiers gabonais connaissent également cette différenciation que nous venons d'évoquer. En effet, on peut lire ce qui suit sous la plume d'Agondjo-Okawe :

> « … *L'individu membre du clan tient ses droits fonciers de sa qualité de "citoyen" du clan, qualité pouvant être biologique ou sociale. Le statut biologique est celui que confère la naissance par une femme libre du clan, l'individu est alors Nwontce*[2]*. Le statut social suppose une intégration institutionnelle au clan, comme celle de l'esclave, par définition né sur une terre étrangère. Quant aux étrangers au clan, ils peuvent être répartis en trois catégories : l'étranger dit owoga*[3]*, l'étranger dit "enfant du clan" et l'étranger ayant des liens privilégiés avec le clan, c'est l'allié, c'est la femme mariée* ».[4]

En principe, l'étranger doit obtenir l'autorisation du chef de clan ou de la famille pour jouir de la terre. Cette exigence a été soulignée lors de l'entretien que nous avons eu tant avec le notable de la tribu Dinga, monsieur Masha Lekansie qu'avec monsieur Libonga Mono, chef de groupement, dans la chefferie de Loeka, tribu Mbudja. Selon leurs propos, aucun étranger au groupe social ne peut jouir de la terre communautaire sans l'autorisation du chef de clan ou du chef de la famille. Cette autorisation peut être tacite ou expresse. Ainsi, dans le territoire de Kabongo, on admet que l'étranger a toujours l'autorisation tacite de venir chasser sur le domaine et d'y construire sa case et que dès lors, il acquiert automatiquement le droit de propriété sur les choses produites par son activité.[5] Chez les Bakwa-Lubo, l'étranger doit avoir le consentement du chef de clan pour chasser, cultiver et construire sur les terres Bakwa-Lubo.[6] Cette autorisation est également requise chez les Kuba. En effet, on peut noter ce qui suit : « Si un étranger veut chasser sur les terres du village, il doit en demander la permission au chef de village. S'il ne le fait pas, sa chasse sera infructueuse. Le chef de village accorde la permission en crachant par terre (signe de fertilité et de bénédiction) en disant : « va, va bien chasser ».[7]

---

1 G. Kalambay Lumpungu, *op. cit*, p. 69.
2 Ce concept désigne un homme libre selon la tradition de la société nkomi au Gabon.
3 Owoga, c'est un client ou un réfugié ayant élu domicile dans un village.
4 Agondjo-Okawe, *op. cit*, pp. 1145-1146.
5 J. Vannes, *op.cit*, p 177.
6 P.E. Van Hamme, *Enquête sur le droit coutumier des Bakwa-Lubo*, in Bulletin des Juridictions Indigènes et du droit coutumier congolais, n°12, 1952, p. 342.
7 J. Vansina, *Le droit foncier dans la société kuba*, in Zaïre, 1956, p. 909.

Quant à la nature juridique des droits acquis sur le fonds par l'étranger, il est certain qu'ils présentent les caractéristiques ci- après : ce sont des droits réels temporaires sur un fonds appartenant au groupe d'accueil dont la durée de jouissance diffère en tenant compte des facteurs à l'origine de l'intégration au groupe. Pendant la durée d'exercice du droit, le bénéficiaire jouit du fonds en tirant tous les avantages possibles.[1]

Ces droits renferment quelques éléments de droit d'usufruit, de superficie et quelques fois d'emphytéose. Ce sont des droits réels qui ne sont pas en principe transmissibles. Ils sont donc viagers. Mais il arrive parfois que les descendants des bénéficiaires de ces droits en héritent. Contrairement à l'usufruitier, les bénéficiaires de ces droits payent la redevance au chef de clan propriétaire. Ces droits sont différents de l'emphytéose par rapport à leur durée. En effet, nous venions d'affirmer que ce sont des droits viagers, alors que l'emphytéose ne l'est pas.

S'agissant de la durée de ces droits, il convient de noter qu'elle dépend souvent de la durée du maintien des liens qui les unissent au groupe. C'est ainsi que, par le divorce, un homme ou une femme peut perdre son droit selon qu'un des conjoints a ou non résidé sur le domaine foncier qui n'est pas celui de son groupe. Cela se justifie par le fait que dans le mariage coutumier, les règles applicables en matière de résidence des époux sont soit la patrilocalité (c'est-à-dire les époux doivent habiter après le mariage dans le groupement du mari), soit la matrilocalité (c'est-à-dire la résidence des époux se situe dans le groupement de la femme). Ces deux régimes possèdent plusieurs variantes que nous mentionnerons plus loin. Cette précision a toute son importance. En effet, comme nous le verrons plus tard, l'efficacité de l'accès de la femme à la terre dépendra du principe applicable en matière de la résidence des époux.[2]

Les droits individuels des étrangers sont assortis d'une limitation fondamentale, celle qui consiste à ne pas disposer de leur droit immobilier de façon à permettre aux étrangers d'accéder au droit foncier individuel sans l'accord du chef de terre[3]. C'est la conséquence logique du principe selon lequel, avant de s'installer dans un domaine de la collectivité l'étranger devrait obtenir l'autorisation expresse du chef de terre. C'est le même chef qui est habilité à lui indiquer l'emplacement où il peut exercer des droits immobiliers individuels tels qu'habitation, culture, élevage.

---

1 G. Kalambay Lumpungu, *Le droit foncier zaïrois et son unification,* Thèse de doctorat, Université Catholique de Louvain, 1973, p. 389.

2 G. Kalambay Lumpungu, *op. cit*, p. 391.

3 *Ibidem.*

De tout ce qui précède, nous disons avec le professeur Kalambay Lumpungu que le droit individuel immobilier de l'étranger est un droit hybride, un droit réel *sui generis*, un droit qui ne saurait être classé dans une catégorie des droits réels du Code Napoléon.[1]

En somme, pour que les droits fonciers individuels soient reconnus par le chef ainsi que par les autres membres de la communauté, celui qui en est bénéficiaire doit manifester sa volonté d'exploitation ou de mise en valeur. C'est ce qui fait dire au professeur Kalambay Lumpungu que dans les sociétés traditionnelles du Zaïre, pour accéder aux droits immobiliers, il faut l'occupation effective du sol et sa mise en valeur par le travail.[2] Ainsi, celui qui a défriché une partie de la forêt ou de la savane pour ériger son champ, en devient propriétaire. Tant que la mise en valeur suffisante se maintient, les droits fonciers individuels existent également et donnent droit aux produits du sol.

b. Droits individuels aux produits du sol

Par l'utilisation du sol, chaque membre de la communauté acquiert des nouveaux droits strictement personnels. Dans les lignes qui suivent, nous allons essayer de décrire la manière dont ces droits fonctionnent.

b.1. Naissance des droits individuels aux produits du sol

En droit coutumier, les ressources naturelles appartiennent en principe à tous les membres de la communauté propriétaire du sol. Les arbres qui poussent d'une manière spontanée dans la forêt, les fruits sauvages, les gibiers, les plantes comestibles, les poissons des eaux, les substances minérales du sol etc. sont des biens communs de tous les membres du clan propriétaire du sol. Mais l'individu peut s'en réserver un usage exclusif, moyennant certains procédés.[3]

b.1.1. Droit aux fruits

Par le travail personnel incorporé au sol, ce droit de propriété individuelle prend naissance. Il en est de même de la découverte d'une chose n'appartenant à personne. C'est ainsi que chez les Dinga et chez les Mbuza, il nous a été rapporté que celui qui cultive son champ est propriétaire de tous les produits qui résultent de cette culture. En effet, monsieur Fala Masia, une des personnes interrogées au sujet de la

1 G. Kalambay Lumpungu, *op. cit*, p. 390.
2 G.Kalambay Lumpungu, *op. cit*, p. 69.
3 E. Kremer, *op. cit*, p. 278.

coutume Dinga, soutient que chacun est propriétaire des produits de son champ. Ce droit permet de faire face au besoin de subsistance de la famille. De son côté, Mongenzo Abia, pense également que dans la coutume Mbudja, ce droit est aussi reconnu aux membres du clan. Il en est également ainsi chez les Bena Kankonde, où les droits du planteur sur ce qu'il a fait pousser sur le terrain cultivé sont perpétuels et inaliénables. Il est propriétaire des cultures et des arbres, produits de son travail et de son labeur. Les bananiers, les orangers, les citronniers, les ananas etc. se trouvant en pleine savane et en des endroits inoccupés restent la propriété du planteur et de ses héritiers.[1]

Le professeur Mulumba Katchy note également que l'individu dispose de la petite propriété de subsistance pour subvenir aux besoins primaires et nécessaires du foyer. Rentre notamment dans cette catégorie tout ce qui est le produit de l'activité personnelle dont les aliments gagnés par la culture ou par la cueillette, les poissons et les animaux tués à la chasse individuelle etc.[2]

De son côté, René Philippe rapporte que chez les Bolia, la propriété individuelle n'existe que pour les produits du travail, telles les maisons, ou les objets acquis grâce au produit du travail comme les outils et les armes. Si le produit est dû au travail commun des époux, ils en ont la propriété conjointe, mais dans la proportion de un tiers pour l'épouse et deux tiers pour le mari.[3]

Dans son étude sur le droit foncier coutumier dans le territoire de Kabongo, Vannes affirme également que les droits individuels résultant de l'usage du domaine foncier portent sur les choses produites par le travail d'un individu. Peu importe la nature de l'objet créé par cette activité. Ça peut être une construction érigée sur le domaine ou bien un palmier ou un arbre fruitier quelconque planté sur le fonds collectif. Ces droits portent aussi sur les choses qu'un individu s'est légalement appropriées en déployant une activité : c'est le cas pour la bête abattue par le chasseur sur le fonds collectif car ici un individu a exercé une activité individuelle pour s'approprier un animal.[4] En analysant le droit foncier dans la société kuba, Vansina constate que l'exploitation du domaine foncier entraîne toute une série de droits individuels. Ces droits naissent de la pratique de la chasse, de la pose de pièges, de la pratique de la cueillette et de la pêche, et principalement à la suite de l'aménagement

---

1 J. Van Boeckhout, *op. cit*, p. 35.
2 Mulumba Katchy, *op. cit*, p. 109.
3 R. Philippe, *op. cit*, p. 54.
4 J. Vannes, *op.cit*, p. 176.

de travaux de culture. Certains droits naissent aussi avec l'implantation d'arbres, de cases et l'aménagement des aires de pêche.[1]

Le droit foncier coutumier gabonais est encore sur ce point identique avec le droit congolais. En effet, Agondjo-Okawe note que le droit de propriété privative sur les produits de la terre suppose en général l'effort personnel, pour ne pas dire la mise en valeur. C'est cette mise en valeur qui permet à l'individu de transmettre ce droit à ses propres héritiers et non pas au clan ; une plantation, une case, des pièges etc. seront transmis aux héritiers.[2]

Lebrun indique que dans la chefferie de Paye, territoire de Kabalo, le droit de culture est libre. Le planteur est propriétaire des palmiers, bananiers. Concernant les autres arbres fruitiers, l'auteur précise que la propriété du planteur est très relative. En effet, concernant les manguiers, la récolte des fruits est autorisée à tout le monde sans aucune restriction, et sans droit préférentiel pour le planteur. Quant aux orangers, citronniers, mandariniers, la récolte est réservée uniquement aux habitants du village, mais sans droit préférentiel pour le planteur. La différence de traitement s'explique par le fait que la dernière catégorie des fruits est rare dans le milieu.[3] Il y a lieu de noter que la coutume de cette contrée se démarque un peu des autres coutumes, en apportant des restrictions aux droits de celui qui a planté. On est tenté de croire que cela est de nature à décourager les planteurs et par ce fait, de baisser la production de ces fruits. Mais quand on connaît l'esprit altruiste des ruraux africains, cette situation ne peut pas les décourager. Ils sont au contraire contents de voir tout le monde profiter du travail qu'ils ont réalisé. Mais il convient de noter que le planteur reste malgré tout propriétaire de l'arbre fruitier.

Les illustrations que nous venons de donner, montrent que cette propriété individuelle ne porte pas sur le sol en soi qui reste la propriété inaliénable de la communauté, mais uniquement sur les fruits d'un travail personnel ayant la terre pour support.

Ces droits s'exercent tant sur les biens meubles que sur des biens immeubles par incorporation. Ils resteront acquis aux individus aussi longtemps que subsistent des traces tangibles du travail incorporé ou du moins de l'exploitation. Une des propriétés les mieux constituées semble celle des arbres plantés, qui pratiquement continuent toujours d'appartenir à celui qui les a plantés ou à ses héritiers. Même un abandon

1 J. Vansina, *op.cit*, p. 908.
2 Agondjo-Okawe, *op. cit*, p. 1145.
3 A.G. Lebrun, *op. cit*, p. 184.

de fait de plusieurs années ne change rien à ce titre.[1] Si en partant, le planteur n'a pas désigné un ami ou un parent pour administrer son bien, le chef autorisera d'autres membres du groupe à récolter les fruits et les chargera de l'entretien de la plantation. Mais au retour du vrai propriétaire, les arbres rentreront en sa possession. Ceux qui les avaient entretenus le feront toutefois savoir au propriétaire et voudront jouir d'une partie de la récolte.[2] Qu'en est-il alors du terrain défriché ?

b.1.2. Droit de jachère

D'après les interviews réalisées dans le territoire d'Idiofa ainsi que dans celui de Bumba, le cultivateur qui a défriché et mis en culture le terrain pour la première fois, ne dispose pas seulement des fruits directs de son travail, mais jouit également d'un droit de jachère. Ce droit persiste aussi longtemps que la brousse n'aura pas repris son aspect ancien d'avant le premier défrichement. Ce droit est même transmissible pour cause de mort. De l'entretien que nous avons eu avec monsieur Misato Likpangbola, juge assesseur au tribunal de paix de Bumba, il affirme avoir le droit de jouissance sur une portion de terre résultant du droit de jachère que ses ancêtres avaient acquis. Lebrun explique mieux ce principe lorsqu'il écrit : « La jachère reste personnelle au cultivateur, jusqu'au moment où la brousse ait repris entièrement ses droits. Il est donc interdit, suivant la coutume à venir cultiver dans une jachère, où la brousse n'ait pas repris ses droits. »[3] Cette interdiction trouve son explication dans le fait que celui qui débrousse pour cultiver, effectue un travail assez pénible, il serait injuste qu'un autre vienne cultiver à cet endroit, en profitant indirectement du travail d'autrui, la culture n'étant pas si pénible.[4]

En analysant la tenure de la terre dans le groupement Munene de la chefferie des Bakongolo, Mignolet constate également l'existence du droit de jachère. En effet, voici ce qu'il écrit à ce sujet :

> « *Les droits de jachères perdurent tant que la brousse n'a pas repris son aspect antérieur à la culture. Dès que la futaie a ré-envahi le terrain, les droits prennent fin. Ce sont là des droits individuels. Nul ne peut cultiver un lopin de terre grevé de semblables droits, sans l'autorisation du cultivateur qui effectua le premier labour,*

1 Voir à ce sujet les affirmations de Van Boeckhout *supra* p. 43.
2 F. Grevisse, *op. cit*, pp. 137-138.
3 A.G. Lebrun, *op. cit*, p. 195.
4 *Ibidem.*

détenteur actuel de jachère. Cette autorisation sera accordée moyennant une compensation minime de quelques kilogrammes de manioc frais. »[1]

Marshal va dans le même sens, lorsque parlant du droit foncier coutumier des Bazela, Balomotwa et Banwenshi, il conclut que la jachère appartient exclusivement à celui qui l'a créée aussi longtemps qu'il n'émigre pas dans un autre groupement ; mais il peut transférer ses droits à un membre de sa famille. Ces droits peuvent être acquis par héritage. Les droits de l'auteur sont également imprescriptibles en ce qui concerne les barrages à poisson et les pièges à gibier : fosses, trappes ou clôtures. Il en est de même pour les termitières exploitées.[2] Dans la société Kuba, tout habitant du village cultive où bon lui semble. Une terre défrichée devient propriété personnelle de celui qui l'a mise en valeur pour toute la durée du cycle de culture (six ans) et ce droit ne s'éteint que quand la jachère est à nouveau couverte de petits buissons et que le propriétaire n'y a plus planté soit des palmiers, soit d'autres arbres.[3] Allant dans le même sens, le professeur Lumpungu Kamanda fait savoir que la forêt est aussi une propriété collective au même titre que la savane. Cependant, un homme qui a défriché une galerie en garde le droit de réutilisation, même s'il l'abandonne à une jachère de quelques années. Cela s'explique par les difficultés de défrichement. L'abattage des arbres représente une tâche particulièrement pénible. C'est pour sauvegarder les avantages acquis au cours d'un dur labeur que la coutume reconnaît au premier défricheur le droit de réutilisation pendant une longue période. Dans ce cas, le droit de jouissance et de possession usufruitière se transmet par héritage. De plus, pour la forêt, la fertilité permet souvent une rotation de longue durée et surtout une certaine régénération s'opère avant que n'apparaissent les grands arbres qui constituent le gros travail du défrichement forestier. Il est donc normal que les droits si durement acquis soient sauvegardés jusqu'à ce que le bénéficiaire y renonce de plein gré.[4]

Certaines coutumes, tout en affirmant le principe du droit de jachère, font cependant une distinction selon que la jachère porte sur un terrain de savane ou de forêt.[5] Lorsque la jachère porte sur un terrain de savane, le cultivateur garde ce droit pendant six mois, à compter de la période de la récolte des produits. S'il entretient le terrain après l'expiration de ce

---

1 J. Mignolet, *Notes relatives à la tenure de la terre dans le groupe Munene de la chefferie des Bakongolo*, in Bulletin des Juridictions Indigènes et du droit coutumier congolais, n°8, 1954, p. 197.

2 R. Marchal, *Le droit foncier coutumier des Bazela, des Balomotwa et des Banwenshi,* in Bulletin des Juridictions Indigènes et du droit coutumier congolais, n°1, 1937, p. 18.

3 J. Vansina, *op. cit*, p. 911.

4 Lumpungu Kamanda, *op. cit*, p. 65.

5 J. Van Boeckhout, *op. cit*, p. 35.

délai, il garde son droit de jouissance même s'il n'y établit aucune culture. Si, en revanche, l'entretien n'est pas réalisé, son droit de jouissance cesse.

Quand la jachère concerne un terrain de forêt défrichée, le droit de jachère est perpétuel. Seul celui qui a défriché possède le droit d'établir des cultures sur cette parcelle. Son droit de jouissance est perpétuel même s'il n'entretient pas ses cultures ou s'il ne cultive pas la superficie abattue. Tout ce qui pousse sur cette parcelle et tous les fruits que ce terrain produit est sa propriété.

Certaines coutumes semblent ignorer ce droit de jachère. C'est notamment le cas de Bena Mulimi du territoire de Kabalo. A ce propos, Deloof note que le droit de jachère est une notion non connue des Mulimi. Il tire cette conclusion à partir de discussions tenues lors de multiples conseils de notables de la chefferie, qu'un indigène abandonnant ses anciens champs pour cultiver autre part, perd automatiquement tout droit sur ses jachères, et que rien n'empêcherait éventuellement un autre de s'y installer après le départ du premier. Donc, en droit foncier coutumier des Mulimi, ce droit n'existe pas conclut-il.[1] Nous sommes d'avis qu'il y a là une confusion entre l'abandon d'une portion de terres et le fait de la laisser en jachère.

b.1.3. Droit de chasse et de pêche

Ce droit exclusif ne concerne pas seulement le cultivateur mais aussi le pêcheur et le chasseur. En effet, le pêcheur qui a découvert un endroit particulièrement poissonneux, l'aménage et y érige des installations de capture, en devient propriétaire. Ainsi, les installations vont lui appartenir et les poissons qui y seront capturés. Personne d'autre ne pourra plus désormais se livrer à la pêche à cet endroit. A. Sohier exprime cette idée en ces termes : « Les emplacements de pêche se transmettaient héréditairement. Ils sont ce qui, dans le droit indigène, est le plus voisin d'une propriété foncière individuelle. Vraisemblablement ces emplacements étaient cessibles par leurs propriétaires, mais non à des étrangers. »[2] Nous avons eu le privilège de vivre cette situation dans la province Orientale, plus précisément aux chutes de Wagenia où les emplacements de pêche sont soigneusement aménagés par les familles depuis des années. Ces emplacements sont héréditaires et les familles y exercent des droits exclusifs. La jurisprudence va dans le même sens. En effet, nous nous référons à nouveau au jugement rendu par le tribunal de secteur de Pania-Mutombo que nous avons évoqué supra opposant deux

1 R.J. Deloof, *op . cit*, p. 252.
2 A. Sohier, *Traité élémentaire de droit coutumier du Congo belge*, Bruxelles, Larcier, 1954, p. 147.

parties sur un emplacement de pêche dont la motivation se présente comme suit :

« *En région de Pania-Mutombo, il n'y a pas de droit exclusif de pêche au profit d'un particulier ou d'un clan sur le Lubilashi-Sankuru. Cependant la prise de possession d'un lieu de pêche par la mise sur place d'engins appropriés confère au propriétaire des engins un droit de jouissance qui doit être respecté. Nul n'est admis à déplacer ces engins* ».[1]

Le chasseur qui, connaissant les endroits de passage du gibier, installe des pièges, acquiert des droits analogues à ceux du pêcheur sur son emplacement.

b.2. Extinction du droit individuel

Ces droits de propriété individuels ne s'éteignent que par abandon, étant donné que la prescription acquisitive est inconnue en droit coutumier. Cependant, la question est de savoir quand peut-on dire qu'il y a abandon ? Voici ce que Grevisse écrit au sujet des Bayeke :

« *La pérennité de l'usage est cependant fonction de l'occupation effective. Abandonné, un champ peut être exploité par autrui. Reste à savoir quand un champ peut être considéré comme abandonné ? Il faut, selon les notables, soit une déclaration par laquelle le possesseur renonce à son droit d'occupation, soit un délaissement de trois ou quatre ans non interrompu par l'ancien occupant faisant connaître son intention de réoccuper sa terre.* »[2]

Comme nous l'avons déjà signalé, selon Van Boeckhout, les droits de culture sur les jachères de savane chez le Bena Kankonde prennent fin après six mois à dater de la récolte, si le terrain n'est plus entretenu par le cultivateur qui en avait le droit de propriété de culture.

Allant dans le même sens, le professeur Kalambay Lumpungu écrit ce qui suit :

« *Si le droit de propriété naît par le travail, il s'éteint également par l'absence du travail ou d'occupation du sol. Sur ce point, l'appréciation de la prescription extinctive des droits immobiliers est variable d'une coutume à l'autre selon qu'il s'agit d'une maison ou d'une culture. Ce qui est certain partout, c'est que l'individu doit manifester par des actes, soit tacitement, soit expressément, la volonté d'éteindre ses droits.* »[3]

Celui qui veut se réserver l'usage exclusif d'une parcelle de terre pour cultiver seul, ou un endroit pour pêcher de manière exclusive ou encore

---

1 Tribunal de secteur de Pania-Mutombo, jugement n°51 du 5-2-1948 in *Bulletin des Juridictions Indigènes et du droit coutumier congolais*, n°12, 1952, p. 357.

2 F. Grevisse, *op. cit*, p. 136.

3 G. Kalambay Lumpungu, *op. cit*, p. 69.

acquérir la propriété d'un immeuble par incorporation devra payer des redevances au chef qui lui accorde l'autorisation et qui par la suite protégera son bien.[1] Comment alors le propriétaire de ces droits individuels nés de l'usage du domaine collectif peut-il en disposer.

c. Disposition des droits individuels nés de l'usage du sol

Il convient de noter avant toute chose qu'il ne s'agit pas ici de la cession du fonds qui est la propriété inaliénable de la communauté entière, mais uniquement d'un transfert des fruits de l'effort individuel dont le fonds a été servi de support. Pour bien faire les choses, il est nécessaire de distinguer selon que les biens faisant l'objet de disposition entre vifs sont mobiliers ou immobiliers d'une part ou si le droit de disposition est définitif ou temporaire d'autre part.

Lorsque le droit de disposition est définitif, le membre du groupe qui veut disposer d'un bien immobilier, à l'occurrence un immeuble par incorporation, doit obtenir l'autorisation du chef, gardien du domaine si le nouvel acquéreur est un étranger au groupe. Il en est de même lorsqu'il s'agit de transférer des droits d'usages sur une terre. En effet, il n'est pas concevable que n'importe quel membre du clan installe sur la terre ancestrale un étranger. En revanche, cette autorisation n'est pas nécessaire lorsque la transaction se passe entre deux personnes, membres du groupe.[2]

La situation est différente lorsque le droit de disposition porte sur un bien mobilier. En pareil cas, la liberté de la personne qui dispose du bien est totale même si le nouvel acquéreur est un étranger. Ainsi, si la cession porte sur les fruits de la récolte, l'autorisation du chef n'est pas nécessaire. Le professeur Kalambay Lumpungu explique mieux cette situation lorsqu'il écrit :

> « *Dans l'acte de disposition en droit coutumier, il faut toujours distinguer la disposition des produits issus du travail personnel, considérés comme des biens mobiliers, et la disposition qui entraîne le transfert des droits individuels. […] Pour les personnes de la première catégorie, le transfert peut s'effectuer entre vifs ou pour cause de mort sans l'autorisation du chef de terre ou du village, parce qu'elles font partie du groupe. Quant aux personnes de la deuxième catégorie, le degré d'intégration et le système de parenté sont déterminants pour le transfert et l'intervention du chef peut se concevoir. […]*»[3]

---

1 E. Kremer, *op. cit*, p. 281.

2 E. Kremer, *op.cit*, p. 281.

3 G. Kalambay Lumpungu, *Le droit foncier zaïrois et son unification*, Thèse de doctorat, Université Catholique de Louvain, 1973, p. 387.

Les dispositions pour cause de mort sont en général soumises aux règles régissant la succession en droit coutumier. Nous y reviendrons avec détail dans le chapitre suivant. Mais, il est bon de mentionner dès à présent que les droits tant mobiliers qu'immobiliers du de cujus passent à ses héritiers dont la désignation dépend du système de parenté auquel on appartient. Dans le système patrilinéaire, les droits passent de père en fils ou de frère à frère, alors que dans le régime matrilinéaire, les droits se transmettent de l'ayant droit au fils de sa sœur ou à son oncle maternel.

Il arrive que le transfert de droit de jouissance soit temporaire. C'est notamment le cas de la location ou du prêt. La location porte sur un lopin de terre sur lequel un membre du groupe possède le droit de jouissance. Ce transfert temporaire de droit de jouissance peut être gratuit, notamment lorsqu'il s'agit d'un parent ou d'un ami ou encore lorsque la chose, objet de l'opération n'a pas une grande valeur. Généralement, la location est à titre onéreux. Dans ce cas, selon les clauses du contrat, le locataire pourra verser à l'ayant droit soit une partie de la récolte, soit une somme d'argent ou encore il pourra travailler pour le compte de l'ayant droit suivant une certaine périodicité. Cette situation est fréquente dans les régions peuplées de l'Est de la République Démocratique du Congo.

Le prêt concerne souvent des biens meubles, fruits du travail personnel tels que les récoltes.

C. Inaliénabilité des droits fonciers coutumiers

a. Énoncé du principe

L'inaliénabilité est l'un des principes fondamentaux du droit foncier coutumier. Cela est la conséquence logique du caractère collectif de ce droit foncier. Le principe de l'inaliénabilité des droits fonciers coutumiers postule que ces droits sont inséparables de leurs titulaires. Le lien qui unit le groupe, propriétaire foncier, à son domaine est indestructible.[1] Dans le cadre de nos enquêtes, nous avons eu une interview avec monsieur Lingaya Godefroy, originaire du village Yamwani dans la chefferie d'Itimbiri qui, à la question de savoir si la terre peut faire l'objet de disposition, affirme que personne n'est habilitée de vendre la terre laissée par les ancêtres. Même le chef de clan ne dispose pas de cette prérogative. Cette opinion est également partagée par monsieur Kitoko Polydor, l'un des notables du village Mayumu, dans la chefferie Mateko.

---

1 E. Kremer, *op. cit*, p. 249.

Ce droit ignore les actes translatifs de propriété et l'inaliénabilité est l'une des caractéristiques qui le distingue du droit foncier occidental. Il convient de noter que le caractère inaliénable des fonds ne fait pas obstacle à l'existence du droit de propriété. En effet, comme le souligne avec pertinence Vannes, ce caractère n'est que subsidiaire et n'affecte nullement le contenu de la propriété.

Il existe en droit européen des choses qu'un propriétaire ne peut pas aliéner. C'est notamment le cas des biens dotaux. Vansina va dans le même sens lors qu'il écrit ce qui suit sur le droit foncier kuba :

> « *La caractéristique juridique qui oppose la propriété collective à la propriété individuelle est la défense de vendre une propriété collective. Ces propriétés n'étaient pas nécessairement inaliénables, Comme nous le verrons, elles étaient inaliénables par la vente. Cette inaliénabilité par la vente est d'ailleurs une institution très générale parmi les peuples primitifs.*»[1]

Il convient de noter que ce qui est exclu, c'est l'aliénation complète et définitive de la terre. Mais certaines opérations qui aboutissent à une cession provisoire des droits fonciers sont tolérées. C'est ainsi que le chef de terres peut accorder au profit des étrangers, une portion du domaine foncier collectif pour tel ou tel autre usage déterminé et pour un temps déterminé. Les droits concédés par le chef, en sa qualité de gérant, diffèrent du droit de propriétaire, en ceci qu'en cas d'extinction, ils font immédiatement retour dans le domaine foncier collectif.

Parlant de la cession partielle des droits fonciers coutumiers, Vannes écrit que l'inaliénabilité n'empêche pas la cession de certains droits sur un domaine. C'est précisément cette cession de droits partiels, renchérit-il, que l'on rencontre de temps à autre, qui est à l'origine de la confusion qui existe dans l'esprit des indigènes au sujet de l'aliénabilité des terres. Bien souvent, ils déclareront que telle terre appartient à tel homme qui l'a achetée de tel chef. Dans toute la chefferie Kabongo, nous trouvons ces terres qui « appartiennent, » dit-on, à un individu ; il en est de même dans les chefferies du nord où cette institution parait même plus vivace et où le bénéficiaire de ces terres acquises prend le nom de « fumu ya kashiama ».

En réalité, poursuit-il, ces cessions de droits n'ont aucun rapport avec l'aliénation du domaine foncier ; elles se ramènent uniquement à l'opération suivante : un individu achète le droit à percevoir le tribut sur telle portion du domaine et, en vertu de ce droit acquis à titre onéreux, il a l'autorisation de retenir à son profit telle ou telle partie de la bête

---

1 J. Vansina, *op. cit*, pp. 902-903.

abattue à la chasse sur cette terre ; normalement, la part de viande ainsi prélevée aurait dû revenir à l'autorité bénéficiaire du tribut ; il est normal que si cette autorité abandonne ce privilège à un tiers, celui-ci doit acquérir au préalable à titre onéreux ce bénéfice, d'ailleurs temporaire et nullement héréditaire.[1]

Il convient de noter que la vente par l'autorité de son droit de tribut n'est pas l'unique forme de cession partielle des droits fonciers coutumiers. En effet, il arrive que le chef de terre puisse consentir, au profit des étrangers, un droit de jouissance temporaire à titre gratuit ou à titre onéreux, pour des raisons diverses, sous forme de location ou de gage.

La location d'une portion de terre peut concerner un individu ou un groupe d'individus. Dans tous les cas, elle se passe par voie conventionnelle. Il y a d'une part un individu ou un groupe d'individus, étranger à la communauté, qui sollicite la terre, et, d'autre part l'acceptation du groupe propriétaire. Ces conventions qui peuvent, comme nous l'avons indiqué, être gratuites ou à titre onéreux, prévoient des clauses précisant les droits et les obligations de chaque partie. Toute violation des clauses contractuelles peut entraîner la rupture du contrat. Parfois l'abus de la part de l'étranger pouvait entraîner une sévère répression.

Le contrat peut porter sur l'usage général d'une portion de terre ou sur un usage bien déterminé. En effet, il arrive que le groupe propriétaire concède une partie de sa concession pour un usage indéterminé. Dans ce cas, le bénéficiaire peut en exploiter selon son gré. Il peut cultiver, chasser ou pêcher etc. Mais il arrive aussi que la location porte sur un usage déterminé de la partie concédée. En pareil cas, le locataire ne pourra exploiter cette portion de terre que conformément à l'usage concédé. Ce cas arrive souvent lorsque le groupe propriétaire est spécialisé pour une activité bien déterminée. C'est ainsi par exemple que le groupe des chasseurs peut concéder des terrains aux agriculteurs ou vice-versa.

Ces conventions sont souvent assorties des clauses spéciales à la charge des étrangers admis sur les terres d'un groupement. Ainsi, il pourra leur être interdit de planter les arbres de rapport ou d'ériger des constructions autres que celles servant d'habitations. L'étranger qui désire planter des arbres, peut être astreint à une autorisation spéciale qui indiquera le nombre d'arbres à planter. Cela se justifie par le fait qu'en

1 J. Vannes, *Le droit foncier coutumier en territoire de Kabongo : Essai de synthèse*, in *Bulletin des Juridictions Indigènes et du droit coutumier congolais*, n°7, 1954, p. 175.

droit coutumier, s'il est vrai que la propriété des arbres est différente de celle de la terre, la possession du sol dure autant que l'occupation effective. [1]

Les restrictions susvisées ont pour but de sauvegarder le domaine collectif contre des intrusions. Aussi, convient-il de noter que les concessions accordées aux étrangers n'ont rien à voir avec une cession de droits de propriété et n'enfreignent nullement le principe de l'inaliénabilité des terres collectives. En outre, étant donné que la prescription n'existe pas en droit coutumier, les droits ainsi concédés et exercés, même pendant des générations, ne changent en rien le droit du propriétaire qui reste intact.[2]

Il arrive que pour une raison quelconque, une portion de terre soit mise en gage. Le droit coutumier semble ne pas connaître l'hypothèque. Généralement cette opération a lieu dans le but de garantir le paiement d'une dette. Les origines de la créance peuvent varier. Elle peut résulter d'un contrat ou d'un délit.

Le contrat peut être à la base d'une créance entraînant la mise en gage d'une portion de terre dans les hypothèses suivantes :

1° lorsque le débiteur d'une obligation contractuelle n'est pas à mesure d'exécuter son obligation dans le délai convenu ;

2° lorsque le créancier exige une garantie avant de consentir un prêt.

Le délit est source d'une dette pouvant conduire à la mise en gage de la terre, lorsque la personne qui est condamnée au paiement des dommages intérêts n'est pas à mesure de s'en acquitter. Dans son étude consacrée au droit foncier coutumier en territoire de Kabongo, Vannes rapporte de la manière suivante un cas qui a eu lieu dans la chefferie de Dipeba :

> « *Un monsieur originaire du village Nyundu, se promenait sur les terres du village Kibanga de la chefferie Tambaie. Il fut tué par cinq hommes du village Kibanga. […] N'étant pas en mesure de payer une indemnité suffisante en réparation du meurtre, ils convinrent avec l'héritier du défunt, un homme Tshikala de Nyundu, de donner à celui-là la terre appelée Maseka. […]Depuis cette cession, les gens de Kibanga ne cessent d'ailleurs de réclamer le retour de leur terre.*»[3]

Comme on peut s'en rendre compte, il ne s'agit pas là d'un abandon de droit de propriété sur cette terre, mais bien d'une mise en gage dont le but est de garantir le paiement d'une dette issue d'un délit. En effet, le

---

1 E. Kremer, *op. cit*, p. 253.
2 E. Kremer, *op. cit*, p. 253.
3 J. Vannes, *op.cit*, p. 175.

nommé Tshikala n'est pas propriétaire de cette terre. Mais il garde celle-ci pour garantir le paiement de sa créance, qui, en raison de manque des moyens financiers de la part des débiteurs ne peut se faire qu'en nature. Dans le cas d'espèce, le paiement se fait par la perception du tribut, qui en principe, devrait revenir aux propriétaires fonciers. Ainsi, le fait pour lui d'avoir la garde de cette portion de terre, lui permet d'être sûr de recouvrer sa créance au cas où une quelconque bête serait abattue. Vannes relève que le cas susvisé n'est pas isolé. Il arrive souvent que le débiteur abandonne au créancier la garde d'un domaine lorsqu'il n'est pas à mesure de payer.[1]

En Côte d'Ivoire, soulignent les professeurs Kone Mariatou et Ibo Guehi, la terre est partout considérée comme un bien inaliénable. On ne vendait pas la terre, on la donnait, on la prêtait. Le nouvel acquéreur offrait au cédant de la boisson qui servait aux libations pour signaler la présence d'un nouvel élément et pour demander sa clémence et sa protection afin de rendre cette terre fertile ; en retour, le bénéficiaire était tenu de donner une partie de sa production au cédant en guise de remerciement. La terre ainsi obtenue servait à l'agriculture vivrière. L'acquéreur étranger qui se montrait « gentil », recevait par la suite, s'il le souhaite, une portion de forêt pour des cultures de rente ; sur cette terre, il ne bénéficie que de l'usufruit et non de la propriété. Mais en réalité, plus tard, jusqu'à la fin des années 80, certaines zones forestières ont connu des ventes massives de forêt. Ce qui est présenté comme achat par un acquéreur est parfois perçu par le cédant comme une location ou un emprunt de longue durée ; l'acquéreur n'a qu'un droit d'usage. Ce n'est pas le sol comme matière physique qu'on vend, ce sont des droits d'usage qu'on transfère. C'est d'ailleurs pour cela que bien qu'on ait « vendu », on en garde le droit de tutorat, c'est-à-dire, celui qui a vendu demeure tuteur de la terre cédée. De plus en plus, concluent-ils, face à la raréfaction de la terre, les jeunes contestent les ventes de terre passées entre leurs parents et les étrangers. On assiste à des conflits à ce sujet.[2]

Nous venons de voir que le domaine foncier coutumier est inaliénable. Mais ce principe n'empêche pas qu'il soit consenti une cession temporaire en terme soit de location ou de gage. Une autre question est celle de savoir le fondement de ce principe.

---

1 *Ibidem.*

2 Kone Mariatou et Ibo Guehi, *op. cit*, p. 21.

b. Fondement du principe

A ce sujet, les auteurs trouvent divers fondements qui peuvent justifier l'inaliénabilité de la terre en droit coutumier.

Pour les uns, la terre ne peut pas être aliénée au motif qu'aux yeux des indigènes elle ne présente aucune valeur marchande. En outre, elle appartient aux vivants et aux morts. De ce fait, les vivants ne peuvent seuls l'aliéner. Mayer, l'un des tenants de cette thèse s'exprime comme suit :

> «… *la terre ne peut valoir que par les produits qu'elle donne. Elle ne peut avoir aucune valeur, par exemple, comme terrain à bâtir. Mais les indigènes disent couramment qu'il est préférable de posséder de la terre que des « bintu ». […] Le sol produit toujours. Il ne peut être vendu mais biens les objets mobiliers. La terre ne peut être vendue car elle renferme les esprits des ancêtres. Elle appartient non seulement aux vivants mais aussi aux morts de la famille. Pour l'indigène la propriété du sol n'est pas seulement une question d'espace ; c'est aussi une question de temps. Car elle remonte dans le passé et s'étend déjà sur toutes les générations futures.* »[1]

Le professeur Lumpungu Kamanda va dans le même sens lorsqu'il écrit que la terre appartient à une grande famille dont certains membres sont morts, d'autres vivent encore et d'autres sont à venir. Il va de soi que pour disposer de la terre de façon absolue, l'accord de tous les membres est indispensable. L'accord des vivants est facile à obtenir dès lors qu'il s'agit d'une opération qui les intéresse. L'accord des morts est difficile parce que de leur vivant, ils ont défendu le statu quo. Cependant, chacun peut selon sa capacité de production utiliser la terre pour assurer sa subsistance et s'enrichir. Mais la terre d'une communauté est aussi le lieu où sont ensevelis les morts, les fondateurs de la communauté et premiers propriétaires de la terre du domaine. Elle est le trait d'union entre les vivants et les morts. Personne ne peut, selon la coutume, s'autoriser à vendre les tombeaux de ses ancêtres sous prétexte que ceux-ci sont réduits à l'impuissance. Facteur économique de production, la terre a aussi dans la coutume, une valeur de symbole qui empêche de la classer parmi d'autres facteurs matériellement saisissables.[2]

De son côté, Vannes semble avoir une position nuancée. Tout en épousant l'argument selon lequel la terre n'a pas de valeur marchande, il repousse l'idée qui explique l'inaliénabilité par le fait que les vivants seuls sont dans l'incapacité d'aliéner la terre. Voici ce qu'il écrit à ce sujet :

> « *Le principe de l'aliénabilité reflétait exactement les idées régnantes en 1804 lors de la parution du code ; en régime de liberté économique, la libre circulation des biens*

---

1 Ch. Mayer, *op. cit*, pp. 25-26.
2 Lumpungu Kamanda, *op. cit*, p. 64.

apparaissait comme la base du système économique du capitalisme naissant. […] Il semble bien que la tendance générale à considérer la famille elle-même comme propriétaire de son domaine soit bien ancrée dans les esprits ; […] le chef représente parfaitement la famille […] dès lors il serait parfaitement concevable toujours dans cette hypothèse que ce chef qui par ailleurs, en bien des circonstances parle au nom de sa famille, puisse représenter celle-ci toute entière et aliéner en son nom tout ou partie de son domaine. »[1]

Les autres pensent que l'inaliénabilité peut se justifier par le fait que l'individu n'a pas de valeur en dehors de sa terre natale, il sera toujours considéré comme un étranger avec toutes les conséquences qui en découle. Le professeur Kalambay, l'un des tenants de cette thèse, écrit ce qui suit :

« *Les buts de collectivités traditionnelles étaient concentrés sur certaines valeurs dépassant les intérêts des individus qui les composaient, que ces valeurs étaient la perpétuité, la permanence et la cohésion du groupe et, qu'en outre, le domaine foncier assurait l'indépendance du groupe et son statut social. On comprendra dès lors que le maintien du domaine foncier dans sa totalité est très important, d'autant que chaque fois qu'un individu est en dehors de son domaine, il est considéré comme un étranger, statut peu enviable dans les sociétés basées sur les liens familiaux […] Le caractère d'inaliénabilité vient surtout de ce que le domaine foncier est collectif.* »[2]

Dans une étude consacrée au cadre et lignes directrices sur les politiques foncières en Afrique, l'Union africaine, la Banque africaine de développement ainsi que la Commission économique pour l'Afrique justifient mieux le caractère inaliénable de la terre lorsqu'elles notent que la terre demeure un facteur important dans la construction de l'identité sociale, dans l'organisation de la vie religieuse et, la production des cultures. En effet, les rapports intergénérationnels sont en définitive déterminés par la quantité de ressources foncières que les familles, les lignages et les communautés ont en partage et ont sous leur contrôle. De ce fait, la terre est une partie intégrante de la spiritualité même de la société.[3]

Nous sommes d'avis que cette thèse paraît convaincante. En effet, elle correspond mieux avec les préoccupations que les groupes familiaux se font sur leur terre. On refuse d'aliéner la terre parce que celle-ci est une richesse vitale pour la communauté. Elle fournit à la communauté

---

1 J. Vannes, *op.cit*, p. 168.

2 G. Kalambay Lumpungu, *Le droit foncier zaïrois et son unification*, Thèse de doctorat, Université Catholique de Louvain, 1973, p. 378.

3 Union africaine, Banque africaine de développement et Commission économique pour l'Afrique, cadre et lignes directrices sur les politiques foncières en Afrique, Addis-Abeba, 2010, p. 9.

tout ce dont elle a besoin pour sa survie. La terre est un élément de la personnalité des membres de la communauté. C'est par elle que s'identifie la communauté. C'est dans ce sens que parlant du droit foncier traditionnel Ntumu (Gabon), Issac Nguema écrit que :

> « *C'est la terre tribale qui leur confère la capacité juridique. En dehors de celle-ci, en effet, les Ntumu apparaissent comme de grands enfants, sans droit aucun. De même, les personnes non-membres de leur tribu apparaissent à leurs yeux comme dépourvus de tout poids, de tout « sel » : on ne leur reconnaît pas la capacité juridique. Ce qui entraîne comme conséquence d'une part les Ntumu ne prennent pas d'époux en dehors du territoire tribal, d'autre part qu'ils ne peuvent aliéner leur terre au profit des personnes non-membres de la tribu : l'opération juridique qui est mise en œuvre à cette occasion exige un certain équilibre entre parties.*»[1]

Le professeur Lapika pense également que la terre reste à l'échelle individuelle et collective, un symbole fort de l'identité d'une communauté et un élément de reproduction sociale. C'est de la terre, écrit-il, que l'homme tire les ressources matérielles, thérapeutiques, alimentaires et vestimentaires dont il a besoin pour survivre. C'est aussi par la terre que l'homme se situe par rapport à la chaîne généalogique qui le relie aux ancêtres.[2]

c. Assouplissement du principe

Le principe d'inaliénabilité connaît de nos jours un assouplissement. Cela relève du caractère évolutif du droit coutumier. En effet, on observe que les terres coutumières se trouvant à proximité des centres urbains font l'objet de vente. Les chefs de terre se permettent de vendre à n'importe qui des lopins de terre, quitte à l'acheteur de se présenter devant les services compétents de l'Etat pour se faire délivrer les documents légaux. C'est ce qui fait dire à Nyamugabo que les chefs coutumiers agissent avec l'assistance passive, complaisante de l'administration.[3]

Généralement les terres vendues servent à un usage agricole. Mais il arrive aussi que ces terres soient destinées à l'usage d'habitation. Cette situation s'observe notamment, dans le plateau de Bateke où les Kinois obtiennent des concessions à usage agricole auprès des chefs coutumiers

---

1 I. Nguema, *La terre dans le droit traditionnel ntumu (Gabon)*, in Revue juridique et politique indépendance et coopération, 1970, p.1119.

2 Lapika Dimonfu, Les *enjeux fonciers et les conflits en République Démocratique du Congo*, in La loi du 20 juillet 1973 portant régime général des biens, régime foncier et immobilier et régime des sûretés au Congo. Trente ans après : Quel bilan ? Essai d'évaluation, Louvain-la-Neuve, Bruylant-Academia, 2004, p. 161.

3 Nyamugabo Mpova, op. *cit*, p. 32.

qui se réclament propriétaires terriens. Les concessions ainsi obtenues sont à titre définitif moyennant une somme d'argent.

Le professeur Kangulumba va dans le même sens, et constate que cette situation est pareille dans plusieurs pays de l'Afrique subsaharienne, en soulignant notamment ce qui suit :

> « *La propriété coutumière [...] est encore importante. Traditionnellement, le chef coutumier attribue ces droits d'usage aux membres de son groupe. Mais progressivement, en particulier en périphérie des villes, le droit coutumier se transforme sous la pression démographique et économique, et les chefs coutumiers cèdent des parcelles et créent des lotissements informels. Ces pratiques « néo coutumières » sont ignorées par la loi sans être formellement interdites. [...]. La situation est pareille à Dar es Salam (Tanzanie)* ».[1]

Toutefois, il convient de noter que cette évolution entraîne parfois certains conflits au sein du groupe. Il n'est pas rare que les membres de la communauté saisissent l'autorité judiciaire compétente contre le comportement soit du chef soit d'un autre membre du groupe pour avoir vendu un lopin de terre communautaire.

Enfin, pour clore ce chapitre nous soulignons qu'en droit coutumier congolais, la terre appartient à la collectivité : famille, clan ou village. L'individu ne peut par conséquent être propriétaire foncier. Mais la communauté auquel il appartient lui reconnaît le droit de jouissance individuel sur la terre communautaire.

C'est ainsi qu'il peut exploiter comme bon lui semble la portion de terre mise à sa disposition par la communauté. Muni des autorisations légales, il peut construire, habiter, cultiver, pêcher ou chasser sur cette terre. Il dispose également d'un droit de jachère sur la portion de terre dont il a été le premier à défricher. Ce droit de jachère est même transmissible pour cause de mort. Il est propriétaire des produits de son travail. Un étranger au groupe propriétaire foncier qui s'installe sur la terre communautaire doit obtenir l'autorisation du chef de terre. Cette autorisation lui permet d'exploiter la terre mise à sa disposition moyennant paiement du tribut. En principe le droit que possède un étranger sur la terre communautaire n'est pas transmissible pour cause de mort. La terre communautaire est inaliénable. Elle ne peut faire l'objet d'une vente. Cela se justifie par le fait que cette terre symbolise l'identité du groupe social. Les membres du groupe n'ont pas d'identité en dehors de leur terre. En outre, la terre est une source de vie pour les membres du groupe car elle leur donne tout ce qu'ils ont besoin pour vivre en parfaite harmonie.

---

1 V. Kangulumba Mbambi, *op.cit*, p. 333.

Chapitre 2

Les instruments juridiques et institutionnels du développement industriel en République Démocratique du Congo

Le Congo a défini les grandes lignes de sa politique industrielle sous le règne du Président Joseph Kasa-Vubu et du Président Joseph Désiré Mobutu. Les évolutions seront poursuivies sous le régime du Président Laurent Désiré Kabila, du Président Joseph Kabila Kabange et du Président Félix Antoine Tshisekedi Tshilombo avec bien entendu certains aménagements spécifiques d'améliorations incitatives. Ces politiques sont basées notamment sur la diversification et l'implantation de nouvelles activités par la valorisation systématique des ressources naturelles sur le territoire national, le développement des industries existantes, la création de nouvelles industries et l'extension des capacités installées en fonction de la demande intérieure et extérieure et la promotion des entreprises moyennes dirigées par des nationaux.

Afin de mettre en œuvre cette politique industrielle dont l'objectif n°1 « était notamment d'amener le pays dans le groupe des Nations industrialisées » selon les termes d'un ancien Commissaire d'Etat à l'Économie et Industrie[1], le Président Mobutu dota la République Démocratique du Congo (baptisée République du Zaïre à partir de 1971) d'un certain nombre d'outils juridiques dont il conviendrait d'examiner non seulement l'esprit et la lettre, mais également l'application.

On examinera d'abord les dispositions foncières et environnementales, avant de voir les dispositions touchant directement l'industrialisation. Ces trois domaines étant intrinsèquement liés. Mais, pour mieux comprendre ces dispositions, nous serons amenés à faire un retour dans la période coloniale.

1 Propos du Commissaire d'Etat (ministre) à l'Economie Nationale, M. MURAIRI MITIMA KANENO dans la préface du *Potentiel Economique*, mai 1976.

Section 1

Le droit foncier congolais d'avant et pendant la colonisation de 1884 à 1960

A. Les dispositions foncières anciennes

A l'origine, le sol se composait de terres vacantes où nul droit apparent ne s'exerçait et de terres indigènes sur lesquelles des particuliers ou des collectivités exerçaient des droits de culture, de chasse, de pêche et d'habitat régis par la coutume et ne faisant pas l'objet d'une codification. Le droit individuel de propriété était étranger à la coutume où le sentiment du collectif était absolument prédominant[1].

C'est à partir du premier juillet 1885 que tout va basculer, les terres du Congo seront régies selon le code foncier occidental, plus précisément belge. Les populations autochtones ignoraient ce changement. Elles ignoraient aussi le fait d'être spoliées de leur terre. Le nouveau maître belge va introduire sa nouvelle conception foncière jusqu'en 1960 où il la léguera aux nouvelles autorités congolaises. Nous nous attarderons à analyser le début d'instauration de cette nouvelle loi foncière, son application ainsi que le début de son changement en 1966.

a. Les choix originels de l'Etat indépendant du Congo

Pendant que Henry Morton Stanley entreprenait en Afrique Équatoriale son voyage qui devait le mener vers la côte de l'Océan Indien au rivage de l'Océan Atlantique et lui permettre de redécouvrir le cours du fleuve Congo, le Roi Léopold II réunissait, au Palais Royal de Bruxelles, une conférence géographique de 1876.

A propos de cette conférence, Adam Hochschild avait écrit :

« *Roi d'un petit pays dont la population ne s'intéressait pas aux colonies, il savait que toute tentative de colonisation de sa part devrait comporter un caractère humanitaire. Parmi ses objectifs, il soulignait la diminution de la traite des esclaves, l'élévation morale, les progrès de la science, et non les bénéfices. En 1876, il lança l'organisation d'une manifestation destinée à établir son image de philanthrope et à lui permettre de faire avancer ses ambitions africaines, organiser et présider une conférence d'explorateurs et de géographes.* »[2]

---

1 J. MARRES « Le nouveau régime foncier du Congo », Eurafrica - Tribune du Tiers Monde, n° 7 et 8, août-septembre 1970, p. 9.

2 A. HOCHSCHILD, *Les fantômes du roi Léopold, Un holocauste oublié*, Paris, éd. Belfond, 1998, p. 57-58.

Le Roi définissait, au cours de cette conférence, le but qu'il voulait atteindre : « Ouvrir à la civilisation cette partie du globe où elle n'avait pas pénétré ; percer les ténèbres qui enveloppent des populations entières, c'est, disait-il, une croisade digne de ce siècle de progrès ». (Discours du 12 septembre 1876).

Avec la signature de l'acte général de la Conférence de Berlin, le 26 février 1885, le roi Léopold II obtint le territoire du Congo. Mais le régime foncier congolais avait été réglé de façon originale par l'ordonnance de 1er juillet 1885, complétée par le décret du 11 septembre 1886 où l'on trouve (dans l'article 2) cette disposition qui annonce la Charte coloniale :

« *Sont interdits tous actes ou conventions qui tendraient à expulser les indigènes des territoires qu'ils occupent ou à les priver, directement ou indirectement, de leur liberté ou de leurs moyens d'existence* ».

En effet :

« *Les Européens, dans les circonscriptions urbaines et sur les terres rurales possédaient sur le fonds qu'ils occupaient un droit de propriété, d'emphytéose ou de superficie régie par le Code civil et en conséquence protégée par la charte coloniale, c'est-à-dire qu'ils ne pouvaient être privés de leur droit foncier que pour cause d'utilité publique et moyennant une juste et préalable indemnité » [...] La propriété ne succédait au bail que sous condition de mise en valeur effectuée et reconnue par constat.* »[1]

Par ailleurs, l'Etat Indépendant du Congo avait sagement adopté en matière de droit foncier un régime appelé « régime de l'Acte de Torrens » d'après lequel la seule propriété légale est la propriété enregistrée. Les droits immobiliers, quelle que soit la source de leur acquisition, étaient au Congo solidement protégés par le régime dit de l'enregistrement emprunté aux britanniques, initiateurs de « l'Acte de Torrens ». La preuve du droit résultait d'un document descriptif et numéroté dénommé « certificat d'enregistrement » et qui avait une force probante indépendante des causes et processus d'acquisition. Ce document était transcrit dans les registres fonciers et portait référence de leurs volumes et folios. L'article 44 du Code civil congolais spécifiait en toute et magnifique clarté :

« Le certificat d'enregistrement fait pleine foi du droit de propriété et des locations et charges réelles qui y sont spécifiées ».

---

1 J. MARRES, « Le nouveau régime foncier du Congo », Eurafrica - Tribune du Tiers monde, n°7 et 8 août-septembre 1970, pp. 9-10.

a.1. Aperçu des règles essentielles du droit foncier suivant l'Acte de Torrens

Il existait deux sortes de terres au Congo : les terres qui étaient régies par le droit coutumier indigène et celles régies par le Code civil congolais. A ce sujet, l'article 2 de l'ordonnance du 1er juillet 1885 déclarait :

« Nul n'a le droit d'occuper sans titre des terres vacantes, ni déposséder les indigènes des terres qu'ils occupent, les terres vacantes doivent être considérées comme appartenant à l'Etat ».

Le décret du 14 septembre 1886 avait ajouté en son article 2 :

« Les terres occupées par les populations indigènes, sous l'autorité de leurs chefs continueront d'être régies par les coutumes et les usages locaux ».

De son côté le décret du 03 juin 1906 avait indiqué en son article 1er :

« Sont terres occupées par les indigènes aux termes des dispositions précitées, les terres que les indigènes habitent, cultivent ou exploitent d'une manière quelconque, conformément aux coutumes et aux usages locaux ». « Il sera poursuivi sur place à la détermination et à la constatation officielle, de la nature et de l'étendue des droits d'occupation des indigènes (....) La délimitation des terres sera reportée sur croquis qui sera déposé aux archives du commissariat de district ».

Le même décret organisait la délimitation des terres indigènes et permettait au Gouverneur ou à son délégué d'attribuer à chaque village des terres triples de l'étendue de celle habitée et cultivée par eux. Le Gouverneur Général ou le Commissaire du District délégué à cette fin, en vue de tenir compte des modes de culture des indigènes et de les encourager à de nouvelles cultures étaient autorisés à attribuer à chaque village une superficie de terres triple de l'étendue de celles habitées et cultivées par eux, et même de dépasser cette superficie triple avec approbation. Cette extension de terres sera indiquée au croquis prévu à l'article premier de l'Acte.

L'ordonnance du 30 septembre 1922 sur la matière avait donné des garanties supplémentaires. Ainsi, c'était par acte authentique que devrait être passé tout contrat par lequel les indigènes disposaient, en tout ou partie des droits exercés par eux, sur les terres domaniales, vacantes ou inaliénables.

a.2. Protection des indigènes, des missionnaires, des voyageurs, et liberté de culte

Le chapitre 1er de l'Acte général de la Conférence de Berlin du 26 février 1885 était complété par des dispositions relatives à la protection des indigènes, des missionnaires et des voyageurs ainsi qu'à la liberté de culte. Un accord relatif à la protection des populations indigènes, à l'amélioration de leur sort, à la suppression de l'esclavage et surtout de la traite des noirs, était trouvé[1].

Toutes les puissances exerçant des droits de souveraineté ou une influence dans lesdits territoires s'engageaient à veiller à la protection des populations indigènes, à l'amélioration de leurs conditions morales et matérielles d'existence et à concourir à la suppression de l'esclavage, surtout de la traite des noirs ; elles protégeaient et favorisaient, sans distinction de nationalités et de cultes, toutes les institutions et entreprises religieuses, scientifiques ou charitables créées et organisées à ces fins ou tendant à instruire les indigènes et à leur faire comprendre et apprécier les avantages de la civilisation.

Les missionnaires chrétiens, les savants, les explorateurs, leurs escortes, avoirs et collections faisaient également l'objet d'une protection spéciale. La liberté de conscience et la tolérance religieuse étaient expressément garanties aux indigènes et aux étrangers. Le libre et public exercice de tous les cultes, le droit d'ériger des édifices religieux et d'organiser des missions appartenant à tous les cultes n'étaient soumis à aucune restriction ni entrave, selon l'Acte Général de la Conférence signé à Berlin le 26 février 1885, Art. 6[2]. Jusqu'au 30 juin 1960, le Congo était caractérisé par la possession des droits principalement concédés par divers mécanismes légaux.

Sous l'Etat Indépendant du Congo (EIC), pour l'occupation des terres, des sociétés telles que la Compagnie du Katanga (Convention du 12 mars 1891 avaient reçu du souverain le droit d'exercer certaines péremptions qui appartenaient essentiellement au pouvoir exécutif colonial. De telles délégations furent interdites, sauf celles qui s'appliquaient à des autorités publiques établies et organisées par la loi ou par des règlements pris en vertu d'une loi.

---

1 Article 6 de l'Acte de Berlin du 26 février 1885.

2 D. SAIVRE (sous la direction de), *La conférence de Berlin (1884-1885)*, Abidjan, Dakar, Nouvelles éditions africaines, 1985, pp. 123-135.

b. Le régime foncier congolais depuis 1885

La législation foncière du Congo consacre le principe de la domanialité des terres vacantes, c'est-à-dire celles qui ne sont pas grevées de droits au profit de tiers indigènes ou non indigènes, doivent être considérées comme appartenant à l'Etat.

Le 1er juillet 1885, l'Administrateur Général De Winton avait publié la circulaire suivante :

« *Un décret du Souverain invitera incessamment tous les non indigènes qui possèdent actuellement ou occupent actuellement à un titre quelconque, des terres situées sur le territoire de l'Etat Indépendant du Congo, à faire une déclaration officielle indiquant ces terres et à soumettre à l'examen et à l'approbation du gouvernement les contrats et titres en vertu desquels ils les occupent* ».

Le décret avait pour but d'assurer dans les formes prescrites la reconnaissance des droits acquis et de permettre l'organisation régulière de la propriété foncière dans ledit Etat.

En attendant, pour éviter des contestations et des abus, l'administrateur général, autorisé à cet effet par le Souverain, avait fixé par arrêté des dispositions légales[1].

b.1. Convention avec les indigènes pour l'occupation des terres et libéralités coutumières

Une convention passée avec les indigènes pour l'occupation, à un titre quelconque, des parties du sol, n'était reconnue par le gouvernement et n'était protégée par lui à moins que le contrat ou la convention ne fut fait à l'intervention d'un officier public commis par l'administrateur général et d'après les règles que ce dernier avaient tracées dans chaque cas particulier.

A ce sujet, il était stipulé dans l'Acte que :

« *Nul n'a le droit d'occuper sans titre des terres vacantes et de déposséder les indigènes des terres qu'ils occupent ; les terres vacantes doivent être considérées comme appartenant à l'Etat* ».

Ce principe était reconnu une nouvelle fois par l'article 12 du titre 1er du livre II du Code civil congolais. Nul ne peut occuper des terres vacantes sans titre selon l'article 2 de l'ordonnance du 1er juillet 1885. En

1 Ordonnance de l'Administrateur Général du Congo De Winton, 1er juillet 1885. 030.1885 p. 30.

fait, il s'agit d'un droit de tolérance : nul n'avait le droit de déposséder les indigènes des terres qu'ils occupaient (décret du 1er juillet 1885 : l'Etat ne peut disposer ou concéder des terres que sous réserve des droits des indigènes). Dès lors, ne faisaient partie du domaine privé que les terres occupées par les indigènes à la date du 1er juillet 1885, et les terres vacantes qu'ils ont occupées depuis, par suite d'une tolérance du gouvernement.

b.2. Des terres domaniales et non domaniales

Le régime foncier colonial établissait une distinction entre les terres domaniales et les autres.

Les terres domaniales comprenaient les terres du domaine public : terres réservées à l'usage de tous dans un but d'intérêt général ; les terres concédées : terres du domaine grevées d'un droit de jouissance ou d'un droit quelconque au profit des tiers, mais non enregistrées, exemple : les terres confiées au Comité Spécial du Katanga (C.S.K), au Comité national du Kivu (C.N.K), (etc.) : les terres vacantes : terres inoccupées et disponibles qui faisaient partie du domaine privé de l'Etat et dont celui-ci pouvait en disposer conformément aux dispositions légales en la matière et les terres enregistrées : terres que l'Etat possédait au même titre que les personnes privées et qui étaient enregistrées[1].

Les autres terres comprenaient les terres grevées d'un droit au profit de tiers indigènes ou non indigènes. Parmi les terres domaniales il fallait encore distinguer les terres du domaine public et celles du domaine privé. Selon l'article 10 du livre II du Code civil d'alors (repris d'ailleurs textuellement par l'article 10 de la nouvelle loi de 1973) :

> « *Faisaient partie du domaine public les biens de l'Etat affectés à l'usage ou à un service public. Faisaient dès lors partie du domaine foncier privé de l'Etat, toutes les terres sur lesquelles des particuliers ne possédaient pas de droit de propriété dûment enregistré et celles que les indigènes n'occupaient pas dans le sens légal de ce mot* » [2].

L'Etat pouvait disposer des terres du domaine privé de l'Etat, on range ainsi la domanialité des terres vacantes. Toutes les terres sans maître appartiennent à la colonie, sauf le respect des droits coutumiers des indigènes[3].

1 Ordonnance de l'Administrateur général de l'Etat Indépendant du Congo, De Winton, 1er juillet 1885, p. 30.
2 MBEMBA MULOPO MISEKELE, « Le nouveau régime foncier zaïrois et l'expropriation pour cause d'utilité publique », *Etudes zaïroises*, vol. n°2, juin-juillet 1974, p. 62.
3 Décret 31 juillet 1912, *Bulletin Officiel*, 1912, p. 799.

Concernant la domanialité des terres vacantes, le décret du 31 juillet de 1912 qui constitue le livre II du Code civil congolais était rendu applicable au Rwanda-Urundi par une ordonnance du Gouverneur de ces territoires le 8 mars 1927[1].

Deviennent terres vacantes et rentrent dans le domaine privé de l'Etat, les terres précédemment occupées par les indigènes, mais qu'ils ont abandonné définitivement. C'est le fondement et la condition de la tolérance, accordée par l'Etat aux indigènes, de se déplacer sur les terres domaniales

B. Nature juridique des droits des indigènes sur les terres

Les instructions du Gouvernement Général du 8 septembre 1906[2] déclaraient que les droits des indigènes sur les terres n'avaient pas le caractère d'une propriété d'une même collectivité, d'un usufruit ou d'une servitude, c'est plutôt un droit réel *sui generis*, grevant la propriété au profit d'une ou plusieurs collectivités.

a. Statut légal des terres indigènes

Le décret du 03 juin 1906[3] garantissait aux indigènes la jouissance des terres occupées par eux, quelles que soient les formes tangibles sous lesquelles se concrétisait l'utilisation de ces terres.

b. Protection des droits fonciers indigènes

Dès sa création, l'Etat Indépendant du Congo, par une série de dispositions édictées à des diverses époques, avait marqué sa préoccupation de protéger le droit des indigènes contre les tentatives de spoliation (Ordonnance de 1er juillet 1885, le décret du 14 septembre 1886 et le décret du 03 juin 1906). Nul ne pouvait acquérir les terres indigènes même par prescription.

c. Accession progressive des indigènes à la propriété individuelle

L'accession progressive des indigènes à la propriété individuelle était une recommandation solennelle du gouvernement. En effet, la Charte coloniale imposait au gouvernement général une politique foncière. Ce dernier avait le devoir de veiller au développement chez les indigènes de

1 Bulletin Officiel, *Rwanda-Urundi* du 1er mai 1927.
2 Etat indépendant du Congo, *Bulletin Officiel,* 1906, p. 378.
3 Bulletin Officiel, p. 226.

la propriété privée[1]. Selon le gouvernement, la substitution de la propriété collective au profit des indigènes constituait un progrès. Ce n'était que progressivement que le gouvernement travaillait à l'appropriation individuelle du sol par les indigènes, comme un idéal à atteindre par étapes successives.

L'appropriation individuelle faisait l'objet d'une série de directives ministérielles du Ministre Renkin, le recueil à l'usage des fonctionnaires[2] recommandait d'inculquer à l'indigène la notion de la propriété individuelle, qui était un des plus grands facteurs de la civilisation.

d. Différentes espèces d'occupation des terres indigènes

Il fallait distinguer l'occupation des terres indigènes en vue d'opérations commerciales et en vue d'autres mobiles. A ce sujet les instructions administratives prévoyaient l'occupation des terres afin de favoriser l'évangélisation et l'occupation des terres par des non étrangers à la chefferie.

d.1. Occupation de terres indigènes en vue d'opérations commerciales

Nul ne pouvait, en vue d'opérations commerciales s'établir, même temporairement, sur des terres appartenant aux indigènes, même avec le consentement de ceux-ci, s'il n'avait reçu l'autorisation expresse et écrite de l'Administrateur du Territoire[3]. En vertu de l'art. 1er du décret du 9 décembre 1925, aucune personne de couleur, trafiquants ambulants, capitas de négoce, ne pouvait se rendre dans les milieux indigènes, dans un but commercial, sans être en possession d'un permis de circulation pour le commerce ambulant, délivré par l'administrateur territorial.

d.2. Occupation des terres pour favoriser l'évangélisation

La Charte coloniale obligeait les colonies à favoriser et à protéger l'action des missionnaires chrétiens. Selon les indications, pouvaient être considérées comme des directives :

- Les groupements de chrétiens : les indigènes chrétiens ne pourraient jamais être empêchés de se grouper sur les terres où ils possédaient des droits comme membres d'un clan ou d'une famille.

---

1 Loi du 18 octobre 1908, article 5.

2 *Recueil à l'usage des fonctionnaires*, Bruxelles, édition de 1923.

3 Article 1er du décret du 6 août 1922.

- Les villages installés autour des missions : il ne pouvait être porté atteinte aux villages chrétiens, établis près des missions, à portée de celles-ci.

L'influence européenne pouvait s'y exercer, y maintenir une discipline effective et y promouvoir les règles d'hygiène.

Il n'y avait pas lieu de défendre aux missionnaires d'avoir une maison à eux dans les villages indigènes. L'autorisation à obtenir ou l'agrément de la population ne créait évidemment aucun droit foncier au profit des missionnaires.

e. Nature juridique des installations missionnaires

e.1. Régime des associations

Les associations scientifiques, religieuses, philanthropiques pouvaient obtenir la personnalité civile, par arrêté royal, aux conditions indiquées par le décret du 28 décembre 1888[1]. Elles agissaient par l'organe de leurs représentants légaux qui devaient être agrées par un arrêté royal.

En cette matière, par la convention du 26 mai 1906 entre l'Etat Indépendant du Congo et le Saint-Siège[2], la colonie s'était engagée à concéder aux missionnaires catholiques au Congo les terres nécessaires à leurs œuvres religieuses. La superficie des terres à allouer à chaque mission, dont l'établissement était décidé de commun accord était de 100 hectares cultivables ; elle pouvait être portée à 200 hectares en raison de nécessité et de l'importance de la mission. Ces terrains ne pouvaient être aliénés et devaient rester affectés à leur utilisation aux œuvres de la mission. Elles étaient données à titres gratuits et en propriété perpétuelle. Les missions catholiques acceptaient le contrôle de leur enseignement par le gouvernement. La convention de 1906 ne visait que les œuvres religieuses et l'éducation.

Les missionnaires pouvaient évidemment déployer leurs activités civilisatrices dans les domaines les plus divers.

e.2. Affectation légale de la mission aux œuvres caritatives

Les terres cédées gratuitement aux missions avaient une destination légale dans la plupart des cas. En effet, les décrets de donation stipulaient

1 *B.O.* de 1888, p. 5.
2 *B.O.* de 1906, p. 158.

généralement que les terres resteraient affectées aux œuvres de la mission. Un décret du 16 mars 1929[1] avait approuvé une convention conclue le 17 novembre 1928, entre le gouvernement et la mission des pères rédemptoristes. Il autorisait, la mission à vendre trois terrains à Matadi, antérieurement cédés en vue des œuvres, mais à condition d'en affecter le prix à l'établissement d'installations humanitaires et éducatives nouvelles à Kinkanda.

On peut citer encore un décret de 06 septembre 1928[2] qui désaffectait des terrains remis par la mission des Mill-Hill à la colonie, en échange d'autres terrains[3]. Jusqu'à cette date la cession gratuite était faite par un acte unilatéral, décret ou arrêté royal déclarant qu'il était fait donation. La volonté du donataire (mission) d'accepter, résultait de la demande de transfert du terrain et n'avait pas le caractère authentique que revêtait la volonté de donner, manifestée par acte légal.

Enfin, la législation spéciale sur les associations ne créait pas un régime restrictif. Elle ne s'opposait pas à l'acquisition de terres par les missions ou les missionnaires aux conditions générales en vigueur. Ces derniers pouvaient acquérir des terres, à titre privé, comme les autres personnes, et sous réserve des approbations spéciales prévues par le décret de 28 décembre 1888 ou des approbations légales d'application générale en matière de cession ou de concession de terres domaniales.

e.3. Respect des droits indigènes

Les conventions et les contrats accordant des terres étaient conclus sous réserve des droits d'occupation, de cueillette, de la pêche, de la chasse etc. Les indigènes jouissaient de la liberté commerciale. Le principe du respect des droits des indigènes était absolu ; l'Etat ne pouvait céder ce qui ne lui appartenait pas, il ne disposait que des terres vacantes.

e.4. Cession et concession gratuites de terres du domaine

L'usage gratuit du domaine était souvent concédé pour l'établissement de voies de transport, de quais, de ports, de téléphones ou d'autres voies de communication.

Les cessions gratuites n'étaient consenties que pour l'établissement des associations philanthropiques, scientifiques ou religieuses[4] ou à

1 *B.O.*,1929, II, p. 247.
2 *B.O.*,1928, II, p. 4716.
3 Compte-rendu analytique 1928, pp. 471-472.
4 *B.O.* décret du 28 décembre 1888.

raison de considération de conventions internationales et à titre de réciprocité.

Enfin, un décret du 29 janvier 1924 prévoyait l'action de concessions gratuites aux anciens fonctionnaires méritants, en vue de favoriser la colonisation du Congo.

f. Politique foncière de l'Etat indépendant du Congo

f.1. Principes juridiques en matière foncière

Dès son établissement au Congo, l'E.I.C. adopta, en matière foncière, deux règles essentielles : le respect des indigènes, en vue de libre exercice des droits coutumiers sur les terres, et le droit de l'Etat sur les terres vacantes, en vertu du principe généralement admis, que les lieux sans maître appartiennent à l'Etat.

L'Etat indépendant du Congo, par un décret du 12 septembre 1886, exigea que tous les contrats de location ou d'acquisition de terres conclues avec des indigènes, avant son installation soient soumis à l'approbation et à l'enregistrement. Toutefois, il fallait déterminer ce qu'on entendait par « terres vacantes ». Ce n'est que par décret du 03 juin 1906 que des principes plus précis furent établis en cette matière à la suite du rapport de la commission d'enquête du 31 octobre 1905[1]. Le Roi Léopold II avait décidé d'envoyer une mission au Congo pour rechercher les meilleurs procédés de mettre fin aux abus signalés.

f.2. Exploitation en régie et système d'économie mixte

L'Etat Indépendant du Congo eut recours à l'exploitation directe ou en régie des produits domaniaux et à l'exploitation par l'intermédiaire des sociétés concessionnaires de droits exclusifs de cueillette dans lesquelles il avait des participations.

Cet Etat Indépendant du Congo, et plus tard le Congo belge, avaient largement pratiqué les méthodes dites «d'économie mixte», qui supposaient une association de la puissance publique et des particuliers en vue de réaliser certains services d'intérêt général ou des activités utiles au développement du pays. La formule était compatible avec les affaires d'intérêt général, notamment : chemins de fer, aviation, aménagement économique général, exploitation minière.

---

1 *B.O.*, 1905, p. 133.

f.3. Grandes sociétés concessionnaires

f.3.1. Fondation de la Couronne

Le système de l'Etat Indépendant du Congo avait presque entièrement couvert le territoire du Congo de monopoles de droit exclusif de cueillettes pour les produits relevant du domaine dont il avait juridiquement le droit de disposer.

Aux principales sociétés concessionnaires qu'étaient la Compagnie du Kasaï, la Forminière[1], l'American Congo Company, l'ABIR[2], l'Anversoise, la Société Isangi, le Comptoir Commercial Congolais, la Compagnie des Grands Lacs, vinrent s'ajouter les apports de la Compagnie du Katanga et d'une institution spéciale de caractère dynastique : le Domaine de la couronne. Les droits de ce dernier cessèrent avec la reprise du Congo en 1908 par la Belgique, sous réserve de respect de certaines obligations souscrites par ces institutions, comme énumérées dans les conditions de «l'acte additionnel» du Traité de reprise.

f.3.2. Compagnie du Katanga (CK)

Les droits concédés à la compagnie de Katanga avaient un objectif plutôt politique. Ils devaient permettre une prompte occupation de la partie Sud-est du Congo, convoitée pour ses richesses minières. Ils aboutirent, en 1900, à la création du Comité Spécial du Katanga (CSK). Celui-ci gérait le domaine commun de la Colonie et de la Compagnie, évalué à 45000000 d'hectares étant entendu que les profits de cette gestion étaient répartis à raison de 2/3 pour la Colonie et 1/3 pour la Compagnie du Katanga, dont la Colonie a exigé 1/10 des actions.[3]

f.3.3. Liberté commerciale réglementée

La liberté commerciale se trouvait très réduite au système de l'exploitation par voie de concessions à monopole ou régie. La Belgique y substituera la liberté de concurrence, des produits domaniaux, mais réglementée et taxée. Le déficit budgétaire qui résultait de cette politique nouvelle fut comblé par l'établissement de l'impôt indigène payable en espèces et qui comportait un impôt principal ou de capitation, et un impôt supplémentaire qui frappait les polygames.

---

1 Forminière = La société forestière et minière.
2 ABIR = Anglo-Belgian India Ruber and Exploring.
3 *B.O.* du 12 mars 1891.

Section 2

Effectivité de l'industrialisation insuffisante au Congo-belge : organisation d'une industrialisation extravertie

A. La production destinée au commerce extérieur

Elle concernait les produits non exportables en l'état pour des raisons techniques ou économiques. Ces produits nécessitaient une première transformation au Congo. On trouvait principalement dans cette catégorie : l'industrie d'huile, l'industrie du bois et l'industrie de la métallurgie de base.

En fait cette industrialisation avec des structures limitées des transformations, non réalisées par des multinationales préparait seulement la grande transformation industrielle à l'Occident, politiques qui ne pouvaient en réalité développer l'industrie du Congo de manière durable.

a. Industrie d'huile

1. L'huile de palme

L'huile contenue dans le péricarpe du fruit était extraite aussitôt après la coupe du régime pour qu'elle puisse garder sa teneur et pour éviter l'augmentation du taux d'acide. La production d'huile de palme était entièrement prise en charge par les entreprises étrangères qui combinaient capital et travail dans leur processus de production. Il était significatif de relever que les principales entreprises étaient contrôlées par deux groupes financiers, la Société Générale de Belgique et Unilever, qui avaient produit à elles seules 125.000 tonnes d'huile en 1962, soit 82 % du volume des exportations[1].

2. L'huile de palmistes et les amandes palmistes

La coque de la noix laissée par le fruit de palme, après extraction de l'huile contenue dans le péricarpe, était généralement utilisée comme combustible pour les fours des huileries de palme, tandis que l'amande palmiste contenue dans la coque, était exportée en l'état ou vendue aux huileries des palmistes. Toutefois, il fallait noter que la totalité de la production d'huile de palmistes n'était pas exportée : une partie était en effet consommée par les savonneries congolaises (6 % en 1958, 8 % en 1963)[2].

---

1 Source : Nations Unies, statistiques africaines, 1962.

2 *Idem*, 1963.

b. Industrie du bois

La forêt dense couvrant près de 55 % du territoire congolais, le bois était exploité comme les autres ressources naturelles du Congo, dans le cadre d'une économie exportatrice de produits bruts. Grâce aux capitaux des entreprises étrangères, l'industrie du bois s'était greffée depuis 1950 sur l'exploitation forestière pour l'exportation. Les usines créées au Mayombe (Lukula, Tshela et Seke-Banza), à la limite sud de la forêt équatoriale (Bolobo et Nioki) et à Léopoldville (Kinshasa) déroulaient les grumes et exportaient des feuilles de placages ; d'autres usines produisaient des contreplaqués qui étaient écoulés en part importante sur le marché intérieur.

c. Industrie de la métallurgie de base

Elle concernait essentiellement : le cuivre, le cobalt, le zinc, le cadmium, l'étain et la cassitérite. Compte tenu de l'importance des moyens financiers à mettre en œuvre, les entreprises ayant largement accès au marché belge des capitaux avaient estimé que la valorisation sur place des productions permettrait l'exploitation rentable des sites miniers. La fonderie d'Elisabeth (ville Lubumbashi) avait donc été créée pour traiter par voie thermique, les minerais sulfurés de cuivre, de zinc et de l'argent. Par la suite, la première usine d'électrolyse du cuivre avait été installée à Jadoville (Shituru) en 1929, avec une capacité d'environ 100.000 tonnes de cuivre par an. La mise en service depuis 1960, d'une seconde usine d'électrolyse à Kolwezi-Luilu, complètement automatisée, avait fait passer la capacité de production totale à plus de 300.000 tonnes de cuivre par an[1].

Outre le cuivre, des produits associés étaient obtenus par l'électrométallurgie : le cobalt, le zinc, le cadmium produits par l'Union Minière du Haut-Katanga (UMHK) et ses filiales (Metalkat et Geomines), ainsi que l'étain de la fonderie de Manono et la cassitérite du Kivu- Maniema.

B. La production destinée à la consommation intérieure

Dans les domaines divers de la vie courante, les industries avaient été créées grâce à l'apport des capitaux étrangers. On pouvait notamment mentionner les industries suivantes : l'industrie des denrées alimentaires,

1 F. Bezy, Changements de structure et conjoncture de l'industrie minière au Congo, 1938-1950 in Notes et Documents de l'IRES n° 19/S.E-13, juillet 1961, p. 23.

l'industrie des boissons, l'industrie des tabacs, l'industrie textile, l'industrie de la confection, l'industrie de la chaussure, l'industrie chimique, l'industrie des produits minéraux non métalliques et l'industrie des fabrications métalliques.

a. Industrie des denrées alimentaires

Un grand nombre d'activités étaient incluses dans cette catégorie, mais la plupart d'entre elles n'étaient pas couvertes par l'indice de la production industrielle (exemple : la pêche, les boulangeries, le décorticage du riz, la production du lait, la charcuterie et autres préparations de viandes) parce qu'elles présentaient un caractère artisanal ou tout simplement parce qu'elles représentaient une part trop faible de la valeur ajoutée dans le produit total de l'industrie congolaise[1]. Mise à part cette réserve, le secteur de l'industrie congolaise des denrées alimentaires comprenait principalement la production du sucre, de l'huile de table, de margarine, de graisses végétales, de biscuits et de confiserie.

a.1. L'industrie du sucre

La production de sucre au Congo avait commencé en 1929, date de la création d'une raffinerie et de la première entreprise (La Compagnie Sucrière Congolaise) exploitant des plantations à Moerbeke (Kwilu-Ngongo) dans le Bas-Congo. Ensuite, une deuxième entreprise était installée à Kiliba dans le Kivu. Selon l'annuaire de statistique des Nations Unies de 1952 sur l'industrie sucrière en Afrique, le Congo venait en 5e position dans la production de sucre après l'Algérie, l'Afrique du Sud, la République Arabe Unie et l'Angola– avec 20.000 tonnes (en 1958) et 40.000 tonnes (en 1960).

a.2. L'industrie des corps gras alimentaires

Pour l'essentiel, cette industrie intéressait deux produits : la margarine et l'huile de table. On produisait la margarine à Léopoldville (Kinshasa), alors que l'huile de table était produite à Léopoldville (Kinshasa), à Elisabethville (Lubumbashi) et à Nkolo-Fuma dans le Bas-Congo. La production de margarine était restée le monopole d'une entreprise dénommée Marsavco à capitaux belges, congolais et anglais, installée à Léopoldville (Kinshasa), dont l'activité principale était la savonnerie.

---

1 J.L. Lacroix, *Industrialisation au Congo. La transformation des structures économiques*, Editions Mouton, Paris, 1967, p. 252.

Les autres industries de savonnerie sont : AMATO, COMIGEN, SOCITURI, SABULI et SORGER[1]. Modeste dans l'ensemble, la production des corps gras alimentaires avait néanmoins eu quelques effets d'entraînement dans la production locale d'emballages : bouteillerie, cartonnerie et fabrication de boîtes à conserve.

a.3. Biscuiterie et confiserie

Quelques entreprises, dont la plus importante était installée à Elisabethville (Lubumbashi), représentaient ce secteur. Selon M. le professeur Jean Louis Lacroix :

« Le développement modéré de ce secteur a été favorisé par l'expansion de la demande et par le contrôle des changes qui a freiné la concurrence des produits importés[2] ».

b. Industrie des boissons

Outre l'activité des marchands de vins et spiritueux qui n'était pas couverte par l'indice de production industrielle parce que cette activité n'ajoutait pas de valeur significative aux produits importés, l'industrie des boissons tenait essentiellement à la brasserie et à la limonaderie. Alors qu'elle ne disposait que de deux brasseries créées en 1923 à Léopoldville (Kinshasa) et en 1925 à Elisabethville (Lubumbashi) dans la province du Katanga (Shaba), le Congo totalisait en 1960 douze brasseries. A la suite de quoi, l'accroissement de la production fut extrêmement rapide entre 1958 (1.190.000 hl) et en 1962 (2.109.000 hl)[3]. En plus de ces brasseries qui avaient également une production de limonaderie, on comptait plusieurs petites entreprises productrices d'eaux gazeuses. En 1962, la production totale d'eaux gazeuses et de limonades avait plafonné à 3.500.000 hectolitres[4].

c. Industrie des tabacs

Dans un climat de grande crise économique, la tentative de création d'une industrie des tabacs à Léopoldville (Kinshasa) en 1920 avait échoué. Il fallut attendre l'année 1948 pour voir une première industrie de ce genre s'installer à Léopoldville (Kinshasa). Après quelques années, une deuxième industrie avait été créée à Elisabethville (Lubumbashi),

---

1 *Conjoncture économique,* Département de l'économie, décembre 1984, République du Congo, pp. 379 à 1985.
2 *Idem*, p. 258.
3 Source : Nations Unies, *Annuaire statistique,* 1962.
4 *Idem.*

puis une troisième unité industrielle à Stanleyville (Kisangani). Selon l'annuaire statistique des Nations Unies de 1962, la capacité de production totale avait atteint 5.700 millions de cigarettes par an, soit 24% de plus qu'en 1958.

d. Industrie textile

En 1964, le Congo disposait de quatre industries productrices de coton. Ces industries comportaient également des ateliers de teinture et d'impression. Le pays comptait également deux entreprises de filature et de tissage d'Urema et de Punga, deux fabriques de couvertures et deux petites entreprises des tissus à base de filés de laine ou de synthétiques. A l'échelle africaine, l'industrie textile congolaise était en bonne place, puisque le Congo occupait le second rang parmi les pays africains producteurs de cotonnades, juste derrière la République Arabe Unie[1].

Par ailleurs, l'industrie de la filature et du tissage avait facilité, en aval, la création d'une industrie de la bonneterie et de la confection, dont les principaux produits étaient les pantalons, les sous-vêtements tricotés en fils de coton et les chemises d'homme. A cette liste, il convenait d'ajouter la production de matelas et d'oreillers.

e. Industrie de la chaussure

Entre 1948, date de création de la première usine à Léopoldville Kinshasa), et 1965 (fin de la première République), la production industrielle de chaussures avait pu se développer sans détruire l'artisanat. L'industrie de la chaussure se présentait de manière suivante[2] :

- une entreprise disposant de sa propre tannerie et d'une capacité de 1.250.000 paires de chaussures en cuir ;
- deux entreprises produisant annuellement 1.300.000 paires de chaussures en toile et caoutchouc ;
- trois entreprises ayant la capacité de mettre sur le marché 1.850.000 paires de sandales en matières plastiques et autres.

f. Industrie chimique

Pour l'essentiel, elle se limitait à la production des biens intermédiaires consommés par l'industrie minière (acide sulfurique, chlorate de soude,

1 Source : Nations Unies, *Annuaire statistique* 1962 et Commission Economique pour l'Afrique, Division statistique, Addis-Abeba 1964.
2 Source : CEA, Division statistique 1964, ronéotypé.

glycérine entrant dans la composition des explosifs) et des biens de consommations courantes (savonnerie, préparation des articles de toilette).

g. Industrie des produits minéraux non métalliques

Outre la bouteillerie et la briqueterie, le secteur de l'industrie des produits minéraux non métalliques concernait également la production du ciment et des biens associés : produits en fibrociment et en béton, carrelages.

h. Industrie des fabrications métalliques

Elle comprenait deux branches d'activité : l'industrie métallurgique de base et l'industrie de transformation des produits sidérurgiques.

S'agissant de la première branche, une usine avait été créée en 1951 à Elisabethville (Lubumbashi), dotée de trois laminoirs depuis 1958, pour la production de tôles en cuivre et aluminium qui servaient de cathodes mères dans l'électrolyse du cuivre et du zinc.

Les wires-bars de cuivre étaient aussi tréfilées pour faire des fils et des câbles électriques. Ensuite, deux entreprises installées à Léopoldville (Kinshasa) avaient permis de mettre sur le marché du fil électrique dont la fabrication consommait du cuivre tréfilé à Elisabethville (Lubumbashi) et des matières plastiques pour l'isolation. Enfin, la production de l'industrie des métaux non ferreux comprenait également un certain nombre de produits finis en cuivre et alliage à base de cuivre : notamment les tuyaux, les tubes, les tringles, les rampes d'escalier.

Quant à la seconde branche, cette industrie dépendait de l'importation pour son approvisionnement en produits sidérurgiques car le Congo ne disposait pas d'une industrie sidérurgique de base.

A la suite d'une évolution, la structure de l'industrie des fabrications métalliques se présentait de la manière suivante : production des biens d'équipement (châssis métalliques, charpentes, huisserie, cuves, citernes...), matériel de transport (activité du chantier naval, montage de camions et de bicyclettes), production des biens d'approvisionnement (non ferreux et ferreux), production des biens de consommation et petit outillage[1].

Autant de manière générale, on peut discuter du rôle positif de la colonisation, autant on peut récuser la thèse de l'industrialisation du

1 *Op. cit.*, Division statistique 1964, ronéotypé.

Congo entre 1885 et 1965[1]. On notera que dans son ouvrage portant sur la transformation des structures économiques, M. le professeur Jean Louis Lacroix parle de « *industrialisation au Congo* »[2] et non de l'industrialisation du Congo.

L'existence de toutes les catégories d'entreprises recensées ci-dessus ne suffisait pas pour justifier l'enclenchement d'un véritable processus de développement industriel du Congo. Outre l'absence de politique industrielle adéquate, on pouvait relever que le tissu industriel résultant de l'existence de ces entreprises présentait certaines caractéristiques, notamment :

Il était extrêmement fragile parce qu'il concernait un pays sans tradition, ni culture industrielle ; Il ne comptait que quelques industries lourdes essentiellement orientées vers l'exploitation ; Et il accusait une insuffisance quant à sa capacité de développement endogène parce que les industries ont été créées par des firmes multinationales impliquées dans l'exploitation des ressources du Congo et à leur exportation pour la transformation en produits finis. Ce pays est un simple réservoir des matières premières.

---

1 *Op. cit.*, p. 5.
2 J.L. LACROIX, *op. cit.*

Chapitre 3
Principes fondamentaux de la nouvelle législation de 1960 à 1973

Section 1
Analyse sectorielle des cadres juridiques

Nous avons dit précédemment que les régimes fonciers coloniaux et post coloniaux établissaient, jusqu'en 1973, une distinction entre les terres domaniales et les autres. Les terres domaniales comprenaient les terres du domaine public, les terres concédées, les terres vacantes ou inoccupées, les terres enregistrées

Mais, comme l'a fait remarquer le professeur Gaston Kalamay Lumpungu :

« Le changement politique intervenu au 30 juin 1960 n'a pas amené immédiatement un changement radical des régimes fonciers coloniaux. On peut expliquer ce phénomène par le fait que dans les cinq premières années de l'indépendance, les préoccupations du nouvel Etat étaient avant tout d'ordre politique : la recherche de la stabilité de l'Etat…[1] ».

Mais avec l'avènement du nouveau régime, c'est-à-dire à partir du 24 novembre 1965, une nouvelle tendance commença à se dessiner dans le domaine économique de l'Etat à travers trois ordonnances lois... C'est au cours de la session ordinaire du 28 mai 1966 que la Chambre des députés, répondant au vœu de la constitution, adopta une loi assurant à l'Etat la plénitude de ses droits de propriété sur son domaine et la pleine souveraineté dans la concession des droits fonciers, forestiers et miniers sur toute l'étendue du territoire congolais. Cette loi fut promulguée par le Président de la République sous forme d'Ordonnance-loi. Elle est appelée communément *Loi Bakajika*[2], le nom d'un député qui en était l'initiateur.

---

1 *Bulletin Officiel,* Rapport de session ordinaire du 28 mai 1966.

2 KALAMBAY LUMPUNGU, *Le nouveau droit foncier zaïrois*, Cahiers Economiques et sociaux, vol. XIX (n°1-2) juin 1981, Presses Universitaires Zaïroises p. 101-102.

A. L'impact de la loi n° 66-343 du 7 juin 1966 relative à la législation foncière

Cette Ordonnance-loi n° 66/343 du 7 juin 1966 rendait à la République du Congo *la pleine et libre disposition de tous ses droits fonciers, forestiers et miniers concédés ou cédés avant le 30 juin 1960* en propriété ou en participation avec des tiers, personnes morales ou physiques. Cette loi ne remet cependant pas en cause la traditionnelle division entre terres domaniales et autres. La loi annulait simplement les anciennes cessions (droit de propriété) et concessions (droit de jouissance) faites avant le 30 juin 1960, afin de débloquer d'énormes étendues de terres que les titulaires n'avaient pas mises en valeur dans un but souvent spéculatif. Il s'agissait donc de revoir toutes les situations et de procéder à une nouvelle répartition. Le critère principal adopté pour la confirmation des droits aux anciens titulaires fut la mise en valeur.

Il fut créé à cet effet une commission consultative chargée de donner son avis sur les demandes de re-confirmation des droits des anciens bénéficiaires (codes supplément, tome III p. 370). Mais l'application de la loi Bakajika souleva de nombreuses difficultés. D'abord l'étendue du pays et le peu de moyens dont disposaient les agents chargés de rassembler et d'examiner les dossiers ont fait que le travail ne pouvait être terminé en peu de temps, laissant ainsi d'énormes étendues de terres et de nombreuses propriétés dans une situation juridique incertaine.

En outre de nombreux abus commis par les agents d'exécution, facilement corruptibles, firent en sorte que beaucoup d'anciens bénéficiaires se virent reconfirmer des droits sur des terres pourtant non mises en valeur. C'est ce qui explique que malgré la loi Bakajika, la loi n° 71/009 du 31 décembre 1971 intervenue à la même date que la loi constitutionnelle n° 71-008, dans son exposé des motifs, constate avec amertume que dans le régime foncier à l'époque en vigueur *« des vastes étendues de terres sont inutilement gelées »*.

N'ayant pas donné les résultats escomptés dans ses applications, cette loi fut abrogée par la loi n° 71-0079 du 31 décembre 1971, loi prise en vertu de l'article 14 bis de la Constitution du 24 juin 1967[1].

B. Portée de la loi n° 71/009 du 31 décembre 1971 en matière foncière

Les difficultés d'application de la loi Bakajika et la politique du recours à l'authenticité amenèrent les dirigeants congolais, déjà en 1969, à faire une analyse globale du concept de la propriété foncière.

---

1 *Op. cit.*, in KALAMBAY LUMPUNGU, Presses Universitaires Zaïroises, *idem*, p.102.

« … le Président de la République décida au cours d'un meeting le 30 décembre 1971 que la terre de nos ancêtres ne pouvait plus faire l'objet d'une quelconque appropriation particulière. Aussi la loi constitutionnelle n 71/008 du 31 décembre 1971 introduisit-elle un article 14 bis dans la constitution en vertu duquel le sous-sol et le sol constituent désormais la propriété exclusive, inaliénable et imprescriptible de l'Etat. La loi n°71/009 de la même date annulait les certificats d'enregistrement délivrés avant le 1er janvier 1972 [1]*».*

Le sol étant devenu la propriété exclusive et inaliénable de l'Etat, il restait alors à définir la nature des droits des autres usagers. Le premier congrès ordinaire du MPR[2] (Mouvement Populaire de la Révolution) tenu à la N'Sele du 21 au 24 mai 1972 enjoignait au Conseil Législatif National « actuel Parlement » de terminer rapidement l'élaboration de la loi fixant des modalités du régime foncier et minier. Les options prises par le Bureau Politique en matière foncière avaient une importance capitale telle que la législature jugea utile de régler non seulement le régime foncier mais aussi le régime général des biens[3].

Cette loi provoqua par sa rigueur diverses réactions, car elle touchait tous ceux qui étaient titulaires des droits fonciers, quelle que soit leur nationalité. Mais elle fut caduque, car à la session parlementaire d'avril 1972, fut déposée et inscrite au calendrier du Conseil législatif une proposition de loi relative au régime foncier et minier de la République. C'est la loi n° 73-021 du 20 juillet 1973 qui a été modifiée par la loi n° 80-008 du 18 juillet 1980.

C. La loi n° 73/021 du 20 juillet 1973 modifiée en matière foncière

Élaborée conformément aux articles 14 et 14 bis de la constitution, la loi n°73/021 du 20 juillet 1973 portant régime général des biens, régime foncier et immobilier et régime des sûretés, établit en matière foncière les règles générales suivantes :

a. Analyse de la propriété foncière

Reprenant l'article 14 bis de la constitution, l'article 53 de la nouvelle loi dispose que le sol est la propriété exclusive inaliénable et imprescriptible de l'Etat. Ainsi, les terres au «Congo-Zaïre» sont devenues domaniales, même celles anciennement appelées « terres

1 MBEMBA MULOPO MISEKELE, *Le nouveau régime foncier zaïrois et l'expropriation pour cause d'utilité publique*, Etudes Zaïroises, Vol. n° 2 juin-juillet 1974, p. 63.
2 MPR = Mouvement Populaire de la Révolution, Parti unique fondé par le Président Mobutu.
3 Voir exposé des motifs de la loi n° 73/021 du 20 juillet 1973.

indigènes ». Mais contrairement aux dispositions anciennes qui permettaient à l'Etat d'aliéner ses terres du domaine privé, l'article 14 bis de la constitution et l'article 53 de la loi foncière rendent les terres domaniales *inaliénables*, qu'elles soient du domaine public ou du domaine privé.

b. Droit des particuliers

Au terme de l'article 54 de la loi, le domaine foncier de l'Etat comprend un domaine public et un domaine privé.

Le domaine foncier public de l'Etat est constitué de toutes les terres qui sont affectées à un usage ou à un service public. Les terres sont *inconcessibles* tant qu'elles ne sont pas régulièrement désaffectées, dispose l'article 55. Des lors les droits particuliers se réduisent aux seules autorisations domaniales comme le permis de stationnement et la permission de voirie. Toutes les autres terres constituent le domaine privé de l'Etat (art. 56). Elles peuvent faire l'objet *d'une concession perpétuelle, concession ordinaire ou d'une servitude foncière*.[1]

La concession est définie à l'article 61 de la loi comme un contrat par lequel l'Etat reconnaît à une collectivité, à une personne physique ou à une personne morale de droit privé ou public, *un droit de jouissance* sur un fonds, une nouveauté dite « droit réel ».

La nature juridique du droit du concessionnaire est donc bien définie. *Il s'agit d'un droit de jouissance,* portant sur un fonds, donc *un droit réel.* Il convient de faire une distinction entre les droits du concessionnaire en tant que titulaire du droit réel de jouissance et les droits sur le fonds, objet de la concession.

En tant que titulaire du droit réel de jouissance, le concessionnaire pourra en disposer, l'hypothéquer et le défendre en justice. En tant que concessionnaire d'un fonds, il ne pourra pas disposer de ce dernier, et ses droits et obligations seront déterminés par la convention. Ces droits et obligations varient suivant la nature de la concession. En effet, la loi a prévu deux formes de concession : *la concession perpétuelle et les concessions ordinaires.*

c. Concession perpétuelle de fonds de terrain

L'article 80[2] de la loi définit la concession perpétuelle comme le droit que l'Etat reconnaît à une personne physique de nationalité congolaise,

---

1 *Bulletin Officiel*, La loi foncière, n° 73/021 du 20 juillet 1973.
2 *Op. cit.*

de jouir indéfiniment de son fonds aussi longtemps que sont remplies les conditions de fond et de forme prévues par la loi.

La concession perpétuelle est ainsi une des innovations les plus importantes de la nouvelle législation foncière congolaise.

c.1. Critères pour accéder à la concession perpétuelle

Elle est réservée aux seules personnes physiques de nationalité congolaise, que la nationalité soit d'origine ou acquise autrement, Elle peut, être à titre onéreux ou à titre gratuit ? Elle n'est cessible entre vifs ou transmissible pour cause de mort qu'entre personnes physiques de nationalité congolaise. Elle peut porter sur un terrain inculte ou déjà mis en valeur.

c.2. Droits et obligations des parties

Les droits et obligations des parties sont déterminés par le contrat de location avec option de concession perpétuelle et ses avenants, ou par le contrat de concession perpétuelle (art 83). Cependant si la concession est à titre onéreux, la principale obligation du concessionnaire est de payer le prix de la concession. L'Etat doit garantir le concessionnaire contre l'éviction sous peine d'indemnité.

c. 3 Nature juridique du contrat de concession

Comme déjà dit, le droit du concessionnaire perpétuel sur le fonds est un droit de jouissance, il ne peut dès lors disposer du fonds. Cependant en tant que titulaire du droit réel, il peut en vertu de l'article 100 de la loi, aliéner son droit en tout ou en partie, le transmettre, le louer, l'hypothéquer et le grever de servitudes.

c.4. Fin de concession perpétuelle

Selon l'article 101 de la loi, la concession perpétuelle peut pendre fin pour l'une des causes suivantes[1] :

- l'expropriation pour cause d'utilité publique ;
- le rachat par l'Etat, lorsque la concession est à titre onéreux ;
- la renonciation expresse et écrite du titulaire du droit ou de ses ayants cause ;
- la résiliation conventionnelle ou judiciaire ;
- la reprise aux conditions contractuelles ;

---

1 *Ibidem*, articles 83 et 101.

- la déshérence successorale ;
- la prescription extinctive ;
- la conversion en un titre de concession ordinaire.

d. Concession ordinaires de fonds de terrain

Les concessions ordinaires accessibles aussi bien aux congolais, personnes physiques ou morales qu'aux étrangers sont rangées et structurées en cinq groupes, il s'agit de :

d. 1 Emphytéose et processus de mise en valeur des terres

L'emphytéose qui est définie par la loi comme le droit d'avoir la pleine jouissance d'un terrain inculte appartenant à l'Etat à la charge de mettre et d'entretenir le fonds en valeur et de payer à l'Etat une redevance en nature ou en argent. L'emphytéose était appréciée à l'époque coloniale.

En effet, comme le dit le rapport du Conseil colonial précédent le décret du 20 juillet 1920 :

« Bien organisée l'emphytéose peut suffire dans la plupart des cas à assurer la mise en valeur des terres domaniales incultes ; il ne sera plus nécessaire de recourir toujours et nécessairement au système des grandes concessions en pleine propriété...[1] ».

Cet aspect a été gardé dans la législation actuelle qui donne à l'emphytéose les aspects ci-après :

L'emphytéose ne peut porter que sur un terrain inculte que le bénéficiaire s'engage à mettre et à entretenir en valeur.

Cette partie de l'article 110 de la loi semble avoir été mal rédigée. En effet, selon le conseil colonial les termes « mettre et entretenir les fonds en valeur » avaient été préférés aux termes du projet « aliéner le fonds » parce que l'emphytéose pouvait porter sur des terres encore incultes mais aussi sur celles qui « ont déjà été défrichées et reçu une certaine mise en culture »[2]. Dès lors que le législateur tient à ce que l'emphytéose porte nécessairement sur un terrain inculte, il aurait fallu reprendre les termes « améliorer les fonds ».

L'emphytéose est toujours à titre onéreux ; la redevance a payé à l'Etat peut cependant être en nature ou en argent.

L'emphytéose peut aliéner son droit et le grever d'hypothèque. Il peut aussi, pour les services de ces tiers, accorder les servitudes foncières. Par

---

1 Conseil Colonial, rapport précédent le décret du 20 juillet 1920, codes Piron, tome I p. 95.
2 *Idem*, p. 95.

contre, il est tenu aux réparations de toute espèce, même aux bâtiments qu'il a construits sans y être astreint.

L'Etat peut organiser des visites pour veiller à l'entretien des constructions et des plantations. L'emphytéose est transmissible par décès.

d.2. La superficie et son rôle dans la concession du droit d'exploitation

La superficie est le droit de jouir d'un fonds appartenant à l'Etat, de disposer des constructions, bois, arbres et autres plantes qui y sont incorporés, à la différence de l'emphytéose qui accorde à son titulaire un droit de jouissance sur un terrain inculte. La superficie accorde à son titulaire :

> *« Deux droits dont l'un sert d'assiette à l'autre : un droit de jouissance sur le sol et un droit de propriété sur les constructions et les plantations qui y sont incorporées »*[1].

La superficie devait, selon le Conseil colonial, servir particulièrement pour la concession du droit d'exploitation des forêts et d'autres produits naturels du sol. La superficie peut être établie pour un terme excédant vingt-cinq ans. Mais ce terme est renouvelable, la superficie peut être consentie à titre gratuit ou onéreux. Le superficiaire peut aliéner son droit et le grever d'hypothèque ou accorder des servitudes foncières. Il peut aussi accorder à des tiers l'usage, l'habitation ou l'usufruit des immeubles incorporés au sol.

d.3. Usufruit et existence d'usufruitier

L'usufruit est le droit pour une personne d'user et de jouir d'un fonds à lui concédé par l'Etat comme l'Etat lui-même mais a charge de le conserver dans son état ; l'usufruit peut être gratuit ou à titre onéreux. Il ne peut être stipulé pour un terme excédant 25 ans. Mais ce terme est renouvelable. L'usufruitier ne peut céder son droit mais il peut le donner en garantie. Le droit d'usufruit est lié à l'existence de l'usufruitier.

d.4. Usage de fonds et son terme

La loi le définit comme le droit que l'Etat reconnaît à une personne de jouir d'un fonds soi-même avec sa famille, soit en y habitant soit en créant des entrepôts pour soi-même. Le droit ne peut excéder un terme de 15 ans qui cependant est renouvelable. Il peut être à titre gratuit ou onéreux[2].

---

1 *Idem*, p. 97.
2 *Idem*, p. 95 & 96.

d.5. Location en tant qu'acte préparatoire au droit réel

Par la location, l'Etat s'oblige à faire jouir une personne d'un terrain et moyennant un certain prix que celle-ci s'oblige à lui payer.

En principe, la location est préparatoire à une autre concession. Elle ne peut être accordée pour un terme excédant trois ans. Nous ne voyons pas les raisons qui ont poussé le législateur à classer parmi les concessions le contrat d'une location d'un terrain d'autant plus que la location prépare à une concession.

Au terme de l'article 101 de la loi foncière, on a vu que la concession perpétuelle peut prendre fin pour l'une des causes telles que l'expropriation pour cause d'utilité publique. Il convient d'en décortiquer les mécanismes de fonctionnement et de procédure.

D. Principes fondamentaux juridiques d'expropriation

Dans les lignes qui suivent, nous allons exposer les grandes lignes de la réforme et les modifications que cette réforme a entraînées sur le décret relatif à l'expropriation pour cause d'utilité publique. Il s'agira ensuite de donner les raisons fondamentales d'une réforme, d'une modification de la même loi décidée pour l'adapter aux lois du monde économique surtout, et enfin réviser toutes les dispositions de ladite loi qui introduit l'instabilité dans la propriété immobilière au Congo[1].

Ainsi, nous aborderons les points suivants : L'exposé en grandes lignes sur l'expropriation pour cause d'utilité publique et les conséquences de la nouvelle législation foncière face au décret régissant l'expropriation pour cause d'utilité publique.

a. L'expropriation en droit congolais[2]

L'expropriation est le retrait à son possesseur de la propriété d'un bien immobilier pour le donner à une collectivité publique qui prévoit de l'affecter à un usage public dans l'intérêt général.[3]

Cette matière est encore d'application au Congo alors qu'elle a été créée à l'époque coloniale par le décret du 24 juillet 1956 qui distinguait trois sortes d'expropriation

1 Voir MBEMBA MISEKELE, *op. cit.*, p. 69-72.

2 *Op. cit.*

3 R. ALLARD, *Le droit administratif de l'expropriation et des autres marchés de travaux publics*, cité par MBEMBA MISEKELE, *Le nouveau régime foncier zaïrois et cause d'utilité publique*, Etudes Zaïroises, vol. 2, juin-juillet 1974, p. 69.

L'expropriation portant sur un ou plusieurs biens individuellement désignés. Celle de biens compris dans un périmètre déterminé, appelée expropriation par périmètre qui permet au propriétaire un droit de retour sur les lieux non occupés.

Et l'expropriation par zones, qui permet à l'Administration d'exproprier non seulement les immeubles strictement affectés aux travaux mais un ensemble de terrains dont certains seront revendus en faisant bénéficier à la collectivité la plus-value résultant des travaux dus aux sacrifices consentis par elle.

L'expropriation par zones est une procédure spéciale utilisable uniquement lorsqu'il s'agit des travaux importants.

La procédure d'expropriation comprend deux phases : la phase administrative et la phase judiciaire[1].

b. La phase administrative

Elle commence par le dépôt fait par l'administration dans les bureaux de la zone (territoire) ou de la ville, selon la situation des biens, le plan des biens à exproprier avec indication des personnes exposées à l'expropriation. La décision de dépôt est portée à la connaissance des personnes intéressées par lettres individuelles, recommandées à la poste avec avis de réception ou remise en main propre par un messager contre récépissé daté et signé. Les personnes intéressées ont un mois, à partir de l'avis de réception, pour envoyer leurs réclamations au comité consultatif des expropriations. Ce comité a un délai maximum d'un mois pour faire son rapport à l'autorité qui a décidé du dépôt. Une fois le rapport déposé, le Président de la République prononce l'utilité publique des travaux, ordonne les expropriations et fixe également le délai de déguerpissement. S'il y a entente à l'amiable entre l'administration et chaque intéressé, l'accord est constaté par acte authentique et la mutation de propriété se fera par l'enregistrement.

c. La phase judiciaire

La phase judiciaire n'a lieu qu'à défaut de l'entente amicale entre l'Administration et l'exproprié. L'administration est alors obligée de s'adresser aux tribunaux pour obtenir la mutation de la propriété du bien. Le tribunal entendra les parties dans les 8 jours de la première audience,

1 J. de Burlet, *Précis de droits administratif congolais,* 1969, n° 379 bis et s. cité par MBEMBA MISEKELE, *op. cit.* p. 69.

statuera sur la régularité de la procédure en commettant éventuellement des experts.

Dans le mois au cours de la seconde audience, il statuera sur le montant des indemnités des frais de procédure et s'il échoit sur le délai de déguerpissement. Tels sont exposés, les principes généraux de l'expropriation en République Démocratique du Congo. Il nous reste à voir brièvement les conséquences de la nouvelle loi foncière sur la matière de l'expropriation.[1]

La nouvelle loi foncière a trois conséquences fondamentales sur l'expropriation : elle modifie les règles relatives aux biens susceptibles d'expropriation, les modalités de calcul des indemnités et éventuellement les règles relatives à la procédure.

d. Les biens susceptibles d'expropriation

Selon l'article 1er de la loi foncière du 24 juillet 1956 sont susceptibles d'expropriation pour cause d'utilité publique les propriétés immobilières. L'article 5 de ladite loi distingue trois catégories d'immeubles définies ci-dessous.

d.1. Immeubles par nature

Il s'agit du sol et des mines (art .6)[2]. Les particuliers n'ont plus le droit de propriété sur le sol et le sous-sol, par conséquent le sol et le sous-sol ne peuvent plus faire l'objet d'une expropriation (zone non *edificandi)* appartenant à l'Etat.

d.2. Immeubles par incorporation

Il s'agit des bâtiments et leurs accessoires, les constructions inhérentes au sol, les arbres et les plantes quelconques, tant qu'ils ne sont pas détachés du sol, les fruits et les récoltes, tant qu'ils n'ont pas d'existence séparée. Les immeubles par incorporation sont susceptibles d'expropriation.

d.3. Immeubles par destination

Ce sont au terme de l'article 8 de la loi, des objets mobiliers placés par le propriétaire dans un immeuble qui lui appartient ou sur lequel il exerce

1 *Op. cit.*, Mbemba Misekele, p. 52.
2 J. de BURLET, *Précis de droit administratif congolais*, 1969, n° 379 bis et suivants cit. par MBEMBA MISEKELE, *op. cit.*, p. 67.

un droit réel immobilier et de nature à lui permettre d'user ou de jouir de l'immeuble, soit pour les nécessités de l'exploitation dudit immeuble, soit à perpétuelle demeure pour son utilité ou son agrément. En matière d'expropriation, la doctrine établit deux catégories dans les immeubles par destination[1].

Les objets immobiliers par incorporation permanente et définitive : ces objets doivent être compris dans l'expropriation et l'expropriant doit les acquérir. Et les objets aisément séparables : l'exproprié pourra les emporter et l'expropriant pourra l'obliger à le faire pour ne pas en payer le prix.

e. Les droits réels immobiliers

Selon la loi foncière, article 1er, al. 2, les seuls droits réels sont : la propriété, la concession perpétuelle, les droits d'emphytéose, de superficie, d'usufruit, d'usage et d'habitation, les servitudes foncières, le gage, le privilège et l'hypothèque.

En principe, l'expropriation ne peut porter que sur la propriété, les droits réels autres que la propriété sont expropriés conjointement avec les immeubles qu'ils affectent. Mais au cas où des droits affectent des immeubles domaniaux ils forment l'objet de l'expropriation[2].

L'article 3 de la loi foncière considère ces droits comme des biens immobiliers. En matière d'expropriation les remarques faites ci-dessus sont applicables à ces droits dans la mesure où ils ne peuvent pas être expropriés isolément.

e.1. Droits coutumiers des indigènes sur les terres

Les droits des indigènes sur les terres n'étaient pas considérés comme des droits de propriété, la propriété des terres indigènes appartenait à l'Etat. La nouvelle loi ayant supprimé la notion des terres dites indigènes, cette disposition n'a plus d'objet. En outre, il ne faut pas perdre de vue que seul le domaine foncier privé de l'Etat peut faire l'objet d'expropriation. Dans le cas du domaine foncier public, il ne peut s'agir que d'un changement d'affectation.

---

1 L. Belva, *L'expropriation pour cause d'utilité publique*, Bruxelles, Larcier, 1955, p.42.
2 *Op. cit*, in J. de BURLET, p. 68.

e.2. Calcul d'indemnisation pour expropriation

Un autre élément du droit des expropriations qui sera affecté par la nouvelle législation foncière est le montant de l'indemnité à payer en cas d'expropriation. Le principe est que l'indemnité doit réparer entièrement le dommage causé, mais elle ne doit couvrir que le dommage direct actuel et certain résultant du fait de l'éviction. Sur le montant de l'indemnité, les textes actuellement en vigueur au Congo ne semblent pas s'accorder. Une décision claire interviendra ultérieurement à ce sujet.

Selon l'article 14, al 2 de la Constitution, l'indemnité à verser aux titulaires lésés des droits en cas d'expropriation doit être équitable. Ce qui signifie, d'après le mémoire explicatif, que l'intéressé exproprié aura droit à une indemnité fixée, compte tenu de toutes les considérations de justice, d'équité, ou d'intérêt général. Il ne s'agit donc pas de la valeur vénale du bien, l'indemnité pourra être même plus grande que cette valeur.

E. Dispositions relatives à la loi minière et à la loi forestière au Congo

a. Code minier de la République Démocratique du Congo

A présent nous allons expliquer le *Code minier de la République Démocratique du Congo,* pour comprendre la législation promulguée en la matière, et voir si réellement l'Etat congolais autorisait l'Église à exploiter aussi le sous-sol de ses concessions. En effet, comment expliquer ce soupçon d'exploitation des mines par les missionnaires qui est une des sources de conflits fonciers entre l'Église et les populations locales ? A cette question pertinente aucune réponse n'a été apportée si bien que l'opinion est demeurée sur sa soif. Peut-on croire qu'il s'agissait de soupçons non fondés ? Voyons ce que dit le *code minier.*

Pour expliquer ce *code minier,* nous nous baserons sur l'article du professeur Mulumba Lukoji «Le code minier de la République du Zaïre» publié dans la revue *Zaïre Afrique* n° 12 (mars 1972)[1] et l'article de J.P. Mahaut «Les problèmes miniers au Congo-Kinshasa» publié dans la revue *Afrique Contemporaine*, n° 30 (mars-avril 1967)[2].

---

1 Mulumba Lukoji, *Le code minier de la République du Zaïre,* Zaïre Afrique, n°12, mars 1972, pp. 133-143.

2 J.P. Mahaut, *Les problèmes miniers au Congo-Kinshasa,* Afrique contemporaine, n° 30, mars-avril 1972, pp. 23-28.

a.1. Principes de la législation minière coloniale de 1937

a.1.1 Propriété de concession

Selon le décret minier de 1937, l'Etat est le propriétaire de toutes les mines. En conséquence et par dérogation aux règles de droit commun, le propriétaire du sol ne pouvait avoir aucun droit sur les matières minérales. Celles-ci comprenaient les substances suivantes :

1. Toutes les substances utilisables par leur teneur en métaux, notamment les minerais d'or, d'argent, de platine, d'iridium, de radium, de palladium, de mercure, de cuivre, de plomb, de zinc, de cadmium, de fer, de manganèse, de chrome, d'étain, de bismuth, de cobalt, de nickel, de tungstène, d'antimoine, d'arsenic, de molybdène, etc.
2. Toutes les substances utilisables par leur teneur en soufre ou phosphore.
3. Toutes les substances fossiles, combustibles ou bitumineuses.
4. Le sel gemme, les sources salées, les sels métalliques.
5. Les diamants et les autres pierres précieuses

Comme les décrets de 1910 et 1919, celui de 1937 avait reconnu, «en faveur des indigènes», certains droits sur les gisements de fer et des collines qu'ils exploitaient déjà à l'époque de l'Etat Indépendant du Congo. Le décret de 1937 précisa cependant que les populations africaines ne pouvaient céder leurs droits qu'à la colonie :

« Les indigènes peuvent, sans acte de concession, continuer l'exploitation de leurs mines dans les conditions où elle se pratiquait à la date de l'entrée en vigueur du présent décret. Ils ne peuvent céder cette exploitation qu'à la colonie »[1].

a.1.2. Régime de concession

Le décret de 1937 avait prévu deux régimes de concessions : d'une part, les concessions octroyées en vertu de convention et, d'autre part, celles octroyées en vertu de permis. Alors que le premier régime laissait la détermination des droits et des obligations de l'Etat ainsi que du concessionnaire aux arrangements négociés que les deux parties réalisaient entre elles, dans le régime des concessions-permis, le concessionnaire était invité à accepter les termes de la concession arrêtés d'avance par l'autorité coloniale.

---

1 Décret de 1937, article 4, al. 2 et 3.

Dans le cas des concessions-permis, l'exploitation minière comprenait trois phases : le concessionnaire obtenait d'abord un permis général de recherches, puis un permis spécial de recherches et enfin un permis d'exploitation.

Le permis général donnait au titulaire le droit de prospection sur une étendue du territoire colonial. Le permis spécial conférait à son titulaire un véritable monopole temporaire sur le terrain. Le permis d'exploitation conférait :

- Le droit d'exploitation de la mine pendant 90 ans ;
- Le droit de traiter les minerais ;
- Le droit d'occuper les terrains de son domaine minier de manière à faciliter l'exploitation de la mine et le traitement des minerais ;
- Le droit d'utiliser, sur le domaine, l'eau des cours d'eau non navigables ni flottables ;
- Le droit de faire usage des terrains situés hors de son domaine minier pour construire les voies de transport, d'énergie ou de communication nécessaires.

a.2. Législation minière du 11 mai 1967

L'Ordonnance-loi n° 67-231 du 11 mai 1967 portant législation générale sur les mines et les hydrocarbures stipule dans son article 1er :

« Les mines constituent une propriété distincte de la propriété du sol, elles appartiennent à l'Etat et constituent un domaine public particulier ».

La gestion de ce domaine revient donc souverainement à l'Etat, mais ce dernier pourrait confier son exploitation à des personnes physiques ou morales de son choix qui remplissent les conditions.

a.3. Principes généraux

Comme à l'époque coloniale, l'on retrouve la préoccupation de l'Etat d'assurer le contrôle de l'exploitation minière dans le pays. Ainsi en son article 1er, le code affirme que «les mines constituent une propriété distincte de la propriété du sol. Elles appartiennent à l'Etat et constituent un domaine public particulier ».

Contrairement aux mines, les carrières ne sont pas séparées de la propriété du sol. Elles en suivent la condition, c'est-à-dire qu'elles appartiennent au propriétaire du sol. C'est par des définitions énumératives que le code distingue les mines des carrières. En effet, sont considérées comme carrières les gîtes de matériaux de construction, de pierres à chaux et à ciment, de matériaux d'empierrement et de viabilité, de matériaux pour l'industrie céramique, etc. C'est la catégorie des « produits de carrières[1] ».

Les mines par contre rentrent dans la catégorie des « substances concessibles », c'est-à-dire «les gîtes de substances minérales, y compris les hydrocarbures solides, liquides ou gazeux, non classés dans les carrières».

Propriété de l'Etat, les domaines miniers peuvent être accordés en concession. Dans le décret de 1937, c'est au pouvoir législatif que revenait cette compétence. Mais le présent Code laisse cette prérogative au seul ministre des mines et des hydrocarbures.

Comme au temps colonial, l'Etat a indiqué sa volonté de participer à l'exploitation minière. Celle-ci se fera certainement dans le cadre d'un consortium international entre groupes économiques privés et l'Etat.

Une autre forme de participation recherchée par le code minier est celle des ayants droit coutumiers et des nationaux. Les premiers ont le droit de percevoir une redevance superficielle sur les droits de recherches et d'exploitation. Cette disposition permettrait «l'évolution économique et sociale des collectivités coutumière». Aux nationaux, en revanche, le code a réservé l'exploitation de certains types de gisements.

a.4. Régimes miniers

Le code prévoit deux régimes miniers, le régime minier de droit commun et le régime conventionnel.

a.4.1. Régime minier de droit commun

Alors que le décret de 1937 subordonnait l'autorisation de prospection à la présentation, par le demandeur, de certaines garanties techniques et financières, celles-ci ne sont plus requises par le nouveau Code. Pour les personnes morales, il suffit qu'elles aient été constituées suivant les lois zaïroises ; qu'elles aient leur siège social et administratif dans le pays et que l'objet social soit limité à la prospection, à la recherche et à l'exploitation minière, au traitement des minerais et aux opérations connexes. Quant aux personnes physiques, elles doivent seulement avoir un domicile élu dans le pays et offrir «toutes les garanties de moralité[2].

Le titulaire d'un permis de recherches a le droit « exclusif, personnel et indivisible » de prospection superficielle ou profonde afin de

1 *Op. cit*, *Le code minier de la République du Zaïre*, *Zaïre Afrique*, n° 12, p. 144.
2 *Op. cit.*, *Les problèmes miniers au Congo Kinshasa,* 1972, p. 30.

déterminer l'étendue du gisement découvert et les conditions de son exploitation. Enfin, il a le droit d'obtenir un permis d'exploitation ou une concession.

Le permis d'exploitation et la concession autorisent leur titulaire à procéder aux opérations de prospection, de recherches, d'exploitation, de traitement métallurgique et chimique, de transformation, de commercialisation et d'exportation des matières minérales.

Dans le cadre du régime minier de droit commun, il convient de parler du permis d'exploitation artisanale. Seuls les nationaux et les coopératives artisanales minières sont éligibles à ce titre. Ce permis concerne les gisements qui ne sont pas «susceptibles d'être exploités par des méthodes industrielles», pouvant être exploités rapidement et ne nécessitant pas pour leur exploitation, la mise en œuvre de moyens techniques et financiers importants. La durée de ce permis est de deux ans renouvelable quatre fois pour la même durée[1].

a.4.2. Régime minier conventionnel

Contrairement au régime minier de droit commun, seules les personnes morales pourront solliciter ce régime. Elles devront, d'abord, satisfaire aux conditions de l'article 6 b) signalées plus haut. Ensuite, il devra s'agir de sociétés disposant de moyens financiers suffisants et admises au régime prioritaire ou au régime conventionnel organisé par le *Code des investissements* de 1969.

Les modalités de ce régime sont à négocier entre l'Etat et les bailleurs de fonds. Le législateur espère favoriser, par ce régime, « *l'apport de capitaux neufs au secteur des mines en leur accordant toutes facilités d'établissement* ».

La nouvelle législation foncière de 1973 avait bouleversé toute la matière relative à la propriété immobilière en supprimant le droit de propriété des particuliers sur la terre, et en ne leur reconnaissant que des droits de jouissance conditionnés par la mise en valeur du fonds concédé.

Il faut prendre conscience que la loi foncière de 1973 était intervenue à une période marquée par une valeur de radicalisation nationaliste, matérialisée au plan économique par la décision de «zaïrianisation» prise par le gouvernement.

Depuis lors, la République Démocratique du Congo avait adopté le principe de l'économie de marché, alors que, paradoxalement, le sol qui, dans la logique était à la base du système économique libéral, continuait à

1 *Le code des investissements*, art. 32 à 36.

être régi, réglementé et géré selon des pratiques qui, à certains égards, étaient contraires à l'économie qu'il était censé appuyer.

En effet, la nationalisation des terres au Congo s'était davantage inspirée des règles coutumières. Cette référence coutumière ne freine-t-elle pas le progrès moral, intellectuel et social de la population ? Si oui doit-elle être écartée ? Car le maintien de «l'inaliénabilité absolue» du sol s'avère de plus en plus incompatible avec les règles qui sous-tendent le développement et qui attribuent au sol, ainsi qu'aux droits qui s'exercent sur lui, un rôle décisif dans la mobilisation des moyens et leur immunisation contre les risques que comporte toute entreprise humaine.

Il faut reconnaître surtout que le droit de propriété que s'est donné l'Etat congolais n'a pas du tout les mêmes acceptions et caractères du droit de propriété dans la conception romaine du terme.

La nouvelle la loi foncière dispose que la propriété de l'Etat sur le sol est exclusive, inaliénable et imprescriptible. Les deux derniers caractères sont ceux qu'on reconnaît habituellement au droit foncier traditionnel, ce qui signifie que le législateur n'avait pas pu échapper aux influences persistantes de la coutume. La propriété de l'Etat ressemble bien au droit habituellement reconnu à la collectivité en matière foncière. On a ainsi l'impression que dans l'organisation du patrimoine foncier de l'Etat, celui-ci s'est purement et simplement substitué aux diverses collectivités réalisant du même coup l'uniformisation des différents droits fonciers traditionnels grâce à la technique de la domanialisation[1].

Il en résulte notamment que les terres dites «indigènes» deviennent selon l'article 385 de la loi foncière, des terres domaniales, intégrées au domaine privé de l'Etat. Les paysans, avons-nous relevé, perdent sur leurs terres le droit foncier et attendent conformément aux prescriptions de l'article 387[2], qu'une ordonnance présidentielle vienne régler le sort de leurs droits de jouissance.

Il faut noter que cette attente qui se prolongeait depuis 1973 laisse apparaître chez les paysans des pratiques manifestant sinon un refus caractéristique de la loi, en tout cas une résistance à l'application de la loi, générant ainsi un autre droit foncier parallèle, source de nombreuses perturbations dans l'économie du système foncier formel.

Il est également à souligner que dans l'organisation foncière traditionnelle, la collectivité avait le devoir de mettre à la disposition de chaque membre de la société, en âge de produire, un lopin de terre.

---

1 Voir article 53 de la loi foncière de 1973.
2 Voir la loi foncière de 1973.

En droit foncier moderne, ce droit d'accès à la terre au profit des particuliers est assuré par la technique de la concession, qui est par ailleurs affectée à la condition impérative de la mise en valeur.

Le développement rural, plus précisément l'accès à la terre par la technique de la concession n'est pas en soi mauvais car bien appliquée, celle-ci peut réaliser le développement rural. Ce n'est malheureusement pas toujours le cas. Des risques importants apparaissent, notamment, le risque de constitution de paysans sans terre, le déplacement des populations contre leur gré, l'écrasement des petits paysans par les gros exploitants, et la constitution d'une catégorie de la population qui manque des terres. Les conséquences de cette situation sont évidentes, en particulier l'exode rural.

Nous pensons que la loi foncière, judicieusement complétée par une réforme agraire, est susceptible de favoriser l'accroissement de la production et la réalisation de l'autosuffisance alimentaire. Mais ces buts ne semblent pas pouvoir être réalisés dans l'état actuel de la législation. Par ailleurs, l'obligation de mise en valeur ne couvrant pas l'intégralité de la concession, le risque de la thésaurisation des terres à des fins de spéculation est réel.

La concentration des droits de concession entre les mains des personnes démunies de possibilités pour réaliser financièrement la mise en valeur des terres concédées, apparaît à l'horizon comme un grave danger pour le développement dans ce domaine.

Dans cette perspective le besoin d'accéder à la propriété immobilière ressenti légitimement par la majorité des habitants de la République Démocratique du Congo, serait faiblement satisfait.

Par décision d'Etat n° 41 CCP 85 du 02 mai 1985[1], le Comité Central du Parti M.P.R (Mouvement Populaire de la Révolution) a chargé le Conseil Législatif et le Gouvernement de réviser toutes les dispositions de la loi foncière qui introduisaient l'instabilité dans la propriété immobilière. Cette injonction restée lettre morte, des mesures de caractère administratif étaient régulièrement prises pour réduire le nombre des conflits fonciers au Congo, alors qu'il était devenu clair que sans un amendement des textes, aucun résultat tangible ne pouvait être escompté en matière de sécurité foncière et immobilière.

La modification de la loi n° 73-021 du 20 juillet 1973 portant régime général des biens, régime foncier et immobilier et régime des sûretés

1 Comité Central du MPR, organe suprême de l'Etat où toutes les décisions étaient prises à l'époque de Mobutu.

s'imposait au demeurant pour des raisons relevant de la lutte contre la fraude et les abus.

La réforme devrait améliorer le statut des terres coutumières notamment par une refonte des articles 193 à 203 de la loi foncière sur les enquêtes préalables aux concessions. Dans ces modifications, le rétablissement de la règle de l'inattaquabilité du certificat d'enregistrement telle qu'elle était formulée initialement, tout en renforçant la sécurité grâce à l'organisation d'une publicité sérieuse des actes préparatoires à l'établissement du certificat d'enregistrement, et la définition claire et précise des conséquences tant pénales que civiles en cas d'infraction de faux en écriture relatif à ce titre immobilier[1].

C'est pourquoi, la réforme foncière s'imposait au Congo pour arrêter le dérapage du système foncier de ce pays.

b. Code forestier de la République Démocratique du Congo

Les principaux textes juridiques et réglementaires encadrant le processus de conversion des anciens titres forestiers de la République Démocratique du Congo sont :

- les règles et pratiques d'avant le Code forestier de 2002, en rapport avec l'octroi des autorisations de prospection, des lettres d'intention et des garanties d'approvisionnement[2] ;
- la loi 011/2002 du 29 août 2002 portant Code forestier ;
- l'arrêté n° CAB/MIN/AF.F.-E.T/194/MAS/02 du 14 mai 2002 portant suspension de l'octroi des allocations forestière ;
- le décret 05/116 du 24 octobre 2005, fixant les modalités de conversion des anciens titres forestiers en contrat de concession forestière et portant extension du moratoire en matière d'octroi des titres d'exploitation forestière ;
- le communiqué officiel 006/CAB/MIN/ECN-EF/2005 du 16 décembre 2005 rappelant la nécessité du dépôt des dossiers de requêtes de conversion et précisant la date limite de dépôt des requêtes ;
- la note circulaire n° 007/CAB/MIN/ECN-EF/2005 du 16 décembre 2005 rappelant la nécessité du dépôt des dossiers de requêtes de conversion et précisant la date limite de dépôt des requêtes ;

---

1 Décision du CCP du MPR Parti-Etat, n° 41EC85 du 2 mai 1985 pour la modification de la loi foncière.

2 Voir *Guide de l'exploitant forestier*, 2002.

- le communiqué officiel 001/CAB/MIN/ECN-EF/2006 du 2 février 2006 donnant la liste des sociétés ayant déposé une requête et le nombre de dossiers par société.

Examinons brièvement les trois principaux textes[1] :

b.1. Loi 011/2002 du 29 août 2002 portant Code forestier

Les aspects les plus pertinents du Code forestier concernent :

La mise en place d'un nouveau type de titre forestier en République Démocratique du Congo, celui de concession forestière qui remplace tout autre titre forestier antérieur (lettre d'intention (LI) et la garantie d'approvisionnement (GA) (article 155) ;

L'attribution des concessions forestières devra se faire par adjudication publique ou, à titre exceptionnel et dûment justifié, de gré à gré (article 83).

L'élaboration et l'exécution obligatoires de plans d'aménagement pour toutes activités de gestion et d'exploitation forestière (article 71).

Et la reconnaissance et l'obligation du respect des droits d'usage des communautés locales dans les concessions forestières (articles 36 et 41 à 44).

b.2. Moratoire de 2002

Ce moratoire stipule dans son article 1 que :

« *L'octroi de nouvelles garanties d'approvisionnement en matière ligneuse et des lettres d'intentions ainsi que leur renouvellement ou extension sont suspendus. Cette suspension reste en vigueur jusqu'à la publication de nouvelles règles d'adjudication en matière d'octroi des allocations forestières* ».

D'autre part, l'article 2 stipule également :

« La présente mesure ne concerne pas les autorisations de prospection forestière en cours et dont les détenteurs se sont acquittés des frais relatifs à l'inventaire auprès du Service Permanent d'Inventaire et d'Aménagement Forestiers» en abrégé SPIAF[2] ».

b.3. De la conversion des titres forestiers

Le décret 05/116 du 24 octobre 2005, portant conversion des anciens titres forestiers en contrat de concession forestière et portant extension du moratoire en matière d'octroi des titres d'exploitation forestière,

---

1 J.O. de la République Démocratique du Congo, Numéro spécial du 31 août 2002.

2 Arrêté n° CAB/MIN/AF.F.-E.T/194/MAS/02 du 14 mai 2002 portant suspension de l'octroi des allocations forestières.

constitue le document cadre sur lequel ce guide a été élaboré et par lequel le processus de conversion sera conduit.

Il fixe notamment le calendrier suivant :

- le délai de dépôt des dossiers de requête de conversion de 3 mois suivant la publication du décret ;
- dans un délai de 7 jours après cette date, l'administration forestière publie par voie de presse et affichage la liste des titres pour lesquels un dossier de conversion a été reçu ;
- dans un délai de 4 mois après la date limite de réception des requêtes, les administrations concernées par le processus (DGF, SPIAF et DGRAD) appuyées par l'expert indépendant recueillent les informations nécessaires et établissent un rapport de vérification pour chaque requête transmis à la Commission interministérielle assorti du rapport intérimaire de l'expert indépendant ;
- et la Commission interministérielle, dont les membres sont désignés par décret du Président de la République, dispose de 45 jours pour remettre ses conclusions ; l'expert indépendant assiste à tous les travaux de la Commission. Dans un délai de 7 jours suivant cette échéance, il remet son rapport au ministre conjointement à celui remis par la Commission[1].

Ce code s'appuie sur deux éléments qui en constituent la clé de voûte : il s'agit d'une part de la notion d'exploitation durable et de la valorisation de la forêt pour une meilleure gestion. La notion d'exploitation durable introduit de nouvelles charges liées à la préparation et la mise en œuvre des aménagements forestiers

La valorisation de la forêt (ou offrir ce bien au meilleur prix) s'appuie sur le principe d'adjudication qui devient la règle pour l'attribution des concessions. Il est nécessaire de connaître ces obligations car elles devront être respectées par les plans de relance présentés dans les dossiers de conversion.

Le processus de conversion des anciens titres forestiers s'inscrit dans le contexte général des objectifs du nouveau Code forestier de la République Démocratique du Congo.

Le Code forestier prévoit notamment, dans son article 155, la mise en place d'un nouveau type de titre forestier, celui de concession forestière qui remplace tout autre type de titres forestiers antérieurs (lettre d'intention et garantie d'approvisionnement). Aussi, l'objectif poursuivi

1 *Op. cit., J.O.* du 31 août 2002.

par le processus de conversion est de convertir les anciens titres forestiers en concessions forestières.

b.4. Règles et pratiques d'avant la loi 011/2002 du 29 août 2002 portant code forestier

La pratique en matière d'attribution des titres forestiers d'avant le code forestier de 2002 s'appuie sur des modalités développées au cours des années 1980, notamment lors de l'intervention de la coopération canadienne visant l'organisation et le développement du secteur forestier. Cette pratique ne relève pas du décret du 11 avril 1949 portant régime forestier mais s'appuie sur des normes, procédures et règlements publiés en 1984 et 1986 par le Département de l'Environnement, Conservation de la Nature et Tourisme sous les titres suivants : *Normes d'inventaires d'allocation forestière, Normes d'inventaires d'exploitation forestière* et *Guide de l'exploïtant forestier*[1].

Les attributions de titres forestiers relevant de cette période ne peuvent être considérées comme des droits acquis que dans le cas où ils ont été exercés conformément aux lois en vigueur, y compris les droits des tiers. Les modalités d'attribution des titres durant cette période sont décrites ci-dessous. Il est nécessaire de connaître ces pratiques car c'est sur cette base que sera évalués la conformité administrative du dossier et le respect des obligations par les requérants, comme préalables à la recevabilité de son dossier.

c. Étapes successives d'attribution des anciens titres forestiers

L'attribution des anciens titres forestiers comportait trois étapes successives, chacune d'elles faisait l'objet d'octroi d'un titre particulier, à savoir[2] :

- Autorisation de Prospection Forestière (APF) ;
- Lettre d'Intention (LI) ;
- Garantie d'Approvisionnement en matière ligneuse (GA).

c.1 Autorisation de prospection forestière (APF)

Tout requérant devait obtenir au préalable des avis favorables de la Province, soumettre et obtenir auprès du ministre en charge des Forêts un arrêté portant Autorisation de prospection forestière (APF). Cette APF était valable une année à l'issue de laquelle devrait être produits les résultats d'inventaire d'allocation forestière par le SPIAF. Si l'inventaire a

---

1 *J.O.*, Présidence de la République du Congo, 29 août 2002.
2 *Op. cit.*, p. 70.

été fait par un autre organisme, les résultats devaient être validés par le SPIAF.

c.2. Lettre d'intention (LI)

La production des résultats de l'inventaire d'allocation permettait au ministère chargé des Forêts d'attribuer au requérant un titre forestier dénommé Lettre d'intention valable 3 ans.

Ce titre autorisait le requérant, moyennant un permis de coupe, à exploiter la forêt pendant sa période de validité. Il constituait aussi pour le requérant une promesse de la part du ministère chargé des Forêts de convertir cette lettre d'intention en garantie d'approvisionnement pour autant que les engagements du requérant soient respectés, que l'unité de transformation soit fonctionnelle.

Ce passage par une LI n'est pas obligatoire pour un exploitant forestier possédant déjà une unité de transformation ; il passera alors directement d'une APF à une GA.

c.3. Garantie d'approvisionnement (GA)

Le requérant en règle vis-à-vis des obligations attachées à sa lettre d'intention se voyait octroyer une *Garantie d'approvisionnement* par le Ministère en charge des forêts. Ce titre avait une validité de 25 ans renouvelable.

Section 2
Les politiques juridiques et économiques après 1960

A. Les dispositions constitutionnelles, légales et réglementaires

a. La loi fondamentale du 19 mars 1960, la constitution du 18 février 2006 et les constitutions intermédiaires

Par un manifeste dit de la *N'Sele* du 20 mai 1967, le Président Mobutu introduit la deuxième constitution élaborée par les Congolais autour des idées révolutionnaires (le nationalisme, la création d'un parti d'avant-garde, la maîtrise des ressources naturelles par les Congolais...). Cette constitution, promulguée le 24 juin 1967[1], met en place un régime présidentiel caractérisé par la monopolisation du pouvoir par le Chef de

1 Ministère de la Justice, *La constitution de la République* in Moniteur congolais, 1967.

l'Etat, l'abolition du bicaméralisme et la soumission des autres pouvoirs (législatif et judiciaire) à l'exécutif.

Le développement industriel de la République Démocratique du Congo étant le souci constant du Président Mobutu[1] s'appuyait sur plusieurs dispositions juridiques et sur la constitution de 1967. D'abord, le Préambule qui souligne que : « Nous, peuple congolais... Convaincus que seule la révolution du peuple, sous l'égide d'un gouvernement révolutionnaire peut nous permettre de garantir notre indépendance économique, de promouvoir les valeurs qui nous sont propres et de consolider l'unité et l'intégrité nationales ; ... mus par la volonté d'assurer à nos masses une répartition équitable des richesses nationales, le bien-être matériel et de créer les conditions propices à leur épanouissement moral et spirituel...».

Ensuite, l'article 20 qui confère compétence au Président de la République de déterminer et de conduire la politique de la nation. Ce dernier peut également fixer le cadre de l'action du gouvernement et veiller à son application.

Enfin, les dispositions de l'article 46 permettent à la loi de fixer les règles concernant l'organisation de la production et de déterminer les objectifs de l'action économique et sociale de l'Etat.

La révision de la constitution de 1967 par la loi n° 70.020 du 15 août 1974 et par la loi n° 78.010 du 15 février 1978, porte essentiellement sur la suprématie du Mouvement Populaire de la Révolution (MPR) en tant que Parti-Etat. Le Président de la République ne peut être Chef de l'Etat que s'il est d'abord le Président Fondateur du MPR. Cette révision procède de l'institutionnalisation du Mouvement Populaire de la Révolution (MPR) et à la personnalisation du pouvoir présidentiel. Pour le reste, la loi du 15 février 1978 maintient, dans leur esprit et quasiment dans leur lettre, les dispositions relatives au développement industriel du pays. (Préambule, art 81, art 90).

b. Les dispositions légales et réglementaires

b.1. L'ordonnance-loi n° 66-343 du 07 juin 1966 dite loi Bakajika[2]

A la lecture des travaux préparatoires, la loi Bakajika tirerait son origine de la déclaration de politique générale du Premier ministre Patrice

---

1 Propos du Commissaire d'Etat (ministre) à l'Economie Nationale, *op. cit.*

2 In Moniteur congolais n° 15 du 15 août 1966, p. 560. Sur cette loi, voir particulièrement C. LUKOMBE, *Le droit foncier zaïrois*, thèse de doctorat d'Etat, Université de Paris I – Panthéon-Sorbonne, 1973, pp. 212-243.

Emery Lumumba avant sa consécration constitutionnelle. Elle connaîtrait ensuite une réelle application par le Président Mobutu.

Il s'agit donc d'une volonté politique de mettre fin à la colonisation économique, ainsi que l'illustrent les déclarations des dirigeants congolais dans les termes suivants :

« Notre programme immédiat doit être de mettre en valeur les richesses de notre pays par un effort commun et de créer ainsi une économie nationale qui nous permettra d'améliorer rapidement les conditions de vie de tous les citoyens». Patrice Emery Lumumba[1]. »

« L'indépendance économique signifie aussi que les grandes décisions qui concernent l'activité économique soient prises désormais au Congo et en fonction des options déterminées par le Gouvernement congolais. C'est pourquoi nous avons exigé le transfert des sièges sociaux et administratifs des sociétés ayant leur exploitation dans notre pays. C'est pourquoi aussi, nous veillerons à une large participation des congolais et du Gouvernement à la gestion des activités économiques exercées jusqu'à ce jour par les étrangers... La reprise offensive de nos droits sur les richesses de notre sol et sous-sol, aux termes de la loi Bakajika nous facilite d'ailleurs la tâche». Mobutu Sese Seko[2] ».

Pour « les révolutionnaires » partisans du Président Mobutu, il était incontestable qu'entre autres motivations, les richesses forestières et minières avaient poussé les étrangers à venir s'établir au Congo pour s'enrichir le plus vite possible. L'administration coloniale avait distribué aux colons des terres sous la forme juridique de concession ou de cession, sans tenir compte de l'épanouissement des congolais, ni du développement de la colonie congolaise.

Aussi, ces « révolutionnaires » estimaient-ils que six ans après l'indépendance politique, la République Démocratique du Congo connaissait encore des difficultés d'ordre économique, accentuées par des pressions de certaines puissances étrangères, qui exploitaient et géraient encore, à leur bénéfice les potentialités économiques du Congo. Cette attitude postcoloniale, résultant d'une législation qui accordait des privilèges exorbitants aux étrangers, freinait les aspirations de la jeune nation et violait sa souveraineté légitime. En conséquence de quoi, le pays était en droit de chercher la plénitude de ses droits de propriété et de ses droits de gestion de son domaine pour son développement.

L'Etat congolais se devait de reprendre et de contrôler le sol et le sous-sol congolais. La loi Bakajika donnait en effet la possibilité de

---

1 Discours de M. Patrice Emery Lumumba du 30 juin 1960, *op. cit.*

2 Discours du Président Mobutu Sese Seko du 30 novembre 1973.

reprendre la pleine et libre disposition de tous ses droits fonciers concédés ou cédés avant le 30 juin 1960. Ce qui impliquait la reprise de toutes les propriétés privées reconnues et protégées par les textes législatifs antérieurs à cette date.

Pour les tenants de la « révolution » initiée par le Président Mobutu, cette option n'était que la manifestation de la conscience nationale exprimée par les dispositions constitutionnelles permettant au pouvoir législatif de transmettre à la République la propriété de certaines entreprises privées qui présentaient un intérêt essentiel pour le pays (notamment l'industrialisation du pays).

b.2 Les mesures portant sur la zaïrianisation : nationalisation, radicalisation et rétrocession des entreprises

Elles résultaient du discours du Président Mobutu du 30 novembre 1973 par lequel il mettait l'accent sur l'impérieuse nécessité de reprendre les rênes du pouvoir économique qui se trouvait à 90 % entre les mains des étrangers. On pouvait relever dans ce discours les termes suivants : « Aujourd'hui, si nous faisons une analyse approfondie de la situation de notre pays, nous pouvons affirmer que politiquement nous sommes un peuple libre, que culturellement, nous le devenons, mais économiquement, nous ne sommes pas encore totalement maîtres de notre économie[1] ».

Aussi ces mesures visaient-elles à placer les congolais dans les différents secteurs de la vie économique, notamment dans la production industrielle.

M. le professeur Lukombe Nghenda rappelait très justement que constituaient les mesures de zaïrianisation :

« L'ensemble des mesures arrêtées par l'Etat zaïrois par lesquelles, l'Etat en vertu de sa souveraineté, décida le retrait des mains des étrangers, des biens, activités économiques et unités de production du Zaïre dont ceux-ci étaient propriétaires, et que l'Etat céda ensuite aux seuls zaïrois, personnes physiques ou personnes morales[2]».

---

1 *Op. cit*, discours de Mobutu Sese Seko du 30 novembre 1973.

2 Lukombe Nghenda, Zaïrianisation, *Radicalisation, Rétrocession en République du Zaïre,* Presses universitaires du Zaïre, 1979, p. 8. Sur ces mesures, voir également KITETE KEKUMBA OMOMBO, *Autonomie politique et constitutionnelle du Zaïre. Essai de solution d'inadéquation institutionnelle*, Thèse de doctorat d'Etat en droit public, Université de Paris I, 1980, p. 471 ; B. MPONGO BOKAKO, *Le régime juridique des entreprises publiques zaïroises. Bilan d'une tentative d'unification du régime des entreprises publiques et établissements publics*, Thèse de doctorat d'Etat en droit, Université de Paris I, 1980 p. 93-134 ; KITHAMBO IFONGE, *La gestion des entreprises publiques au Zaïre*, thèse de doctorat de 3e cycle en droit public, Université de Sceaux, 1984, pp. 30-48.

D'aucuns s'interrogeaient déjà, non seulement sur l'efficacité de ces mesures par rapport aux exigences du développement industriel, mais encore sur leur légalité.

En effet, au moment où le Président Mobutu prononçait son discours du 30 novembre 1973, le pays était régi par la constitution du 24 juin 1967. Or, celle-ci ne conférait pas au chef de l'Etat le pouvoir de légiférer par voie des discours. Tout au plus, l'article 25 de ladite constitution lui reconnaissait la possibilité de prononcer un discours de politique générale devant le Parlement au moins une fois l'an.

La doctrine zaïroise a cherché à trouver un fondement juridique à la nationalisation, en invoquant l'application de la loi particulière n° 73/025 du 5 janvier 1973 sur le commerce ou l'application de l'article 22 de la Constitution du 24 juin 1967.

L'effort de la doctrine zaïroise de vouloir fonder les mesures de nationalisation sur la loi du 5 janvier 1973 était vain car cette loi ne visait que les activités commerciales, alors que le champ d'application des mesures du 30 novembre 1973 couvrait, outre le secteur commercial, les activités agricoles et industrielles.

S'agissant de la constitution du 24 juin 1967, en son article 22, le droit de nationaliser était une prérogative réservée au Parlement zaïrois, car cette question concernait le droit de propriété. En effet, ledit article 22 disposait que la propriété des biens des entreprises privées qui présentaient un intérêt national essentiel, pouvait être transférée en vertu d'une loi à la République ou à une personne morale publique zaïroise moyennant une indemnité. On pouvait tirer de ces dispositions, au moins trois éléments[1] :

- La faculté reconnue à l'Etat zaïrois de procéder à une nationalisation. On savait déjà que le pouvoir des Etats de nationaliser ne se discutait plus en droit international.
- La nécessité d'une loi encadrant les mesures de nationalisation. Cette condition n'avait pas été remplie par l'Etat zaïrois.
- L'identité du bénéficiaire d'éventuelles mesure de nationalisation, une personne morale de droit public. Cette condition était aussi absente, car les biens et les entreprises nationalisées avaient été confiés aux personnes physiques. On aurait pu arguer que ces personnes étaient investies d'une mission de service public, mais encore fallait-il que l'on précisât clairement dans quel type de structures juridiques, elles allaient agir. Une personne physique ne pouvait qu'agir pour le compte d'un

---

1 Réflexions doctrinales de Lukombe Nghenda sur les opérations de Zaïrianisation, Radicalisation, Rétrocession en République du Zaïre, *op. cit.*, p. 16.

établissement public ou d'une entreprise publique. Dans ce cas précis, aucune structure de droit public n'avait été créée pour encadrer l'action des acquéreurs (bénéficiaires).

Ceux-ci devaient reprendre les outils économiques que l'Etat mettait à leur disposition avec comme seule obligation de maintenir les emplois des nationaux. Ce point était sans doute l'un de ceux qui trahissaient la précipitation dans laquelle cette opération avait été réalisée. En effet, le statut de l'acquéreur n'était pas défini. Il n'y avait aucune condition objective à remplir pour être admis à la reprise des activités nationalisées. Nul n'avait besoin de disposer d'une certaine fortune, ni d'une compétence particulière. C'étaient des arrêtés ministériels qui devaient établir la liste des heureux bénéficiaires. Heureux, dans la mesure où ils n'avaient même pas l'obligation d'indemniser les propriétaires dépossédés, dès la reprise d'activité. L'autorité zaïroise avait prévu que l'indemnisation se ferait dans les dix ans, « si l'affaire marchait. »[1]

A vrai dire, le fondement juridique de ces mesures de nationalisation tenait à la notion « d'un acte d'autorité ». Seulement, un acte d'autorité, expression de la souveraineté d'un Etat, n'excluait pas le respect de la forme, qui demeurait « la garantie des libertés et l'élégance suprême ». Et ce, quand bien même ces mesures entraient dans une perspective « révolutionnaire ». En effet, si l'autorité zaïroise n'était pas tenue d'observer les lois coloniales par lesquelles les personnes expropriées détenaient leurs droits, elle se devait au moins de respecter la constitution de 1967, œuvre de la « Révolution congolaise ».

Dans le même esprit de recherche de l'efficacité économique, vecteur indispensable pour le développement industriel, le gouvernement zaïrois avait rapidement décidé de faire passer sous le contrôle de l'Etat toutes les grosses entreprises à la tête desquelles étaient nommés des délégués généraux et leurs adjoints, assistés d'un Comité révolutionnaire comprenant un délégué syndical et un responsable de l'administration. Cette décision prise en date du 30 décembre 1974 fut appelée « radicalisation ». Autrement dit, les mesures de radicalisation étaient « celles par lesquelles, l'Etat avait repris à son compte en les étatisant ainsi, les grandes unités de production et activités économiques naguère appartenant aux étrangers aussi bien qu'aux zaïrois. »[2]

Comme en matière de zaïrianisation (nationalisation), la radicalisation soulevait également quelques questions de cohérence juridique. La

1 *Op. cit*, p. 17.
2 *Idem*, p. 9.

présence des délégués généraux nommés par l'Etat, faisait penser que l'on se trouvait en face des entreprises publiques, mais la décision de radicalisation ne portait aucune précision sur ce point. En voulant s'assurer le contrôle des entreprises nationalisées en y plaçant des délégués généraux, l'Etat zaïrois n'avait malheureusement pas indiqué quelle proportion il se réservait dans le capital des entreprises concernées.

L'Etat congolais ayant négligé d'assurer une indemnisation inhérente à toute opération de nationalisation, s'était trouvé dans une impasse qu'il a été amené à reconnaître deux ans plus tard en annonçant les premières mesures de rétrocession de 30 à 40 % des parts aux anciens propriétaires qui malheureusement ayant perdu confiance, n'étaient plus motivés.

Le Gouvernement congolais qui se trouvait souverainement dans ses droits pour la nationalisation mais n'ayant ni possibilité matérielle, ni maîtrise de compétence technologique à l'époque, aurait dû adopter une nationalisation négociée en attendant de réunir les conditions pour une telle opération.

b.3. Intérêt d'une nationalisation négociée

Une nationalisation négociée consiste à un transfert progressif de la propriété d'une entreprise privée à l'Etat. Cette formule suppose des négociations progressives, menées dans un esprit d'ouverture, pour déboucher sur des arrangements juridiques souples et qui tiennent compte des intérêts des uns et des autres.

On élabore un cadre juridique *ad hoc*, notamment un protocole d'accord à exécuter pendant le temps nécessaire de la maîtrise par les nationaux des techniques d'exploitation et de gestion des entreprises nationalisées.

La nationalisation négociée aurait permis de réaliser au même moment, et peut-être avec un léger décalage de temps, le transfert de propriété juridique et la maîtrise des techniques de gestion, sans nuire aux objectifs sociaux des entreprises concernées.

Par ailleurs, la République Démocratique du Congo aurait pu tirer des leçons de la nationalisation non négociée de l'ex-Union Minière du Haut Katanga (U.M.H.K.) et des problèmes qu'elle a posés, lesquels problèmes obligèrent l'Etat congolais à conclure un accord de coopération pour continuer de bénéficier de la compétence technique et des relations de l'ancien propriétaire[1].

---

1 *Op. cit.*, p. 9.

Par la décision du Conseil des Ministres du 1er janvier 1967, l'U.M.H.K. était « congolisée », c'est-à-dire nationalisée et remplacée par une autre société privée, de droit congolais, la Société Générale Congolaise des Minerais (GECOMIN). Plus exactement, la propriété de tous les biens meubles et immeubles de l'U.M.H.K. était dévolue à l'Etat qui en confiait la gestion à la GECOMIN[1]. Les motifs avancés étaient la volonté de l'Etat de contrôler l'activité d'une société dont la contribution au développement économique est essentielle et de veiller à sa conformité aux intérêts de la Nation et respectant les obligations envers l'autre.

La GECOMIN reprit les activités de l'U.M.H.K. «mise en liquidation». Le premier conseil d'administration de cette société fut mis en place et comme les dirigeants européens de l'U.M.H.K., à qui l'Etat offrait des postes d'administrateurs, se récusèrent. Ce conseil était composé exclusivement des administrateurs congolais[2].

La République Démocratique du Congo prit 60 % des titres et abandonna le reste à la souscription des tiers nationaux ou étrangers. Les autorités congolaises se trouvèrent rapidement dans une impasse car il leur était impossible de se passer des services des techniciens spécialisés et ingénieurs belges antérieurement au service de l'U.M.H.K.

Même la carte géologique du sous-sol katangais était restée aux mains des représentants de la Société Générale des Minerais de Belgique. En outre, pour vendre le cuivre produit, les autorités congolaises avaient besoin de l'organisation commerciale mise en place par l'U.M.H.K., alors que celle-ci faisait obstacle aux ventes.

La République Démocratique du Congo manquait des moyens appropriés et du personnel qualifié pour organiser l'exploitation et commercialiser la production. Devant cet échec, le 15 février 1967, la GECOMIN signa une convention avec la Société Générale des Minerais de Belgique, filiale de l'U.M.H.K. qui s'occupait jusque là de la commercialisation du cuivre et du traitement des métaux précieux provenant de la République Démocratique du Congo.

Cette convention, à laquelle était annexé un protocole entre la société belge et la Banque Nationale de la République Démocratique du Congo,

---

1 Cabinet du Président de la République, Ord. loi n°67-01 du 1/1/1967. Retrait de l'autorisation de constitution de la société congolaise à responsabilité limitée U.M.H.K. et Ord. loi n°67-01 bis transférant à la République Démocratique du Congo la propriété des biens meubles et immeubles de l'U.M.H.K. et de ses filiales, 1967, pp.7-13.

2 Cabinet du Président de la République, Ord. loi n° 67-01 *quinto* du 2 janvier 1967 portant désignation des membres représentant la R.D.C. dans le Conseil d'administration de la société à responsabilité limitée dénommée la Générale congolaise des Mines, GECOMIN, Kinshasa, 1967, pp. 14 à 16.

réglait les problèmes d'exploitation et de commercialisation de productions. Ces tâches étaient de nouveau confiées aux spécialistes étrangers. Rappelons que l'indemnisation proprement dite fut réalisée par la conclusion d'un nouvel accord en date du 26 septembre 1969.[1]

Par la « Convention de coopération technique », dont l'objectif est précisé à l'article 1er. La Société Générale des Minerais de Belgique s'engageait à fournir pour le compte de la GECOMIN un ensemble de prestations complètes allant de la conception des programmes nécessaires (emploi, fonctionnement, gestion minière, industrielle et commerciale) à l'exécution matérielle des décisions arrêtées par la GECOMIN et concernant l'ensemble de l'activité de l'entreprise (raffinage, transformation sur place et commercialisation), l'exécution se réalisait concrètement par la mise à la disposition de la GECOMIN du personnel étranger nécessaire (article 4) ainsi que par la fourniture de divers services énumérés à l'article 5 tels que le recrutement, les achats et les expéditions d'approvisionnement, le génie civil et industriel, etc. dans la mesure où ces services énumérés à l'article 5 tels que le recrutement, les achats et les expéditions d'approvisionnements, le génie civil et industriel, etc. étaient assurés par le personnel de la GECOMIN. La durée de la mission était indéterminée (article 11)[2].

Deux points nous intéressent particulièrement dans cet accord : la détermination du titulaire du pouvoir de décision et l'aspect financier.

Sur le premier point, la SGM apparaît comme un simple exécutant prestataire de divers services. Ainsi, l'article 1b, dispose-t-il que la SGM « exécute les programmes généraux retenus par le Conseil d'administration de la GECOMIN ». Ce rôle d'exécution traduit ici une absence de motivation des cadres belges.

Dans le même sens il était prévu à l'article 2 que l'étude des programmes généraux prévus à l'article premier soit confiée à la SGM :

« Celle-ci soumet au conseil d'administration de la GECOMIN le résultat de ses travaux. Le conseil d'administration de la GECOMIN décide de la suite à y donner »[3].

Pourtant, on note à l'article 2, alinéa c, la disposition suivante :

« La SGM ayant la responsabilité de l'exécution de ces programmes assume la direction de l'ensemble des opérations industrielles et commerciales ».

---

1 *Op. cit.* p. 18.
2 *Op. cit.*. p. 21.
3 *Op. cit.*, Ordonnance-loi n° 67-01 *quinto* du 2 janvier 1967, p. 17.

On voit tout de suite que la marge de manœuvre laissée à la SGM est grande et qu'en définitive, le seul sujet soumis au pouvoir de décision de la GECOMIN est l'approbation ou le refus des programmes qui ont été préalablement étudiés par la SGM. Plutôt qu'un réel pouvoir de décision, il s'agit d'un droit de veto : ni la conception, ni la réalisation ne sont de son ressort. La GECOMIN ne peut que refuser la mise en œuvre d'un programme au vu du rapport établi par l'auteur de celui-ci. Encore, que l'effectivité de ce pouvoir résiduel dépende-t-elle de la compétence des membres du conseil d'administration, de leur compréhension de la marche de l'entreprise et des nécessités de l'exploitation. Bien sûr, ces derniers peuvent toujours se faire assister par des experts mais il n'est pas vraiment rassurant de recourir ainsi à du personnel extérieur pour diriger une entreprise.

Ainsi conçus, les rapports entre les partenaires laissent la porte ouverte à toutes les situations possibles selon la capacité de la société congolaise à choisir en connaissance de cause le programme d'exploitation que devra exécuter la SGM. Il est toutefois un domaine d'activité de l'entreprise dans lequel la répartition des pouvoirs apparaît plus équilibré, certainement parce que les autorités congolaises se sont senties plus à leur aise ou du moins capables d'acquérir la compétence nécessaire. Il s'agit de la commercialisation.

L'article 3 prévoit, en effet, que la SGM et la GECOMIN arrêtent périodiquement et d'un commun accord un programme de commercialisation dont l'exécution est confiée à la SGM par l'article 6. Etant précisé qu'il ne s'agit pas pour elle d'une obligation de résultat mais que la SGM vend pour le compte de la GECOMIN ou se porte acheteur de la production à titre transitoire, dans la mesure où elle est à même d'en assurer l'écoulement en fonction des possibilités d'absorption du marché.

Autre point important de la convention, la question financière s'agissant des bénéfices susceptibles d'être réalisés, il est prévu que le prix de vente du cuivre doit être remis à la GECOMIN dès l'encaissement. Celle-ci rembourse à la SGM ses frais (de raffinage, de transformation et de commercialisation).[1]

Mais un système de paiement prévisionnel était prévu à l'article 6, lequel a d'ailleurs été légèrement modifié. D'après ce texte, la SGM fait l'avance du prix de vente à la GECOMIN ; le montant prévu est versé à cette dernière dans les 24 heures de l'embarquement de la marchandise

---

1 *Op. cit.*, p. 18, alinéa 2.

au port (le délai initial était de 8 jours). Une régularisation est effectuée une fois le prix de vente réel connu.

Sur la rémunération de la SGM, la convention est fort vague. Un seul article lui est consacré, l'article 8, qui dispose :

« Les services rendus par la SGM en application de la présente convention sont rémunérés sur la base de relevés et de factures présentés avec les pièces justificatives ».

Cette disposition est détaillée par le Protocole, notamment les articles 8 et 9 : il s'agit d'une rémunération proportionnelle de 4,5 pour cent calculée sur la valeur de la production. Elle est basée sur le montant des décomptes hebdomadaires des recettes.

La convention prévoyait également que le solde éventuel sera réglé périodiquement sur la base des prix dus pour des produits de même nature, faisant l'objet du décompte hebdomadaire des recettes relatives à la semaine durant laquelle le décompte du solde de la rémunération aura lieu. A cela s'ajoute une garantie fournie par la GECOMIN pour couvrir la SGM de ses engagements à l'égard du personnel sous contrat de concours technique (art. 7 de la convention et art. 7 du protocole).

En 1969, les autorités congolaises et l'ex U.M.H.K finirent par s'entendre sur la question de l'indemnisation. Les informations dont nous disposons sur cette question sont relativement imprécises. Ce qui est certain est que l'indemnisation a été intégrée dans le cadre de la coopération technique instaurée par la convention de 1967. En d'autres termes, il n'y a pas eu de versement en argent mais un aménagement de la « rémunération » des services techniques rendus par la SGM.

Depuis lors, la coopération entre les deux parties s'était poursuivie. C'est seulement en 1976, que la commercialisation a cessé d'être effectuée par la société belge et a été reprise par la société zaïroise de commercialisation des minerais, la SOZACOM. Mais la société belge poursuivait son assistance technique et les deux sociétés prévoyaient la création d'une filiale commune pour la commercialisation, les approvisionnements et le recrutement du personnel, ce qui n'avait jamais été fait[1].

Voilà un exemple de nationalisation menée dans un esprit de concertation entre l'Etat congolais et la Belgique. Le gouvernement congolais aurait dû négocier les autres nationalisations dans presque les mêmes conditions.

---

1 *Op. cit.*, p. 19.

B. Code des investissements pour le développement en République Démocratique du Congo

Instruments majeurs de la politique de promotion des investissements dans les pays africains, les codes des investissements constituent « l'ensemble de mesures incitatives mises en place pour conférer aux entreprises bénéficiaires un certain nombres d'avantages que l'on peut regrouper en garanties générales de droit commun et en garanties spéciales (privilèges fiscaux et douaniers)[1]». Ces avantages sont constamment révisés dans le sens de leur amélioration et d'adaptation aux nouvelles nécessités économiques.

Au Congo, les pouvoirs publics distinguent deux types d'investissements : les investissements de création et les investissements d'extension ou de modernisation.

Les investissements de création concernent les apports en espèce ou en nature mis à la disposition de l'entreprise devant exercer son activité au Congo en vue de la production des biens et services.

Quant aux investissements d'extension ou de modernisation, ils ont pour objet d'accroître la capacité de production installée, de rationaliser les méthodes de production et d'améliorer la qualité des produits.

Si du point de vue de l'activité d'investir, les définitions des spécialistes et le sens qu'en donne la loi congolaise convergent, l'esprit du législateur congolais porte essentiellement sur le développement industriel du pays.

C'est *ce leitmotiv* qui a amené les autorités congolaises à fixer un cadre juridique susceptible de promouvoir les investissements. D'où la mise en place du code des investissements.

a. Le décret-loi du 30 août 1965 relatif au premier code des investissements après l'ébauche de 1962

Comme l'avait si bien souligné M. Werwilghen en 1966 :

« Au Congo, donc contrairement au reste de l'Afrique francophone tout était encore à faire dans le domaine de la protection et de la promotion des investissements privés. Le manque des précédents législatifs, l'ampleur de la tâche, les conditions politiques et psychologiques dans lesquelles (l'indépendance) dut être réalisée

1 B. Kabe-Abbo, *Les difficultés inhérentes à l'investissement international dans les PME-PMI. Les cas de l'Union Douanière des Etats de l'Afrique Centrale (UDEAC)*, Thèse de doctorat de Paris I Panthéon-Sorbonne, 1994, p. 464.

permettaient de comprendre le retard apporté dans la promulgation d'un code congolais définissant le statut des biens et investissements d'origine privée »[1].

Les premières tentatives de mettre sur pied un code des investissements au Congo remontaient à 1962. C'était à cette date, en effet, qu'un document allant dans ce sens avait été publié par le ministère du Plan, de la Coordination et du Développement Communautaire sous l'intitulé : *Une politique d'investissements.* Ce document portait sur l'analyse de structures des investissements et sur l'évolution de l'économie congolaise. Il avait permis de mettre en chantier les grandes orientations en vue de l'élaboration d'un code des investissements *ad hoc.*

Les exigences économiques de l'époque avaient amené le ministre cité ci-dessus à rédiger un avant-projet du code des investissements avec la collaboration de la Chambre de Commerce ANEZA, actuelle FEC « Fédération des Entreprises du Congo » et des Organisations Syndicales du Congo.

Ce code des investissements avait été institué par un décret-loi du 30 août 1965. Il prévoyait deux régimes distincts : le régime dit du droit commun et les régimes particuliers ou préférentiels. L'objectif avoué de ce code des investissements était de promouvoir les investissements privés aussi bien nationaux qu'étrangers par la stimulation de l'épargne et l'attrait des capitaux privés étrangers. Le régime de droit commun permettrait d'instaurer un climat général favorable aux investissements, en accordant d'office des garanties et des avantages aux entreprises sans contrepartie, alors même que celles-ci n'en avaient pas fait la demande. Par ailleurs, ce régime s'appliquait globalement aux entreprises existantes ou à créer[2].

Jusqu'en 1965 la structure économique de la République Démocratique du Congo était demeurée, pour le moins, identique à celle d'avant l'indépendance, si bien que les capitaux étrangers investis dans l'économie du pays étaient encore prédominants. L'intérêt du législateur consistait en ne pas exclure les entreprises existantes du bénéfice du code des investissements au risque de paralyser l'essentiel de l'activité économique du pays. On notait par ailleurs que les entreprises elles-mêmes étaient associées à l'élaboration du code des investissements par

---

1 Werwilghen, *Le régime juridique des investissements privés au Congo*, in Cahiers Economiques et Sociaux, IRES, Paris, vol. 4, p.173. S'agissant de l'évolution de la question des investissements, voir notamment BALUKI, *Les investissements belges en République du Zaïre et perspectives*, IRES, Unaza, juillet 1972 ; MPEKESA BONGOY, *Investissements mixtes au Zaïre*, Kinshasa, PUZ, 1974 ; B. GOBERT, *L'évolution de la réglementation des investissements étrangers au Congo,* Thèse de doctorat, Université de Toulouse I, 1999.

2 Mpekesa Bongoy, *Investissements mixtes au Zaïre*, Kinshasa, PUZ, 1974.

le biais de la Chambre de Commerce ANEZA actuellement « Fédération des Entreprises du Congo » FEC et les Organisations Syndicales du Congo.

De plus, ces entreprises ayant lutté contre vents et marées pendant les troubles politiques qui avaient secoué le pays au cours des premières années postcoloniales, ce n'était que justice de leur octroyer les avantages de cette nature. Avantages qui étaient également ouverts aux nouveaux promoteurs. En outre, la stratégie du législateur congolais était d'inciter des entreprises déjà implantées à rapatrier leurs avoirs ou à utiliser leurs réserves pour élargir le volume économique national. Le code des investissements congolais servait donc l'équité en réservant un traitement identique aux investissements anciens et nouveaux.

Pour promouvoir les investissements, l'Etat garantissait les risques politiques. Une telle garantie était indispensable, compte tenu des troubles répétés que le Congo avait connu de 1960 à 1965. De la sécession katangaise à la rébellion *muleliste*, en passant par la proclamation d'une République Orientale à Kisangani avec S. Soumialot et d'autres personnalités, sans oublier la tentative de sécession du Sud Kasaï par Kalonji Ditunga.

A travers la garantie de stabilité, l'Etat retenait le principe de la liberté et de la circulation des biens et des personnes sur toute l'étendue du territoire congolais et interdisait les expropriations totales ou partielles, sauf si elles étaient autorisées par la loi[1].

Le régime de droit commun du premier code congolais des investissements prévoyait des mesures de protection non négligeables et se voulait d'inspiration profondément libérale. Par exemple, l'article 3 alinéa 2 dudit code précisait que : « L'Etat s'engage à ne prendre aucune mesure arbitraire de nature à entraver l'acquisition, la gestion, l'utilisation, la jouissance, la circulation ou la liquidation des capitaux privés ».

Outre la protection, la stabilité et la non-discrimination des investissements, le régime général du code des investissements de 1965 octroyait trois avantages majeurs : la franchise des droits d'entrée, la protection douanière et la liberté de transferts des capitaux. Ainsi, tout bien d'équipement destiné à de nouvelles entreprises ou à l'extension d'anciennes était exempté de droit d'entrée.

Aussi, dans l'intérêt de la relance économique du pays, l'Etat protégeait de façon temporaire les biens produits localement. Cette disposition de la loi consistait à protéger la production locale contre la

1 *Op. cit.*, p. 18.

concurrence étrangère. Pour ce faire, le code avait renforcé la taxe sur l'importation des produits substituables aux produits locaux et avait procédé à la réduction de la taxe à l'exportation des produits manufacturés localement[1].

S'agissant des régimes particuliers ou préférentiels, le code de 1965 avait prévu deux catégories de régimes : le régime prioritaire et les régimes conventionnels.

Le régime prioritaire concernait les projets qui participaient à la contribution substantielle au développement de l'économie. Cependant, les entreprises admises à ce régime étaient tenues de remplir les obligations vis-à-vis de la loi, notamment :

- L'obligation de réaliser le projet proposé par l'entreprise et l'agrément dudit projet par l'Etat selon les modalités déterminées par l'autorité administrative et dans le délai prescrit. L'investissement visé devait donc être effectué dans son intégralité.
- La réalisation du projet devait s'effectuer selon l'objet et l'étendue du programme tel qu'il a été approuvé par la commission des investissements et autorisé par l'arrêté interministériel.
- L'investisseur devait satisfaire aux obligations statistiques et comptables requises par le ministère du Plan ; ceci dans le but de permettre à la commission des investissements de procéder aux vérifications nécessaires.
- L'obligation d'accepter la participation de l'Etat, de l'organisme public ou mixte et des particuliers nationaux au capital investi.

De son côté, l'Etat congolais s'était aussi imposé des devoirs à l'égard des entreprises bénéficiaires du régime prioritaire. En effet, outre le fait que ces entreprises bénéficiaient systématiquement des avantages de régime de droit commun, elles jouissaient également des avantages spécifiques de caractère économique, administratif et fiscal.

En ce qui concernait le caractère économique, les entreprises avaient droit aux privilèges particuliers en matière d'octroi des devises pour l'importation des biens d'équipement et pour le rapatriement des revenus. De plus, ces entreprises étaient prioritaires auprès des institutions publiques de financement et du développement.

Sur le plan administratif, l'Etat s'engageait à favoriser les exportations destinées à l'installation ou à l'expansion des entreprises admises au régime prioritaire, à la seule condition que lesdites exportations soient liées à la bonne marche de ces entreprises.

---

1 *Op. cit.*, p. 19.

Sur le plan fiscal, des exonérations et des diminutions d'impôts directs étaient accordées aux entreprises bénéficiaires du régime prioritaire pendant 5 ans. Le code exemptait également les bénéfices imposables de la taxe professionnelle pour 30 % de la valeur des investissements complémentaires en immeubles et en équipements professionnels.[1]

Quant aux régimes conventionnels, prévus par l'article 17 du code des investissements du 30 août 1965, l'Etat et l'entreprise privée concernée étaient liés par un accord spécial précisant les obligations spécifiques que cette entreprise s'engageait à remplir. La contrepartie de l'Etat consistait à procurer des garanties juridiques, économiques, financières et fiscales spéciales. Ces garanties s'ajoutaient aux garanties générales et spécifiques octroyées dans le cadre du régime de droit commun et du régime prioritaire.

La succession d'évènements dans le pays n'avait pas été sans effet dans la vie nationale. A l'instar d'autres exigences juridiques, le besoin d'un nouveau code des investissements devait se faire sentir. La mise au point du nouveau code devait prendre en compte certains facteurs. Il s'agissait essentiellement, d'une part, des facteurs structurels liés à l'inégalité de développement entre différentes provinces du pays, inégalités dues aux potentiels de ressources naturelles et humaines propres à chaque province ; et d'autre part, des facteurs conjoncturels liés à la situation de l'économie générale qui prévalait dans le pays. De plus, des capitaux à investir étaient rares, il fallait un code des investissements beaucoup plus attractif.

b. L'Ordonnance-loi n° 69-009 du 10 février 1969 portant code des investissements

Cette loi concernant l'exonération sur les bénéfices se fondait sur les bases de l'impôt sur les revenus professionnels définies par le titre 4 de l'Ordonnance-loi n° 69-009 du 10 février 1969[2], portant sur les bénéfices des entreprises industrielles, commerciales, agricoles et immobilières, ainsi que les rémunérations, les profits des professions libérales et autres activités lucratives. Les exonérations sur les bénéfices de ces différents secteurs d'activités étaient importantes et permettaient de mesurer l'intérêt que l'Etat attachait aux investissements.

L'exonération de la taxe sur la contribution professionnelle était consentie pour une période de cinq ans aux entreprises nouvellement

1 Commission des Investissements, Régime prioritaire du code des investissements, Archives, Economie nationale et Industrie, Kinshasa, 1965, p. 4.
2 Ordonnance-loi portant code des investissements de 1969.

agréées. Elles étaient dispensées de la taxe sur les salaires dus à leur personnel étranger aussi longtemps que ces entreprises n'auraient écoulé leurs premières productions.

Il en était de même pour les entreprises existantes qui investissaient pour moderniser l'équipement et le système d'exploitation. Cette exemption ne concernait que la partie des bénéfices déclarés au cours des trois derniers bilans précédant l'année d'agrément.

S'agissant de l'exonération des dividendes distribués, elle concernait les sociétés existantes qui, par des actions nouvelles, augmentaient leur capital initial en vue de la modernisation, de l'extension de leurs activités. Elles étaient exemptées de l'impôt sur le capital mobilier réalisé sur les actions émises. Comme pour les exonérations sur les bénéfices, celles consenties sur les dividendes distribués étaient également d'une durée de cinq ans.

Quant à l'exonération des taxes foncières, celle-ci couvrait la totalité des superficies des propriétés foncières bâties ou non bâties touchant l'extension ou la modernisation des entreprises existantes.

L'exonération des droits d'entrée et de la taxe générale sur les chiffres d'affaires était accordée aux entreprises à créer et à celles existantes à condition que les biens d'équipement à importer soient introuvables sur le marché local ou bien de qualité supérieure que ceux produits sur place.

Si l'Etat de son côté accordait tant d'avantages et de souplesse, les entreprises bénéficiaires avaient l'obligation de réaliser leurs projets dans les normes fixées par l'autorité administrative sous peine de retrait d'agrément et de pénalisations éventuelles.

Les entreprises, admises au régime général, mais présentant un intérêt capital pour le développement du pays, pouvaient bénéficier en plus d'avantages du régime conventionnel prévu par le code des investissements de 1969[1]. L'agrément à ce régime particulier était matérialisé par la convention conclue entre l'entreprise et le ministre des finances et de l'économie. Cette décision devait faire l'objet d'une Ordonnance-loi d'entérinement.

Les avantages fiscaux étaient accordés sans distinction aux investissements qui remplissaient les critères d'admission. Mais il avait paru indispensable de prévoir en faveur des promoteurs non-résidents des garanties particulières de change dérogatoires à la réglementation bancaire pour leur assurer que dans tous les cas, ils avaient droit de transférer leurs revenus perçus à titre de capitaux investis. Même en cas de cession ou de liquidation, ils pouvaient rapatrier le capital initial.

---

1 *Op. cit.*, p. 22.

Le législateur congolais, en accordant ces avantages, avait voulu encourager le réinvestissement des bénéfices réalisés par les promoteurs non-résidents.

Aux termes de l'article 25 de l'Ordonnance-loi n° 69-032 du 26 juin 1969, de dispositions supplémentaires avaient été prévues pour le développement du secteur minier. En effet, la loi accordait aux entreprises minières exerçant leurs activités au Congo, une exonération sur la partie de leurs bénéfices réservés sous forme de «provisions pour la reconstitution de gisements». Les conditions d'application de cette exonération étaient amplement exposées dans l'Ordonnance-loi n° 67/23 du 11 mai 1967 portant loi minière nationale, articles 81, 96 et 99 et dans l'Ordonnance-loi n° 67/416 du 23 septembre 1967 portant règlement minier modifié par l'Ordonnance-loi n° 81-013 du 2 avril 1981 portant législation générale sur les mines et les hydrocarbures.

On notait que l'Ordonnance-loi n° 69/032 du 26 juin 1969 portant code des investissements avait été modifiées et complétée par les ordonnances lois n° 79/027 du 28 septembre 1979 et n° 86-028 du 5 avril 1986[1].

c. L'Ordonnance-loi n° 69-032 du 26 juin 1969 portant code des investissements

Le contenu de l'exposé des motifs de cette ordonnance portant code des investissements avait exprimé l'état d'esprit, en ces termes :

« Aussi, le développement de l'économie et son expansion future devront-ils être largement organisés par les pouvoirs publics à qui incombait non seulement de réaliser les investissements qui relevaient de leur responsabilité directe, mais aussi d'appliquer une politique de développement comprenant des mesures susceptibles de promouvoir l'investissement privé »[2].

La réforme de l'ancien code des investissements illustrait la volonté du gouvernement de progresser résolument dans cette voie. Elle se substituait au décret-loi du 30 août 1965 dont les dispositions, conçues dans un climat de strict contrôle de change, ne correspondaient plus à la situation qui prévalait depuis la réforme économique et monétaire.

---

1 Ces modifications montrent les difficultés d'application du code par rapport à l'objectif assigné. En règle générale, voir notamment B. VINAY, *Les problèmes d'application des codes des investissements,* Pénant, n° 719, 1968 ; G. Le WAT et J.F. CASTA, *Pratique des codes des investissements en Afrique noire francophone, approche pratique*, 1987.

2 Voir notamment T. KATANGA, *Le code des investissements de 1969 en République du Zaïre*, in Z.A., n° 65, mai 1972, pp. 291-302.

On pouvait rappeler que les pouvoirs publics congolais gardaient comme objectif principal : le développement industriel du Congo en favorisant les investissements nouveaux et en stimulant l'extension et la modernisation d'entreprises existantes.

Pour réaliser le développement industriel du Congo, il était en effet nécessaire que les investisseurs sentent une cohérence entre les différentes mesures législatives. Les mesures que prévoyait le législateur en matière de réajustement du code des investissements devaient couvrir le domaine tant fiscal, administratif qu'économique, mais elles étaient traitées dans un même régime, le régime général.

Il était intéressant de porter une attention particulière sur les avantages majeurs d'ordre fiscal que le régime général accordait aux entreprises, notamment l'exonération sur le droit proportionnel, sur les bénéfices, sur les dividendes distribués, sur les taxes foncières, sur les droits d'entrée et sur la taxe générale sur les chiffres d'affaires.

L'exonération sur le droit proportionnel concernait les actes juridiques constatant la création de nouvelles sociétés, les augmentations du capital en franc constant si celles-ci étaient faites pour l'extension ou la modernisation des sociétés concernées.

d. L'ordonnance-loi n° 81-010 du 2 avril 1981 qui avait créé la Zone France Industrielle

Ce grand pays appelé à l'époque République du Zaïre, confronté à des grands problèmes pour son développement, avait dans le cadre de ce Code des Investissements à l'instar de l'Ile Maurice, créé le régime de Zone France Industrielle.

Le pays étant immense et quasiment enclavé, la création de Zone France Industrielle dans plusieurs lieux géographiques est nécessaire. Ce régime présente les avantages d'attraire les capitaux étrangers et accélérer le développement industriel durable du pays.

Les entreprises qui seront agréées dans ce régime de Zone Franche auront l'avantage de bénéficier d'un environnement fiscal et de lois favorables prévus par l'Etat.

e. L'impact du code des investissements du 5 avril 1986 relatif au règlement de la dette

La République du Congo (ex-Zaïre), qui avait une dette extérieure assez faible, avait vu celle-ci passer à des proportions alarmantes, et son déficit budgétaire se creuser d'années en années tandis que ses différents complexes économiques et industriels étaient presque en ruine. Elle se devait, pour cela, de modifier sa législation en matière d'investissements en vue de l'adapter à la nouvelle situation économique du pays.

L'option libérale fut consacrée dans l'Ordonnance-loi n° 86-28 du 5 avril 1986 portant code des investissements, qui entendait offrir des avantages fiscaux et douaniers notamment des exonérations, encore plus substantiels que ceux qui existaient déjà[1].

Par ailleurs, ce nouveau code, tout en édictant des dispositions nouvelles de nature à promouvoir l'investissement public en complément de l'investissement privé, s'était également placé dans une perspective de plan quinquennal (1986-1990)[2].

Pour mieux marquer la différence avec les codes précédents, le législateur congolais avait établi deux axes qui traduisaient, d'une part, les changements des mesures fiscales de droit commun d'incitation à l'investissement (cas de la réforme de la fiscalité du secteur industriel) et, d'autre part, les nouvelles réformes apportées au tarif douanier des entrées et sorties, notamment le régime des importations, par la rationalisation et la simplification de la structure des droits de douane.

Le législateur avait prévu trois régimes privilégiés : le régime général qui avait un caractère purement administratif, le régime conventionnel qui était contractuel et le régime de zone franche à vocation industrielle autour du barrage d'Inga avec un caractère spécial. Les procédures d'admission à l'un ou l'autre régime étaient uniformisées et centralisées au niveau d'une commission des investissements. Par ailleurs, ce nouveau code prévoyait dans ses dispositions spéciales, des sections particulières consacrées aux PME et PMI, aux investissements de création ou d'extension des entreprises minières et enfin aux investissements relatifs aux installations reconnues d'utilité publique.

On pouvait souligner que le code de 1986[3] avait consacré plusieurs innovations, notamment :

- Une fiscalité préférentielle mais sélective, suivant la région d'implantation et le secteur d'activité. Le but était d'encourager et de canaliser les investissements vers les régions et secteurs d'activités délaissés.
- L'exonération de la contribution professionnelle sur les rémunérations versées aux travailleurs relevant de la classification générale des emplois. Les pouvoirs publics congolais avaient introduit des critères de création d'emplois et de valorisation plus ou moins intenses des ressources naturelles locales, parmi d'autres critères généraux de rentabilité économique. Suivant ces critères, les avantages du nouveau code étaient modulés en fonction du

1 Ministère du Plan, Commission des investissements, «Code des investissements de la République du Zaïre», in J.O. du 5 avril, Kinshasa, 1986.
2 *Op. cit.*, Ministère du Plan, *idem*, J.O. du 5 avril, Kinshasa, 1986.
3 *Op. cit.*, p. 24.

nombre d'emplois créés par l'entreprise et la proportion de la valeur ajoutée locale dans le chiffre d'affaires prévu.

- L'exonération de certains impôts et taxes des administrations centrales et des entités décentralisées.

Afin de satisfaire aux objectifs de la relance de la production, le nouveau code prévoyait l'élargissement de l'exonération des droits d'entrée, à l'exclusion de la taxe administrative, d'une part sur les intrants industriels, si ceux-ci n'étaient pas produits au Congo et d'autre part, sur les équipements et matériels d'occasion exclusivement destinés aux PME et PMI.

f. Le code des investissements rénové - Loi 004/2002 du 21 février 2002

Facteur par excellence de la croissance économique et du développement industriel durable, le code des investissements du 21 février 2002 est à même d'apporter l'augmentation de la grandeur économique à la République Démocratique du Congo par des changements substantiels de structures et des modifications des conditions institutionnelles et sociales après plus de deux décennies de création du code des investissements qui ont montré plusieurs lacunes.

Evoluant plutôt dans un contexte de régression économique et d'inflation accélérée, la performance du secteur privé a été insuffisante et celle de l'industrie congolaise particulièrement médiocre et très peu compétitive avec comme tendance le désinvestissement.

La République Démocratique du Congo ayant opté pour une économie libérale tempérée du type « Économie Sociale du Marché » la croissance économique et le développement reposent sur le tripartite ci-dessous :

-L'État fournit le caractère et l'environnement incitatifs

-Le secteur privé crée les richesses nationales

-La société civile se charge de promouvoir l'homme dans toute sa dimension.

Ainsi dans ce nouveau code des investissements de 2002 intègre l'ANAPI, Agence Nationale de Promotion Industrielle. L'Etat doit jouer le rôle d'organisateur et de catalyseur des forces vives en prenant en charge les infrastructures et les investissements des industries de base et en instituant un cadre institutionnel et juridique qui assurent la protection des personnes et des biens.

Le secteur privé doit s'occuper de la production de biens et services.

La prise en charge de la production de biens et services se matérialise en amont par la revalorisation de la fonction-investissement. Car dit-on, la croissance économique d'une nation est fonction directe du degré des investissements atteint! Pas d'investissement, pas de croissance semble être le postulat corollaire sine qua non. Ainsi est mise à nue, la nécessité impérieuse pour un Gouvernement de mettre en place une stratégie économique à l'investissement suffisamment alléchante pour concurrencer les autres demandeurs sur le marché des capitaux.

Cette stratégie économique constitue un appât et surtout un précieux outil capable d'orienter les investisseurs vers les secteurs déclarés prioritaires, en conformité avec le plan de développement du pays. Ainsi, la philosophie d'un Code des Investissements qui, généralement repose sur une politique incitative à l'investissement, concrétise également une politique orientative et sélective de ces investissements. Au vu de ce qui précède, l'esprit nouveau de ce Code sera non seulement un Code incitatif et compétitif, mais aussi et surtout un code qui incite les investisseurs dans des domaines des secteurs-clés déclarés par le Gouvernement en vue de lui permettre d'atteindre les objectifs de son programme de développement.

A cet effet, une attention particulière sera accordée à certains secteurs jugés prioritaires et déterminants pour la reconstruction, la relance et la stabilisation de la croissance de l'économie congolaise. Des avantages spécifiques ainsi offerts, trouvent leur justification à travers cette préoccupation du Gouvernement.

Le nouveau code des investissements poursuivra donc les objectifs suivants :

- favoriser l'implantation des entreprises de génie civil chargées de construction et entretien de routes et autoroutes ainsi que celles de transport en commun des personnes et des marchandises, qu'il s'agisse du transport terrestre, fluvial ou aérien ;
- favoriser les investissements qui développeront l'agriculture et l'agro-industrie par la mécanisation en vue d'assurer l'autosuffisance alimentaire afin de réduire les importations des produits de base et permettre à la fois l'accroissement des revenus dans les communes rurales, l'amélioration de l'approvisionnement des industries agro-alimentaires en matières premières et enfin, l'élargissement du marché intérieur des biens de consommation courante ;
- favoriser les investissements lourds pour asseoir une base industrielle solide sur laquelle reposera une croissance économique durable ;
- favoriser les investissements de valorisation des ressources naturelles nationales sur place afin d'en accroître la valeur ajoutée et le volume exportable.

Conclusion de la première partie

Après l'économie extravertie de l'époque coloniale, la première République du Congo, et la deuxième République du Zaïre s'étaient dotées des instruments juridiques (dispositions constitutionnelles, légales et réglementaires) pour le développement économique et social. Mais l'ineffectivité de ces cadres juridiques qui frisaient l'imperfection de certains textes est une évidence. Les raisons de cette absence ou insuffisance d'incarnation du droit dans les pratiques sont à la fois intrinsèques et extrinsèques au droit lui-même. Certes, les règles du droit positif en Afrique sont souvent en décalage avec les réalités sociologiques et anthropologiques (limites intrinsèques). Nous pensons aussi que l'échec du droit congolais du développement s'explique par un déficit d'éthique et de démocratie (limites extrinsèques).

Depuis l'avènement de la troisième République, de nombreux efforts sont entrepris par les pouvoirs publics pour un nouveau départ, mais jusqu'à présent, les résultats sont encore mitigés, malgré des promesses dont nous avons fait état dans le précédent chapitre. Dans la deuxième partie de notre travail, nous allons nous étendre sur les conditions d'un développement industriel durable, et mettre en évidence les entraves contre lesquelles le Congo devra lutter pour gagner son pari de développement industriel durable.

Deuxième partie

Sur les conditions d'un développement industriel durable en République Démocratique du Congo

Chapitre 1

Impact environnemental de l'exploitation minière au Congo

Ce chapitre se divise en deux sections. Dans la première, nous examinons les conditions de l'exploitation minière (industrielle ou semi industrielle et artisanale), et dans la deuxième, nous abordons la question de la mise en œuvre du développement durable.

Section 1
Les conditions de l'exploitation minière

Le code minier distingue l'exploitation industrielle ou semi-industrielle, et l'exploitation artisanale des mines. En effet, le législateur dispose que lorsque les facteurs techniques et économiques caractérisant certains gîtes d'or, de diamant ou de toute substance minérale ne permettent pas une exploitation industrielle ou semi industrielle, le ministre des mines peut ériger de tels gîtes dans les limites d'une aire géographique déterminée en zone d'exploitation artisanale.[1]

Deux paragraphes A et B retiendront donc notre attention. La première s'appesantira sur l'exploitation industrielle ou semi-industrielle cependant, la seconde, traitera de l'exploitation artisanale.

A. De l'exploitation minière industrielle ou semi industrielle

Les activités relatives à l'exploitation des substances minérales sont soumises à la délivrance des titres miniers dans les systèmes miniers congolais et dont les modes d'exploitation varient selon le type de régime.

En effet, le code minier congolais consacre les droits miniers du régime juridique des titres miniers de recherche, d'exploitation minière proprement dite, de l'exploitation des rejets des mines ainsi que de l'exploitation minière à petite échelle.

1 Article 109 du code minier, Loi N°007/2002 du 11 juillet 2002.

a. Du régime juridique des titres miniers

1. Le régime de permis de recherche

Le code minier prévoit la délivrance d'un permis de recherche aux sociétés privées voulant effectuer, à l'intérieur du périmètre sur lequel il est établi et pendant la durée de sa validité, les travaux de recherches des substances minérales classées en mines pour lesquelles le permis est accordé et les substances associées si le titulaire demande l'extension du permis à ces substances associées. Toutefois, le titulaire du Permis de Recherches ne peut initier des travaux sur le terrain sans avoir obtenu au préalable l'approbation de son Plan d'Atténuation et de Réhabilitation (PAR). Il est aussi autorisé à prélever des échantillons des substances minérales dans le Périmètre faisant l'objet de son Permis de Recherches pour des analyses ou des essais industriels dans le laboratoire ou dans l'usine de son choix. Il a enfin le droit d'obtenir un Permis d'Exploitation pour tout ou partie des substances minérales qui font l'objet du Permis de Recherches et les substances associées à l'intérieur de la superficie couverte par le Permis de Recherches s'il en découvre un gisement économiquement exploitable.[1]

2 Le régime de permis d'exploitation minière

Aux termes de l'article 64 du Code Minier, le Permis d'Exploitation confère à son titulaire le droit exclusif d'effectuer, à l'intérieur du Périmètre sur lequel il est établi et pendant la durée de sa validité, les travaux de recherche, de développement, de construction et d'exploitation visant les substances minérales pour lesquelles le permis est établi et les substances associées s'il en a demandé l'extension. Il permet en outre, sans limitation de :

- Entrer dans le Périmètre d'exploitation pour procéder aux opérations minières ;
- Construire les installations et infrastructures nécessaires à l'exploitation minière ;
- Utiliser les ressources d'eau et du bois se trouvant à l'intérieur du Périmètre minier pour les besoins de l'exploitation minière, en se conformant aux normes définies dans l'UIE et le PGEP ;
- Disposer, transporter et commercialiser librement ses produits marchands provenant du Périmètre d'exploitation ;

1 Article 50 du Code Minier, Loi N°007/2002 du 11 juillet 2002.

- Procéder aux opérations de concentration, traitement métallurgique ou technique, et de transformation des substances minérales extraites du gisement à l'intérieur du périmètre d'exploitation ;

- Procéder aux travaux d'extension de la mine.

3. Le régime de permis d'exploitation des rejets des mines

Le Permis d'Exploitation des rejets des mines emporte le droit d'exploiter les gisements artificiels situés dans le Périmètre minier couvert par le permis, à moins que ce Permis d'Exploitation n'exclue expressément l'exploitation des gisements artificiels.

Le titulaire d'un Permis d'Exploitation peut céder le droit d'exploiter des gisements artificiels situés dans son Périmètre minier au tiers tout en gardant ses droits sur le sous-sol. Dans ce cas, il sollicite la transformation partielle de son Permis d'Exploitation en Permis d'Exploitation des Rejets des Mines ainsi que le transfert de ce permis au cessionnaire.[1]

Le Permis d'Exploitation des Rejets est un droit réel, immobilier, exclusif, cessible, transmissible et amodiable.[2]

4. Le régime de permis d'exploitation des petites mines

Le Permis d'Exploitation de Petite Mine confère à son titulaire le droit de transformer son permis en Permis d'Exploitation si les conditions techniques de l'exploitation le justifient. [3]

Le Permis d'Exploitation de Petite Mine est un droit réel, immobilier, exclusif, cessible, amodiable et transmissible conformément aux dispositions du présent Code. Ce droit est constaté par un titre minier dénommé Certificat d'Exploitation de Petite Mine. [4]

En revanche, l'exploitation des gisements des mines se fait suivant certains procédés qu'il convient d'expliquer.

b. Mode d'exploitation des gisements miniers

Les modes d'exploitation des gisements miniers varient selon qu'il s'agit des recherches ou d'exploitations minières.

---

1 Article 86 du Code Minier, Loi N°007/2002 du 11 juillet 2002.
2 Article 89 du Code Minier, Loi N°007/2002 du 11 juillet 2002.
3 Article 99 al. 2 du Code Minier, Loi N°007/2002 du 11 juillet 2002
4 Article 100 du Code Minier, Loi N°007/2002 du 11 juillet 2002.

1. De la recherche minière

Elle désigne toute activité par laquelle le titulaire d'un droit minier ou de carrière de recherche se livre, à partir d'indices de l'existence d'un gîte minéral, et au moyen des travaux de surface ou en profondeur, en utilisant notamment des techniques géologiques, géophysiques et géochimiques, y compris diverses méthodes telles que la télédétection, pour mettre en évidence l'existence d'un gisement des substances minérales, à délimiter, et à évaluer la qualité et la quantité des réserves ainsi que les possibilités techniques et commerciales de leur exploitation.[1]

2. De l'exploitation minière

Elle désigne toute activité par laquelle une personne se livre, à partir d'un gisement identifié et au moyen des travaux de surface et/ou souterrains, à l'extraction des substances minérales d'un gisement naturel ou d'un gisement artificiel, et éventuellement à leur traitement afin de les utiliser ou de les commercialiser.[2)]

3. De l'exploitation de rejet des mines

Elle désigne toute activité par laquelle un tiers, personne physique ou morale, extrait d'un gisement artificiel des substances afin de les traiter éventuellement et de les utiliser ou de les commercialiser.[3]

4. De l'exploitation des mines à petite échelle

Elle désigne toute activité par laquelle une personne se livre à une exploitation de petite taille de manière permanente, exigeant un minimum d'installations fixes en utilisant des procédés semi industriels ou industriels, après la mise en évidence d'un gisement.[4]

En somme, s'agissant de permis de recherche, l'objectif fondamental de la philosophie du premier arrivé, premier servi dans le Code minier, est d'encourager les entreprises privées à investir et courir les risques de la recherche en vue de découvrir de nouvelles ressources minières. Cela s'est avéré très efficace dans d'autres pays, à condition que le gouvernement fasse preuve de vigilance, et s'assure que le sol est effectivement exploré et non détenu à des fins spéculatives.

---

1 Article 1.44 du code minier, Loi N°007/2002 du 11 juillet 2002.
2 Article 1.20 du code minier Loi N°007/2002 du 11 juillet 2002.
3 Article 1.23 du code minier Loi N°007/2002 du 11 juillet 2002.
4 Article 1.22 du code minier Loi N°007/2002 du 11 juillet 2002.

Malheureusement, en République Démocratique du Congo et au Katanga en particulier, de nombreux permis de recherche (mais pas tous) semblent détenus pour des intérêts locaux et étrangers à des fins spéculatives et non pour des travaux de recherches sérieux.[1]

Quant au permis d'exploitation, l'Etat manque cruellement de capacités pour suivre et évaluer le travail effectué sur les concessions couvertes par les permis d'exploitation. Comme pour les titres de recherche, la Direction des Mines manque de personnel, de formation et de soutien logistique pour contrôler correctement les activités d'exploitation. La situation est particulièrement grave en ce qui concerne le respect des normes environnementales, sanitaires et de sécurité. Si les grandes compagnies minières semblent raisonnablement (mais pas totalement ou suffisamment) se conformer aux normes, les sociétés de taille moyenne ou les petites entreprises les respectent peu, quand elles le font. Cela est dû en partie au fait que nombre de ces entreprises sont jeunes dans le secteur et manquent d'expérience en la matière. Dans d'autres cas, les sociétés ne semblent pas vouloir supporter les coûts supplémentaires liés à l'application des normes. Enfin et surtout, il est possible que l'exploitation ne soit pas industrielle, mais elle est réalisée par des exploitants miniers artisanaux qui vendent leurs produits aux titulaires du Permis. Le nombre de mineurs et l'anarchie qui prévaut sur les sites miniers compliquent grandement la tâche pour ceux qui doivent veiller au respect des normes sanitaires, sécuritaires, sociales et environnementales appropriées, même quand le concessionnaire et le gouvernement le souhaitent.[2]

Enfin, les rejets provenant de l'exploitation industrielle sont considérés par le Code minier comme des gisements miniers artificiels. Leur traitement est ainsi soumis à une autorisation spéciale. Bien que le Code minier prévoie de telles autorisations pour des entreprises dont les activités ne sont pas liées à un minerai spécifique, des dérogations ont été attribuées à de nombreuses fonderies et autres sociétés de traitement, particulièrement au Katanga, par le ministère des Mines ou l'exécutif provincial, pour traiter les minerais qui leur sont vendus par les exploitants miniers artisanaux ou ceux de petites mines.

Etant donné qu'il s'agit d'activités industrielles de traitement, et non d'opérations d'exploitation minière ou d'enrichissement minier, elles doivent être soumises à une législation spéciale, telle que le stipulent l'article 82 du Code minier et le Code général des investissements. En

---

1 Rapport banque mondiale, *op. cit*, p. 24.
2 Rapport banque mondiale, *op cit*, p. 25

outre, la plupart des opérations de traitement se font sans étude d'impact environnemental ou plan de gestion environnementale. Une usine de traitement au Katanga est accusée de verser des effluents dans l'aquifère qui approvisionne la ville de Lubumbashi en eau de boisson.[1]

Par ailleurs, Les services chargés de l'administration et de l'inspection des mines (à travers les Directions de l'administration des mines nées du code minier) dans les provinces et au niveau national, ne sont dans l'ensemble pas équipés pour remplir leur mission de contrôle de la production, des conditions sanitaires, sécuritaires et environnementales sur les sites d'exploitation industrielle et artisanale. Au Katanga, la Division provinciale des Mines dispose seulement de 30 employés pour couvrir une vaste province et de nombreuses activités. De plus, cette Division ne dispose pas des moyens logistiques, de laboratoires, ou des véhicules nécessaires pour faire un bon travail. Un autre exemple des faiblesses de l'administration minière quant au suivi efficace des activités dans le secteur est son incapacité à évaluer et estimer le travail accompli sur 471 permis d'exploitation octroyés dans le pays. Les détenteurs de permis sont, en théorie, tenus de soumettre des rapports périodiques au ministère et de permettre le contrôle de leurs activités. Les services administratifs du Ministère sont pour l'heure incapables de remplir cette fonction.[2]

De même, le ministère de la recherche scientifique qui est chargé, entre autres de la cartographie géographique, de la géophysique et de la recherche sur les sciences de la terre accuse les mêmes insuffisances. La mise à jour et la finalisation de la base de données géologique du pays ainsi que la localisation de nouveaux gisements miniers, sont essentielles pour une croissance durable du secteur. La recherche géologique est une mission conjointe des secteurs publics et privés. En général, les entreprises privées s'intéressent à la recherche détaillée, dont le forage et la géophysique par vérification au sol, sur des sites précis avec des minerais identifiés. Pour identifier ces cibles de recherche. Les entreprises dépendent des cartes géologiques régionales produites par l'agence de l'Etat responsable de la recherche géologique. En République Démocratique du Congo, peu d'activités sérieuses de recherche ont été menées à l'échelle nationale et régionale depuis l'indépendance en 1960. Le résultat en est que 90 pour cent du pays est inexploré et les 10 pour cent restants ont été explorés à l'aide de techniques et méthodes scientifiques rudimentaires, vieilles de plus de 50 ans. Par ailleurs, la

1 *Idem*
2 Rapport banque mondiale, *op cit*, p. 42.

plupart des cartes et des données existantes ne sont pas disponibles en République Démocratique du Congo, étant donné que les infrastructures et les services en charge de l'archivage de ces informations et l'Institut Géographique ne fonctionnent plus bien. Heureusement, le Musée Royal de Belgique, situé à Tervuren, le Bureau d'Etudes et Recherches Minier BERGEM qui se trouve à Orléans/France et d'autres institutions d'étude géologique en Europe et en Amérique du Nord disposent d'originaux et de copies de la plupart des informations géologiques collectées au fil des années en République Démocratique du Congo.[1]

Les difficultés décrites ci avant n'épargnent pas l'exploitation minière artisanale que nous allons analyser.

B. De l'exploitation minière artisanale.

L'exploitation minière artisanale est le secteur par lequel, avant de commencer leur travail, les mineurs artisanaux doivent recevoir une formation du SAESSCAM en rapport avec le code minier, le code de bonne conduite, la responsabilité environnementale, les techniques, la sécurité ainsi que l'hygiène. La formation doit être basée sur un critère d'évaluation établi par le SAESSCAM et les résultats doivent être transmis au Chef de la Division provinciale des Mines. Les mineurs artisanaux doivent recevoir une attestation à la fin de la formation, laquelle leur permettra de demander leur carte d'exploitation minière artisanale. Tout ce processus est détaillé dans les articles 232 et 233 du Règlement sur les mines.

Il importe dès lors de cerner le régime juridique pour appréhender les modes de son exploitation.

a. Régime juridique de l'exploitation minière artisanale

a.1 De l'institution d'une zone d'exploitation artisanale

Selon les dispositions de l'article 109 du code minier, l'exploitation minière artisanale ne devrait être effectuée que dans les zones désignées officiellement à cette fin. En théorie, ces zones sont créées aux endroits où les gisements de minerais ne permettent pas une exploitation industrielle ou semi industrielle, mais où une exploitation minière artisanale se révèle faisable et potentiellement lucrative. Les zones d'exploitation minière artisanale sont créées par un arrêté émis par le ministre des Mines suite à une recommandation de la Direction des

1 *Idem.*

Mines et du Gouverneur de la Province. Les zones d'exploitation minière artisanale ne peuvent être créées sur un terrain qui est couvert par un titre minier en cours de validité. Ainsi, l'exploitation minière artisanale ne peut légalement avoir lieu sur un terrain qui a été concédé à une grande compagnie minière. Une fois qu'une zone d'exploitation artisanale a été désignée, le CAMI en est informée et doit intégrer cette zone dans le registre du plan cadastral. A ce jour, l'on dénombre 68 sites dont 17 au Katanga.

Toutefois, des difficultés demeurent comme le note l'étude Promines :

- Très peu de gens connaissent l'existence de ces sites et disposent de l'équipement nécessaire pour les délimiter au niveau du sol ;
- Il n'existe pas de données géologiques accessibles au public qui aideraient un groupe de mineurs artisanaux à déterminer la meilleure façon de gérer efficacement et d'exploiter les sites ;
- Il n'y a pas de ressources disponibles pour investir dans le développement des sites ;
- Il n'existe pas de mécanismes permettant d'apporter les compétences techniques, les ressources, les équipements, etc., nécessaires aux mineurs artisanaux ;
- Il n'existe pas de directives détaillées sur la façon de structurer et de gérer les zones d'exploitation minière artisanale.[1]

a.2. De l'accès dans les zones

Dans les zones d'exploitation artisanale, seuls les détenteurs des cartes d'exploitant artisanal en cours de validité pour la zone concernée sont autorisés à exploiter l'or, le diamant ou toute autre substance minérale qui est exploitable artisanalement.

Les cartes d'exploitant artisanal sont délivrées par le Chef de Division Provinciale des Mines du ressort aux personnes éligibles qui les demandent et qui s'engagent à respecter la réglementation en matière de protection de l'environnement, de l'hygiène et de la sécurité dans les zones d'exploitation artisanale, conformément aux modalités qui sont fixées par le Règlement Minier après en avoir pris connaissance.

Dans la pratique cependant, les mineurs travaillent souvent sur des sites reculés et, par conséquent, ne peuvent / n'abandonneront pas leur travail pour aller déposer leur demande et retirer ensuite leur carte à la Division des mines, la plupart des mineurs ne travaillent pas dans les zones d'exploitation minière artisanale reconnues, les mineurs sont

1 Etudes Promines, *op cit*, p. 55.

parfois dans l'incapacité d'obtenir des photographies, et ne voient aucun avantage à payer pour la carte alors qu'ils ne sont pas sanctionnés.[1]

b. Modes d'exploitation

En résumé, l'exploitation artisanale est mal faite. Un examen minutieux basé sur des visites des sites miniers faites par Etudes Promines[2] révèle que dans la phase de prospection et de développement minier, il manque d'informations géologiques et de planification des activités. En effet, la production est souvent, ici, résultat de la chance et d'opportunisme plutôt que d'une bonne planification.

Il serait donc intéressant de présenter les conditions de travail dans les mines avant de découvrir son ampleur.

b.1 Conditions de travail dans les mines

Une fois qu'une mine est identifiée, le manque d'outils et de techniques appropriées rend le travail investi dans l'exploitation minière et la transformation des minerais pénibles. Dans certains cas, les exploitants miniers artisanaux s'efforcent d'utiliser du matériel en mauvais état, de récupération ou inadapté à leur travail.

Voici quelques exemples de matériels inappropriés observés au cours du travail de terrain accompli, notamment par Promines. [3]:

- les mineurs artisanaux se servent d'un système de rails vétuste pour pousser un wagon sur 50 m dans une ancienne exploitation minière afin de déverser des matériaux extraits à la base d'un énorme glissement de terrain dans une mine à ciel ouvert ;

- les mineurs artisanaux, suivant un avis du SAESSCAM, et malgré l'absence du matériel nécessaire et des compétences requises pour utiliser la machine, sans même disposer d'une source d'eau viable, comptent reconstruire une vieille unité de traitement d'or.

La gestion des déchets est souvent absente, ce qui entraîne la création de tas de scories instables qui peuvent être au-dessus de minerai et risquent de s'effondrer et de remplir la mine. Ces pratiques constituent non seulement un considérable gaspillage d'énergie et d'argent, mais sont également dangereuses, à l'origine des accidents.

Certaines mines ont des degrés diversifiés de mécanisation pour des tâches spécifiques. Les pompes sont souvent utilisées, soit pour éliminer

---

1 *Idem*, p. 48
2 Etudes Promines, *op cit*, pp. 50 & suites.
3 *Idem* p. 49

l'eau, soit pour ventiler les tunnels. D'habitude, ces pompes sont détenues et exploitées par un homme d'affaires qui les fait louées à l'heure ou à la journée au PDG (Président Directeur Général) de la mine. Dans certains cas, des machines de broyage sont disponibles, bien que, dans la plupart de cas, le concassage de la roche s'effectue à l'aide d'outils métalliques lourds, soit en frappant les matières en vrac ou dans la disposition de pilon et mortier. Le triage des matières se fait à la main, à l'aide de tamis, de grillages métalliques, d'assiettes plates dotées d'un entonnoir, d'auges, ou, dans de rares cas, de gabarits rudimentaires mécanisés.[1]

Le creusement s'effectue en grande partie à la main, à l'aide de pioches, de pelles et de seaux. Dans certains cas, les mineurs utilisent des jets d'eau pour laver les matières, mais nous avons vu très peu d'exemples d'extraction mécanisée. Dans la zone d'exploitation artisanale de Kawama, toujours au Katanga, une approche hybride combine l'enlèvement mécanique et artisanal traditionnel des terrains morts ainsi que de la découverture à la surface autorisée. Sur ce site, les mineurs artisanaux sont autorisés à exercer leurs techniques habituelles pour une profondeur déterminée. Lorsque cette profondeur est atteinte, la machine est remise sur la mine pour enlever les déchets et élever le niveau du site. . La société qui fournit ce service récupère les déchets destinés à être valorisés mécaniquement (minerais de mauvaise qualité, renfermant moins de 1,5 à 2% de cobalt, trop difficiles à traiter par les mineurs artisanaux) et a la possibilité d'acheter la production des mineurs au prix du marché.[2]

b.2. L'ampleur de l'exploitation minière artisanale

Par ailleurs, Il est de notoriété publique qu'il est difficile de déterminer le nombre d'exploitants artisanaux en République Démocratique du Congo, et ce pour plusieurs raisons, à savoir : la plupart des exploitants artisanaux n'ont pas de cartes, de ce fait ils ne sont pas officiellement enregistrés ; beaucoup de gens ne veulent pas divulguer le nombre d'exploitants artisanaux pour que les niveaux de production sous leur contrôle ne soient pas bien connus ; beaucoup d'exploitants artisanaux sont des migrateurs qui se déplacent d'une mine à une autre en fonction des niveaux de production dont ils entendent parler ; l'exploitation artisanale est parfois saisonnière et généralement réduite durant la saison des pluies parce qu'il est difficile de travailler

1 Etudes Promines, *op cit*, p. 50.
2 *Idem* pp 49 & 50.

dans les mines et que des pompes sont nécessaires pour évacuer l'eau des tunnels.[1]

Mais, la banque mondiale a estimé que 90 % de la production minière en République Démocratique du Congo proviennent de l'exploitation minière artisanale. Les estimations divergent quant au nombre d'exploitants miniers artisanaux présents en République Démocratique du Congo. Elles indiquent la présence de 50.000 à 2.000.000 de creuseurs, activement et directement impliqués dans l'exploitation minière artisanale. Considérant une moyenne de quatre à cinq personnes à charge de chaque creuseur, le nombre total de personnes, dépendant de cette activité de survivance, atteint 8 à 10 millions. Soit 14 à 16% de la population totale de la République Démocratique du Congo.[2]

Pour la province du Katanga, la SAESSCAM estime qu'il y a environ 67000 exploitants artisanaux dans la Copperbelt et environ 26 000 exploitants artisanaux actifs dans le nord du Katanga. Ces estimations ne représentent probablement que le gros de la communauté des exploitants artisanaux.

Tout porte à croire qu'un pourcentage important devrait être ajouté à ces chiffres si on tenait compte de ceux qui travaillent dans l'exploitation artisanale à titre complémentaire ou saisonnier. Les meilleures estimations des experts sont autour de 110 000 exploitants permanents (environ 150 000 si l'on ajoute les exploitants saisonniers).

A la lumière de tout ce qui vient d'être développé ci haut, une préoccupation demeure, à savoir dans quelle mesure le secteur minier au Katanga pourrait connaître un développement responsable et durable, voilà la grande question de fond dans ce domaine qui va faire l'objet de notre réflexion dans la section suivante.

Section 2
La mise en œuvre du processus au développement durable

Aux termes notamment de la déclaration de RIO pour parvenir à un développement durable, la protection de l'environnement doit faire partie intégrante du processus de développement.

Aussi, pour s'assurer que le secteur minier connaît un développement durable, certaines conditions doivent être observées comme la protection de l'environnement et les interactions entre l'Etat, les entreprises privées, les exploitants des petites mines, les exploitants artisanaux et les communautés locales.

---

1 Etudes Promines, *op cit* p. 20.
2 Rapport banque mondiale, *op cit*, p. 61.

Ainsi, dans le cadre de ce travail, nous examinerons au point A la protection de l'environnement et au point B, les relations entre les exploitants miniers et les autres parties prenantes dont les collectivités environnantes.

A. De la protection de l'environnement

L'exploitation minière a des conséquences immédiates sur l'écosystème des populations environnantes. L'Etat, propriétaire des gîtes minéraux et des substances minérales s'y trouvant, a édicté des dispositions obligeant les titulaires des droits miniers et des carrières à prendre les mesures nécessaires pour moins endommager l'environnement.[1]

a. Encadrement normatif

La Constitution de la République Démocratique du Congo proclame en son article 93 que toute personne a droit à un environnement sain et propre pour son épanouissement intégral. Elle a le devoir de le défendre. L'Etat veille à la protection de l'environnement et la santé publique.

Le code minier de 2002, quant à lui, a légiféré sur l'environnement minier, ainsi, l'article 15 de la loi précitée a mis en place un service chargé de la protection de l'environnement minier et a prévu que pendant les activités de recherche minière et de production de carrières, le titulaire d'un permis de recherche ou d'une autorisation de recherche des produits de carrière élabore un plan environnemental et obtienne son approbation avant de commencer les travaux. Il s'agit du Plan d'Atténuation et de Réhabilitation de l'Environnement, en sigle P.A.R.E. Le même plan, est exigé au titulaire d'un permis d'exploitation des carrières temporaires au dépôt de la demande de l'autorisation. Par ailleurs, le code minier a mis en place un service et un audit chargé de la protection de l'environnement.

a.1. service chargé de la protection de l'environnement minier

La Direction de ce service a pour tâche notamment d'assurer l'instruction et l'évaluation environnementale ainsi que le suivi des obligations environnementales. Elle réalise également des recherches sur

1 Emery MUKENDI W., *op cit*, p. 183.

l'évolution des mesures d'atténuation des effets néfastes des opérations minières sur les écosystèmes et les populations.[1]

a.2. Bureaux d'études environnementales

Les bureaux d'études environnementales peuvent être considérés comme des auxiliaires de l'administration des mines dont voici les attributions conformes au règlement minier.

Seuls les bureaux d'études d'environnement agréés par le Ministre sont habilités à :

a) Vérifier et certifier pour le compte de la Direction chargée de la Protection de l'Environnement Minier et/ou du Comité Permanent d'Évaluation, la conformité des Plans Environnementaux avec la réglementation en la matière ;
b) Réaliser les audits environnementaux.

De ce qui précède, nous constatons que la prise en charge normative par le code minier de l'environnement n'est pas suffisante. D'abord parce que sectoriel (environnement minier). Et ensuite, parce que l'étude et l'évaluation environnementale, à titre d'exemple, ont précisément un but préventif. Elles visent à minimiser l'impact des travaux, plans ou programmes envisagés sur l'environnement et doivent comprendre notamment des mesures envisagées par le maître de l'ouvrage pour supprimer, réduire et si possible, compenser les conséquences dommageables du projet sur l'environnement et la santé, ainsi que l'estimation des dépenses correspondantes.[2]

Du survol des études des impacts environnementaux et sociaux de projets d'exploitation minière des sociétés opérant au Katanga, il appert que la rubrique relative à l'exigence pré rappelée fait défaut.

Enfin, l'absence d'un système de réparation des dommages environnementaux, précisément, l'instauration d'un système de responsabilité objective à l'encontre des pollueurs identifiés dans l'exercice d'activités polluantes, portent atteinte à la population et à l'environnement.

Rappelons que dans le cadre du droit commun de la responsabilité civile, les atteintes à l'environnement entraînant des répercussions directes sur les personnes sont susceptibles de faire l'objet d'une réparation sur la base des multiples fondements juridiques. En effet, le droit commun de la responsabilité civile offre à la victime

1 Article 11 du Règlement Minier, voir décret N° 038/2003 du 26 mars 2003.

2 PWC, Développement durable, aspects stratégiques et opérationnels, Ed. Francis le FEBVRE, Paris 2010, p. 156.

personnellement et directement affectée par une atteinte due à l'environnement, une palette très variée des fondements juridiques pour engager une sanction à l'encontre de l'auteur de cette atteinte.[1]

Il s'est agi ici d'un régime sectoriel de responsabilité. En effet, la responsabilité pour atteinte à l'environnement peut être engagée sur le fondement des textes législatifs spéciaux. Ces textes, qui sont souvent inspirés des dispositions du droit international, instituent un mécanisme de responsabilité objective pour tenir compte des risques particuliers inhérents à certaines activités. C'est par exemple, le cas en France, de la loi N° 99-245 du 30 mars 1999 qui consacre dans le domaine minier, la responsabilité de plein droit de l'explorateur, de l'exploitant ou du titulaire du titre minier pour les dommages causés par son activité.[2]

Par ailleurs, force est de constater, que les mesures d'atténuation envisagées par nombre des sociétés minières opérant au Katanga ne sont pas toujours appliquées. De même, il est difficile d'éviter tout impact d'un projet sur l'environnement.

b. De la dégradation de l'environnement

La consécration par le droit d'une obligation de prendre en compte l'environnement ne la rend pas automatiquement effective, il serait imprudent de croire que cette éventuelle consécration équivaut à un engagement de protection : la « prise en compte » n'interdit pas la destruction. Comme souligné plus haut, les mesures d'atténuation envisagées par nombre des sociétés minières opérant au Katanga ne sont toujours pas appliquées, il est difficile d'éviter tout impact d'un projet sur l'environnement.

b.1. De l'impact environnemental de l'exploitation industrielle

Ces activités minières ont du modifier d'une manière profonde les conditions bio et pédoclimatiques : la destruction du couvert végétal naturel et le retournement du sol et sous-sol entraînent un autre régime thermique ainsi qu'une nouvelle dynamique de l'eau dans le sol. Cette évolution récente, d'origine anthropique (liée à l'exploitation minière), affecte le premier mètre du profil pédologique comme l'attestent les études faites à Kinsevere[3] : à 1,5 m de profondeur la différence de température entre sol dénudé et sous forêts avoisine de 7° ; la

1 MALIK MEMLOUK, Entreprises et dommage écologique, prévention, réparation, indemnisation, LAMY Paris 2010.

2 *Idem* p. 167.

3 Raphael ROMI, *Droit de l'environnement*, mon chrétien, 7ème Ed, Paris, p. 39.

dessiccation concernant les 25 premiers centimètres sous couvert forestiers atteint 0,80 m sous un défrichement récent de 1,60 m dans un sol de longue date en culture. On constate malheureusement dans ces conditions qu'une nouvelle évolution se substitue à la pédogenèse liée au pédoclimat naturel.

Cette dégradation des sols constaté dans l'Hinterland minier du Katanga procède de quatre grands processus : la déstructuration des sols (qui met en cause la stabilité de la structure modifiée par la dégradation des propriétés physiques notamment la porosité, la densité, la perméabilité, l'infiltration...), l'érosion qui appauvrit le sol en particules fines, le réel support à la fertilité du sol, l'appauvrissement du stock organique (ce qui rompt l'équilibre de minéralisation et humification) ; l'acidification (elle résulte de l'agressivité de l'eau qui entraîne les éléments les plus mobiles comme N,Ca,Mg,Na,CL,SO4 sur un sol dénudé) et les déséquilibres minéraux. Beaucoup de sols au Katanga sont dénudés. Les sols ainsi dépourvus de végétation sont très fragiles et évoluent très rapidement, sous les fortes précipitations en cuirasses latéritiques. Ces formations étant irréversibles et infertiles hypothèquent la production et l'avenir agricole de la Province.[1]

b.2. De l'impact environnemental de l'exploitation artisanale

L'extraction artisanale a une incidence majeure sur l'environnement en République Démocratique du Congo en général et au Katanga en particulier. Les arbres sont abattus et abandonnés autour des sites d'exploitation artisanale afin de fournir du bois pour construire des camps, de servir d'étais dans les tunnels des mines et des puits pour produire du charbon de bois pour le feu et la cuisson. Les déchets en résultant sont mal gérés et entassés autour du site.

L'exploitation minière artisanale est toujours située à proximité et a recours aux cours d'eau locaux. La nécessite absolue d'utiliser de grandes quantités d'eau dans l'exploitation minière fait que les opérations minières sont situées dans la mesure du possible à proximité de sources d'eau. Les sources d'eaux ne sont pas protégées et l'eau qui devrait être réservée à la consommation humaine est le plus souvent contaminée par le lavage des minerais. Les polluants sont introduits dans l'eau et se propagent dans l'environnement. C'est le cas notamment du mercure présent autour des mines d'or.

---

1 ONG Agir en Chrétiens informés, *Exploitation minière au Katanga*, p. 9 in jpdjibu@yahoo.fr, etiennekazadi@yahoo.fr, juillet 2009.

Enfin, lorsque la mine est épuisée, les mineurs se déplacent vers un autre site tout en ne faisant aucun effort pour réhabiliter le site qu'ils ont utilisé, les mineurs y ont épuisé non seulement les minerais, mais aussi les arbres, l'eau, les cultures, et les autres ressources naturelles de la zone. La relation entre l'environnement et les moyens de subsistance est établie depuis longtemps, ce qui crée un cercle vicieux dans lequel l'auto dégradation de l'environnement résultant de la dépendance de l'exploitation minière à petite échelle risque d'entraîner la pauvreté et la dépendance aux ressources naturelles.

Alors que l'article 417 du Règlement sur les Mines exempte l'exploitation minière artisanale de l'obligation de préparer et d'assurer le suivi de son impact sur l'environnement et d'élaborer un plan de gestion de l'environnement, les mineurs artisanaux sont obligés de payer une taxe destinée à la réhabilitation du site. Cette taxe est fixée à 10 % du coût d'obtention de la carte d'exploitation artisanale. Paradoxalement, cette taxe n'est ni connue, ni recouvrée, ni annulée, ni utilisée[1].

L'extraction artisanale a également lieu dans les zones protégées en violation directe de l'article 3 du règlement minier qui interdit la création de zones d'exploitation artisanale dans les sites protégés. Cela a plusieurs effets négatifs, y compris la destruction directe de l'environnement, l'abattage des arbres ainsi que le fait de faciliter la chasse de viande de brousse, y compris des espèces menacées. Les voies d'accès qui sont créées afin de permettre aux mineurs d'atteindre les mines et les habitations doivent être construites et, de ce fait, encouragent des activités destructrices qui se produisent loin dans des forets qui pourraient être inaccessibles à la population locale. Le niveau d'activités minières illégales dans les forêts n'est plus comme celui qui a été observé pendant le boom du coltan lorsque la destruction massive de la biodiversité était associée à l'exploitation minière artisanale, mais ce niveau continue d'être répandu et augmente au fur et à mesure que les sites en dehors des zones protégées sont épuisés.[2]

B. Les relations entre les exploitants miniers et les collectivités environnementales

Pour l'économie de notre travail, nous traiterons successivement des droits des titulaires des titres miniers (point a) et de la participation à la promotion du développement (point b).

---

1 Promines *op cit*, p. 101.

2 Etude promines, *op cit*, p. 101.

a. Droits du titulaire des titres miniers

Les droits des titulaires des titres miniers sont relatifs à l'utilisation du sol dont ils ne sont pas propriétaires, à l'exploitation du périmètre contenant les gisements ou d'exproprier certains terrains nécessaires à l'exercice de l'activité minière.

a.1. Le droit à l'occupation de sites miniers

L'Etat, propriétaire du sol et des gîtes minéraux reconnaît au titulaire d'un droit minier ou de carrières le droit d'occuper des terrains fonciers pour les besoins de l'exploitation proprement dite, pour l'établissement des voies de communication et de transport de toute nature.[1]

En revanche, l'activité minière exercée par le titulaire en vertu de son droit minier ou des carrières peut causer des dommages dont les uns sont communs à toutes les activités industrielles ou commerciales comme le trouble de voisinage, les autres sont spécifiquement miniers tels que les dommages causés à la surface, la dégradation des immeubles. C'est à juste propos que l'article 280 du code minier rend le titulaire ou l'amodiataire responsable pour les dommages causés par les travaux qu'il exerce dans le cadre de ses activités.[2]

a2. Le droit à l'expropriation du titulaire du titre minier

Le titulaire du titre minier possède le droit d'exproprier certains immeubles nécessaires pour l'exécution de son activité minière. La reconnaissance de ce droit lui confère le pouvoir de disposer certains biens immobilisés appartenant au propriétaire. L'expropriation permet au titulaire du titre minier de limiter l'effet juridique de la propriété privée sur les terrains situés à l'intérieur du périmètre du permis. Le titulaire du permis possède par ce biais le pouvoir de disposer de certains terrains situés à l'intérieur du périmètre du permis sur lequel, il ne possède ni droit d'exploitation, ni droit de propriété privée.[3]

Cet état des choses traduit en fait la suprématie des droits miniers sur les droits découlant des concessions foncières. En effet, aux termes de l'article 281 du code minier, toute occupation de terrain privant les ayants droit de la jouissance du sol, toute modification rendant le terrain impropre à la culture entraîne, pour le titulaire ou l'amodiataire des droits miniers et/ou de carrières, à la demande des ayants droit du terrain et à

1 Cf. article du code minier.

2 - MUKENDI WAFWANA, *op cit*, p. 193 - article 280 du code minier.

3 Serge BANDOKI, *Le Droit minier et pétrolier en Afrique*, Edition Paris 2008, pp.54-55.

leur convenance, l'obligation de payer une juste indemnité correspondant soit au loyer, soit à la valeur du terrain lors de son occupation, augmentée de la moitié.

Par ailleurs, les relations entre les exploitants artisanaux et les populations environnantes d'une part et les exploitants à grande échelle d'autre part, sont souvent sinon jamais toujours assortis des conflits qu'il est indispensable de les découvrir et ce, dans un troisième paragraphe.

a.3. Relations entre mineurs artisanaux, les communautés locales environnantes et les exploitations à grande échelle

a.3.1 Conflits entre mineurs artisanaux et communautés locales

Les conflits entre les nouveaux mineurs artisanaux et les communautés sont dus à la construction d'habitations, à l'utilisation des ressources et au non-respect de certaines coutumes. Parfois, ces conflits sont résolus par un dispositif efficace qui consiste à gagner les faveurs du chef. D'autres fois, la communauté riveraine devient peu à peu habituée et absorbée par le mode de vie artisanal. Parfois, elle en profite directement par le commerce, la prestation de services, ou en devenant des mineurs artisanaux et des négociants. L'extraction artisanale peut laisser un héritage de misère et de frustration quand elle prend fin.

Par ailleurs, les conflits entre les mineurs artisanaux et les négociants sur des questions spécifiques, telles que le partage du matériel, la détermination des limites des zones minières, les prix et les remboursements de la dette, les restrictions sur l'accès aux sites, le vol et d'autres injustices réelles ou perçues. D'autres incidents se produisent (mais rarement) lorsque des attaques et même des meurtres ont lieu dans les mines, dans le sous-sol et dans les camps de mineurs.

Aussi, des violences sexuelles et sexistes, ainsi que des violences contre les enfants sont rapportées dans de nombreuses zones d'exploitation artisanale.[1]

a.3.2 Conflits entre l'exploitation minière artisanale et l'exploitation minière à grande échelle

Les relations entre les mineurs artisanaux et les grands exploitants miniers peuvent être symboliques. En effet, les conflits entre les mineurs artisanaux et les grandes compagnies minières, en particulier ont lieu lorsque ces dernières veulent avoir accès aux ressources dont les exploitants miniers artisanaux s'occupent traditionnellement. Dans des cas extrêmes, des militants ainsi que des mineurs artisanaux en colère ont

---

1 Etudes Promines, *op cit*, p. 65.

affrontés des forces de sécurité publiques et privées, avec comme conséquence la destruction de biens, le décès de mineurs artisanaux et de policiers et la destruction de sociétés minières.[1]

Etudes Promines a épinglé quelques cas illustratifs [2] :

- En mars 2008, à Kolwezi, la police a lancé des gaz lacrymogènes sur des centaines de mineurs artisanaux en colère.
- Les tensions ont augmenté suite au projet d'expulsion de milliers de creuseurs clandestins hors des concessions privées.
- Les mineurs ont brûlé des pneus lors des manifestations et affrontements violents qui ont éclaté.
- Environ 700 mineurs artisanaux armés de cocktails Molotov, de pierres et de pioches ont affronté la police.
- En avril 2008, des centaines de mineurs artisanaux ont affronté la police au Katanga après que la police ait abattu l'un d'entre eux lors de l'expulsion d'une concession minière publique.
- Les affrontements ont commencé après que la police a commencé l'expulsion des mineurs artisanaux de la mine de Kamatanda, à 3 km de Likasi, sur une concession appartenant à la Gécamines, la compagnie minière publique. Selon les habitants, la police a dû abandonner ce projet d'expulsion afin de sécuriser la mairie dans le centre de la ville.
- En avril 2009, les mineurs artisanaux travaillant sur le site de l'usine de zinc de Kolwezi ont bloqué la route menant à leur lieu de travail afin de réclamer la suppression de tous les barrages créés par la Garde Industrielle de la Gécamines qui s'y livrait à des tracasseries (petite corruption et extorsion de fonds).
- En avril 2010, des affrontements ont éclaté entre la police et les mineurs de cuivre clandestins opérant dans la concession de cuivre de Tenke Fungurume.
- Un groupe de mineurs artisanaux clandestins a été dispersé sur la colline de Kakule, dans les zones minières de Tenke Fungumme, ce qui a déclenché des émeutes qui se sont terminées par des affrontements entre les mineurs et les autorités locales.[3]

A la lumière de ce qui précède, il s'avère indispensable d'examiner l'éventualité d'une participation de l'exploitation minière à la promotion du développement communautaire.

---

1 *Idem.*
2 *Idem.*
3 Etudes Promines, *op cit*, p. 64.

b. Participation à la promotion du développement communautaire

Comment il est prévu dans la constitution et dans le code minier, que les communautés locales où un projet d'exploitation minière s'exerce directement, doivent tirer profit de celle-ci au moyen de la rétribution d'une quotité de la redevance minière en vue de réaliser, elles aussi, leurs projets de développement communautaire.[1] L'Etat doit y pourvoir pour une bonne justice socio-économique.

b.1. Fourniture des services sociaux aux communautés locales

La faillite des entreprises publiques minières a eu un impact considérable sur les services sociaux et les infrastructures fournis aux communautés locales vivant dans les secteurs d'activité des sociétés minières. Au cours des nombreuses années d'activité de ces sociétés, des services essentiels étaient fournis aux ouvriers, aux personnes à leur charge et à la communauté locale dans son ensemble. Ces services étaient nombreux et comprenaient le financement des écoles, des installations sanitaires, des installations récréatives, des infrastructures essentielles telles que l'électricité et l'eau, des logements pour les ouvriers et leurs familles, et une aide financière directe à l'exécutif municipal. Ce système a suffisamment bien fonctionné pour assurer aux communautés locales un niveau de vie acceptable pendant la période coloniale et immédiatement après l'indépendance. Cependant, au fur et à mesure que la production et les recettes s'effondraient, la charge de fournir ces services sociaux devenait une lourde contrainte. Cette situation s'est aggravée pendant la guerre civile et la période d'instabilité politique qui s'en est suivie. Ainsi, l'appui apporté par la GECAMINES, aux services sociaux et techniques, est devenu une dépense insoutenable à cause de la baisse de la production et des recettes faibles de l'entreprise. L'entretien des infrastructures et les investissements dans les approvisionnements ont été négligés. Privés du financement des entreprises, les hôpitaux et les écoles ont commencé à exiger des paiements pour leurs services. Ce qui représentait une dépense supplémentaire considérable pour les employés qui n'étaient pas payés de manière régulière.[2]

Par ailleurs, suivant toujours le rapport de la banque mondiale, la plupart des accords de partenariat privé signés entre les entreprises publiques et des partenaires privés disposent spécifiquement que l'entité privée n'est pas responsable des coûts de fourniture des services sociaux.

---

1 MUKENDI WAFWANA, *op cit*, p. 257.

2 Rapport banque mondiale, *op cit*, p. 69.

Il est possible, toutefois, de trouver un accord entre les entreprises pour continuer à fournir des services tels que l'approvisionnement en électricité et en eau aux communautés locales, dans la mesure où ceux-ci sont nécessaires pour la poursuite de l'exploitation des minéraux. Il est à noter également que diverses ONG travaillent avec des entreprises privées (dont certaines en partenariat avec des entreprises publiques) pour continuer à fournir des services sociaux. Enfin, certaines sociétés privées ont décidé de continuer à fournir des services sociaux, au moins aux employés, en vue de garantir l'approvisionnement d'une main d'œuvre qualifiée. [1]

b.2. Consultation des communautés locales

Le Code minier de 2002 et ses textes d'application ont établi des procédures en vue de consulter la communauté locale avant tout commencement des travaux d'exploitation minière. Les bonnes pratiques au niveau international exigent la tenue de séances de consultation intensives et en connaissance de cause avec les communautés locales avant le début des travaux de recherche. Lors de l'examen des demandes de permis d'exploitation, ces consultations se tiennent généralement dans le cadre des discussions sur les études d'impact environnemental et les plans de gestion de l'environnement de l'entreprise. Toutefois, très peu de séances de consultation sérieuses avec les communautés locales se sont tenues au Katanga. Certains des plus gros investisseurs (étrangers) essaient d'engager le dialogue avec les communautés locales, mais ces discussions tournent souvent autour de la recherche de moyens pour encourager les exploitants miniers artisanaux à quitter les concessions appartenant à ces entreprises et où ils opèrent illégalement. Les plus petites sociétés et les sociétés de taille moyenne ne dialoguent pas du tout avec les communautés locales, se basant plutôt sur les contacts noués avec le chef du village local ou d'autres responsables politiques. Les études d'impact environnemental et les plans de gestion de l'environnement peuvent être examinés avec les représentants locaux de l'Etat (si seulement ils le sont). Ces échanges sont rarement sérieux et ne constituent pas un dialogue véritable avec les communautés locales.[2]

Le processus de consultation est en train toutefois d'être amélioré. Plusieurs sociétés ont recruté des ONG, avec l'aide financière de l'USAID, DFID et d'autres bailleurs de fonds, pour des projets visant

1 Rapport banque mondiale, *op cit* p. 70.
2 *Idem* p. 71.

l'amélioration de la gouvernance au sein des entreprises et du processus de consultation avec les communautés locales. [1]

b.3. Rétrocession des recettes fiscales du secteur minier

Aux termes de l'article 242 du Code minier, 40 pour cent des redevances minières collectées doivent être rétrocédés au gouvernement central (25 pour cent à l'administration provinciale et 15 pour cent aux zones dans lesquelles les activités minières sont menées). L'article 402 stipule que 10 pour cent des produits des 4 droits superficiaires sont destinés au développement des communautés locales de base ou se déroulent les activités minières. En effet, il est stipulé dans la Constitution que 40 pour cent de toutes les recettes fiscales collectées auprès des entreprises nationales, y compris les recettes issues du secteur minier, soient rétrocédées aux provinces. La constitution ne précise toutefois pas exactement comment procéder, quels critères appliquer pour le calcul ou les dispositions relatives à la comptabilité et au suivi des recettes. La rétrocession des recettes aux provinces pose le problème manifeste de renforcement des capacités aux niveaux provincial et municipal, pour comptabiliser et utiliser les fonds de manière appropriée.[2]

Pour une bonne définition des projets communautaires intégrés, l'article 69 al. 2 *littera* (f) du code minier oblige le titulaire d'un permis de recherches qui désire transformer celui-ci en droit minier d'exploitation d'effectuer préalablement des consultations avec les autorités des entités administratives locales et les représentants des communautés locales environnantes et de joindre le rapport de ces consultations à sa demande de droit minier d'exploitation. C'est en fonction de ce plan de développement communautaire que la quotité de la redevance minière rétribuée est efficace. C'est donc dans ce cadre qu'intervient le SAESCAM dans l'assistance des communautés locales concernées par l'exploitation aussi bien dans la définition de leurs projets communautaires que la gestion des fonds que le titulaire des droits miniers et des carrières affecte à cet effet.[3]

On relèverait à ce stade que dans sa forme et son fonctionnement antérieur, le SAESSCAM avait atteint des résultats satisfaisants pour le bien-être de certaines collectivités locales. Il est renseigné à cet effet qu'avec 100.978,22 USD rétrocédés aux communautés locales du territoire de Tshikapa au Kasaï-Occidental, montant tiré sur le bénéfice total de 624.177,56 USD réalisé par le

---

1 *Idem.*
2 Rapport banque mondiale, *op cit* p. 22.
3 EMERY MUKENDY W, *op cit*, p. 257.

SAESSCAM pour la période de février 2000 à mai 2001, le comité local de gestion de SAESSCAM a pu faire des réalisations sociales telles que la construction et réhabilitation des écoles, la réfection de l'hôpital général de Tshikapa, la réparation des bacs sur les rivières Longatshimo et Tshiumbe et les luttes antiérosives sur la rivière Kasaï. Cette expérience a fait que le règlement minier retienne SAESSCAM comme une structure officielle dans le développement de la communauté locale concernée par l'activité minière devant travailler en interaction avec les associations sans but lucratif, organisations non gouvernementales de développement.[1]

En définitive, pour promouvoir un développement durable, l'exploitation minière en République Démocratique du Congo et au Katanga en particulier doit concilier la production et la mise en valeur de l'environnement, le développement et le progrès social.

Le secteur minier de la République Démocratique du Congo et du Katanga en particulier n'est qu'un élément du système de gouvernance nationale, de l'économie et de l'infrastructure. Les impacts environnementaux liés aux activités minières en République Démocratique du Congo sont importantes.

En effet, tant au niveau national que provincial, la priorité est accordée, pour l'heure, aux questions économiques, techniques et commerciales alors que l'incidence sociale et environnementale de l'exploitation minière artisanale est très considérable.

Tout au long de notre réflexion, nous avons essayé de faire un descriptif aussi bien normatif que sociologique de l'exploitation minière, qui du reste, est largement artisanale à 90%. Nous avons également constaté que l'impact et l'évaluation environnementaux, qui pourtant constituent des éléments majeurs du développement durable sont mal connus des exploitants miniers artisanaux. De même, les sociétés minières n'appliquent pas toujours les mesures contenues dans leurs études sur l'impact et l'évaluation environnementaux

Néanmoins, nous notons que l'application du principe de rétrocession des recettes fiscales minières a permis à la SAESSCAM, en collaboration avec certaines ONG de développement à réaliser quelques projets de développement communautaire, c'est un début qui nécessite d'être amélioré par une bonne gouvernance dans ce domaine comme dans tant d'autres, c'est l'objet qui va être étudié dans le chapitre suivant relatif à la lutte contre les entraves au développement industriel durable au Congo.

---

1 EMERY MUKENDY W, *op cit* p. 258.

Chapitre 2

Lutte contre les entraves au développement industriel durable au Congo

Le développement industriel durable au Congo se heurte à des obstacles dont les plus importants sont : la corruption, l'impunité, le déficit de l'État de droit et de la démocratie. La lutte contre ces entraves au développement industriel durable et certaines autres est un impératif pour le gouvernement congolais et la communauté internationale dans leur volonté d'assurer le bien-être social et économique des populations.

Section 1
La lutte contre la corruption

Selon de nombreux observateurs[1], l'économie congolaise souffre d'un mal endémique que constitue la corruption. Cette pratique se caractérise par l'enrichissement personnel ou pour le compte de tiers dans l'illégalité. Elle peut concerner des personnalités politiques, des fonctionnaires, des cadres des entreprises publiques ou privées.

En République Démocratique du Congo comme ailleurs, « le mot de corruption » n'est prononcé qu'à contrecœur ; le jargon lui préfère l'expression «problèmes de gouvernance»[2]. La corruption, au Congo, est en grande partie un héritage de la Deuxième République, c'est-à-dire du régime de Mobutu[3]. Elle a été aggravée par les guerres, les conflits à l'Est du pays, les pillages des richesses et par la longue transition politique qui a permis à plusieurs responsables de haut niveau de profiter rapidement de leurs positions pour l'enrichissement rapide dans un contexte plein

---

1 Voir notamment P. AIRAULT, *Corruption endémique*, in Transparency International, L'indice de perceptions de la corruption, 2006. La RDC est classée au 6e rang des pays les plus corrompus de la planète et au 3e rang de l'Afrique.

2 W. Easterly, *Les pays pauvres sont-ils condamnés à le rester ?* Groupe Eyrolles, Editions d'Organisation, 2006, p. 294.

3 Notons qu'en 1982, les détournements de fonds publics ont atteint la somme de 723 millions de dollars américains, soit plus de la moitié du budget national. Ce chiffre a été indiqué par les pouvoirs publics lors du lancement da la campagne contre les détournements de fonds publics.

d'incertitudes, notamment par le système « 1 plus 4 », dans l'histoire d'un consensus sans précédent dans l'histoire politique, instaurant à la tête du pays un Président et quatre Vice-présidents de la République[1].

Les économistes établissent pertinemment que la corruption et la croissance sont inversement corrélées. Nous estimons que ce pays aurait un taux annuel de croissance beaucoup plus fort qu'actuellement, au minimum 7 à 8%, si la corruption était bien combattue. Et nous avons déjà mentionné que dans son discours du 19 décembre 2003 au forum des investisseurs, organisé à Paris, l'ancien Vice-président de la RDC, Jean-Pierre Bemba, rappelait très justement que « pour rencontrer les objectifs du millénaire du développement d'ici 2015, un taux de croissance minimum de 7% serait nécessaire. Ce n'est nullement un objectif irréaliste, à condition de renforcer l'investissement privé tout en poursuivant le programme des réformes en cours. »[2]

A l'effet direct de la corruption sur la croissance, on peut associer un effet indirect avec pour effet la détérioration des conditions politiques nécessaire à la croissance[3]. Les paiements indus doivent résulter des détournements de fonds publics ou d'une inflation des dépenses publiques. Il n'est pas étonnant qu'un niveau élevé de corruption ait pour conséquence des déficits budgétaires plus importants[4].

On sait également que la corruption a des conséquences directes sur les investissements car personne ne souhaite investir dans une économie corrompue[5]. Nonobstant le caractère attractif des instruments juridiques mis en place par les pouvoirs publics congolais en matière d'investissement, la persistance de la corruption anéantit les efforts fournis par le pays pour la relance de l'économie.

A. Les manifestations de la corruption au Congo

La corruption en République Démocratique du Congo se manifeste de plusieurs façons : dessous de table, détournements, absence de transparence dans le contrat de marché public, ponction sur les comptes des sociétés d'Etat du secteur industriel, cession frauduleuse des actions

1 Ce qui signifie que l'espace présidentiel est composé du Président de la République et de quatre Vice-présidents de la République.

2 William Easterly, *op cit.*, p. 299, M. R. SOLOW, prix Nobel d'économie (1987), souligne que «William Easterly est non seulement un excellent économiste, mais aussi un spécialiste des pays en voie de développement. Il a écrit ce livre fulgurant sur le problème le plus terrible de tous : comment conduire les pays les plus pauvres sur la voie de la croissance durable ».

3 William Easterly, *op cit*, p. 299.

4 *Idem.*

5 G. Campan, *De la difficulté d'investir en RDC entre corruption et éthique*, L'essentiel des relations internationales, n° 15 juillet-août 2007, p. 116.

de l'Etat, fausses factures, rémunérations et frais des missions exorbitants. Examinons donc de près ce qu'il en est.

a. Dessous de table et détournements

Pour ne pas nous perdre dans des considérations générales, nous allons prendre l'exemple du domaine économique pour montrer comment les entrepreneurs sont confrontés à la corruption pour la création des entreprises et pour s'acquitter ou pas de leurs impôts.

L'Agence nationale pour la promotion des investissements (l'ANAPI) œuvre pour l'élimination des obstacles aux opérations de création, d'extension et de modernisation des industries qu'elles soient petites, moyennes ou grandes. Théoriquement, la mise en place du Guichet unique rend possible la création d'une société en République Démocratique du Congo dans un délai ne dépassant pas 7 jours. Il reste que nombre d'industriels sont encore confrontés au problème de versement de dessous-de-table, parfois exorbitants, qui les dissuadent d'exercer leur activité dans ce pays. Pourtant, la nouvelle politique industrielle du pays, tend au renforcement du tissu industriel par la création de nombreuses PMI et des Grandes industries à effet d'entraînement.

Et que dire encore des pots-de-vin dont certains opérateurs industriels doivent s'acquitter en matière douanière et fiscale. Ces pratiques sapent manifestement les avantages accordés par le nouveau code des investissements, notamment ceux qui résultent du mécanisme d'agrément.

Gustave Amir Kouevi insiste sur le fait que parmi les facteurs sociopolitiques de «mal gestion[1]» des fiscalités africaines, il faut mentionner un grand nombre de pratiques nuisibles au rendement fiscal dont principalement la corruption et le détournement de fonds publics. Et se poser cette question importante :

« Quelles performances attendre de pays où détournement de fonds publics et pillage systématique des caisses publiques sont la règle, où décideurs et responsables de toute obédience semblent démissionner pour mieux organiser le désordre et y participer ! Où les états fiscaux sont aussi approximatifs que les fichiers électoraux, constat dans la plupart des pays d'Afrique ».

---

1 G. Amir Kouevi, *Plaidoyer pour une géofiscalité en Afrique : éléments d'une nouvelle approche de gouvernance économique et financière*, *in Revue de droit fiscal*, Paris, 21 juin 2007, supplément au n° 25, p. 53.

S'agissant des industries en activité en République Démocratique du Congo, on remarque que même si le plus souvent la corruption provient des brebis galeuses de l'administration fiscale, elle peut également être le fait de certaines industries elles-mêmes. L'exemple le plus courant est que beaucoup d'industriels versent des dessous-de-table à l'administration pour éviter de payer ce qu'ils devraient légalement au titre des obligations fiscales ou parafiscales.

La pression fiscale, qui serait forte dans ce pays d'après la Fédération des entreprises du Congo (FEC)[1], n'appelle pas ce type de réponse qui encourage le mal. Il est incontestable que ces industriels ne contribuent pas aux efforts d'assainissement des mœurs devant renforcer le processus de développement industriel du pays. Bien entendu, ces industriels perdent toute légitimité et toute crédibilité quand elles cherchent à opposer une objection éthique, voire légale, à une sollicitation abusive de certains agents de l'administration, sans s'y opposer ou parfois elles en sont initiatrices pour s'acquitter moins, d'où la formule « corrupteur = corrompu » sinon la corruption n'existerait pas.

Quand on sait que l'économie informelle représente encore une part importante des activités en République Démocratique du Congo, le potentiel de recouvrement des recettes fiscales est immense, à condition de lutter efficacement contre la corruption entre les corrompus et leurs complices corrupteurs.

Notons par ailleurs qu'un rapport du Marché Commun d'Afrique Orientale et Australe (COMESA), présenté aux autorités congolaises le 22 février 2008, évalue le montant de l'évasion fiscale et des pots-de-vin versés chaque année aux personnels douaniers en République Démocratique du Congo à deux milliards de dollars américains (cité par J.A. n° 2460 du 2 au 8 mars 2008, p. 47). L'actuel Secrétaire Adjoint du COMESA, M Sindeso Ngwenya, affirme même que «les revenus d'importation du pays, actuellement chiffrés à un milliard de dollars par an, sont en réalité trois fois, voire quatre fois supérieurs à ce qui est officiellement déclaré». Il va sans dire que les pouvoirs publics congolais ne disposent pas d'une politique efficace de collecte et de contrôle en matière fiscale. Il convient d'y remédier, c'est une question de volonté politique.

---

1 Voir *Mémorandum de la FEC* du 10 septembre 2007 à son Excellence Monsieur le Premier Ministre sur la situation économique et sociale critique. La FEC soutient que « alors que le régime fiscal actuel est déjà lourd, inadapté et, dans biens des secteurs, extrêmement vorace, on assiste à des accroissements des taux, à des taxations d'office avec d'importantes pénalités et des recouvrements forcés ou des contraventions à la nomenclature des taxes prévues par la loi ».

b. Absence de transparence dans le contrat de marché public

Les règles de la consultation et d'adjudication doivent offrir une transparence suffisante pour garantir la légalité d'attribution du contrat à une industrie candidate à un marché public. Dans la pratique, l'opacité paraît constituer la règle dans la passation des marchés publics en République Démocratique du Congo[1]. On s'accorde à reconnaître que le versement des dessous-de-table reste une pratique courante pour décrocher les marchés[2]. Dans ces conditions, il n'est pas certain que l'industriel titulaire du marché soit toujours capable de satisfaire au besoin du développement industriel du pays[3].

Le constat est que la République Démocratique du Congo n'a pas encore rompu avec les pratiques des dessous-de-table qui ont caractérisé la Deuxième République, dirigée par le Président Mobutu. En effet, sous le règne de ce Président, d'importants pots-de-vin avaient été versés par les groupes industriels étrangers pour obtenir les marchés de construction « des projets inutilement coûteux, des éléphants blancs ou des cimetières industriels. »[4]

Après avoir dirigé une mission à Kinshasa, le fonctionnaire du FMI, M. Erwin Blumenthal, avait décrit dans un rapport daté de 1982, comment la Présidence de la République « contente d'encaisser des dessous-de-table considérables sur des contrats, en rétrocédait une partie à de hautes personnalités, du monde politique en Belgique, en France et en Suisse notamment. »[5]

Certes, plusieurs cas de corruption peuvent être relevés en Afrique. Au Nigeria, l'ancien Président Sani Abasha aurait accumulé des milliards de dollars grâce à des dessous-de-table sur des contrats de construction et grâce au détournement des revenus pétroliers. Il confisqua également deux milliards de dollars aux raffineries publiques, ce qui rendit ces industries incapables de poursuivre la production d'essence. Il perçut par la suite, non sans un sacré toupet, des commissions sur l'essence importée. La société allemande Ferrostaal est suspectée d'avoir participé de manière active dans le système mis en place par Sani Abasha, tout

1 Le secteur minier en donne une large illustration.
2 On parle de commissions avoisinant 30 % pour obtenir un marché, voir P. AIRAULT, *Participer au grand banquet*, J.A. n° 2363 du 23 au 29 avril 2006, page 53.
3 A titre d'exemple, on a vu que, dans un marché public de fournitures sous le régime de Mobutu, le titulaire du marché avait livré à la Radio ultra moderne (la cité de la voix du Zaïre) un équipement inadapté. Comment expliquer le choix de ce fournisseur, si ce n'était par l'encaissement des pots-de-vin.
4 M.F. Cros et F. Misser, *op. cit.* p. 105.
5 Cité par M.F. Cros et F. Misser, *op. cit.*, p. 105.

comme la française Dumez, devenue filiale de la multinationale Vinci, qui aurait versé 8 millions de dollars américains. Ce même auteur mentionne également l'implication de la multinationale Halliburton, anciennement dirigée par Dick Cheney (Vice-président de Georges W. Bush), dans le paiement des pots-de-vin au profit de Sani Abasha. Bref, on évalue le montant des détournements de fonds par l'ancien Président du Nigeria à environ 5 milliards de dollars américains[1].

Depuis le mois de septembre 2000, les autorités suisses ont accepté de rendre au Nigeria environ 700 millions de dollars et ont reconnu, selon le journal Le Monde du 6 septembre 2000, « un comportement défaillant» pour 12 banques dont le Crédit Suisse et le Crédit Agricole Indosuez. De leur côté, les autorités britanniques refusent encore de rendre au Nigeria au moins 1,3 milliards de dollars américains qu'elles disent abriter dans leurs banques.

L'Afrique pourrait connaître son premier grand procès contre les détournements de fonds publics si les premières conclusions de l'enquête de la commission nigériane sur les contrats énergétiques passés sous le régime du Président Obasanjo (1999-2007) aboutissaient à la transmission du dossier à la justice. Le programme d'électrification du Nigeria a coûté 13,28 milliards de dollars alors qu'aucune centrale n'a été construite.[2]

En mars 1997, le Président Laurent Désiré Kabila avait présenté une demande au gouvernement suisse tendant à obtenir le blocage de la fortune du Président Mobutu en Suisse, dont on n'a jamais procédé à une évaluation exacte. Cette demande avait été relayée par des organisations et de nombreux parlementaires suisses, mais le Conseil fédéral suisse avait refusé dans un premier temps d'ordonner le gel de ladite fortune. Dans un deuxième temps, l'entraide judiciaire que la Suisse avait essayé de fournir aux autorités de la République Démocratique du Congo avait permis le gel des avoirs de Mobutu. Mais jusqu'en 2008, le pays n'avait encore rien récupéré.

Faute de démarche juridique valable de la part des autorités congolaises, la Banque suisse aurait décidé au courant de l'année 2009 de remettre l'argent à la famille de Mobutu, quid d'une telle décision légère à nos yeux ?

En ce qui concerne la pratique des détournements de fonds publics de leurs objectifs en République Démocratique du Congo, elle est

---

1 Damien Millet et W. Easterly, *op. cit.* p. 298 ; *Washington Post* du 9 juin 1998, p..A1 et du 17 août 1998, p. A 13.

2 Cf. *Les Afriques* n° 22 du 2 avril 2008, p. 21.

difficilement décelable en l'absence d'un service interne de contrôle de gestion ad hoc. Sauf, bien entendu, à impliquer des inspecteurs de finances, des Audits ou des Cabinets indépendants pour détecter cette pratique. Il peut s'agir de crédits qui sont destinés au soutien du secteur industriel et qui sont notamment accordés par le Fonds de Promotion des Industries (FPI).

c. Ponction sur les comptes des sociétés d'Etat du secteur industriel et cession frauduleuse des actions de l'Etat

Sous la deuxième République, les ponctions dans les caisses des entreprises publiques et des sociétés d'économie mixte particulièrement du secteur minier, furent une source stable et abondante d'enrichissement des dignitaires du régime[1] : détournements de gain d'exportation de minerais, dotation présidentielle, transfert illicite sur les comptes personnels à l'étranger ou dépenses mystérieuses. Ces pratiques n'ont pas disparu avec la fin du régime de Mobutu. A titre illustratif, on peut mentionner quelques cas édifiants.

Il a été précisé par les agents de la société MIBA que légalement, les acomptes fiscaux devaient être payés par voie bancaire au compte de la Direction Générale des Contributions.

A la suite des enquêtes du panel des experts de l'ONU sur l'exploitation des ressources naturelles et autres formes des richesses de la République Démocratique du Congo, et du Parquet général de la République, il a notamment été établi qu'un ancien Président Directeur Général de la MIBA avait détourné la somme de 500.000 dollars américains et financé la construction de sa résidence dans la ville de Kinshasa avec les fonds de la société[2]. Ce même PDG de la MIBA n'a jamais indiqué la destination finale d'une importante somme de 1.000.000 de dollars américains décaissée par la société à la suite d'un ordre de paiement donné par lui à la banque « Belgolaise »[3].

Dans le même temps, on est passé de la captation de l'usufruit à la cession frauduleuse des actifs de l'Etat. Par exemple, la MIBA a été dépouillée de ses droits au profit d'Oryx Natural Ressources[4], qui est devenu l'actionnaire majoritaire de la SENGAMINES.

---

1 Rapport de l'Assemblée sur les travaux de la Commission spéciale chargée de l'examen sur la validité de conventions à caractère économique et financier conclues pendant les guerres de 1997-1998 et de 1998-2003, Kinshasa, 26 juin 2005, p. 59.

2 *Idem*, p. 68.

3 *Idem*, p. 69.

4 *Idem*, p. 47.

La règle de «partage équitable et équilibré[1]», consacrée sous la transition politique et confortée par le consensus politique «1+4» et l'impunité, a accentué ces pratiques préjudiciables au développement du secteur industriel du pays car lesdites pratiques ont provoqué une diminution draconienne des dépenses de maintenance et d'investissements dans les industries productives du secteur public, au point que certains joyaux de l'économie congolaise (MIBA, GECAMINES) se trouvaient financièrement asphyxiés et surendettés. Il en résulte une autre conséquence : l'absence de renouvellement de l'outil de production.

d. Fausses factures, les rémunérations et frais des missions exorbitants

Ces techniques de corruption et de détournements de fonds publics sont fréquemment utilisées par le biais de la passation des marchés publics internationaux, marchés de travaux d'études, de fournitures et de services, il y a aussi l'inorganisation de la comptabilité des sociétés d'Etat du secteur industriel.

S'agissant notamment du cas des marchés de fournitures, il y a longtemps déjà que Benoît Verhaegen écrivait que « c'est à l'occasion d'investissements étrangers, d'achats de biens d'équipements ou de projets de coopération que les membres de la bourgeoisie compradore peuvent prélever la plus grande part de leur profit[2]». En effet, il arrive qu'un ou plusieurs responsables des sociétés d'Etat du secteur industriel s'arrangent avec les fournisseurs pour augmenter le montant de la facture et profiter du surplus ainsi dégagé.

Par exemple, au sujet des marchés surfacturés au préjudice de la MIBA, le Parquet Général de la République a relevé que sur l'achat de 20 véhicules utilitaires d'occasion à 40.000 $ US l'unité pour la société, le vendeur a reconnu n'avoir perçu que 7.000 $ US l'unité[3]. A ce lot, il faut ajouter l'achat de 9 camions de marque chinoise au prix de 40.000 $ US l'unité alors que l'expertise révèle que deux camions étaient déjà amortis[4].

Les sociétés d'Etat du secteur industriel subissent encore un énorme préjudice par les rémunérations faramineuses que s'octroient leurs dirigeants. Le cas d'un ancien PDG de la MIBA est scandaleusement

---

1 Ce partage ne concerne pas que les postes politiques, mais aussi la direction des entreprises du portefeuille.

2 B. Verhaegen, Impérialisme technologique et bourgeoisie nationale au Zaïre, in Connaissance du Tiers-Monde, cahiers Jussieu / 4, éd. 1018, p. 376.

3 Rapport des travaux de la commission spéciale de l'Assemblée Nationale, *op. cit.*, p. 70.

4 *Idem*, p. 71.

édifiant. Ce dirigeant de société d'Etat «touchait mensuellement environ 58. 500 $ US dont 45.000 $ US à titre de salaire, 10.000 pour frais de représentation et 3.500 $ US comme dotation et libéralités, sans compter d'autres avantages en biens et services pour sa résidence dont les enquêteurs du Parquet général de la République n'ont pas pu fixer la valeur[1]», faute d'expertise immobilière qui aurait dû être réalisée en exécution d'une «R.I.», Réquisition d'Information à Expert, délivrée par le Parquet Général qui n'a pas été exécutée. Quid de cette attitude ?

On sait qu'en raison de la vétusté des équipements, de la capacité limitée de certaines installations construites depuis des décennies alors que la demande effective a augmenté et des problèmes d'exploitation et d'ordre financier, la SNEL, société d'Etat d'énergie, ne pouvait pas assurer un taux satisfaisant d'accès des populations à l'électricité. Nonobstant ce douloureux constat, l'acompte de 3,2 millions de $ US soit 10 %, prélevé sur une créance de la SNEL de 32 millions de $ US sur la Société nationale d'électricité du Congo Brazzaville, n'était pas régulièrement encaissé par la créancière[2].

La dette de la GECAMINES contractée auprès des commerçants locaux est également présentée par certains analystes comme l'un des procédés criminels qui ont empêché cette industrie de réaliser son géant programme d'intégration industrielle qui la déterminait à s'approvisionner localement et à soutenir ainsi le développement de l'industrie locale. Dans le quartier industriel de Lubumbashi, la quasi-totalité de petites industries (peinture, tréfilerie, minoterie…) ont cessé leurs activités, tributaire de la détérioration de capacité de la GECAMINES[3].

S'agissant de l'ampleur de la dette de la GECAMINES auprès des commerçants locaux, on observe que certains créanciers locaux affichent des millions de dollars américains de fournitures. Ce qui implique qu'à un moment donné, ces commerçants locaux devaient disposer de millions de dollars américains de fonds propres pour acquérir les marchandises avant de les fournir à crédit à la GECAMINES. Mais cela paraît impossible. Interrogé lors d'une enquête inédite, un commerçant katangais honnête avait précisé que «toutes ces créances étaient fausses à plus de 50 %... les fournitures ont été largement fictives».

---

1 *Idem*, p. 68.

2 *Rapport final de la commission d'examen des rapports d'audit des entreprises publiques*, Assemblée Nationale, Kinshasa, 20 novembre 2004, pp. 33 et 51.

3 J. Kyalwe, *RDC La chute, 5 mars 2000*, in L'Observatoire de l'Afrique centrale, vol. 3, n° 12, semaine du 27 mars au 2 avril 2000.

En fait, on peut facilement expliquer le mécanisme de cette dette de la GECAMINES auprès des commerçants locaux. La dette profite en amont et en aval aux responsables de cette industrie. En amont, ils percevaient des commissions juteuses sur fournitures et prestations. En aval, lorsqu'il faut payer, le créancier devait rétrocéder une partie importante de la créance (au moins 40 %), sinon, il ne figurait pas sur la liste des paiements.

Il faut souligner que malgré les recommandations des pouvoirs publics, la plupart des entreprises publiques de la République Démocratique du Congo ne tiennent pas de véritable comptabilité. Selon un rapport parlementaire, «la gestion relève même plus de l'oralité. Ces entreprises étaient capables de fournir de faux bilans et statistiques de gestion[1]».

En vérité, tout cela était fait dans l'unique souci de garder «un flou artistique», sinon «une vraie opacité» rendant les contrôles difficiles. Remarquons que, dans le secteur minier, par exemple, la comptabilité des stocks ne semble exister nulle part, ce qui permet de dire que les stocks de produits étaient utilisés à des fins personnelles et généralement revendus sur le marché parallèle.

Il faut qualifier d'initiative heureuse, le fait que le Gouverneur du Katanga à l'époque, M. Moïse Katumbi, ait résolument engagé la lutte contre la corruption, la banqueroute notamment en interdisant l'exportation des minerais bruts conformément aux dispositions des textes applicables en la matière et en facilitant l'arrestation de nombreux fraudeurs et certains étrangers qui s'étaient spécialisés dans le vol des minerais, ainsi que des câbles électriques et autres équipements de la GECAMINES. La décision prise par le Gouverneur du Katanga d'arrêter l'exportation illégale des minerais bruts a eu un impact positif non seulement sur l'emploi des Congolais, mais aussi sur le développement de l'industrie congolaise car les sociétés minières étaient alors tenues d'accroître la capacité de leurs installations et de construire des usines de traitement de minerais sur place.

Pour cela, il importe que l'Etat congolais applique impérativement au moins trois recommandations du rapport final de la commission d'examen des rapports d'audit des entreprises publiques[2], à savoir :

« Doter toutes les entreprises publiques d'un collège des commissaires aux comptes pour la surveillance et la certification des comptes desdites entreprises conformément aux dispositions des articles 24 et 26 ter de la loi n° 78/002 du 6 janvier 1978

---

1 Rapport final de la commission d'examen des rapports d'audit des entreprises publiques, *op. cit.*, p. 8.

2 *Idem*, pp. 54 et 55.

portant dispositions générales applications aux entreprises publiques ; que l'Etat puisse fixer par un texte unique les rémunérations et les autres avantages des mandataires publics dans les entreprises publiques ; que l'Etat puisse prendre un texte instituant un barème unique pour le montant des frais de missions à l'intérieur et à l'étranger [...] *ou du barème du ministère du Portefeuille qui consacre la disparité des taux des frais de mission au sein des entreprises publiques. »*[1]

Les pratiques négatives examinées ci-dessus posent manifestement à l'industrie congolaise et au développement de tout le secteur industriel du pays des sérieux problèmes. Ce qui est sûr : il ne suffit pas de changer de personnes pour en finir avec les mentalités installées profondément depuis au moins deux générations, il faut contre vent et marée changer complètement les mentalités en adoptant les dimensions éthiques, la démocratie (se conformer à l'Accord de Cotonou de coopération ACP-UE), la DDD, la CDDE (deux instruments des Nations Unies), les obligations économiques de l'Union Africaine, auxquels tous les Etats doivent se conformer.

En définitive, il est nécessaire d'engager résolument la lutte contre la corruption et les détournements de fonds publics. Ces maux ne sont pas une fatalité. A partir du moment où l'on connaît les mécanismes qui les entretiennent, on peut s'en prémunir et les éradiquer. Il est possible d'ériger une éthique stricte dans un pays qui a depuis longtemps perdu ses repères.

Il faut que les pouvoirs publics congolais poursuivent leurs efforts pour améliorer l'environnement socio-économique en République Démocratique du Congo, ce qui passe par la réforme de l'administration, à savoir la modernisation et la professionnalisation de ces services. Cette réforme doit notamment tendre au renforcement de moyens, la simplification des procédures administratives et au rehaussement des salaires de fonctionnaires et des agents de tous les autres secteurs. Il paraît plus efficace de confier à un nombre réduit de fonctionnaires professionnalisés bien rémunérés chargés de mission de lutter contre la corruption et les détournements de fonds publics.

Il est impérieux d'imposer une discipline de gestion qui contribuerait à assainir la situation financière des sociétés d'Etat[2] ainsi que le climat général des affaires et de renforcer le cercle vertueux du respect des règles de jeux.

---

1 *Op. cit.*, Rapport de la Commission d'audit des entreprises publiques, p. 9.

2 *Idem*, p. 57. Ce rapport propose « de renforcer le pouvoir de contrôle du Conseil permanent de la comptabilité au Congo (CPCC) au sein des entreprises publiques en instituant des sanctions envers les mandataires des entreprises publiques qui refusent de certifier leurs comptes par le CPCC conformément à la loi-cadre sur les entreprises publiques (art. 29) ».

De leur côté, les investisseurs doivent encourager les efforts d'assainissement éthique car, pour corrompre, il faut être deux : le corrupteur et le corrompu. Les adeptes de la corruption en République Démocratique du Congo ont besoin du concours de ceux qui corrompent. C'est pourquoi, il importe que les investisseurs refusent sans exception toute sollicitation illégale, l'éthique doit être adoptée par tous.

Nous soutenons que le renforcement de l'Etat de droit en République Démocratique du Congo, implique non seulement la qualité des institutions, mais aussi le respect des règles bien élaborées et de leur bonne application, ce qui créera impérativement un système moins propice à la corruption et aux détournements de fonds publics.

B. Pour une mise en place des cadres d'appui à l'exigence éthique

Dans la Constitution de la République Démocratique du Congo, l'éthique et la lutte contre la corruption ont été élevées au rang des valeurs constitutionnelles par les dispositions de l'article 154 de la constitution de transition du 5 avril 2003. Ces dispositions ont consacré la création de la Commission de l'éthique et de la lutte contre la corruption en tant qu'institution d'appui à la démocratie, chargée notamment de favoriser la pratique des valeurs morales et républicaines[1]. Malheureusement, on ne saurait dire que ces dispositions ont été respectées et appliquées dans la réalité de la société congolaise, comme pour donner raison aux « détracteurs » du constitutionnalisme africain, alors même que ceux-ci n'avaient jamais présenté à l'Afrique un modèle de constitution rédigé par leurs soins et acceptable par tous les Africains[2].

Qui plus est, la nouvelle constitution congolaise du 18 février 2006 ne prévoit que deux institutions d'appui à la démocratie : la Commission électorale nationale indépendante et le Conseil supérieur de l'audiovisuel et de la communication[3].

La mise en place de la Commission de l'éthique et de la lutte contre la corruption n'est plus une exigence constitutionnelle. Ce qui peut être regardé comme un recul regrettable par rapport à la volonté

---

1 Voir article 155 de l'ordonnance de la CIJ du 10 juillet 2002, *RGDIP*, 2003, pp. 89 et 108 [...].

2 A titre d'exemple, on notera que dans un mélange fascinant d'analyse juridique et d'expression de frustrations politiques, Jacques DJOLI va jusqu'à qualifier le constitutionnalisme africain de "pacotille", cf. *Le constitutionnalisme africain : entre l'officiel et le réel...et les mythes. Etats de lieux*, In *A la* recherche du droit africain du XXIe siècle, *op. cit.*, p.176.

3 Art. 211 et 212.

constamment exprimée de mettre en place un Etat de droit. Notre souhait est que le législateur congolais comble cette lacune constitutionnelle.

La République Démocratique du Congo désireuse d'être regardée comme un Etat de droit, notion que M. Etienne Le Roy qualifie de « requis délicat à universaliser »[1], doit satisfaire à «l'exigence de conformité du droit à des valeurs de société correspondant à une éthique commune au plus grand nombre». Contrairement à ce que l'on voudrait faire croire, la corruption n'a pas de place dans la culture africaine en général ni congolaise en particulier, si bien que l'éradication de celle-ci doit être un objectif recherché dans la production du droit acceptable par les africains et particulièrement par les congolais de la République Démocratique du Congo.

On peut espérer que le nouveau Parlement démocratiquement élu, véritable représentation nationale, comblera cette lacune de la nouvelle constitution, ne serait-ce d'abord par l'adoption d'une loi anti-corruption à l'instar de la législation française sur la prévention de la corruption, la transparence de la vie économique et des procédures publiques[2].

Nous pensons qu'une telle loi imposant la transparence des mécanismes dont l'opacité rend plus facile le développement de la corruption et de détournement, pourrait avoir beaucoup d'applications en République Démocratique du Congo (notamment dans les domaines de la passation des marchés publics, du blanchiment des capitaux émanant d'activités criminelles) et permettre au moins la création d'une structure que nous jugeons utile à l'objectif de développement industriel durable du pays : le Corps de déontologie d'Etat (CDE)

Dans le même esprit, les pouvoirs publics congolais devraient également créer au sein de l'Agence Nationale pour la Promotion des Investissements (ANAPI) une Cellule de promotion des investissements éthiques (CPIE) pour encadrer cette Agence.

Voyons ce que pourraient faire l'une et l'autre de ces deux structures à créer.

---

1 E. LEROY, *Le jeu des lois*, Paris, LGDJ, 1999, p. 267.

2 Loi française n° 93-122 du 29 janvier 1993 relative à la corruption et à la transparence de la vie économique et des procédures publiques, J.O. du 30 janvier 1993, p. 1588 et s. Sur le commentaire de cette loi, voir C. GUETTIER, *La loi anti-corruption,* Dalloz, Paris, 1993.

a. Création d'un corps de déontologie d'Etat (CDE)

Le corps de déontologie d'Etat est le fruit de notre initiative, il sera composé de deux catégories d'agents : ceux qui sont chargés de la conception et de la formation éthique, et ceux qui doivent assurer un contrôle éthique aussi bien à Kinshasa que dans toutes les Provinces de la République Démocratique du Congo[1].

a.1. Agents de conception et de formation éthique (ACFE)

Face au constat plus grave d'inversion des valeurs, de dérives comportementales, de disparition du bon sens à plusieurs niveaux et lieux sensibles du pays, il est impérieux pour l'Etat congolais de mettre en place un corps d'agents chargés non seulement de concevoir des programmes et de diffuser des instructions sous forme des fiches éthiques datées et numérotées qui devront être collées dans les services administratifs et dans les directions des industries, et seront utilisées pour assurer la formation éthique des responsables de l'administration et des chefs d'entreprises ou industries.

Dans les instructions conçues pour les industries, la responsabilité doit l'emporter sur la contrainte. Aussi, estimons-nous que dans le processus d'élaboration des fiches éthiques, il est indispensable que deux départements de chaque industrie soient consultés : celui de ressources humaines et des directions juridiques ou contentieux.

Les fiches éthiques serviront en effet à préconiser des changements fondamentaux dans l'organisation de l'industrie en République Démocratique du Congo. Elles doivent favoriser l'évolution de l'industrie et être regardées comme le symbole écrit d'un nouveau contrat moral qui engage la direction. Il s'agit de faire prendre conscience à chacun de ce qu'il doit faire ou ne pas faire.

La formation éthique permet ainsi d'orienter et de contrôler les comportements. Il est clair qu'en matière industrielle, l'intégration de la dimension éthique dans le management relève d'abord de l'engagement des dirigeants, car ce sont eux qui représentent l'industrie aussi bien vis-à-vis des autorités politiques et administratives qu'envers les salariés et les populations congolaises : l'instruction éclaire, l'exemple entraîne.

Les agents du Corps de Déontologie d'Etat (CDE)[2] agiront comme de véritables éducateurs, en mettant l'accent sur la spécificité de la

---

1 Projet inédit.
2 Projet inédit.

profession ou du secteur : par exemple, la déontologie de l'industrie agro-alimentaire, la déontologie de l'industrie pharmaceutique, la déontologie de l'industrie minière, la déontologie de l'industrie de l'énergie, etc. Le rôle de ces agents consistera à rendre tous les acteurs du développement du pays, capables de comprendre et de réaliser une vie saine dans le strict respect de l'homme et de l'environnement.

Les opérateurs économiques nationaux et étrangers exerçant leurs activités en République Démocratique du Congo devront réaliser des investissements éthiques, et il revient donc au Corps de déontologie d'Etat de concevoir un nouveau système de contrôle social des unités de production et de régulation environnementale, sans être en marge du bon sens des règles du commerce international et de l'organisation mondiale du commerce[1].

a.2. Agents de contrôle éthique (ACE)

Il va sans dire que les agents de contrôle éthique des industries en RDC ne seront pertinents que si parallèlement est mis en place un système efficace de contrôle. Les industries exerçant leur activité en RDC doivent prouver qu'elles ne sont pas seulement rentables financièrement, mais elles sont également performantes dans la gestion des risques pour l'environnement et dans la maîtrise de management social de leurs salariés. Il s'agit pour ces sociétés de mettre en perspective le sens de leur métier et la durabilité de leur mode de fonctionnement[2].

Sur le plan de la méthodologie et de la démarche, le Corps de Déontologie de l'Etat appuiera l'élaboration des fiches sur certains éléments, exposés dans deux dimensions de responsabilité ci-dessous.

b. Responsabilisation éthique de l'industrie (REI)

Il est utile de définir ou de déterminer les grands axes d'un programme qui puissent prendre en compte le facteur humain. Chaque industrie exerçant son activité en République Démocratique du Congo devra avoir une responsabilité forte face à ses employés. Certes, il existe bien évidemment diverses obligations imposées par la législation sociale mais, dans une véritable perspective étique l'industrie doit aller au-delà de la loi. A partir de la vision de l'industrie regardée comme une communauté humaine, l'élaboration du programme éthique est

---

1 Suite projet inédit.
2 Projet inédit.

l'occasion pour chaque industrie en République Démocratique du Congo d'exposer sa politique sociale, de décrire son idéal de management.

Le Corps de déontologie de l'Etat s'efforcera de renforcer le programme d'embauche et la politique salariale de chaque industrie. Pour la qualification de l'industrie, il sera tenu compte de l'embauche des femmes, des travailleurs handicapés, de la formation professionnelle des employés, notamment dans le domaine des nouvelles technologies, des actions volontaristes en matière d'insertion des jeunes dans toutes les initiatives sociales (exemple : la construction d'écoles, d'hôpitaux, de centres pour handicapés, d'orphelinats, de centres sportifs, etc.)[1]. Ce Corps devra également aider les industries en République Démocratique du Congo à établir des relations de qualités avec leurs fournisseurs. Ces industries devront les sélectionner en fonction de la qualité de leurs produits, de leurs équipements et services ainsi que de leur sérieux. Ces exigences éthiques valent également en matière de contrat de partenariat.

b.1. Responsabilité environnementale de l'industrie (RENI)

Il est indéniable que la relance industrielle en République Démocratique du Congo est un processus positif car les industries sont créatrices de richesses, mais également consommatrices de ressources naturelles, productrices de déchets et génératrices de pollutions.

Le rôle du Corps de déontologie d'Etat, ici, consiste à instruire sur la manière de réduire la pollution par la réduction de l'utilisation du charbon, pétrole et gaz naturel, en utilisant davantage l'énergie propre et renouvelable comme le rayons solaire, l'électricité verte,[2] en évitant l'énergie nucléaire dans la mesure du possible.

A une politique gouvernementale d'imposition des taxes environnementales comme outil de régulation publique, on doit substituer l'émergence d'une forme de volontarisme exogène, exprimé par les industries soucieuses de leur responsabilité environnementale. De manière générale, la contribution des industries à la protection est indispensable, d'autant plus qu'elle s'inscrit aujourd'hui dans une perspective plus large de développement durable et « consiste non seulement à adopter un comportement responsable en s'engageant à intégrer l'impact environnemental dans leurs activités, mais encore à rendre compte de leur politique et de leurs relations en ce domaine »[3].

---

1 Projet inédit.

2 Dominique Glocheux, *Sauvez cette planète. Mode d'emploi*, Ed. Marabout, p. 30.

3 I. Riassetto, Obligation d'information environnementale des sociétés, in Les *risques technologiques*, Loi du 30 juillet 2003, Sous la direction de Marie-Pierre CAMPOUX-DUFRENE, Presse Universitaire de Strasbourg, 2005, p. 39.

Le Corps de Déontologie de l'Etat et les responsables des industries en République Démocratique du Congo définiront les normes environnementales qui puissent permettre au pays d'éviter les conséquences négatives des installations industrielles et de certaines techniques de production. Dans l'élaboration de ces normes, ils peuvent aller au-delà des normes légales et anticiper ainsi aux exigences futures de réglementation quant aux risques environnementaux.

b.2 Mise en œuvre de principe de précaution de risque industriel (MOPP)

La relance du processus d'industrialisation de la République Démocratique du Congo commande le principe de précaution en matière des risques technologiques[1]. Le pays doit être protégé en développant la culture partagée de sécurité environnementale. Bien d'industries en République Démocratique du Congo jouxtent la plupart des villes ou villages congolais qui ne sont jamais à l'abri d'un accident industriel ou technologique, susceptible d'entraîner une catastrophe majeure. C'est pourquoi le Corps de déontologie d'Etat recommandera les mesures de précaution.

Comme le souligne le Professeur Liliane Daligand, « le terme catastrophe vibre dans une série sémantique où se trouvent : panique, tragédie, vision apocalyptique. La catastrophe met en scène un bouleversement humain qui va vers une fin, un dénouement. La catastrophe évoque donc à la fois le désastre brusque, effroyable et sa mise en scène dans un mouvement de résolution[2]».

Pour prendre la mesure de l'importance de cette question, il suffirait de rappeler quelques accidents industriels, survenus pourtant dans les pays hautement industrialisés et disposant d'énormes moyens par rapport à un pays comme la République Démocratique du Congo où il y a quelques sites qui justifient des mesures de précaution, à titre d'exemple : le grand barrage d'Inga, la GECAMINE, l'usine de sidérurgie de Maluku, l'usine de Marsavco, Kilo Moto, la MIBA, TEKEFURUME etc.

---

1 Dans nombreux pays industrialisé, les pouvoirs publics ont adopté une législation spécifique en la matière. Par exemple, le cas de la France avec la loi du 30 juillet 2003 relative à la prévention des risques technologiques et naturels et à la réparation des dommages, JO n° 175 du 31 juillet 2003 ; voir également *Les risques technologiques*, loi du 30 juillet 2003, Sous la direction de Marie-Pierre CAMPOUX DUFRENE, Presse Universitaire de Strasbourg, 2005.

2 Cité par C. Lienhard, La genèse et les enjeux de la loi Bachelot en matière de risques technologiques, in Les risques technologiques…, *op. cit.*, p. 13.

En 1974, suite à l'explosion d'un nuage de vapeur de cyclohexane émanant du mauvais montage d'un soufflet de dilatation, le Royaume-Uni avait compté 28 morts à Félix Borough.

En France, plus précisément à Toulouse, le 21 septembre 2001, l'usine AZF avait explosé.

La secousse, équivalente à un séisme de magnitude de 3,2 sur l'échelle de Richter, était ressentie à plus de 300 km à la ronde, la France venait de connaître la plus grande catastrophe industrielle depuis la rupture du barrage de Malpasset en 1959. Le bilan était particulièrement lourd : 31 morts dont 22 travailleurs au sein de l'industrie elle-même, 3.000 blessés mais plusieurs autre milliers de personnes psychologiquement traumatisées, 30.000 logements atteints. Sur le plan économique et social : 1.300 entreprises, représentant 21.000 emplois avaient été touchées à des divers degrés et 900 emplois avaient été supprimés[1].

Le 10 juillet 1976 à Milan, à la suite d'une explosion accidentelle dans une usine chimique libérant un énorme nuage toxique de dioxine, 5.200 personnes étaient contaminées, dont 800 devaient être hospitalisées pour brûlures. Par ailleurs, de nombreuses femmes avaient préféré se faire avorter craignant des malformations chez les nouveau- nés et plusieurs animaux du bétail avaient été abattus[2].

Afin de promouvoir encore davantage la responsabilité environnementale des industries en République Démocratique du Congo, les fiches éthiques peuvent contenir divers engagements des industries, notamment celui de faire figurer dans les rapports annuels de gestion les informations sur la manière dont elles prendront en compte les conséquences environnementales de leurs activités. Par exemple, il peut s'agir de toutes les dispositions prises en matière d'émissions dans l'air de gaz à effet de serre et dans l'eau des métaux toxiques, des substances radioactives, cancérigènes, mutagènes ou nuisibles à la reproduction. De même qu'il peut aussi être question des engagements tendant à établir des relations avec les associations ou les organisations de défense de l'environnement, ainsi qu'avec des populations riveraines.

b.3. Certificat de conformité éthique aux industries (CCEI)

Base pour la conformité à la norme SA* 8000 qui signifie (Social Accoutability) ou responsabilité sociale, opérationnelle depuis 1997, après avoir été testé aux États-Unis, au Mexique et au Honduras.

---

1 *Op. cit.*, p. 14.
2 *Op. cit.*

Cette norme SA* 8000 impose aux entreprises et aux industries de démontrer aux publics et aux consommateurs qu'elles s'engagent sur le plan de développement industriel durable conforme à l'Organisation Internationale du Travail (OIT) en respectant les critères suivants : travail des enfants, le travail forcé, l'hygiène et la sécurité, la liberté syndicale et le droit à la négociation collective, la non-discrimination, les pratiques disciplinaires, le temps du travail, les rémunérations et le système de management pour être conforme à cette norme SA* 8000.

Également dans le domaine social, il existe la norme AA 1000 (Accouting Auditing 1000) d'origine européenne mais celle-ci a beaucoup de difficultés pour créer le réseau mondial des inspecteurs du développement industriel durable, faute de moyens pour le réaliser.

L'autre norme c'est la ISO* 14000 (environnement) qui a pour objectif de préserver notre planète des impacts négatifs qui touchent à l'eau, l'air, le sol, le sous-sol, les ressources naturelles et les bruits ou nuisances sonores en limitant leurs impacts sur l'environnement, la prévention de pollution et la conformité aux règlements édictés pour les efforts et les initiatives que les entreprises et les industries doivent fournir.

Les pays du Sud comme la République Démocratique du Congo doivent s'engager au respect des principes de précaution face aux risques catastrophiques ou industriels.

C'est ainsi que les industries feront l'objet de contrôle et cotation annuels. Un certificat de conformité leur sera délivré et des étoiles leur seront attribuées sur la base des initiatives qu'elles auront prises pendant l'année d'exercice[1].

1- Sept étoiles :

Elles sont accordées aux industries ayant obtenu des résultats excellents sur le plan économique et dont les initiatives réalisées en matière d'éthique sont au- delà des normes en vigueur (normes légales et éthiques).

2-. Six étoiles :

Elles sont attribuées aux industries ayant les mêmes résultats économiques que ceux des industries du point 1 et dont les initiatives liées à leur responsabilité sociale et environnementale sont moins nombreuses.

---

1 Alain Mamou Mani, Observatoire de l'éthique, Le guide éthique du consommateur, Albin Michel, Ed. Albin Michel, S.A. 2001, pp. 264-266, initiative et conception de l'auteur de ce travail.

3- Cinq étoiles :

Sont concernées, les industries qui n'ont obtenu que des résultats moyens sur le plan économique par rapport à ceux des points 1 et 2, et dont les initiatives en matière éthique sont encore moins nombreuses que celles des industries du point 2.

4- Quatre étoiles :

Elles sont accordées aux industries dont les résultats sont aussi moyens que ceux du point 3 sur le plan économique et dont les initiatives relatives à leur responsabilité sociale et environnementale sont beaucoup moins nombreuses que celles du point 3.

5- Trois étoiles :

Les industries de trois étoiles ont à la fois réalisé des résultats économiques et pris des initiatives éthiques largement en dessous de la moyenne par rapport à ceux mentionnés au point 4.

6- Deux étoiles :

Elles sont attribuées aux industries dont les résultats économiques sont largement en dessous de la moyenne et dont les initiatives en matière de responsabilité sociale et environnementale ont particulièrement été remarquables s'approchant du point 5.

7- Une étoile :

Elle est accordée à toute industrie dont le résultat économique n'est pas bon à la fin de l'année d'exercice, mais celle-ci a pris une ou deux initiatives éthiques particulièrement remarquables mais légèrement en dessous du point 6.

Il est évident que ce système de contrôle éthique par la cotation que nous proposons sera appelé à se perfectionner. Peut-on espérer qu'obligées à se justifier sur leur responsabilité sociale et environnementale, les entreprises et les industries en République Démocratique du Congo seront certainement incitées à améliorer leur politique sociale et environnementale à l'avenir pour mériter et améliorer le nombre d'étoiles liées aux primes d'encouragement à percevoir.

c. Cellule des investissements éthiques (CIE)

Alors que l'Afrique accuse un sérieux retard en la matière, il convient d'observer que dans le contexte de la mondialisation[1] et à la faveur

1 Rappelons qu'en 1998, s'adressant aux chefs d'entreprises à Davos, Kofi Annam, alors Secrétaire Général de l'ONU, insista sur la nécessité de «développer un marché mondial plus

conjuguée du développement durable et de ce qu'on appelle « la gouvernance d'entreprise »[1], l'on assiste depuis quelques années, dans de nombreux pays industrialisés, à l'émergence de l'investissement éthique ou socialement responsable (ISR)[2]. M. Christian Gollier et M. Jean-Louis Nakamura, auteurs d'un article commun, nous permettent de bien appréhender le concept d'investissement socialement responsable, qui désigne « une forme de placement de l'épargne qui intègre dans l'évaluation de la performance des actifs des critères éthiques, sociaux et/ou environnementaux aux côtés des critères financiers classiques »[3].

Actuellement, cette forme d'investissement concerne non seulement les investisseurs institutionnels, mais également un nombre important d'investisseurs individuels, à savoir de petits actionnaires soucieux de placer leur épargne dans des titres de sociétés socialement responsables et des associations ou ONG qui achètent quelques actions leur permettant d'être présentes au sein des assemblées pour exercer une influence sur la politique de la société, notamment en termes d'exigences sociales et environnementales.

En France, par exemple, bien que le mouvement soit d'abord parti des États-Unis, la plupart des organismes financiers français : la Caisse d'Epargne, Axa, Société Générale... offrent aujourd'hui des placements et des fonds éthiques socialement responsables. Ils permettent de concilier placement financier et solidarité, deux notions qui ne sont pas toujours alliées. Leurs clients peuvent ainsi miser sur ces fonds éthiques regroupant les actions des sociétés qui respectent les critères du développement durable ou encore les produits financiers solidaires qui drainent une épargne uniquement destinée à financer des projets d'utilité sociale[4].

Face à ce mouvement mondial, il n'est pas aujourd'hui absurde de poser ouvertement la question de savoir si les industries en activité en

---

stable et équitable en encourageant le monde du commerce et l'industrie à mettre en œuvre dans leurs stratégies et leurs pratiques quotidiennes les principes universellement reconnus». Il lancera à cette occasion le «Global Compact», contrat moral engageant l'entreprise à respecter et mettre en œuvre un certain nombre de principes ayant trait aux droits humains, au travail et à l'environnement.

1 Le gouvernement d'entreprise (ou gouvernance des entreprises) recouvre «l'ensemble des dispositions qui permettent de s'assurer que les objectifs poursuivis par les dirigeants sont légitimes et que les moyens mis en œuvre pour atteindre ces objectifs sont adaptés», cf. S. MERCIER, *L'éthique dans les entreprises*, *op. cit.*, p.114.

2 Voir notamment I. Riassetto, *Obligation d'information environnementale des sociétés*, *op. cit.*, p. 40 ; D. Stephany, *Développement durable et performance de l'entreprise*, op. *cit.*, p. 42.

3 C. Gollier et J. L. Nakamura, *Investisseurs socialement responsables : quelle rationalité pour quelles perspectives ?* in Développement et environnement, Cahiers français n° 337, mars-avril 2007, p.90.

4 Aux Etats-Unis, plus de 200 milliards de dollars seraient gérés de cette manière, soit plus de 13 % des actifs placés, Cf. Journal *Bien sur ma planète* du vendredi 13 juin 2003, p. 13.

République Démocratique du Congo peuvent obtenir des financements auprès des organismes financiers socialement responsables dès lors qu'elles appliquent les critères du développement durable. Il nous paraît urgent que cet immense pays mette en place une stratégie susceptible de répondre positivement à ce besoin, d'autant plus que la relance du secteur industriel nécessite la mobilisation d'importants flux financiers.

En l'absence actuellement d'une bourse des valeurs digne de ce nom en République Démocratique du Congo, les pouvoirs publics devraient encourager les banques exerçant leurs activités au pays à intégrer les critères de développement durable dans leurs investissements en déployant des stratégies éthiques. Dans ce cas précis, le financement des industries serait soumis à la définition et à la mise en œuvre d'une politique environnementale.

Il faut indiquer que si, en règle générale, les banques ont longtemps adopté une attitude de réserve, on sait aujourd'hui que des banques de taille modeste telles que le Néerlandais Triodos, le Norvégien Storebrand, le Suisse Sarasin en ont fait un axe de développement durable majeur en s'implantant dans de nombreux pays européens. Ces banques pourraient bien s'installer en République Démocratique du Congo comme tant d'autres qui y sont déjà, cette démarche incombe également à la diplomatie congolaise notamment au service économique des ambassades, aux ONG de développement et aux Bureaux d'Etudes impliqués dans les actions économiques dans ce grand pays.

Pour l'heure, il est souhaité de créer au sein de l'Agence nationale pour la Promotion des investissements (ANAPI) une Cellule des investissements éthiques (CIE). En tant que structure de recherche, de réflexion, d'analyse et de promotion des investissements éthiques, cette Cellule jouera, principalement, le rôle d'encadrement et de conseil en investissement ou d'intermédiaire. Après qu'elle ait été sollicitée, cette Cellule analysera les informations transmises par des industries, des banques intéressées[1] exerçant leurs activités dans différents secteurs en République Démocratique du Congo et pourra fournir les informations permettant aux investisseurs éthiques de prendre des dispositions *ad hoc*.

Quand bien même il serait illusoire d'espérer rapidement un afflux massif d'investissements éthiques directs, on pourrait au moins envisager la multiplication des partenariats entre les grands groupes étrangers, bénéficiaires de fonds éthiques et les industries congolaises conformes

1 Il s'agit aussi d'une opportunité pour ces industries de définir un plan d'action pour éventuellement corriger les dysfonctionnements repérés par la Cellule de l'ANAPI. Cette dernière incitera ainsi l'industrie concernée à engager des actions d'amélioration afin de se conformer au référentiel.

aux exigences éthiques sociales et environnementales en République Démocratique du Congo. On comprendra cependant que le plus difficile pour les industries congolaises restera sans doute de trouver des partenaires idéaux, prêts à investir leurs capitaux dans une forme de collaboration encore peu répandue en Afrique, le partenariat « joint venture ».

Soulignons que la République Démocratique du Congo doit en finir avec le déficit d'éthique et de démocratie, conditions nécessaires à la mise en œuvre efficace du cadre juridique et institutionnel de développement industriel durable du pays. Les mentalités et les comportements de divers acteurs cultivés depuis plusieurs décennies doivent changer. Le congolais «nouveau », patriote, soucieux du bien collectif ou de l'intérêt général et de la grandeur de la République Démocratique du Congo comme de l'Afrique, doit en être le moteur du progrès, car l'homme est le centre de tout processus de développement.

Section 2
La lutte contre l'impunité

Le préambule de la constitution du 18 février 2006 en fait un impératif dans les termes suivants : « L'injustice avec ses corollaires, l'impunité, le népotisme, le régionalisme, le tribalisme, le clanisme et le clientélisme, par leurs multiples vicissitudes, sont à l'origine de l'inversion générale des valeurs et de la ruine du pays».

On retrouve ici la problématique du lien entre «éthique et droit». L'éthique appelle des lois formelles qui constituent des règles pour les relations au sein de la société[1].

La lutte contre l'impunité en République Démocratique du Congo devrait être menée aussi bien au niveau national que sur le plan international.

A. La lutte contre l'impunité au niveau national

Notre étude sur les différents travaux menée dans plusieurs Provinces de la République Démocratique du Congo par la Commission spéciale de l'Assemblée Nationale chargée de l'examen des conventions et des actes de gestion à caractère économique et financier signés pendant les guerres de 1996-1997 et de 1998-2003, ont permis de constater que : « L'impunité reste le cancer qui ronge la société congolaise, qu'il faut

1 O. Gelinier, *L'éthique des affaires. Halte à la dérive* ! Ed du Seuil, avril 1991, p.72.

l'extirper par tous les moyens en restaurant l'Etat de droit et la sanction »[1].

Nous estimons que la justice doit passer au-delà de l'impunité ambiante en punissant sévèrement, on ne saurait dire que le droit positif congolais n'a pas prévu les sanctions contre les comportements susceptibles d'affecter le développement industriel du pays. Selon les dispositions de la loi n° 73/017 du 5 janvier 1973, les dirigeants des entreprises publiques ayant été reconnus coupables d'infractions de corruption ou de détournements de fonds publics doivent être condamnés à des peines d'emprisonnement allant de 1 à 20 années, à la confiscation de leurs biens meubles et immeubles, à la déchéance des droits civiques pendant une certaine période. Ces lois, au lieu de rester dans les tiroirs, doivent être appliquées, car la peur du gendarme est le commencement de la sagesse.

Le problème en République Démocratique du Congo est que, dans la majorité des cas, les pouvoirs politiques ne laissent pas passer la justice mais se borne parfois à « suspendre » le ou les dirigeants auteurs de l'infraction en raison de la forte pression de l'opinion publique[2].

Dans les premiers mois du Gouvernement de Salut public dirigé par le Président Laurent Désiré Kabila, on avait indéniablement assisté à une réelle volonté politique de lutter contre l'impunité. De nombreux dignitaires et responsables d'entreprises publiques nommés par le Président Mobutu avaient été arrêtés et détenus à la Prison Centrale de Makala, à Kinshasa[3]. Une ouverture des procès était alors annoncée pour des crimes économiques et des crimes de guerre.

D'aucuns reconnaissent que la corruption avait reculé au cours du premier trimestre de la Troisième République[4]. Organisée de manière certes spectaculaire et sans procédure de mise en examen, l'opération «mains propres» décidée par le Président Laurent Désiré Kabila en 1998 avait également donné lieu à l'arrestation de ses proches soupçonnés de complot ou de détournement de fonds publics[5]. L'espérance placée dans

---

1 Rapport des travaux de commission spéciale de l'Assemblée nationale, chargée de l'examen de la validité des conventions à caractère économique et financier conclues pendant les guerres de 1997-1998 et de 1998-2003, Kinshasa, 26 juin 2005, p. 26.

2 Par exemple, *le cas cité de l'ancien PDG de la Miba et de GECAMINE,* Rapport de l'ONU, 2002.

3 F. Soudan, *Récupération des biens volés, jugement des dignitaires du régime Mobutu, procès du futur des assassins de Lumumba, … Comment Kabila fait table rase du passé. L'épuration,* J.A. n° 1927 du 9 au 15 décembre 1997.

4 B. Mwamba, Kabila peut-il s'en sortir ? J.A.E. du 15 au 25 juin 1998, p. 95 ; M.F. CROS et F. MISSIER, *op. cit.*, p. 106.

5 B. Mwamba, *op. cit.*, p. 9.

le nouveau régime pour lutter contre l'impunité est incontestablement un impératif majeur pour le développement intégral du pays par la restauration de l'autorité de l'Etat et l'Etat de droit.

S'il est utile de combattre l'impunité sur la base des dispositions du droit pénal et du droit civil congolais, il est impérieux d'appliquer les sanctions relevant du droit administratif. Sur ce dernier point, la République Démocratique du Congo devrait connaître des avancées sérieuses avec la mise en place de deux ordres de juridiction (judiciaire et administratif), conformément aux dispositions de l'article 154 de la constitution du 18 février 2006[1].

En matière de marchés publics, il faut que le droit administratif congolais tire les conséquences du particularisme de la personne publique contractante. Le professeur français de droit public, M Laurent Richer[2] rappelle que même dans les systèmes juridiques qui soumettent les contrats de l'administration aux règles de droit commun, soit parce que le contrat est considéré comme relevant par nature du droit privé (cas de la Belgique), soit parce que l'administration est soumise au même droit que les personnes privées (par exemple, les pays de Common Law), une spécificité des contrats de l'administration apparaît inévitablement en République Démocratique du Congo.

Le régime juridique des marchés publics dans ce pays doit évoluer pour qu'il puisse être défini avec précision. Cette évolution implique l'élaboration d'un code des marchés publics satisfaisant et exhaustif renfermant trois principes fondamentaux : les principes d'égalité, de transparence, et de libre concurrence dans l'accès aux marchés publics. Les candidats illégalement évincés des marchés publics du fait de la corruption disposeraient ainsi d'une série de garanties juridiques, notamment les recours contentieux, à l'instar de celles qui existent dans les Etats de droit comme la France[3].

B. La lutte contre l'impunité au niveau international

Il a été déjà dit qu'entre 1998 et 2003, l'agression et le pillage des ressources naturelles du Congo par les Etats voisins et les sociétés multinationales ont causé de graves conséquences sur le processus d'industrialisation du pays. On l'a noté, les experts mandatés par le

---

1 L'article 154 dispose que : « il est institué un ordre de juridictions administratives composé du conseil d'Etat et des cours et tribunaux administratifs ».

2 L. Richer, *Les contrats administratifs*, Dalloz, 1991, p. 5.

3 En droit français, on lira avec profit, M. MUYANGU SWELLY, *L'accès aux marchés publics. Etude des évictions*, Thèse - droit public économique, Université de Paris X Nanterre, 1995.

Conseil de sécurité de l'ONU ont présenté des rapports consacrés à l'exploitation illégale de ces ressources. Lesdits rapports ont également souligné le rôle de transit dans le transfert de ces ressources vers les pays occidentaux, notamment la Belgique, la France, le Royaume-Uni, l'Allemagne, etc. et certains pays africains tels que le Rwanda, le Burundi, l'Ouganda, le Kenya, la Tanzanie, le Congo Brazzaville, la République Centrafricaine, l'Afrique du Sud, la Zambie, etc.

Ces crimes qu'il convient incontestablement de qualifier de « crimes économiques »[1] ne sauraient rester impunis. Les Etats comme certaines personnes morales, sociétés multinationales ou personnes physiques doivent répondre de leurs actes devant les tribunaux. C'est aux autorités congolaises de faire diligence avec compétence en sollicitant éventuellement les études des grands juristes congolais et étrangers.

Il faut indiquer que les experts de l'ONU réclament également des sanctions comprenant notamment la saisie des avoirs des personnes impliquées dans l'exploitation illégale des ressources de la République Démocratique du Congo. Les experts recommandent des sanctions envers au moins 54 notables africains, notamment des hommes d'affaires, des militaires de haut grade et des responsables politiques, et 85 multinationales, dont des banques comme Fortis ou Barclays et des compagnies minières comme De Beers ou Anglo-américain, mises en cause pour violation des règles éthiques en République Démocratique du Congo[2].

Seule une commission judiciaire ougandaise a partiellement reconnu la validité de certaines accusations. En dehors de quelques actions judiciaires entreprises en Belgique contre les personnes impliquées dans le trafic d'or et de diamant dans la partie du territoire qui était contrôlée par les rebelles du Rassemblement Congolais pour la Démocratie (RCD) soutenus par le Rwanda, l'Ouganda.

Notons que la communauté internationale se dote de plus en plus d'instruments de gouvernance globale : Tribunal pénal international sur le Rwanda ou l'ex-Yougoslavie, Tribunal spécial pour la Sierra Leone, Cour Pénale Internationale[3]... Le crime d'agression est désormais inclus dans la compétence de la CPI, même si sa définition ainsi que les modalités de saisine de cette juridiction ont été reportées à des travaux

---

1 En ce sens, voir J.P. Mopo Kobanda, *Les crimes économiques dans les Grands lacs africains, op. cit.*

2 Voir D. Millet, *L'Afrique sans dette, op. cit.*, p. 10.

3 Sur cette évolution, voir notamment Photini *Pazartzis, La répression pénale des crimes internationaux. Justice pénale internationale,* Cours et *travaux,* n° 8, Editions A Pedone, Paris, 2007. A noter que s'agissant de la RDC, la CPI marque un tournant important en ordonnant l'arrestation de l'ancien Vice-président Jean- Pierre Bemba, le 24 mai 2008, voir J.A. n° 2473 du 1er au 7 juin 2008.

ultérieurs, dont les conclusions seront soumises à la conférence de révision qui devait se tenir sept ans après la date d'entrée en vigueur du statut de la Cour, soit 2009.

Dans ces conditions, il est fort heureux que l'Etat congolais ait engagé des poursuites contre le Burundi, le Rwanda et l'Ouganda devant la Cour internationale de justice (CIJ) de La Haye car il ne pouvait en être autrement. L'Etat congolais avait en effet déposé, le 23 juin 1999, trois requêtes dans des termes quasi identiques, par lesquelles il demandait à la Cour de constater la violation par chacun de ces Etats de ses obligations internationales, résultant d'« actes d'agression armée…sur le territoire de la République Démocratique du Congo en violation flagrante de la Charte de Nations Unies et de la Charte de l'Organisation de l'Unité Africaine », de la Constitution congolaise et autres lois de la République Démocratique du Congo.

Par conséquent, l'Etat congolais demandait à la Cour de dire que chacun de ces Etats était dans l'obligation de retirer du territoire congolais ses forces ainsi que tous ses ressortissants, et d'ouvrir un droit à réparation au bénéfice de la République Démocratique du Congo pour divers préjudices occasionnés. Mise à part l'affaire concernant le Burundi, les autres affaires des activités armées sur le territoire de la République Démocratique du Congo ont donné lieu à deux arrêts de la CIJ : RDC c/ Ouganda, le 19 décembre 2005 et RDC c/Rwanda, le 3 février 2006[1].

Quand bien même une certaine opinion congolaise[2] considèrerait que l'implication du Burundi dans les activités économiques liées à ses opérations militaires en République Démocratique du Congo avaient été faible, et même si les deux pays avaient trouvé un accord tendant à mettre fin aux différends, on ne saurait admettre que l'Etat congolais se soit désisté en ne déposant pas de contre mémoire sur la question de l'exception préliminaire soulevée par le Burundi devant la CIJ. En conséquence de quoi, l'affaire avait été rayée du rôle de la Cour. Même si les activités économiques du Burundi étaient faibles, ce pays n'était pas innocent, le Congo aurait dû faire preuve de rigueur juridique.

1 Les deux arrêts sont consultables sur le site de la CIJ (www.icj-cij.org). Pour les commentaires de ces arrêts, voir notamment Franck LATTY, «La CIJ face aux tiraillements du droit international : les arrêts dans l'affaire des activités armées sur le territoire du Congo (RDC c/ Ouganda, le 19 décembre 2005 et RDC c/ Rwanda, le 3 février 2006)», *Annuaire français de droit international,* LI 2005-CNRS Editions, Paris ; Daniel MULLER, *Chronique in the law et Practice of international Courts and tribunals*, 2006, vol. 5, n°1, p. 198 - 209 ; Philippe WECKEL, Chronique in *RGDIP*, 2006, p. 173-184.

2 Cas notamment de Mopo KOBANDA, *op. cit.*, p. 270.

Il n'en reste pas moins que la République Démocratique du Congo a obtenu gain de cause pour la requête dirigée contre l'Ouganda car, dans l'arrêt du 19 décembre 2005 rendu par le Cour, l'Ouganda a été reconnu responsable non seulement des violations des droits humains et d'usage illégal de la force, mais aussi de pillages et d'exploitation des ressources naturelles de la République Démocratique du Congo. L'Ouganda était condamné à réparer le préjudice causé à la République Démocratique du Congo et même si la Cour a laissé aux deux pays de convenir à l'amiable du montant des réparations, elle a néanmoins décidé qu'en cas de désaccord, elle trancherait la question elle- même *ex æquo* et *bono*.

Dès l'annonce de cette condamnation, l'Ouganda assurait qu'il négocierait le montant de 10 milliards de US dollars des réparations exigées par la République Démocratique du Congo. Il faut espérer voir le droit appliqué quand on sait qu'aucun moyen de coercition efficace n'a été mis en place pour donner suite à cet arrêt de la Cour. Du point de vue jurisprudentiel, l'universitaire français Franck Latty[1] pense que l'arrêt « Ouganda n'aura probablement pas l'impact qu'avait eu en son temps l'arrêt de la CIJ dans l'affaire des activités militaires et paramilitaires au Nicaragua et contre ce pays, auquel la Cour se réfère d'ailleurs à de nombreuses reprises dans sa décision de 2005 ».

Nous estimons qu'après plus de soixante ans d'existence, la Cour internationale de justice a peu d'opportunités de se prononcer sur des contentieux d'importance tels que ceux soulevés par la République Démocratique du Congo. Si le poids symbolique de l'arrêt du 19 décembre 2005 n'est pas suivi d'effets pratiques sur la régulation des relations interétatiques, c'est la légitimité de la CIJ qui s'éroderait, au risque de rendre «insignifiantes» les décisions de cette haute juridiction internationale. D'ores et déjà, une réflexion d'ordre général s'impose : il est indispensable de repenser, de réviser et de renforcer le rôle et les moyens que les Etats veulent donner à la Cour, afin de rendre force à ses arrêts, et de redonner sens à la condamnation de l'usage de la force.

Quant à l'affaire concernant le Rwanda, la CIJ a refusé d'indiquer les mesures conservatoires requises par la République Démocratique du Congo, en estimant dans une ordonnance du 10 juillet 2002 qu'elle « ne disposait pas en l'espèce de la compétence *prima facie* nécessaire », sans pour autant faire droit à la demande du Rwanda tendant à ce que l'affaire soit rayée du rôle[2]. L'arrêt du 3 février 2006 porte donc sur les questions de compétence et de recevabilité soulevées par le Rwanda.

---

1 F. Latty, *op. cit.*, p. 207.

2 Sur cette ordonnance du 10 juillet 2002, voir notamment Y. KERBRAT, «De quelques aspects des procédures incidentes devant la CIJ : les ordonnances des 29 novembre 2001 et 10 juillet

En l'espèce, la Cour confirme *secunda facie* ce qu'elle avait déjà constaté *prima facie* en 2002 : son incompétence pour connaître de la requête dirigée contre le Rwanda. Autrement dit, la Cour rappelle qu'elle « n'a de juridiction à l'égard des Etats que dans la mesure où ceux-ci y ont consenti » et que « lorsque sa compétence est prévue dans une clause compromissoire contenue dans un traité, cette compétence n'existe qu'à l'égard des parties au procès ».

Se fondant sur la thèse de la CIJ, la République Démocratique du Congo étant compétente pour des faits avérés dont elle a été victime, elle aurait donc dû saisir une juridiction congolaise sur ces faits. Ne l'ayant pas fait, le Rwanda poursuit impunément ses actes criminels en République Démocratique du Congo et cherche à se réconcilier avec ce pays sans que le contentieux soit vidé et les préjudices réparés. Nous estimons qu'il y a risque en la demeure vu la gravité de préjudices. C'est donc à la justice congolaise de prendre des dispositions qui s'imposent pour rétablir la République Démocratique du Congo dans ses droits, même une réparation par voie de compromis car les deux pays doivent rétablir la paix et vivre en bon voisinage comme par le passé.

Section 3
Promotion de l'Etat de droit et de la démocratie

En République démocratique du Congo, le déficit de l'Etat de droit et de la démocratie a débuté quelques jours après la proclamation de l'indépendance survenue le 30 juin 1960. Elle continue encore, et est non seulement à l'origine de la contre-performance économique et politique, mais aussi de l'instabilité et des conflits qui caractérisent le pays.

Il suffit de jeter un clin d'œil rapide sur les missions de maintien de la paix des Nations unies pour se rendre compte du drame congolais et africain.

Un regard rapide sur la carte des missions de maintien de la paix des Nations unies permet de réaliser l'étendue de cette violence en Afrique en comparaison avec d'autres continents. On attribue cette situation à l'échec du modèle institutionnel importé lors des indépendances.

2002 dans les 'Activités armées sur le territoire du Congo'», *Annuaire français de droit international,* 2002, p. 343 - 361 ; P.H. WECKEL, Chronique in *RGDIP*, 2002, p. 955 - 963 ; Lagrange €, Libres propos sur la juridiction internationale permanente. Autour de l'ordonnance rendue par la CIJ le 10 juillet 2002, *RGDIP*, 2003, p. 89 - 108 ; H. RUIZ FABRI et J.M. SOREL, Chronique in *JDI*, 2003, pp. 868-873.

Cet échec est mis sur le compte de l'inadéquation des systèmes importés qui ne correspond pas aux réalités africaines. Le mimétisme institutionnel servile serait la cause des blocages et de la violence qui s'en est suivi. Il est cependant permis de poser la question de savoir si les désordres qui ont éclaté au Congo dans les premiers jours de l'indépendance sont une fâcheuse conséquence du mimétisme institutionnel ou au contraire, le résultat prévisible d'une indépendance sans moyen réel de son exercice[1] ?

Nous savons que la mutinerie de l'armée congolaise le 7 juillet 1960 était une réaction à la maladresse du Commandant en Chef de la Force Publique. Que se serait-il passé si le commandement de l'armée avait été confié à un congolais préparé et non au Général belge Janssens, auteur de l'équation adressée aux militaires de toutes les garnisons en ces termes : « Après l'indépendance pour les militaires égale avant l'indépendance ». Cette déclaration était l'étincelle d'où partirent l'incendie et la révolte[2].

Dans le cas spécifique de la République Démocratique du Congo, une chose est certaine : le modèle importé n'a pas bénéficié du temps nécessaire à son expérimentation. Le transfert institutionnel a eu lieu sans que le nouveau pays indépendant soit doté des capacités et des moyens indispensables pour l'assumer immédiatement et pleinement.

C'est pour cette raison que même dans les matières relevant de la souveraineté, comme la justice et l'armée, d'anciens « coloniaux » avaient conservé leurs postes. De même les compétences de la Cour de cassation de la Belgique continuaient à s'étendre sur son ancienne colonie[3].

Le vide laissé par l'évacuation du modèle occidental a été comblé par les mécanismes de personnalisation du pouvoir s'inspirant de l'ancien bloc soviétique et des dictatures latino-américaines. Cette situation n'a pas permis la participation de majorité de la population à la gestion politique. La population ne pouvant se reconnaître dans les institutions, il

---

1 Nous pensons surtout aux cadres compétents pour assumer les responsabilités les plus hautes dans les secteur public et privé.

2 La première mutinerie de l'armée congolaise (Kinshasa) avait éclaté après l'adresse du Général Janssens, commandant belge de l'armée, adresse au cours de laquelle il avait posé l'équation suivante : «après l'indépendance = avant l'indépendance». Les militaires avaient interprété cette expression comme la manifestation de la volonté de pérenniser « une certaine domination » de l'ancien colonisateur.

3Il faut ajouter que les grandes crises en Afrique s'adossent souvent sur des questions de gestion des ressources naturelles. L'actuelle crise en RDC, la question du diamant en Sierra- Leone, l'intensification de la crise au Darfour, le diamant dans la guerre entre le gouvernement central angolais et l'Unita (Union pour l'indépendance totale de l'Angola, mouvement militaire de Jonas Savimbi, tué dans les maquis après des décennies de guerre civile), sont des exemples des conflits dont le nerf a été et reste encore pour certains l'exploitation des ressources naturelles.

en est résulté une crise de légitimité et l'apparition d'un terrain propice à l'instabilité.

La violence s'était érigée en moyen ordinaire de gestion de l'espace politique, devenu la propriété d'une poignée de gens[1].

Pour nous limiter à l'analyse de la deuxième République, sous le Président Mobutu, disons d'emblée que ce dernier a dirigé le Zaïre comme un patrimoine privé, sans ouverture démocratique. Ce qui a fini par occasionner non seulement des revendications, des révoltes, des massacres, mais aussi une suspension de la coopération et des aides au développement.

En effet, profitant de l'environnement politique international favorable à la libéralisation de la vie politique et au respect des droits de l'homme, les Congolais, à l'instar des autres peuples africains, se sont organisés en mouvements de revendications populaires et de grèves paralysant ainsi l'ensemble du pays. C'est dans ce contexte de révolte populaire, que le Chef de l'Etat va décider de faire quelques concessions, en ouvrant un dialogue avec toutes les couches de la population, sous forme de consultation populaire. En fait, le président Mobutu, après avoir sillonné toutes les provinces et engagé un dialogue direct avec le public, au cours duquel les citoyens avaient critiqué ouvertement sa mauvaise gestion des affaires, et lui suggérant de démissionner. Le Président Mobutu accorda le droit à tout citoyen, de lui adresser des pétitions individuellement ou collectivement, sur sa façon de gouverner, ce droit de pétition était aussi accordé aux agents de l'Etat et aux institutions de la République[2]. C'est ainsi que les Congolais se sont regroupés selon les différentes catégories socioprofessionnelles, afin d'adresser des mémorandums au Chef de l'Etat : les Évêques, les étudiants, les fonctionnaires des Affaires Étrangères, les Professeurs et les enseignants, etc. Plus de six mille mémos étaient enregistrés par la présidence de la République.

Véritable boîte de pandore, la consultation populaire constituait une source de mauvaises surprises pour le Président Mobutu et ses

---

1 Dans la mesure où une certaine élite au pouvoir considère que l'Etat lui appartient, elle utilisera tous les moyens pour en exploiter les ressources et se protéger du reste de la population. La violence brutale sera le moyen le plus dissuasif. Cependant, la frustration de la population ainsi que le désespoir conduiront à une contre-violence qui sera réprimée. On passera ainsi de la violence à la contre-violence, et de la contre-violence à la violence, dans une spirale infernale. Sur la violence politique lisez notamment KUYU MWISSA Camille, «La privatisation de la violence institutionnalisée au Zaïre», in Truz Von Throta et Le ROY Etienne (Sous la direction de), *La violence et l'Etat,* Paris, L'Harmattan, 1993, pp. 65-69.

2 *Op. cit.* p. 70.

collaborateurs. L'audace du peuple congolais avait condamné le pouvoir en place.

Parmi les doléances et les revendications que contenaient les mémos adressés au Chef de l'Etat, on retenait essentiellement :

- la démission du Président Mobutu ;
- l'instauration du multipartisme ;
- l'organisation d'une «Conférence Nationale» ;
- la tenue des élections libres, transparentes et crédibles.

Il convient de relever que l'autorisation accordée par le Chef de l'Etat à toutes les couches sociales de s'exprimer librement a été un facteur déterminant de l'émergence des regroupements à caractère politique. La dynamique de ce mouvement avait fait de la consultation populaire le détonateur du processus de démocratisation[1].

Parmi les mémorandums adressés au Chef de l'Etat, on pouvait retenir deux qui nous paraissent les plus significatifs, si l'on considère le statut des auteurs. Il s'agit du mémorandum des Évêques catholiques du Congo et celui des fonctionnaires du ministère des Affaires Étrangères. Les premiers entretenaient de bons rapports avec le Président Mobutu. Quant aux fonctionnaires du ministère des Affaires Étrangères, ils appartenaient tous à la mouvance présidentielle, a priori, ils étaient tous acquis à la cause du Président Mobutu.

Conscient de l'ampleur des critiques et des revendications de la population, interpellé par les images de l'exécution de son ami roumain, le Président Ceausescu, le Président Mobutu avait décidé de répondre tant soit peu à l'attente populaire.

Dans un langage précis et concis, le Président Mobutu avait annoncé d'importantes décisions relatives au processus de démocratisation. Mais en réalité, le but principal de la déclaration d'engager effectivement son pays dans la voie de la démocratisation était de séduire le Corps diplomatique et la communauté internationale. En effet, Mobutu voulait convaincre ses partenaires de sa volonté du changement politique alors que les vraies intentions du Président seront illustrées dans le discours qu'il a prononcé quelques semaines plus tard devant les parlementaires.

Lors de ce deuxième discours, il va chercher à préciser ce qu'il entendait par le concept de démocratie.

---

1 M. LUDO, *La Conférence nationale et souveraine au Congo*, Bd Lemonier 171, Bruxelles 1000 (Belgique), 24 mars 1999, pp. 40 à 46.

Sans pour autant procéder à une analyse exhaustive du discours politique, on peut retenir de cette intervention présidentielle du 24 avril 1990 quelques points essentiels :

- l'introduction du multipartisme à trois et par conséquent, l'abolition de l'institutionnalisation du parti unique, le MPR (Mouvement Populaire de la Révolution), Parti Etat ;
- la démission de Mobutu de la Présidence du parti unique, le MPR ;
- la révision constitutionnelle, afin d'adapter la Constitution au principe du multipartisme et de mettre sur pied une nouvelle Commission ;
- l'élaboration d'une loi relative à l'organisation des partis politiques.

A première vue, ces mesures étaient bien accueillies par les diplomates et les autres observateurs.

A peine quelques jours, au lendemain du discours du Président Mobutu, plus de trente partis politiques étaient créés. Un an après, la République Démocratique du Congo comptait plus de deux cents partis politiques[1].

Dans une perspective institutionnelle, la première conséquence importante du discours de 24 avril 1990, a été la révision de la Constitution effectuée le 5 juillet 1990. Cette révision porte notamment sur la consécration du pluralisme politique et syndical ; l'organisation du référendum par une loi ; la réhabilitation du principe de séparation des pouvoirs, l'option du régime parlementaire avec comme conséquence, la responsabilité du Gouvernement devant l'Assemblée Nationale et la mise en accusation des membres du Gouvernement, sans solliciter l'autorisation préalable du Président de la République.

Quant à la revendication fondamentale du peuple congolais portant sur la convocation d'une « Conférence nationale souveraine », une divergence persistait entre le Président Mobutu, préférant créer une Commission constitutionnelle, un simple organe technique réservé aux juristes. L'opposition et la majorité du peuple congolais avaient opté pour la convocation d'une conférence nationale « CNS », une assemblée de toutes les forces vives, devant procéder avant tout à l'évaluation de la gestion du Président Mobutu. Le choix d'une commission constitutionnelle, option défendue par le Président Mobutu, traduisait les craintes de ce dernier, de voir la conférence nationale se transformer en tribunal populaire pour le juger[2].

---

1 *Op. cit*, p. 47-48.

2 Les Evêques avec Monsengwo, *La Référence Plus*, Kinshasa, 28 décembre 1991.

Dix jours après son fameux discours d'ouverture et de libéralisation fixant les modalités de transition vers le pluralisme démocratique, Mobutu se rend compte qu'il était allé trop loin dans ses engagements, il décide de faire marche arrière pour mieux contrôler à sa manière le processus de démocratisation. C'est ainsi, le 03 mai 1990, Mobutu prononce un autre discours devant les députés nationaux. Les précisions qu'il prétend apporter, notamment son interprétation de la démocratie, semblent aller à l'encontre des principes d'ouverture contenus dans son premier discours.

En guise d'introduction, il déclara : « Je rattrape aujourd'hui la partie remise et vous me permettez de profiter de cette tribune pour apporter un certain nombre de clarifications, suite à des ambiguïtés et malentendus qui se sont développés depuis mon message du 24 avril 1990 et qui risquent de donner un mauvais départ au train de la démocratie nouvelle…».

Parmi ces prétendues clarifications, on peut retenir ce qui suit :

« Quant aux étapes de la transition, il faut deux phases. La première se situe du 24 avril 1990 au 30 avril 1991, soit 12 mois. La deuxième court à partir du 1er mai…».

A cette même occasion, il interdit toute manifestation en déclarant :

« (…) *l'autorité n'admettra pas l'organisation des marches, de manifestations ou de meetings de la part de tel groupe qui se fait déjà passer pour un parti politique et qui risque de troubler l'ordre public …»*[1].

Alors que toutes les forces vives espéraient la formation du Gouvernement d'union nationale pour la transition, selon les principales revendications, le Président Mobutu prit une décision unilatérale de nommer un Premier Ministre et tous les autres membres du nouveau gouvernement issus du MPR (Mouvement populaire de la révolution, parti unique de Mobutu) relançant ainsi la dictature tant condamnée par le peuple et par la communauté internationale.

Face à cette grande déception provoquée par la volte-face du Président Mobutu, les manifestations sont organisées dans tout le pays. Après une répression généralisée pour empêcher les vagues de protestation à travers le territoire national, les étudiants de différents campus universitaires prirent la relève. Les revendications des étudiants se radicalisant de plus en plus, jusqu'à demander à l'armée la restitution des locaux universitaires réquisitionnés depuis plus de vingt ans par le Président Mobutu. On doit noter que la plupart des étudiants étaient des sympathisants de l'UDPS (Union pour la Démocratie et le Progrès Social), principal parti d'opposition d'Etienne Tshisekedi. Ce parti fut le

1 *Op. cit.*, Discours de « rectification » devant les députés.

premier à braver la dictature de Mobutu, plusieurs années avant la création d'autres partis politiques.

Face à l'ébullition estudiantine généralisée à toutes les universités et instituts supérieurs, le Président Mobutu prit la décision d'envoyer des troupes armées, pour mater les manifestations. Le 10 mai, une grande marche des étudiants est organisée dans tout le pays, l'armée a dû intervenir violemment pour les disperser. Plusieurs arrestations, des disparitions et 24 morts parmi les manifestants. Pour réagir à cette répression et aussi réclamer la libération de leurs collègues, les étudiants du campus de Lubumbashi projetèrent une autre marche[1].

Malheureusement parmi eux se trouvaient de faux étudiants : des agents de la sécurité affectés dans le campus pour renseigner les autorités sur toutes les actions des meneurs des étudiants. Ces agents renseignent particulièrement les services de sécurité auprès de la Présidence de la République. Ainsi, pour contrecarrer les manifestations estudiantines et servir d'exemple, des mesures de répression sont prises. Le soir du 11 mai 1990, une brigade s'introduit furtivement dans le campus universitaire de Lubumbashi. Cette brigade policière va massacrer presqu'une cinquantaine d'étudiants à l'arme blanche.

Ce massacre des étudiants du campus de Lubumbashi sonna le glas du régime de Mobutu, surtout aux yeux de la communauté internationale très choquée. La suspension de la coopération était décidée par plusieurs pays occidentaux tels que les États-Unis d'Amérique et la Belgique. A l'instar de l'Empereur Bokassa de la République Centre Africaine qui avait commis ce type de massacre qui provoqua sa chute, le Président Mobutu n'avait jamais réussi à redorer son blason depuis le massacre des étudiants du campus de Lubumbashi[2].

A. Le transfert de l'Etat et de l'Etat de droit en Afrique

Les Etats d'Afrique, dans leur configuration actuelle, ne sont pas les produits d'une historicité et d'une dynamique interne, ils sont plutôt les produits du fait colonial, qui a imposé par la violence le modèle étatique occidental.

Paradoxalement, cette structure coloniale va être reconduite, après les indépendances, par les élites africaines.

---

1 L'Occident décide de suspendre la coopération avec le Zaïre et Mobutu est déclaré *persona non grata* après le massacre des étudiants du campus Kasapa Lubumbashi.
2 *Op. cit.*

a. L'Etat colonial

L'Etat colonial était conçu comme une entreprise de modernisation de sociétés perçue comme vivant dans les ténèbres de l'ignorance, du paganisme et l'esclavage, sociétés qu'il fallait par conséquent conduire sur la voie du progrès, du développement et de la civilisation. Il s'agit en fait d'une agression contre les structures mentales, religieuses, culturelles et traditionnelles. Une entreprise d'apurement et de ravalement systématique des cultures locales : le pouvoir colonial plaquera, sur l'ensemble des groupes ethniques en présence, une administration uniforme et autoritaire. La conquête coloniale ruinera ainsi, dans une large mesure, les structures précoloniales africaines qui n'étaient pas de la même essence que celles des Etats-nations européens.

En somme, le contact du modèle occidental avec l'Afrique sera, au-delà du simple choc culturel, une véritable catastrophe pour ce continent. Ce contact était initié par la traite des nègres qui, durant trois siècles et demi du (XVIe siècle au début de la seconde moitié du XIXe), va détruire littéralement la société noire par des razzias et des ponctions humaines massives. Ces événements traumatiques de la traite esclavagiste sont certes opérés par des négriers européens ou arabes, mais avec la complicité des négriers noirs, à l'image de Samory ou de Rabbah, au XIXe siècle[1].

Dans la seconde moitié de ce siècle, la diminution des besoins en main-d'œuvre, consécutive à la révolution industrielle et à l'accumulation primitive du capital, pousseront les Occidentaux à passer à une autre phase de gestion coloniale de l'Afrique. Les rivalités entre puissances européennes sur les terres africaines étaient réglées à la conférence de Berlin, sous la présidence du chancelier allemand Bismarck. Cette Conférence a duré trois mois, du 15 novembre 1884 au 26 février 1885. Il s'ensuivra un «*découpage*» arbitraire des territoires et des ethnies, (nous y reviendrons sur le cas Ivoiriens) dont il résultera des ensembles juridiquement constitués, qui seront les cadres des Etats «modernes» africains. La colonisation va ainsi provoquer la coupure la plus radicale entre, d'un côté, les conceptions et pratiques traditionnelles du pouvoir en Afrique et, d'autre part, cette innovation que constitue la création d'Etats nouveaux. Comme le souligne Jean-Marc Balencie :

---

1 *Op. cit.*, 1998.

« L'un des impacts les plus durables de la période coloniale a été le legs d'un modèle d'Etat moderne, plus ou moins adapté aux sociétés africaines »[1] .

Ce modèle, fonctionnant sur la violence, va pourtant régenter la vie africaine pendant presque un siècle.

Cependant, la légitimité de cette mission civilisatrice sera ébranlée par la guerre entre les Etats européens, l'Europe ne disposant plus alors suffisamment de ressources matérielles et morales pour gérer directement les Etats modernes qu'elle a fabriqués en Afrique. Les indépendances seront alors plus ou moins négociées.

b. L'Etat postcolonial

Face au désarroi du colonisateur, qui a contribué à les libérer de l'occupation allemande, les Africains, ou plus précisément les membres d'une «élite» africaine sensibilisés aux questions politiques et révolutionnaires, vont exiger l'indépendance. La conjoncture internationale, caractérisée par l'émergence, sur la scène géostratégique, de deux superpuissances, les États-Unis et l'Union soviétique (la Russie), anticolonialistes ou sans passé colonialiste dans l'espace africain va favoriser l'accession à la «souveraineté» de ces Etats, dont la finalité idéologique et juridique est d'être des « Etats modernes[2]».

Des philosophes africains, comme Daniel Etounga Maguelle, vont même affirmer que :

« L'Afrique ne peut se développer que si elle s'engage résolument dans la modernité, autrement dit elle adopte le modèle occidental »[3].

Une telle ambition néglige la donne mythologique du projet politique qui a façonné la modernité occidentale trouve son origine dans l'héritage judéo-chrétien, et son fondement dans «un substrat sotériologique : la construction augustinienne d'une Cité de Dieu[4]».

Ainsi, la création d'un Etat africain calqué sur le modèle occidental et recourant à des références idéologiques n'a pas facilité l'instauration

1 J.M. BALENCIE, A. De La GRANGE, *Mondes rebelles, guerre et violences politiques,* Paris, Michalon, 1999, p. 233.

2 J.F. MEDARD, *L'africanisation du modèle occidental de l'Etat*, p. 139, in Secrétariat Général de la Défense nationale ; *L'Afrique subsaharienne (sécurité, stabilité et développement), actes des journées d'études,* Paris, Documentation française, 1993.

3 D. ETOUNGA MANGUELLE, *L'Afrique a-t-elle besoin d'un programme d'ajustement structurel ?* Ivry, Nouvelle du Sud, 1991.

4 M. MAFFESOLI, *Les transfigurations du politique. La tribalisation du monde post-moderne,* Paris, Tables ronde, 1992, p. XV.

d'une vie politique sereine. En effet, comme toute greffe sur un organe vivant, l'importation de l'Etat bureaucratique dans une société à fortes traditions particularistes a produit des comportements de rejet.

« *Les communautés sont ignorées comme unités de base, malgré l'importance décisive de leur rôle social, au profit d'une territorialité qui semble sortie de la logique napoléonienne.* » [1]

Or, sur ces territoires « Le peuple n'existe vraiment pas (…), mais une juxtaposition d'ethnies, de cultures, de religions. La vie politique devient alors un lieu d'affrontement entre communautés. »[2]

On observe, dit Etienne Leroy, « un face à face entre deux conceptions (archétypiques), deux idéologies : l'une fondée sur l'idée d'unité et expression du monothéisme, l'autre sur la pluralité que malheureusement, la pensée moderne travestie… »[3]. Si, comme l'écrit le professeur Jean-Arnaud Mezers, «à la base de toute institution se trouvent des « forces brutales des besoins, des intérêts pressants des instincts, des appétits et des volontés passionnées, ces éléments matériels tendent à dépasser les idées réfléchies qui en établissent la rationalité. Cet élément rationnel est lui-même transcendé par des sentiments moraux, des principes de conduite qui font accéder l'institution à la durée qui s'inscrit dans les mœurs et est le signe de son accession à une véritable maturité sociale »[4].

Il s'ensuit que la conception du constitutionnalisme moderne en Afrique n'est pas à analyser simplement comme une acceptation de toutes les formes qu'il a pu avoir dans les métropoles, encore moins aux actes de la force dominante auxquels il est toujours possible de résister, mais plutôt comme une volonté de rompre avec une culture du pouvoir fondée sur l'arbitraire des règles imprécises voire autoritaires. Or, malgré ses imperfections, quel autre modèle du constitutionnalisme pouvait avoir de l'influence dans l'Etat postcolonial si ce n'est, en premier lieu, celui de sa propre métropole d'abord avant de choisir son modèle ?

c. Les limites de l'Etat de droit en Afrique

En Afrique en général et en Afrique subsaharienne en particulier, l'Etat de droit apparaît comme un mythe. Même si la plupart de ses Etats

---

1 B. BADIE *L'Etat importé, op. cit*, p. 192.
2 FRANCART (J.L.), *Maîtriser la violence, une option stratégique*, Paris, Economica, 1999, p. 62.
3 LEROY (E.), *L'odyssée de l'Eta*t, Politique Africaine, 61, mars 1996., p. 18.
4 HAURIOU (M.), *Principe de droit public*, Paris, Dalloz, 1910, p. 129.

ont adhéré au *credo* libéral de l'Etat de droit, cela n'a pas réussi à empêcher une floraison des dictatures qui ont l'art de réduire l'Etat de droit en formules incantatoires. En République Démocratique du Congo, le plaidoyer de l'Etat de droit répond à un sévère réquisitoire contre l'Etat dans sa forme actuelle qui fait une large place au non droit, le culte et le règne du Président de la République. C'est pourquoi l'Etat de droit y est toujours un mythe en tant que puissance structurante d'imaginaire jouant sur les représentations et conduisant dans un même mouvement à la sacralisation du droit et du pouvoir. Cette puissance affecte nécessairement la réalité, se faisant contraignante du fait même de son caractère symbolique et idéologiquement chargé[1]. En effet, à y regarder de près, la demande d'Etat de droit est en rapport avec les nombreux coups d'Etat qui émaillent la vie politique des pays d'Africains. La fréquence des coups d'Etat militaires même encore aujourd'hui, est telle que l'on peut désespérer de voir germer sur le sol africain des régimes politiques stables. On a même vu des coups d'Etat ridicules comme ce fut le cas au Congo (Brazzaville) où les *cobras* et les *ninjas* se sont violemment opposés pour finalement voir le triomphe de Denis Sassou Nguesso sur un pouvoir démocratiquement élu, dans l'indifférence générale aussi bien de l'Union Africaine que de l'ONU.

En Côte d'Ivoire, la rébellion et le pouvoir avaient scindé le pays en deux et partageaient des portefeuilles ministériels en créant une impasse totale sur les institutions de la République suite au coup d'Etat raté de septembre, tout ça au nom de l'Etat de droit. En effet, chaque partie campait sur sa position, en estimant être le plus fervent défenseur de la liberté et des droits de l'homme.

Actuellement, la question de l'Etat de droit et du respect de la constitution est plus que jamais à l'ordre du jour des débats politiques. Les uns prétendent qu'il s'agit d'une forme d'organisation du pouvoir incontournable, les autres, au contraire, le revendiquent comme étant le moyen de briser le spectre de l'arbitraire et de la dictature d'un pouvoir aux antipodes de l'esprit des lois[2].

S'il est évident que l'Etat de droit peut être à la base d'une amélioration des rapports de société, il est non moins évident que cela passe inévitablement par la confiance qu'on accorde au droit positif de l'Etat comme moyen privilégié de règlement des différends. Précisément,

---

1 Selon J. BELL, « L'Etat de droit n'est pas une valeur en soi. Comprise dans le sens de la conformité ou du respect pour la loi, cette notion n'a de valeur que si la loi ainsi respectée est en soi bonne». «Le règne du droit et le règne du juge. Vers une interprétation substantielle de l'Etat de droit ». In L'Etat de droit, Mélanges en l'honneur de Guy Braibant, Paris, Dalloz, 1996, p. 16.
2 A. BOUDAHRAIN, *Un Etat de droit pour qui ?*, in R.J.P.I.C., pp. 151-160.

si l'Etat de droit a le caractère d'un mythe, c'est parce qu'il débouche sur un véritable culte du droit, transformant la norme juridique en une baguette magique capable de métamorphoser à souhait l'ordre social. En matière politique, cela conduit inévitablement à ériger la constitution en un texte sacré, inviolable par définition et surdéterminant les rapports du pouvoir.

Le droit ne saurait être absent de la vie du pouvoir, mais la vie du pouvoir n'est pas exclusivement juridique. Le terme mythe renvoie à des synonymes comme affabulation, légende, mensonge ou même irréalité. Il sert parfois à désigner une construction intellectuelle remplissant une fonction pédagogique servant de support imagé d'enseignement comme c'est le cas dans les mythes platoniciens[1]. Ici, nous envisageons le mythe non comme une construction intellectuelle à vocation pédagogique ni comme ce qui s'opposerait à la réalité mais comme une transfiguration idéologiquement fondée de celui-ci.

L'Etat de droit peut être considéré comme un mythe non pas en ce qu'il nous renvoie à une fable ou à un récit fictif, mais en raison de sa puissance évocatoire qui s'accompagne nécessairement de multiples représentations touchant l'ordre sociopolitique idéal ou désirable. Jacques Chevallier ne disait-il pas que :

« L'Etat de droit présente sans aucun doute les caractères d'un mythe fortement connoté, l'expression charrie en effet un ensemble d'images, de représentations qui expliquent les profondes résonances qu'elle suscite. L'Etat de droit laisse entrevoir l'existence d'un pouvoir limité, parce qu'assujetti à des règles, il implique que les gouvernants comme les simples citoyens sont tenus par les normes juridiques en vigueur ; ils ne sont pas placés au-dessus des lois, mais exercent une fonction entièrement encadrée et régie par le droit »[2].

Loin d'être un mensonge, l'Etat de droit est un mythe en ce qu'il comporte une bonne dose d'illusion. Celle-ci est révélatrice de croyances (idéologiques) puissamment enracinées dans les profondeurs de la subjectivité humaine.

B. La Conférence souveraine en tant que concept de transition des pouvoirs politiques en Afrique

En République Démocratique du Congo, malgré le discours de clarification considéré comme une volte-face qui a consisté à une

1 G. DROZ, *Les mythes platoniciens,* Paris, Seuil, 1992.
2 J. CHEVALLIER, *L'Etat de droit*, in RDP, 2, 1988, p. 315.

redéfinition de la transition selon le Président Mobutu, l'opposition, soutenue par la majorité de la population, s'est battue sans relâche pour enfin arracher la convocation d'une conférence nationale.

S'agissant de l'organisation de la conférence nationale, c'est intéressant de constater les divergences qui prévalaient entre les dirigeants africains au pouvoir et leurs groupes d'opposition respectifs, soutenus par la majorité de la population. En effet, le pouvoir en place et l'opposition n'ont pas eu la même vision de la Conférence nationale. A la différence de l'opposition qui souhaitait que la conférence nationale soit un cadre ouvert à tout citoyen pour pouvoir évaluer la gestion du passé afin d'en dégager des perspectives d'avenir, les dirigeants au pouvoir pensent que cette conférence va générer des fractures irrémédiables dans le pays. Les deux parties en présence auront donc à cœur d'essayer de convaincre la population, avant même la tenue des assises. A vrai dire, Le pouvoir en place n'a pas intérêt à ce que se tienne la conférence nationale. L'exemple du Bénin a montré qu'il ne faut pas trop se faire d'illusion quant à la possibilité d'en contrôler le processus. C'est ainsi qu'on a pu constater les réticences des Chefs d'Etat tels que Félix Houphouët Boigny en Côte d'Ivoire, Gnassingbé Eyadema au Togo et Paul Biya au Cameroun. D'autres Chefs d'Etat ont préféré convoquer un forum de réconciliation nationale, sans enjeu politique évident, et le dissoudre immédiatement après, pour éviter les risques de remise en cause publique du pouvoir des dirigeants, comme ce fut le cas en février 1991 au Burkina Faso du Président Blaise Compaoré.

Les forces de l'opposition privilégient bien naturellement une vision radicalement contraire. Conscientes que le pouvoir en place est largement discrédité, elles misent sur la majorité des populations pour créer les conditions d'une alternance démocratique.

En République Démocratique du Congo, le Président Mobutu, sans surprise n'a pas voulu parler de la conférence nationale, considérée selon lui comme tribunal populaire, dont il redoutait le verdict.

C'est ainsi que le 6 mars 1991, il signa l'ordonnance instituant une conférence constitutionnelle. Pour sauver son avenir politique et naturellement son fauteuil, Mobutu décida, contre la volonté du peuple, de créer un organe purement technique ayant comme tâche de déterminer les options fondamentales sur l'organisation politique, en vue de l'élaboration d'un projet de Constitution à soumettre au référendum.

La composition proposée par le Président est en quelque sorte l'émanation du parti unique et des institutions de la République[1].

Après plusieurs manifestations surtout après le boycott de la majorité du peuple et des partis d'opposition, le Président accepta finalement le principe de convocation d'une conférence nationale, le 10 avril 1991 par voie d'Ordonnance.

Toutefois comme on s'en doutait, l'article 2 de l'ordonnance relative à la convocation de la conférence nationale stipule que, la conférence nationale doit éviter de se transformer en un tribunal populaire ou en une Cour de règlement de comptes.

Selon l'ordonnance susvisée, la conférence doit servir de cadre au sein duquel seront discutées toutes les questions d'intérêt national, en vue de la démocratisation : élaborer un projet de Constitution à soumettre au référendum populaire, déterminer le contenu de la loi électorale et élaborer le calendrier électoral.

La conférence nationale relève d'une nouvelle doctrine politique née en Afrique subsaharienne[2]. Elle est à la fois une assemblée constituante et législative. Ses compétences font d'elle l'organe suprême, dès lors que ses résolutions sont reconnues impératives, obligatoires, exécutoires et opposables *erga omnes*.

Sur le plan de la philosophie du droit, la conférence nationale, dispositif extraconstitutionnel, répond à la nécessité impérative de suppléer aux insuffisances des institutions politiques en crise de légitimité. Elle consacre en quelque sorte l'incapacité du pouvoir en place d'assurer la transition pacifique d'un régime monopartite vers un régime multipartite. En permettant à tout citoyen de participer à la redéfinition de nouvelles institutions politiques et à l'élaboration du programme socio-économique, elle était devenue comme le passage obligé de tous les Etats africains désireux de s'engager dans un processus de transition politique consensuel et apaisé. A l'instar de l'arbre à palabre, la conférence nationale offre un cadre pour un véritable débat public mettant tous les participants (gouvernants et gouvernés) au même pied d'égalité. Aussi, l'objectif premier de la conférence nationale est-il l'adoption démocratique d'un nouveau contrat social fondé sur le principe de la souveraineté populaire en vue de la réconciliation nationale, dont la portée symbolique est indéniable. D'ailleurs, les personnalités choisies pour présider les conférences nationales

---

1 *Journal Référence Plus* du 7 mars 1991 annonce de l'Ordonnance autorisant plutôt la Conférence constitutionnelle à Kinshasa.

2 Etats Généraux. Veille de la Révolution française de 1789.

notamment au Bénin, au Congo, au Togo et au Zaïre sont toutes des Évêques catholiques. Selon l'opinion répandue, le processus de démocratisation ne peut être engagé avant qu'il ne soit conclu une sorte de « paix des braves » entre les oppresseurs et les opprimés d'hier.

D'autre part, le rôle fondamental de la conférence nationale dans la transition politique ne peut être apprécié qu'au regard de la distinction faite entre conférence nationale non souveraine et conférence nationale souveraine.

La première, la conférence nationale non souveraine est considérée comme une charte octroyée par le pouvoir en place. C'est l'autorité contestée, en crise de légitimité qui détermine et conduit le processus de démocratisation, selon sa convenance. A titre d'exemple, le Togo, le Zaïre, le Gabon ont organisé des conférences nationales non souveraines. Conséquence, au terme de ses assises, aucune alternance au pouvoir, aucun changement réel du système politique dans ces trois pays n'a été observé.

Quant à la conférence nationale souveraine organisée notamment au Bénin et au Congo Brazzaville, son caractère souverain a permis une véritable alternance au pouvoir, en ce sens que ses résolutions se sont imposées[1].

Il y a déjà plus de deux millénaires qu'Aristote notait : « L'aspect le plus visible de la liberté politique consistait en ce que chaque citoyen était susceptible d'être tour à tour gouvernant et gouverné »[2].

Dans la perspective de transition politique en Afrique, même si la démocratisation est une œuvre de longue haleine, le fait que les premières élections transparentes consacrent un changement de personne à la tête de l'Etat et un changement des majorités constituent un signe encourageant dans la voie vers la démocratisation.

Si grâce à l'adhésion massive du peuple à la conférence nationale, celle-ci pouvait se prévaloir d'une véritable légitimité, le refus du pouvoir en place de lui consacrer constitutionnellement sa souveraineté réduit sensiblement la portée de ses décisions. Il va de même des gouvernements des transitions issus des conférences nationales dans plusieurs Etats africains.

A titre illustratif, en République Démocratique du Congo, le Gouvernement Tshisekedi issu de la conférence nationale, le 5 août 1992 jouissait d'une grande popularité du fait de la personnalité même du

1 *Op. cit.*, p. 157.

2 Cité par Jean GIQUEL et André HAURIOU, *Droit constitutionnel et institutions politiques*, Paris, Montchrestien, 1985, p. 57.

Premier ministre Tshisekedi, qui incarnait la résistance à l'oppression de Mobutu, et aussi, l'audience même de la conférence nationale considérée comme forum de toutes les forces vives.

Cependant, vu le refus du président Mobutu d'adhérer pleinement au schéma de la conférence nationale, alors qu'il est le détenteur de l'imperium, bénéficiant de l'appui inconditionnel de son armée, la portée de l'action du Gouvernement de Tshisekedi a été fortement réduite, jusqu'à telle enseigne que les membres dudit gouvernement furent quelquefois séquestrés par l'armée. Par ailleurs, le deuxième gouvernement de Kengo Wa Dondo, bien qu'investi cette fois avec le soutien du Président Mobutu, n'a pu gouverner non plus dans les bonnes conditions, faute de légitimité démocratique.

Cette situation de blocage qu'a connue la transition politique de la République Démocratique du Congo met en évidence l'importance d'un consensus politique dans un processus de démocratisation en Afrique.

Convoquée par Ordonnance présidentielle pour le 15 juillet 1991, la conférence nationale débuta officiellement le 7 août 1991, avec un discours d'ouverture prononcé par le Premier Ministre Mulumba Lukoji qui, au terme de l'évaluation de la gestion de Mobutu, va conclure par un bilan qualifié de globalement négatif, afin de créer un climat apaisé.

Conformément au règlement intérieur de la conférence nationale, une commission préparatoire fut créée, afin de vérifier et de valider les candidatures des participants. La conférence nationale était composée des représentants des institutions publiques, des représentants de 206 partis politiques et ceux des associations et de la société civile[1].

Si les conférences nationales organisées ailleurs en Afrique ont connu la participation de trois cents personnes en moyenne, pour chaque pays, celle de la République Démocratique du Congo en revanche compte plus de deux mille participants. Répartis tous en commissions et sous-commissions, les participants appelés «conférenciers», ont procédé à l'étude de différents secteurs des activités sociopolitiques et économiques en vue d'élaborer un nouveau projet de société. Chaque commission, au terme de ses études, avait présenté son rapport devant l'assemblée plénière pour adoption, selon les mécanismes de délibération démocratique.

Ayant une fonction législative et de constituante, la conférence nationale adopte, à la plénière des actes investis de force obligatoire. Ses rapports adoptés à la plénière constituent la base du programme du

1 *Op. cit*, p. 58.

gouvernement de transition, qui est par essence neutre, parce que c'est un Gouvernement d'Union Nationale, composé des représentants de toutes les tendances politiques et des représentants de la société civile. Les actes les plus importants adoptés par la conférence nationale sont :

- l'élection de l'opposant, Monsieur Etienne Tshisekedi comme Premier ministre, le 15 août 1991 du premier gouvernement d'union nationale ;
- l'adoption le 4 août 1991 de l'Acte constitutionnel de la transition considéré comme Constitution provisoire ;
- l'élaboration d'un calendrier électoral ;
- l'élaboration d'un programme gouvernemental global (touchant à tous les secteurs de la société congolaise).

Il importe de relever que la clôture officielle de la conférence nationale, le 6 décembre 1992, s'est faite sous la pression du Président Mobutu, afin d'empêcher l'adoption du rapport de la commission des biens mal acquis et celui des assassinats qui établissaient formellement la responsabilité du Président de la République[1].

Comme nous l'avons définie plus haut, la transition politique est avant tout un mouvement ou une mutation d'un système politique considéré en principe comme inadéquat, vers un autre système politique souvent idéalisé. En l'espèce, il s'agit d'un changement de régime autocratique à un régime démocratique. Ce changement peut se faire de plusieurs manières notamment par des réformes pacifiques ou violentes, par la révolution au terme d'une lutte armée.

De 1990 à 1997, le Zaïre de Mobutu a essayé une transition pacifique grâce à la convocation d'une conférence nationale. Après l'élection du Premier Ministre le 15 août 1992 par la plénière de la conférence nationale, un gouvernement de transition a été formé par le Premier Ministre Tshisekedi, opposant irréductible au régime de Mobutu. La transition a été instituée par l'Acte constitutionnel de transition considéré comme Constitution provisoire[2].

On peut définir le régime politique de transition au regard des dispositions constitutionnelles comme un régime parlementaire. Aux termes de l'article 73 de la Constitution provisoire, le Premier Ministre est Chef du Gouvernement. Il préside le Conseil des Ministres. Ce régime politique de transition relève du principe de parlementarisme rationalisé, en vertu des articles 60 et 62 qui fixent le domaine de la loi d'une manière énumérative et le domaine réglementaire, comme ayant compétence de principe ou de droit commun. Qui plus est, la procédure

---

1 *Le soft de finances,* Kinshasa, le 7 décembre 1992.
2 *Op. cit.*, 7/12/1992.

législative est rigoureusement encadrée par l'exécutif. Le caractère parlementaire de ce régime de transition fait quelques entorses aux principes classiques. En effet, vu le caractère transitoire et par conséquent éphémère de l'organe délibérant, appelé Haut Conseil de la République (Parlement de Transition), le couple « motion-dissolution » n'est pas consacré.

Les rapports furent très controversés entre les institutions Président de République (Mobutu), le gouvernement (Premier ministre Tshisekedi comme opposant radical à Mobutu) et le parlement (le Haut Conseil de la République présidé par l'indomptable Évêque Monsengwo). Ainsi, les actes adoptés par la Conférence nationale, et partant, considérés comme exécutoires, étaient systématiquement violés ou rejetés par Mobutu. Qui plus est, le calendrier électoral fixé d'une manière démocratique n'a jamais été respecté. Ce qui explique la durée trop longue de la transition congolaise, soit sept ans, alors que pour d'autres Etats africains, la transition ne dépasse pas une durée d'un an. De même, pour le nombre de gouvernements de transition. Si la quasi-totalité des Etats africains ayant adopté le schéma de la conférence nationale n'ont connu qu'une seule équipe gouvernementale pour toute la durée de la transition, celle de la RD-Congo, en revanche, est passée par une succession de douze gouvernements, selon les caprices du Président Mobutu, entre le 25 avril 1991 et le 17 mai 1997.

Il importe de constater enfin, que depuis le 24 novembre 1990, date marquant le début de la transition congolaise, jusqu'au mois de mai 1997, aucun progrès n'a été réalisé. Nonobstant les différentes formules d'adaptation institutionnelle pour satisfaire aux caprices du Président Mobutu, le processus de démocratisation était constamment perturbé par le dictateur. Grâce à son armée, il procède de temps à autre à la séquestration des parlementaires, voire des membres des cabinets ministériels. Le Président de la République n'a cessé de fouler aux pieds toutes les résolutions démocratiques adoptées par la conférence nationale, de même que les arrangements institutionnels conclus sous les auspices des Nations Unies, afin de sortir l'Etat congolais de la crise. A la différence des autres pays africains, la transition congolaise était bloquée complètement. Pire, les militaires subalternes et la population, considérés comme les premières victimes de cette crise ne trouvèrent leur salut que dans la pratique du pillage des magasins et des boutiques, détruisant ainsi tout le tissu économique déjà fragilisé par la crise politique. C'est au regard de cet entêtement de Mobutu, plongeant la République Démocratique du Congo dans une situation chaotique, que ses partenaires traditionnels, notamment la France, la Belgique et les États-

Unis d'Amérique l'ont lâché, précipitant ainsi sa chute et le renversement de son régime.

Comme nous venons de le constater, la transition politique des années quatre-vingt-dix, relevant du processus de démocratisation des Etats de l'Afrique subsaharienne, n'a pas progressé en République Démocratique du Congo à cause du refus du Président Mobutu de respecter les règles et le programme politique déterminés par la conférence nationale afin de sortir le pays de la crise. Abandonné par ses protecteurs occidentaux pour cause d'entêtement, Mobutu est renversé, le 17 mai 1997, par la rébellion de Laurent-Désiré Kabila.[1]

Ce dernier mettra en place une sorte de démocratie participative en instituant les Comités du pouvoir populaire (C.P.P.). Mais, ces structures ne survivront pas après son assassinat, le 16 janvier 2001.

La République Démocratique du Congo qui connaît une nouvelle crise économique ayant adopté un programme de la reconstruction nationale dit « les cinq chantiers » doit prendre des précautions pour ne plus réitérer la politique inadéquate de Mobutu qui a été à la base de l'échec des décisions de nationalisation de 1973, notamment, l'absence de conditions préalables de compétences technologiques, de moyens financiers suffisants pour se prendre en charge ainsi que la solution au déficit d'éthique et de démocratie qui ronge encore le pays.

---

1 A.F.D.L. : Alliance des Forces Démocratiques de Libération.

Chapitre 3

Recherche des progrès économiques

Section 1
Promotion d'intégration économique

A. De l'intégration économique

Les pays industrialisés, les ex-démocraties populaires de l'Europe de l'Est et les pays en développement se sont orientés vers la voie d'intégration économique. En tant que concept, l'intégration économique est considérée comme une stratégie pour le développement industriel en Afrique, particulièrement en Afrique Centrale, concrétisé par la création de deux ensembles économiques : CEMAC (Communauté Économique et Monétaire de l'Afrique Centrale) en remplacement de la défunte UDEAC (Union Douanière et Économique de l'Afrique Centrale) et la CEEAC (Communauté Économique des Etats de l'Afrique Centrale).

L'intérêt de ce concept ressort de la prégnance de son action comme système de complémentarité des économies des entreprises d'un ou plusieurs pays dans un ensemble sous-régional, une cohésion sous-régionale et une coordination d'actions économiques, expression à caractère vague et obscur, selon le Professeur Perroux[1].

En tant que conditionnalité, l'intégration économique se structure en quatre échelles :

- Le cadre qui est un espace géographique composé d'unités à intégrer.
- Le processus, la procédure à suivre, le facteur temps, les effets d'entraînement produits par les unités.
- Les protagonistes, les composants qui prendront part à l'intégration économique.
- L'objectif : le but ou le résultat à atteindre dans une interdépendance pour obtenir une croissance économique (le développement industriel, le

1 N'Kodia Claude, *Intégration économique. Les enjeux pour l'Afrique Centrale*, Ed. L'Harmattan, Logiques économiques, p. 19.

partage équitable des résultats, bénéfices ou pertes. Le but ou l'objectif étant d'aboutir à des rendements satisfaisants pour tous les protagonistes[1].

Pour la résolution des problèmes du développement, le processus d'intégration est indiqué comme étant une stratégie économique adéquate.

Mais il convient de souligner qu'après plus de trois décennies de pratique de ce concept en Afrique Centrale, notamment dans la Communauté Économique des Pays des Grands Lacs, « CEPGL » constituée par convention signée à Gisenyi (Rwanda) le 20 septembre 1976 et révisée le 9 septembre 1977 à Bujumbura (Burundi), par la République Démocratique du Congo, le Rwanda et le Burundi, le constat d'échec était au rendez-vous, une véritable faillite de ce projet d'intégration économique.

La relance de la CEPGL dans la Sous Région des Grands Lacs en y invitant d'autres pays notamment l'Ouganda, pourra asseoir une paix durable dans cette partie de l'Afrique Centrale, ainsi permettre le développement des pays partenaires à cette Convention d'intégration économique.

Nous pensons que pour des raisons de géostratégie, la République Démocratique du Congo est mieux placée pour initier cette opération sans préjudice de respect d'intangibilité des frontières de chaque Etat, telles que tracées à l'époque coloniale et reconnues par l'Organisation des Nations Unies, l'Union Africaine et l'Union Européenne.

Il faut identifier les causes qui sont à la base de l'échec, à l'application de ce concept d'intégration économique, et entreprendre la recherche des solutions adéquates qui permettront de contribuer à sa relance en Afrique Centrale.

Outre le déficit éthique dans la méthode de gestion, la mauvaise gouvernance, l'insuffisance voire l'absence de démocratie, l'insécurité dans les pays d'Afrique Centrale, notamment la guerre ethnique entre hutus et tushis du Rwanda, Burundi et l'insécurité causée en République Démocratique du Congo par les pays voisins, n'ont pas permis la poursuite et la réussite du projet initial d'intégration économique. Les difficultés sont également dues à l'impossibilité à court et long terme de remplir la condition d'affronter les exigences du commerce international dans une économie essentiellement extravertie[2].

---

1 *Op. cit.* p. 21.
2 Kuznets, Economic Growth of Small Nations, 1968, in E.A.C., Robinson, Economic of Size of Nations, London, in *op. cit.*, p. 29.

B. Difficultés de l'application des stratégies d'intégration économique

Les acteurs de l'intégration économique rencontrent de sérieuses difficultés notamment pour sa mise en application parce que les pays ne remplissaient pas souvent les conditions nécessaires, la maîtrise de spécialisation internationale dans le secteur des produits de rente. Comme le souligne Kuznets, ces pays étant dans une forme d'intégration à l'économie mondiale de type primaire[1] dont les effets pervers et négatifs n'hésitent pas à se manifester.

Au lieu de privilégier les spécialisations tranchées, les ensembles formés en Afrique Centrale ont exploité les complémentarités potentielles des Etats constitués. Cette contribution d'intégration économique était non appropriée et avait produit des résultats négatifs[2].

Les acteurs d'intégration pour éviter la répétition dans les ensembles régionaux de mêmes inégalités du passé qui traduisaient la faillite et l'échec, doivent agir de manière que la complémentarité escomptée ne puisse se baser sur une spécialisation tranchée. Pour ce faire, l'intégration régionale doit entraîner une répartition équitable des opportunités de croissance.

Concrètement pour atteindre l'objectif d'intégration, il faudra éviter la spécialisation traditionnelle et être capable de faire face à la concurrence et la complémentarité pour atteindre un bon niveau de développement[3].

La politique d'intégration économique ne doit pas seulement prendre en compte les avantages qu'elle est censée procurer mais aussi et surtout, il faut savoir que ces avantages ne sont pas faciles ou automatiques car pour y parvenir, il y a des conditionnalités à respecter, surtout dans les pays en développement. Il faut une véritable dynamique qui doit être une démarche traduisant la véritable volonté politique de progrès.

Nous soulignons que s'agissant surtout des pays d'Afrique, les contraintes et autres avatars compliqueront le processus d'intégration économique[4]. Il faut intégrer dans la dynamique du développement toute une expérience concrète en tenant compte des acteurs d'intégration, pays ou provinces d'un pays, les échecs, les réussites ou les faiblesses observées et les différents instruments d'intégration déjà réalisés : CEMAC, CEPGL, COMESA, UDEAC, SADC, OHADA, etc.. Le cas

---

1 Bourguinat (A), « Les marchés communs des pays en développement » 1962, Librairie Droz, Genève.

2 Viner J., « The Customs Unions Issue », New York, Carnegie Endowment for International Peace 1950.

3 *Op. cit.*, p. 30.

4 Vaitos, C., *Crisis in Regional Economic Integration (Cooperation) among Developping Countries*, 1981, pp. 278-290.

de la République Démocratique du Congo illustre concrètement l'usage pratique d'application du concept d'intégration industrielle à l'intérieur du pays.

En effet, dans son discours programme du 5 décembre 1984, le Président Mobutu avait annoncé la tenue dans le courant de l'année d'une table ronde regroupant les opérateurs économiques particulièrement les industriels ; cette table ronde était consacrée à l'étude de l'intégration industrielle en République Démocratique du Congo.

Il s'agissait d'un modèle d'intégration économique au niveau national. Cette décision était confirmée par l'importante interview que le Président de la République avait accordée au Rédacteur en Chef de l'Entrepreneur1. Nous analysons :

L'importance de l'intégration économique n'était plus à démontrer surtout en ce moment où tous les efforts des autorités politiques, économiques et monétaires étaient déployés pour livrer une bataille décisive contre les effets pervers de la crise économique qui frappait le pays depuis trois dizaines d'années.

Le Président de la République voulait mettre fin à la dispersion, au gaspillage des ressources disponibles en préconisant une utilisation rationnelle des ressources humaines, minières, agricoles et forestières.

En effet, la plupart des industriels congolais se plaignaient souvent de ne disposer sur place ni de matières premières suffisantes, ni des pièces de rechange nécessaires au bon fonctionnement de leurs industries, pour justifier la sortie d'importants montants en devises pour l'importation de ces inputs.

Pourtant, un grand nombre de ces matières premières ou semi premières pouvaient être produites sur place. L'exemple le plus éloquent est cette conclusion à laquelle est arrivée une étude réalisée par le Bureau d'Études de la Présidence et qui démontrait que sur 150.000 produits importés par la Gécamines, plus de la moitié pouvait être fournie sur place par des entreprises et industries locales, et à meilleur prix.

Certains industriels faisaient semblant d'ignorer, pour des raisons évidentes, cette réalité.

Compte tenu de l'importance que revêtait cette problématique d'intégration, nous avons apporté une réflexion.

Les Etats Généraux et la Table Ronde économique revêtaient une importance capitale pour l'avenir de notre industrie, et partant, pour l'accélération du développement intégral de notre économie, car le rapport des assises permettait à nos industriels de mieux connaître les

---

1 Mobutu, son interview, Entrepreneur n°24, pp. 8-14.

produits et services que pouvaient fournir aux industries situées en amont dont ils pouvaient avoir besoin.

Le raisonnement du Gouvernement de la République Démocratique du Congo selon lequel l'intégration industrielle était un problème de mentalité est fondée car souvent certains industriels préféraient importer leurs matières premières, sachant très bien qu'ils pouvaient trouver sur place une bonne partie de ce dont ils avaient besoin et cela, même quand le rapport qualité/prix plaidait en faveur des produits locaux.

Sur le plan stratégique, l'intégration industrielle pouvait être étudiée à deux niveaux : au niveau micro-économique et au niveau macro-économique. Vu sous l'angle micro-économique, on pouvait dire qu'une entreprise était intégrée lorsqu'il s'établit entre les différents services de l'entreprise des relations en vue de lutter contre la concurrence et de s'assurer certains avantages tels que la sécurité des approvisionnements, l'amélioration des circuits de distribution[1].

C'est ainsi qu'une entreprise comme Peugeot en France est considérée comme une entreprise intégrée, car elle commercialise largement ses produits en contrôlant tout un réseau de distributions. Elle monte les voitures et autres engins, fabrique des pièces, fond des aciers spéciaux, fait de la recherche sur les véhicules et les procédés de fabrication, etc.

Une entreprise peut donc être considérée intégrée lorsqu'elle participe aux trois grandes fonctions d'une entreprise que sont la fabrication, la vente et le développement futur.

Au niveau macro-économique, on parle d'intégration lorsqu'il existe des relations interindustrielles entre les différentes unités de production situées sur le territoire national : ces relations pouvant être la complémentarité ou la concurrence[2].

Bien que notre analyse dans ce travail soit centrée surtout sur les liens de complémentarité entre les différentes industries du pays, nous ferons remarquer que même au niveau micro-économique, le souci est de rendre moins dépendantes de l'extérieur les industries du pays, de favoriser justement leur intégration.

C'est pourquoi, en République Démocratique du Congo, créé par l'Ordonnance-loi n° 89-171 du 7 août 1989, le Fonds de Promotion de l'Industrie (FPI) visait les objectifs suivants : valoriser les ressources nationales, inciter les entreprises industrielles, agricoles, agroalimentaires,

---

1 *Op. cit.*, p. 15.

2 Essolomua, Journal Salongo du 12 au 13 janvier 1985.

brassicoles, textiles etc. à produire localement, les matières premières considérées par elles comme inputs dans leurs secteurs productifs[1].

Face à la grave crise que connaît le pays depuis 1974, crise qui a eu pour conséquence de paralyser les activités de plusieurs secteurs économiques à la suite de l'impossibilité dans laquelle se trouvaient plusieurs entreprises d'importer les matières premières, il a fallu faire appel au génie créateur du gouvernement pour mettre en place les fameuses conventions de développement ; car on s'est finalement rendu compte que beaucoup d'entreprises actuellement importatrices de matières premières étaient jadis productrices sur place de mêmes produits, il a donc fallu les réhabiliter.

A la suite de la signature de ces conventions, on a vu les brasseries se lancer dans la culture du maïs, les industries textiles contribuer à l'essor de la production cotonnière, la Good Year s'intéresser à la culture de l'hévéa.

L'extension des conventions de développement à d'autres branches de l'agriculture telles que la pisciculture, l'élevage, offrira des perspectives nouvelles à notre économie. Car derrière la stimulation de la production du riz, du bétail, du poisson, des tomates, etc. se profilent d'autres activités. Il s'agit principalement du secteur des transports (fluvial, aérien, routier, ferroviaire, etc.), des engrais chimiques, de la transformation de produits alimentaires, des aliments pour les bétails, de l'industrie du papier, de l'acier, du cuir, ainsi que tous les services alimentés par ces activités. Venons-en maintenant aux liens de complémentarité.

La création de la SONATRAD[2] a poursuivi des objectifs précis : relancer les circuits commerciaux nationaux devant permettre une nouvelle croissance des petites et moyennes entreprises ; rechercher systématiquement les meilleures conditions de marché ; tant sur le plan national qu'international, en recourant à une politique commerciale concurrentielle ; supprimer des prestations intermédiaires inutiles ; et diversifier d'une manière sélective des contrats de transport tant au niveau national qu'international.

L'objectif visé par l'autorité congolaise en créant cette entreprise était de faciliter dans une certaine mesure l'intégration de notre tissu industriel, puisque, dorénavant, la décision de s'approvisionner en matières premières tiendra d'abord compte des possibilités que peuvent offrir les industries relevant de la SONATRAD pour leur

1 FPI (Fonds de Promotion de l'Industrie), Notice d'informations, République du Zaïre, éd. Mabosa Press, 1989, pp. 1-15.

2 SONATRAD : Société Nationale de Trading, *op. cit*, Essolomua, Journal Salongo du 12 au 13 janvier 1985.

approvisionnement. C'est après seulement que l'on pouvait s'adresser à l'étranger.

La SONATRAD avait donc pour mission de renforcer cet esprit de solidarité qui doit exister entre certaines sociétés d'Etat et sociétés privées. Ainsi, au lieu de laisser par exemple dans l'inactivité l'usine sidérurgique de Maluku par manque de matières premières (mitrailles essentiellement), pourquoi ne lui confierait-on le traitement des produits en cuivre de la Gécamines, puisque les essais déjà tentés ont prouvé la fiabilité de cette intégration interindustrielle.

En effet, on sait que cette usine a fabriqué à la grande satisfaction des connaisseurs des fils machines, des laitons similis, des profilés, des tôles planes et ondulées en cuivre[1]. Cette complémentarité entre les deux entreprises paraétatiques peut encore être poussée plus loin. En effet, la Sosider qui ne fonctionne actuellement qu'à moins de 10% de sa capacité faute de matières premières, peut trouver son salut grâce à la Gécamines qui possède dans sa concession, plus spécialement à Kapolowe (100 km de Lubumbashi et 20 km de Likasi) d'importantes réserves de minerais de fer à forte teneur. Une étude réalisée en 1975 par les ingénieurs de la Gécamines pour le compte de l'Etat et dont les conclusions se trouvent encore dans les archives de cette entreprise minière, avait conclu que moyennant un investissement supplémentaire (22 millions de dollars US de l'époque), il était possible de fournir à la sidérurgie de Maluku des éponges de fer qui pourraient être utilisées par l'aciérie de Maluku à la place des mitrailles utilisées actuellement. Cela, moyennant quelques investissements supplémentaires (procédé de réduction directe par exemple) à réaliser à Maluku dans la banlieue de la ville de Kinshasa[2].

C. Le libéralisme économique face à l'intégration économique pour le développement

Le libéralisme économique est la doctrine qui professe le système économique qui repose sur le fonctionnement de l'économie de marché : la libre concurrence et le développement de la liberté d'entreprise[3]. La base de cette doctrine s'appuie sur l'affirmation selon laquelle les intérêts individuels sont le meilleur moteur de l'esprit d'entreprise qui, lui, engendre le profit.

---

1 *Op. cit* p. 22.
2 GECAMINE, Rapport de production, 1975.
3 Raymond Guillien et Jean Vincent, Lexique des Termes juridiques, Dalloz, 9e éd., p.324.

A l'époque triomphante de l'École classique, les adeptes de théorie de la "main invisible" estimaient qu'il suffisait de laisser fonctionner l'économie selon des "lois naturelles" pour que l'équilibre rompu se rétablisse grâce aux automatismes spontanés.

Sur le plan extérieur, les théoriciens du libéralisme économique préconisent la suppression des barrières douanières et le libre-échange.

Fondée par Adam Smith, Ricardo, Jean-Baptiste Say, Walras et Alfred Marshall, l'idéologie libérale a connu de profondes mutations depuis la crise de 1929 au cours de laquelle le libéralisme classique a révélé sa fragilité et ses failles.

Tirant les leçons de la grande dépression des années 30 et grâce aux enseignements de Keynes, Lord Beveridge (l'Anglais, fondateur de la sécurité sociale) et de nouveaux théoriciens comme Samuelson et J.K. Galbraith, le nouveau libéralisme économique admet l'intervention de l'Etat dans la gestion de l'économie globale en vue de maintenir les grands équilibres de l'économie et assurer la conduite à moyen terme de l'économie grâce à une planification décentralisée. Les économistes africains dont ceux de la République Démocratique du Congo s'inspireront des enseignements de ces théoriciens pour vérifier et suppléer leurs recherches sur le développement industriel durable.

En tant que juriste, intéressé aux questions du développement industriel durable, dans notre conception, il n'y a pas d'incompatibilité entre le libéralisme et l'économie de marché d'une part, la planification et l'organisation des marchés d'autre part[1]. Au contraire, nous estimons que pour rattraper le retard dont souffrent la République Démocratique du Congo et beaucoup d'autres pays d'Afrique, il faut concilier ces deux principes : l'observation des règles, de l'économie de marché et l'utilisation des techniques de régulation et de planification de l'économie.

La gestion d'une économie moderne selon les règles du libéralisme moderne s'appuie sur ces deux principes.

c1. Premier principe.

L'économie nationale doit être gérée selon les normes de l'économie de marché qui est fondée sur la réalisation du profit, la concurrence et la libre entreprise. Rejetant l'étatisation intégrale de tous les secteurs économiques de la nation, l'économie de libre entreprise permet à tout homme qui réunit les conditions requises par la loi de créer une

1 *Op. cit*, p. 324 - paragraphe 2.

entreprise et d'écouler sa production sur les marchés intérieur et extérieur. Le courant économique libéral permet à tout agent économique, consommateur ou chef d'entreprise d'effectuer librement son choix sans aucune contrainte de l'Etat. Le consommateur a le choix devant plusieurs offres des producteurs ou des commerçants.

Le producteur vend ses produits en fixant librement ses prix, à condition de se conformer à la législation en vigueur en la matière dans le pays. Celle-ci permet la fixation des prix selon la loi du marché : la confrontation des offres et des demandes globales. Bien sûr une telle confrontation, pour être rationnelle, doit exclure toute idée de monopole, d'oligopole ou de marché protégé.

Les partisans de l'économie sociale du marché s'appuient sur les règles de la concurrence qui permet aux producteurs les plus compétitifs de vendre leur production sans entrave aussi bien sur le plan intérieur que sur le plan extérieur.

L'économie sociale du marché admet l'existence d'un secteur public de l'économie dans le cadre d'une économie mixte. Elle exige cependant qu'hormis les secteurs stratégiques créés dans le but de protéger le pouvoir d'achat des consommateurs jouissant d'un pouvoir d'achat modeste, les entreprises publiques se plient aux lois du marché en ce qui concerne la fixation de leurs prix et le type de gestion qu'elles doivent pratiquer. De même, les tarifs publics doivent se rapprocher, autant que faire se peut, de la vérité des prix, selon les signaux donnés par les forces du marché[1].

En effet, l'expérience prouve que le non-respect des normes de rentabilité, en tolérant une gestion laxiste des ressources financières et humaines, transforme les entreprises qui auraient pu dégager des profits, en véritables gouffres financiers, en canards boiteux maintenus en vie par des continuelles subventions qui creusent ou aggravent le déficit budgétaire de l'Etat.

L'histoire récente des pays en voie de développement nous a appris qu'un secteur public de l'économie géré de manière bureaucratique, loin d'atteindre les objectifs sociaux pour lesquels il a été créé, constitue une source d'enrichissement illicite pour la technostructure qui se livre à des détournements énormes, dans une impunité quasi totale. Les pouvoirs publics étant mal armés pour assurer un contrôle efficient de l'utilisation des ressources de l'entreprise.

1 *Op. cit*, *idem* p. 324, § 2.

Notre option libérale repousse une réglementation étouffante et tatillonne qui stérilise toute activité et donne à certains fonctionnaires et inspecteurs de contrôle, une occasion de rançonner la population, les commerçants et les producteurs. Au reste, la gestion bureaucratique de l'économie connaît un recul cinglant ces dernières années en raison du bilan désastreux affiché par ses plus ardents praticiens. Les propos ci-après qui émanent d'un des théoriciens du socialisme moderne et de l'autogestion, Michel Rocard, ancien Premier Ministre du Gouvernement français en fait foi, nous le citons : « L'interventionnisme administratif dans l'économie ne s'est nulle part révélé performant, affirmait-il dans une interview accordée à « L'Usine Nouvelle »[1]. « Certains signes sont encourageants. Je constate que l'accord s'établit autour de l'idée que l'Etat n'est pas fait pour produire. A l'inverse, on ne peut concevoir de réguler les flux économiques sans avoir mis en place un plan de circulation. A l'image du trafic automobile, l'Etat doit faire son métier de régulateur. C'est justement quand ce rôle de régulation n'a pas été exercé à temps que l'intervention de l'Etat doit devenir par force plus contraignante ».

c2. Second principe

Selon le libéralisme, l'Etat a l'obligation d'assumer de grandes responsabilités dans la gestion de l'économie globale. L'Etat a la responsabilité d'assurer la régulation de l'économie en utilisant d'une manière efficiente les instruments de la politique économique et en recourant à une planification indicative et souple fondée sur la concertation.

La concertation doit être le maître mot de la philosophie libérale en matière de politique économique. Elle implique un dialogue permanent entre le Gouvernement et les autres partenaires sociaux : les syndicats des travailleurs et des employeurs.

L'Etat se doit également d'assurer le développement à moyen terme de l'économie en donnant un horizon à l'activité économique nationale, en dessinant les ordres de grandeur des secteurs qui déterminent les mutations fondamentales de l'économie : énergie, transports, développement et communications.

En résumé, si nous sommes opposés à l'institution d'une planification centralisée, nous adhérons au choix d'une planification indicative qui

1 *Op. cit*, p. 297.

constitue pour nos jeunes pays en développement, « une ardente obligation ».

Dans les lignes qui précèdent, nous avons essayé d'analyser cette conception du libéralisme économique, partisans de la liberté d'entreprise, nous ne sommes pas pour autant en faveur du « laisser faire, laisser passer ». Cette doctrine a révélé ses failles et son inadaptation à l'univers actuel du commerce international avec ses contraintes.[1]

De plus, nous ne devons pas perdre de vue, s'agissant de nos pays d'Afrique, particulièrement la République Démocratique du Congo, la fragilité de nos structures économiques et le caractère déséquilibré de nos économies au sein desquelles résistent encore des structures traditionnelles. Fortement marquée par le sous-développement certes, nos économies souffrent encore d'une insuffisance de capitaux intérieurs et de retard technologique. Aussi, si le libéralisme économique demeure la règle, devons-nous reconnaître que certaines branches de nos économies méritent encore d'être protégées d'une concurrence inégale sinon sauvage plutôt agressive.

Sous prétexte de libéralisme, nous ne pouvons admettre des flux d'importation qui pourraient déstabiliser l'équilibre des prix et de la balance des paiements de la Banque Centrale ou qui pourraient entraîner des ajustements structurels brutaux et inacceptables sur le plan social, qualifiés de systèmes dits « rigueurs » en République Démocratique du Congo comme dans la Grèce.

Un exemple sur plusieurs autres servirait à illustrer cette thèse : La production riz depuis la libéralisation de l'octroi des permis d'exploitation.

Avant la libéralisation, une réglementation efficace régissait l'exercice de la profession des riziers : répartition des zones d'achat, conditions d'octroi de la licence d'achat et de l'usinage du riz paddy en République Démocratique du Congo. En contrepartie des avantages qui leur étaient accordés par l'administration, les riziers veillaient au bon état des rizières, à l'entretien des ponts, et à la distribution des semences de qualité aux paysans.

Mais depuis quelque temps, en République Démocratique du Congo, l'octroi inconsidéré de nouveaux permis d'exploitation au nom du principe libéral a provoqué un laisser-aller total dans cette branche de l'agriculture. Des spéculateurs qui ne supportent pas les charges inhérentes à leur profession et qui n'ont réalisé aucune dépense d'infrastructure, ont envahi les zones d'achat de riz paddy dont ils ont

---

1 *Op. cit.* p. 8.

fait monter artificiellement les prix. Ces acheteurs occasionnels, outre qu'ils engendrent le rétrécissement des zones d'achat, rachètent les semences fournies par les riziers aux paysans et provoquent la baisse de la récolte ainsi que celle de la qualité du riz local. Résultant du découragement des professionnels, l'abandon de l'entretien des routes, ponts et bacs, ce qui risque, si la situation actuelle persiste, d'engendrer de nouvelles difficultés d'évacuation de la production que l'on déplore déjà dans de nombreux coins du pays, notamment à Bumba Province de l'Équateur[1].

Cette situation anarchique laisse déjà profiler les menaces qu'elle fait peser sur l'équilibre fragile des prix ainsi que sur celui de la balance des paiements : outre la hausse de prix local, l'on déplore l'accroissement de la quantité de riz importé dont le prix devient de plus en plus avantageux par rapport à la production locale du riz.

Pour nous résumer, nous rappellerons le propos de l'ancien gouverneur de la Banque Centrale du Congo, Monsieur Sambwa Jules, qui soulignait au cours d'une réunion de la Chambre de Compensation de l'Afrique Centrale que le « libéralisme économique, c'est la libéralisation de l'ensemble des pratiques contraignantes qui gênent la croissance économique »[2].

Le Conseil National du Patronat Français précisait fort opportunément dans la revue « Usine Nouvelle » que le libéralisme ne doit pas se ramener à une glorification de la loi de la jungle, du chacun pour soi. C'est aussi, et surtout, un « Ordre ». Il ne peut pas y avoir, ajoute-t-il, de système libéral sans règles du jeu, sans définition des droits et devoirs de chacun, sans sécurité, sans un minimum de protection lorsque certaines adaptations se révèlent nécessaires.[3]

« *Le libéralisme, ajoute M. Chevalier, ancien P.D.G. de Moet-Henessy, n'est pas une forme de darwinisme social, prélude à l'anarchie et à la violence* ».

Les exemples que nous venons de citer montrent les limites du courant de pensée libéral en matière économique ainsi que la nécessité d'aménager des transitions et des garde-fous. Au sein de cet « ordre », il faudra définir, la concertation entre opérateurs économiques et autorités publiques, les droits et devoirs de chaque secteur de l'économie et les règles du jeu que devront observer les différents partenaires sociaux : l'Etat, les entrepreneurs économiques et les syndicats des travailleurs. A

---

1 Ministère de l'Economie, Rapport de l'inspectorat, Kinshasa, octobre 1980, p. 13.

2 *Op. cit* p. 15.

3 Alain Chevalier, *Pour un nouvel ordre international*, in Usine Nouvelle, revue économique, Paris, n°22, mai 1984, p. 35.

ce propos, les critères à la lumière desquels l'on devrait dresser les limites du libéralisme aussi en République Démocratique du Congo sont fournis par les objectifs de la politique de développement économique dans la perspective de la reconstruction du pays où l'échec n'est plus autorisé.

A court terme, les mesures de libéralisation devront tenir compte des exigences des critères de performance définis par le F.M.I., seuils de limitation de l'inflation, du déficit budgétaire et de la balance des paiements.

A moyen terme, l'on devrait considérer la contribution de l'entreprise à la relance de l'économie, à la création d'emplois et à l'assainissement ou à la croissance de son secteur d'appartenance. C'est dans ce cadre que devront s'inscrire les mesures de soutien aux industries qui sollicitent la protection douanière ou certain protectionnisme interne.

La condition à requérir en pareil cas est la garantie que doit donner le secteur à protéger de surmonter ses difficultés dans des délais raisonnables, soit en améliorant la productivité de ses moyens de production et celle de ses ressources humaines, soit en diversifiant ses activités de manière à réduire les goulots d'étranglements auxquels il se heurterait[1].

Car une protection illimitée et inconditionnelle accordée à une entreprise ou à un secteur en proie à la montée des coûts et à la non compétitivité, crée des rentes de situation, entretient l'inflation et décourage les évolutions inévitables et créatrices.

Section 2
De nouvelles initiatives économiques

A. Relance et mise en œuvre du régime de zones franches industrielles (ZOFI)

Le régime de Zone Franche est un instrument d'extraterritorialité administrative relevant du droit financier consistant en la soustraction temporaire d'une ou plusieurs portions de territoire d'un pays dans le but de négoce et de transformation locale des produits avec des modifications dans l'application des législations en matière des douanes et impôts[2].

---

1 *Op.cit.* 1980, p. 14.
2 Raymond GUILLENI et Jean VINCENT, *Lexique des termes juridiques,* Dalloz 1993, p. 548.

S'agissant de la République Démocratique du Congo, l'objectif à atteindre est la restructuration pour le développement industriel de ce pays grâce au flux des capitaux étrangers en termes d'investissements industriels.

En préconisant l'inscription de régime de Zone Franche dans le Code des investissements de 1981, le souci du législateur congolais de la deuxième République était de rentabiliser l'exploitation du Grand Barrage hydroélectrique d'Inga situé dans la Province du Bas-Congo par la création des complexes industriels divers, grâce à cette grande source énergétique. Cette Zone Franche s'étendait seulement de la province du Bas-Congo depuis la côte de l'Océan Atlantique jusqu'à la Province ou ville de Kinshasa.

Les entreprises admises à ce régime, outre la condition de capacité financière et de management, devraient remplir les conditions suivantes[1] :

- Être en mesure de réaliser une consommation minimum d'énergie électrique de 10MW pendant 3000 heures par an ou égale à 10 % de la valeur ajoutée de l'entreprise ;
- Produire pour l'exportation, en utilisant de préférence des matières premières locales dans le cadre d'une politique d'industrialisation, d'intégration et de création d'emplois.

La politique de la Zone Franche n'avait pas réussi, entre autres pour des raisons politiques de préférence provinciale des autorités chargées de mettre en œuvre ce projet à l'époque de la deuxième République.

Dans la Province du Bas-Congo où est situé le barrage d'Inga, on a observé des opérations de désindustrialisation, de destruction des infrastructures, notamment : le démontage des rails du chemin de fer Boma-Lukula-Tshela, des machines d'usine de bois (FORACAM) etc. ; plusieurs usines d'huilerie du Mayumbe étaient déplacées au profit de la Province de l'Équateur et de la Province Orientale : le chemin de fer déplacé du Mayumbe (Bas-Congo) était installé sur l'itinéraire de deux Provinces ci-dessus entre Bumba-Aketi, créant la suppression d'emploi dans la Province du Bas-Congo, l'actuelle province du Congo central, même la réalisation des travaux du Barrage d'Inga II et III actuellement en cours était gelée par la Deuxième République.

Selon la conception de la politique de la quatrième République, des Zones Franches seront créées dans toutes les provinces de la République aux endroits stratégiques et économiquement viables pour le désenclavement du pays : là où se trouvent un port maritime ou fluvial

1 Département du Plan : Ministère du Plan, Code des investissements, Ordonnance-loi n° 86-028 du 5 avril 1986, article 30, page 21.

important, un chemin de fer, une route importante ou un aéroport existant ou à créer.

Nous pensons que le législateur congolais réintroduira ce régime de Zone Franche, cadre juridique d'incitation dans le Code des investissements, pour que le Gouvernement le mette en œuvre à travers tout le pays. Ce régime, bien organisé, pourra accélérer l'industrialisation intégrée de toute la République Démocratique du Congo à l'instar de l'Ile Maurice dont le PNB par habitant en 2007 était de 5.450 $ USA et de 12 450 $ USA en 2005 grâce à sa politique économique de Zone Franche tandis que la République Démocratique du Congo, malgré ses immenses richesses, pour l'année 2007, le PNB par habitant était de 290 $ USA[1]. En appliquant la même politique que l'Ile Maurice et avec de nouvelles conditions de coopération industrielle à réaliser dans toutes les provinces du pays, l'ANAPI pourra recevoir des offres et discuter des propositions industrielles intéressantes de plusieurs pays occidentaux. Le Bureau d'études pour le développement de la République Démocratique du Congo, dénommé BEIDER, installé à Paris, en collaboration avec les Chancelleries des ambassades entreprend des démarches à ce sujet auprès de plusieurs entreprises qui attendent l'adoption de ce régime de Zone Franche Industrielle (ZOFI).

Dans le cadre de la coopération avec les facilités du FMI, de la Banque Mondiale, de l'ACP-Union européenne, de l'Union Africaine et la BAD, l'Ile Maurice pourra partager son expérience dans ce domaine avec la République Démocratique du Congo pour la réalisation de cet instrument de Zone Franche Industrielle[2] au cœur de l'Afrique Centrale afin que ce grand pays puisse concrétiser sa vocation de leader économique en Afrique.

Les industries diversifiées qui seront implantées dans toutes les provinces après agrément créeront des emplois, arrêteront l'exode rural et amélioreront le PNB, le niveau de vie des populations ainsi que l'économie du pays qui stagne encore, malgré les efforts déployés par le Gouvernement congolais pour la reconstruction, les moyens actuels étant très limités pour ce grand pays.

Dans la nouvelle politique de Zone Franche, outre les produits étrangers, les produits exploités localement, c'est-à-dire tirés du sol et du

---

1 ATLAS LAROUSSE, 2011 : Socio économie des pays du monde, pp. 184 et 203.

2 Loi n° 004/002 du 21 février 2002 portant Code des investissements.

Ordonnance-loi de 1981 portant Code des investissements.

Ordonnance-loi n° 81-010 du 2 avril 1981 instituant le régime de Zone Franche à vocation industrielle.

sous-sol congolais, seront transformés dans le cadre de partenariat industriel ou des entreprises mixtes (joint-venture) en vue d'être commercialisés au minimum (20%) localement et essentiellement exportés (80%) sous le contrôle de la Direction du change de la Banque nationale pour améliorer la balance commerciale de la République Démocratique du Congo en respectant les droits des investisseurs étrangers qui auront droit aux divers avantages et facilités : le statut d'exportateurs privilégiés avec des facilités de droits d'entrée et de sortie douaniers, le transfert des dividendes non imposable, la facilité de travail et d'obtention de permis de séjours, etc.[1].

B. Le concept de révolution modernité

La troisième République arrivée au pouvoir en date du 17 mai 1997 a connu deux gouvernements, c'est sous la quatrième République qu'on a observé l'émergence de volonté politique de développer le pays par la création et la mise en œuvre de « l'Union Sacrée de la Nation ».

Section 3
Effectivité de l'industrialisation en République démocratique du Congo : renforcement de la coopération internationale

La mise en œuvre du nouveau cadre juridique et institutionnel que nous avons analysé commence à produire des effets. Le plus intéressant est qu'elle a permis la reprise de la coopération internationale qui était suspendue.

En effet, de nombreux partenaires multilatéraux et bilatéraux qui avaient déserté le pays suite à un déficit d'éthique, de démocratie etc. sont aujourd'hui de retour, ils sont disposés à accompagner le Gouvernement congolais dans son immense programme de la reconstruction nationale et de réalisation du Document Stratégique de Croissance et de Réduction de la Pauvreté (DSCRP) pour atteindre les Objectifs du Millénaire de Développement.

La relance du secteur agricole grâce à un cadre macroéconomique permettant une gestion rigoureuse de recettes dans un climat des affaires, permet de passer à la vitesse supérieure, notamment la création à travers

---

1 Jean-Michel TAUZ, *Ile Maurice, Face à ses défis, la Zone Franche*, février 2009, L'Harmattan, pages 192 à 203 ; Jean-Pierre BARBIER et Jean Bernard VERON, *Les Zones Franches Industrielles*, 1991, Karthala, p. 160 à 162.

tout le pays, la stratégie des parcs agro-industriels à l'instar du parc qui devait être réalisé à Bukanga-Lonzo en février 2014, dans la province de Bandumdu à 250 km de Kinshasa. La République Démocratique du Congo possède 80 millions d'hectares de terres arables, une grande diversité climatique et une abondance hydrographique.

A. Incidence de la coopération multilatérale sur le développement de la République Démocratique du Congo

1/ Intervention de la Banque Mondiale dans les réformes du domaine forestier

La Banque Mondiale et d'autres institutions de développement, des ONG nationales et internationales avaient collaboré avec le Gouvernement de la République Démocratique du Congo en vue de trouver des solutions à un certain nombre de questions telles que :

- Comment résoudre l'héritage résultant de plusieurs décennies de mauvaise gestion des biens publics ?
- Comment éliminer les distorsions introduites par les politiques menées dans le passé et éviter une spéculation à grande échelle qui priverait la population congolaise des bénéfices socio-économiques futurs que peut procurer la forêt ?

La Banque a contribué également à la mise en place des éléments nécessaires à la protection de la biodiversité ainsi qu'à l'utilisation durable des forêts pour le plus grand bien des communautés locales et de l'ensemble de la population congolaise.

Un des objectifs poursuivis est l'amélioration de la capacité du gouvernement à faire respecter les nouvelles politiques sur le terrain par le biais du renforcement institutionnel et d'une surveillance indépendante.

La Banque est également intervenue dans le processus de planification de l'utilisation des terres forestières et au financement du processus participatif de *zoning* forestier visant à identifier les zones dont les caractéristiques environnementales, démographiques et socio-économiques sont compatibles avec le développement agricole. D'autres utilisations forestières reposent sur les communautés, la protection de la biodiversité et l'exploitation forestière durable de la forêt[1].

L'intervention de la Banque Mondiale vise aussi à protéger les droits de tous les régimes biologiques vivant sur la terre et dans la forêt, leur

1 *Idem*, projet approuvé le 6 août 2002.

épargner les conflits tout en protégeant la biodiversité et les ressources naturelles. Le processus repose sur la participation locale et prend en considération les droits traditionnels coutumiers et les besoins spécifiques des populations.

Ce concept a été présenté lors d'un atelier sur la biodiversité nationale qui s'est tenu à Kinshasa en octobre 2003, préparé en collaboration avec différentes ONG nationales et internationales en coopération avec les agences d'exécution du partenariat de la forêt du Bassin du Congo. A cet effet, une région-pilote située dans la province de l'Équateur a été sélectionnée pour tester cette approche, la Banque, qui a participé à cette expérience, a mis en place une plate-forme structurée permettant une consultation entre la société civile et le gouvernement. Elle encourage la participation d'ONG locales et des communautés de sorte que les voix des populations locales puissent être entendues[1].

a. Conformité des actions de la Banque Mondiale

La politique de la Banque Mondiale est conforme à la résolution 1457 du Conseil de Sécurité des Nations Unies. La Banque, conjointement avec d'autres donateurs, s'efforce de combler le fossé qui existe entre l'existence de bonnes politiques et les faiblesses institutionnelles. Un des piliers de la nouvelle stratégie de soutien transitoire de la Banque est d'accorder une importance déterminante au renforcement des capacités des institutions nationales, y compris les institutions dont le rôle est de faire respecter les lois sur le terrain et de mettre fin aux activités illégales en République Démocratique du Congo.

b. Participation de la société civile congolaise dans les actions de la Banque Mondiale

L'approche de la Banque dans le secteur forestier en République Démocratique du Congo repose sur la participation de toutes les parties prenantes tant au niveau national, provincial et des communautés.

Deux ateliers régionaux se sont tenus dans les provinces du Bas-Congo et de l'Équateur en octobre et en novembre 2003 pour discuter du Plan national forestier et de conservation. Ce processus était répété dans toutes les provinces. Des ateliers regroupant les parties concernées se sont déroulés à Kinshasa en vue de préparer les réformes de la fiscalité

---

1 ONG WWF, la Wildlife Conservation Society, le CARE International et l'African Wildlife Foundation, Kinshasa, 2003.

forestière en septembre et octobre 2003, ainsi que la stratégie nationale de protection de la biodiversité en octobre 2003. Une ONG nationale faisait partie de l'équipe qui a procédé à l'examen économique du secteur forestier[1].

Le gouvernement a lancé en décembre 2003, avec le soutien de la FAO et de la Banque, une campagne d'information nationale sur le nouveau code forestier par le biais des médias, d'ateliers et de brochures traduites dans les langues locales.

La société civile a participé à la préparation des décrets d'application, le 19 décembre 2003, le Ministère de l'Environnement a accepté la demande de la société civile pour que trois ONG supplémentaires puissent participer au comité de pilotage pour la préparation de ces décrets.

L'opération de planification de l'utilisation des terres forestières qui est actuellement en préparation accorde une grande importance à la participation locale, aux ayant droit coutumiers traditionnels ainsi qu'aux besoins spécifiques des populations[2].

c. Implication de la Banque Mondiale dans l'élaboration du Code forestier de 2002

La Banque a conseillé le gouvernement congolais au stade final de la préparation du Code forestier en 2002. Ce nouveau code remplace la législation précédente qui datait de 1949, il introduit des innovations majeures en République Démocratique du Congo, notamment : la mise en œuvre obligatoire de plans de gestion de la forêt ; l'adjudication publique des concessions forestières avec la distribution de 40% des recettes aux entités décentralisées, les droits des communautés locales de gérer directement leurs propres concessions forestières et la mise en place de conseils consultatifs forestiers aux niveaux national et provincial encadrés par les ingénieurs forestiers et les agronomes. Le code définit les grands principes, les règlements d'application détaillés doivent encore être élaborés. La Banque Mondiale collabore avec le gouvernement en vue de s'assurer que la mise en œuvre du code est conforme aux standards internationalement reconnus tels qu'ils sont repris dans la nouvelle stratégie du secteur forestier de la Banque ainsi que dans sa politique opérationnelle. Ce code protège les intérêts des communautés

---

1 *Op. cit.*

2 *Idem,* ONG WWF, la Wildlife Conservation Society, le CARE International & African Wildlife Foundation, Kinshasa, 2003.

locales et facilite les consultations sur ces sujets qui présentent un intérêt particulier.

d. Prise en compte des droits coutumiers dans le nouveau code forestier

Le nouveau code forestier tient compte des droits coutumiers des communautés locales, toutefois, des règlements spécifiques seront nécessaires pour assurer un respect effectif de ces droits. À cette fin, la Banque a conseillé au gouvernement de mener des consultations en profondeur dans l'ensemble du pays.

La Banque a également conseillé au gouvernement que les décrets d'application définissent les liens entre la forêt et les droits fonciers de manière à renforcer les droits des communautés[1].

Par ailleurs, le code prévoit une protection des droits coutumiers des communautés locales dans le cadre de tout contrat de concession à des compagnies d'exploitation forestière. Il prévoit également que des consultations avec les autorités locales soient une étape obligatoire pour toutes les procédures conduisant à la délimitation des zones forestières.

e. Respect de la biodiversité

Le code forestier de la République Démocratique du Congo est conforme à la convention sur la diversité biologique. Toutefois, dans le système légal de la République Démocratique du Congo, le code forestier sera complété par une loi sur la conservation de la nature. Le gouvernement a commencé à préparer cette nouvelle loi sur la conservation de la nature qui remplacera la législation actuelle de 1949 et fournira une base solide pour la mise en œuvre de la convention sur la diversité biologique.

La grande avancée est marquée par le sommet de Nagoya (Japon) qui s'est achevé le 29 octobre 2010, qui a débouché sur la signature d'un accord par 193 pays participants dont la République Démocratique du Congo, cette résolution faisant suite à celle du sommet de Kyoto et celui de Cancun (Mexique), la République Démocratique du Congo avait aussi participé activement et est donc membre signataire de ces accords.

Concrètement ces instruments ont pour vocation de protéger la biodiversité dans le monde. En effet, actuellement nous sommes à 12,5% d'aires protégées sur la terre et 2% en mer pour la protection des espèces. Pour respecter les objectifs fixés par le Grenelle de

---

1 Voir le *modus operandi* du code forestier, articles 8 et 21.

l'Environnement, il faudra atteindre le résultat de Nagoya qui consiste à créer 17% d'aires protégées sur la terre et 10% en mer en 2020, contre 13% et 1% constatés à ce jour. La France préconise 25% sur terre et 10% en mer sans descendre en dessous de 20% et 10%. Il faut négocier avec les pays du Sud principalement africains, notamment la République Démocratique du Congo, le Bassin du Congo détenant une importante réserve de couche de carbone.

L'autre accord concerne l'accès et le partage des bénéfices provenant des ressources énergétiques et le crédit carbone qui doit notamment récompenser le bassin du Congo[1].

Par ailleurs, le sommet de Lima (Pérou) qui a réuni 190 pays participants dont la République Démocratique du Congo a eu lieu du 1er au 15 décembre 2014 avec objectif de préparer la Grande Conférence sur le réchauffement climatique qui a eu lieu à la fin de l'année 2015 à Paris (France). Les pays signataires ont convenu de réduire le taux de réchauffement entre 40% à 70% d'ici 2050.

Les pays du Sud principalement ceux d'Afrique réclament d'être reconnus non responsables des causes à la base du réchauffement climatique et ses conséquences auxquelles il faut compter les graves sinistres climatiques des arbres et des maisons détruits, des personnes sinistrées et emportées par l'eau dans le Sud de la France 29% et d'autres sinistres ailleurs[2].

f. Premiers résultats enregistrés en République Démocratique du Congo

Depuis 2002, le gouvernement a annulé 163 concessions forestières totalisant 25 millions d'hectares et a déclaré un moratoire sur l'attribution de contrats d'abattage et a adopté les procédures d'adjudication transparentes. La liste des concessions annulées et des concessions maintenues a été publiée dans les médias en avril 2002 et en mai 2003. Les zones qui étaient retournées au domaine public font l'objet d'un processus participatif de planification et seront soumises aux directives de gestion reprises dans le nouveau Code forestier.

---

1 Chantal Jouanno et Michael Bosredon, *Accord de Nagoya (Japon), Biodiversité*, 29 octobre 2010, *Journal 20 minutes*, 3 novembre 2010, p. 10.

2 Rapport météo du 15/12/2014 à 11 heures.

2/ Rôle de la Banque mondiale et d'autres institutions

a. La Banque mondiale

Les projets initiés par le Gouvernement congolais ont fait l'objet d'un examen particulièrement attentif de la part de la Banque Mondiale, par exemple, l'accord d'un montant de 77 millions de dollars US consenti au gouvernement congolais pour permettre le renforcement des capacités du Ministère de l'Environnement, de la Conservation de la Nature et du Tourisme. C'est la participation communautaire à la gestion forestière et l'appui à l'Institut congolais pour la conservation de la nature (l'ICCN) – (Eau, Forêt, Faune et Flore)[1].

b. L'Union Européenne, le Fonds Européen de Développement (FED), et le Centre de Développement Industriel (CDI).

L'intervention financière du Fonds européen de développement en République Démocratique du Congo entre dans le cadre de l'Accord de Cotonou signé au Bénin, le 23 juin 2000, entre les pays d'Afrique, Caraïbes et Pacifique (ACP) d'une part et l'Union européenne (UE) d'autre part. Ce partenariat de Cotonou dans lequel la République Démocratique du Congo fait partie intégrante en tant qu'un des pays signataires, est un instrument de développement.

Le partenariat ACP/Union Européenne se fonde sur cinq piliers importants : le renforcement de la dimension politique des relations entre les États ACP et l'Union européenne, la promotion des approches participatives, l'ouverture de la société civile au secteur privé et aux autres acteurs non étatiques, la stratégie de développement et la concentration sur l'objectif de la réduction de la pauvreté, l'établissement d'un nouveau cadre de coopération économique, une réforme de la coopération financière se caractérisant par une rationalisation des instruments financiers et un système de programmation adapté.

L'impact de la coopération avec le 10e FED se manifeste par l'alignement de 500 millions d'euros sur le Document de Stratégie pour la Croissance et la Réduction de la Pauvreté (DSCRP) en faveur de la République Démocratique du Congo pour la période 2008-2013.[2] Ces

1 Document Forest Strategy. Safeguard Policies : OP/BP 4.01. Bureau Environnement Kinshasa, 2003, doc. 1 et 3.

2 J.M. NKAMUA, *Le 10ème FED alloue 500 millions d'euros à la RDC pour la période 2008-2013*, L'Avenir, Kinshasa, 03/09/2007.

fonds sont programmés pour les investissements dans les domaines des infrastructures, de la santé et de l'éducation.

De manière générale, la Commission européenne a octroyé à la République Démocratique du Congo, entre 2002 et 2007, plus de 800 millions d'euros, sous forme de subventions, à travers ses différents instruments financiers. Elle a promis d'allouer de nouvelles subventions pour un montant de 561 millions d'euros réalisées en 2008 au titre du 10e FED[1].

La coopération industrielle était inscrite dans le contexte d'échanges Nord-Sud dont le cadre était fixé par l'accord de partenariat ACP[2] (78 pays du Sud) - UE (27 pays du Nord) signé à Cotonou (Bénin) en juin 2000.

On sait par ailleurs que ce cadre de coopération Nord-Sud est appelé à évoluer vers un régime d'accords réciproques dans l'esprit de l'Organisation Mondiale du Commerce (OMC) : les Accords de partenariat économique (APE)[3]. En vertu de la clause de non-discrimination de l'OMC interdisant les traitements de faveur, les Accords asymétriques qui liaient les deux parties depuis 1975 ne sont plus possibles. Les nouveaux Accords devaient être signés le 31 décembre 2007, mais ils soulevaient de nombreuses controverses de la part des pays ACP (particulièrement les pays les moins avancés (PMA). La signature des Accords de partenariat économique entre les ACP et l'Union européenne a finalement été ajournée en attendant que les deux parties aplanissent leurs divergences.

Les pays ACP, dans leur grande majorité, réclament à juste titre que le commerce mondial soit plus équilibré. Quant aux pays du Nord, ces derniers souhaitent que les pays du Sud mettent fin à leur protection industrielle et celle de leurs services. Les pays du Sud doivent être capables de trouver des solutions adéquates à leurs problèmes économiques dans le cadre de rapport Sud-Sud, d'intégration économique nationale, sous-régionale, régionale, etc.

En effet, on retient généralement trois principaux griefs contre ces Accords : l'entrée massive des produits agricoles européens (subventionnés) sur le marché africain risquerait de ruiner l'agriculture

---

1 Intervention du Commissaire européen Louis Michel, Groupe consultatif, Paris, 29-30 novembre 2007.

2 Afrique-Caraïbes-Pacifique, Cotonou, juin 2000.

3 Voir notamment Bakandeja Wa Mpungu, *Note sur les questions régionales et internationales, Le Partenariat économique entre l'Union européenne et les pays ACP*, Cours de droit des affaires, Document n°3, Université Paris I Panthéon-Sorbonne, Année académique 2006-2007, *Afrique-Europe : Les Accords de Partenariat Economique (APE) et les traîtres…*, Africa International, n° 415, décembre 2007, p.10 ; *UE-ACP, Prolongation des négociations*, Continental, n°67, janvier 2008, p. 33.

africaine, la suppression des droits de douane par les États africains entraînerait de considérables pertes budgétaires et enfin, la relance des industries en Afrique peut être compromise car les produits industriels africains ne peuvent pas faire face à la compétitivité des produits industriels européens qui sont à haute valeur ajoutée que le consultant M. Michael Mensah (Ghana) résume dans ces termes :

« Les nouveaux Accords de partenariat économique (APE) ouvriraient alors bien grandes les vannes pour les produits manufacturés européens, tuant dans l'œuf toute velléité de production industrielle et figeant l'Afrique dans le rôle ingrat et exclusif de pourvoyeur de ressources pour la prospérité de l'Europe : ce serait la liberté du renard dans le poulailler ».[1]

Les altermondialistes ont raison de dire que l'OMC doit laisser pour un temps les pays les plus pauvres protéger leurs industries naissantes. Elle ne doit pas imposer aux pays du Sud l'ouverture des investissements et des marchés publics indistinctement aux fournisseurs non nationaux car on en viendrait à supprimer toute politique nationale en matière de culture, de santé et d'éducation.

La coopération ACP-UE devrait reconnaître aux États ACP non seulement le droit de déterminer en toute souveraineté les stratégies de développement de leurs sociétés et de leurs économies, mais aussi le droit d'ouvrir le partenariat au secteur privé.

Notamment, le partenariat industriel Afrique / Union européenne par exemple peut porter sur la promotion d'une coopération industrielle entre les industries européennes et celles de la République Démocratique du Congo. Il est incontestable que ce type de partenariat offrirait de nombreux avantages aussi bien aux sociétés européennes (connaissance de l'environnement et main d'œuvre locale offertes par le partenaire congolais, garantie d'approvisionnement en matières premières locales et bénéfice d'incitations fiscales prévues par le code des investissements, possibilité de mobiliser des fonds locaux et lignes de crédit d'origine nationale et internationale…) qu'aux industries congolaises (partage des risques, accès à un savoir-faire et à une technologie, accès aux sources de financement du partenaire UE..) en mettant l'accent sur la production et en faisant de l'agriculture la priorité des priorités.

---

1 M.S. Mensah, *L'ouverture du marché européen est un* leurre, Africa international n 415, décembre 2007, p. 10. A noter qu'avant que la France n'assume la présidence de l'Union européenne le 1er juillet 2008, le Président français Nicolas Sarkozy a chargé la députée de Guyane, Mme Christiane Taubira, économiste, de faire des propositions en vue de dissiper les malentendus concernant les APE, JA, n° 2468 du 27 avril au 3 mai 2008, p. 33.

En Afrique, la pratique montre que le concept de partenariat semble se réduire à la formule de «joint-venture»[1]. A notre avis, il convient d'ouvrir la formule de partenariat d'entreprises ACP-UE à des formes de coopération beaucoup plus variées, notamment les accords de savoir-faire qui englobent les accords de licence, de franchisage industriel, d'assistance technique et de délocalisation.

S'agissant des contrats de licence, ils permettent à l'opérateur européen de mettre à la disposition de l'industriel africain une technologie précise ou une série de savoir-faire technique contre le paiement sous des formes diverses : pourcentage sur la vente de la production, somme forfaitaire initiale, redevance... En effet, ce type de contrat peut être utilisé comme un moyen de transfert de savoir-faire industriel et de technologie des États de l'UE vers les pays ACP, en particulier la République Démocratique du Congo[2].

Intéressante est tout aussi une autre forme de partenariat industriel qu'est le franchisage industriel. En règle générale, le franchisage est regardé comme :

« Un système de collaboration entre les entreprises distinctes, liées par un contrat en vertu duquel l'une d'elles concède à l'autre, moyennant le paiement d'une redevance de droit d'exploiter dans des conditions bien déterminées, une marque ou une formule commerciale concrétisée par une enseigne, tout en lui assurant une aide et des services réguliers destinés à faciliter cette exploitation ».[3]

Il peut revêtir plusieurs formes (franchise de production, franchise de distribution, franchise de services et franchise industrielle). Sous la forme industrielle, le franchisage, lie deux partenaires industriels. Moyennant licence, le franchisé produit, sous la marque du franchiseur et avec son assistance technique des produits imaginés par le franchiseur. Dans le cadre de la coopération industrielle UE-ACP, bien entendu, le franchisage industriel doit être fondé sur une technologie adaptée[4] à la mise en valeur des matières premières locales. Cette formule de franchisage industriel convient à la République Démocratique du Congo pour transformer localement d'énormes potentialités minières, agricoles

1 *Op. cit.*
2 *Op. cit.* p. 34.
3 Cette définition est établie par le Comité Belge de la Distribution et reprise par la Chambre de Commerce International, cf. *Bulletin financier de la Banque Bruxelles Lambert* du 17 septembre *1982. Voir également Le franchisage : avantages et contraintes, in Problèmes économiques,* n° 1805 du 8 janvier 1932, p.24.
4 Meziane Benarab, *Les conditions requises du franchisage industriel,* in Afrique Industrie n° 381 du 5 décembre 1987, pp. 18 à 21.

et autres de ce pays au lieu de continuer à les exporter à l'état brut ou semi traités, ce qui créerait de nouveaux emplois et augmenterait la valeur ajoutée, source d'entrée des devises dont le pays a besoin pour son développement industriel durable.

Enfin, on ne saurait également négliger les accords d'assistance technique. Ce type de partenariat permet à l'industriel ACP d'obtenir du partenaire UE des renseignements et des connaissances de caractère plus général. Il peut s'appliquer dans plusieurs domaines, tels que l'énergie, les mines, l'agriculture, le génie, la santé, l'enseignement, la soudure, l'entretien des usines ou le contrôle de qualité. De plus, un accord d'assistance technique peut être doublé de la fourniture et de l'installation de l'équipement ou d'un contrat d'industrialisation. C'est le cas de l'intervention du Centre de développement industriel (CDI) pour la formation des techniciens soudeurs congolais de CHANIMETAL avec le financement du Fonds européen du développement (FED) sous l'égide de l'U.E.[1] en République Démocratique du Congo.

c. Le G8 et le G20

La vulnérabilité particulière de la République Démocratique du Congo et de la plupart des pays d'Afrique subsaharienne a pour causes principales les chocs économiques exogènes de productivités non suffisantes, le manque sensible de réserves budgétaires, l'insécurité sociale accentuée, favorisée par une mondialisation non régulée et la situation de géopolitique et économique internationale, les activités des multinationales dans les mines.

A cet effet, il y a lieu de noter d'une part, la coopération entre la République Démocratique du Congo et le G8 sur la base de sa politique de dialogue avec l'Afrique, ses actions centrées sur des engagements d'aide et sur des initiatives relatives à l'eau, la santé, l'éducation et la forêt.

D'autre part, la coopération avec le G20 ayant pour vocation principale la gouvernance économique et les grandes économies des pays émergents, plus avancés ne permettront que le développement économique de ces pays.

---

1 Un exemple concret concernait le Zaïre sous le régime de Mobutu. Dans les chantiers de Chanimetal (société zaïroise dont 60 % étaient détenues par la société belge Chanic et 40 % par l'Etat zaïrois), l'aide à une formation pour soudeurs, financée par le Centre de développement industriel (CDI), organisme paritaire financé par le FED, et l'Administration générale de la coopération au dévelop-pement belge (AGCD) avait mené à la construction d'un premier bateau remorqueur de bouées doté d'une structure en aluminium. Douze techniciens ont été sélectionnés en vue de suivre un programme de formation. Cette aide avait abouti à la qualification officielle des soudeurs sélectionnés.

La conjonction des effets d'entraînement de G8 et G20 devrait aider les pays du Sud dont la République Démocratique du Congo à valoriser les potentialités économiques par la production, la transformation locale et l'exportation des produits finis. Cette coopération économique régulée et renforcée grâce à une politique d'intégration économique pourra permettre le développement industriel durable[1].

d. La Banque Africaine de Développement (BAD)

Comme le démontrent les différents projets financés par la Banque Africaine du Développement en faveur de la République Démocratique du Congo, ses actions ont un impact important sur le développement de ce pays.

1. Secteur eau et assainissement

Pour évaluer les projets d'eau et d'assainissement, il y a eu en date du 6 juin 2007, la signature de l'aide-mémoire pour un don de 70 millions d'unités de compte en faveur de la République Démocratique du Congo afin de permettre l'alimentation de la population en eau potable et l'assainissement en milieu semi urbain (PEASU) ».

Pour la mise en œuvre de cette politique de développement il y a eu signature d'un protocole d'accord entre la Banque africaine de développement et le Gouvernement congolais en date du 31 juillet de la même année.

La capacité initiale de ce projet est de 1,5 million d'habitants dans trois Centres : Tshikapa au Kasaï Oriental, Lisala à l'Équateur, et à Kasangulu dans la province du Bas-Congo.

En amont du barrage d'Inga, la société BHP BILLITON d'Australie est intéressée pour la construction de l'usine d'Aluminium de N'SUMBI. Le Bureau d'Études, WESTCOR POWER PROJET réalise d'ores et déjà les études de faisabilité de ce projet qui créera des emplois dans la province du Congo central.

La phase du barrage Inga III fait également l'objet d'études du WESTCOR qui sont financées en particulier par la BAD. Des investisseurs internationaux sont également intéressés par la réalisation de ce projet Grand barrage notamment la BAD, le FMI, la BM, le NEPAD, le FED et l'UE.[2]

---

[1] *Op. cit.*

2 J.M. KAMBA, *Raccorder en eau près de 1,5 millions d'habitants : la RDC et la BAD signent l'aide-mémoire de la mission de supervision du projet PEASU*, L'Actualité de l'Afrique, Revue de presse congolaise et internationale, Kinshasa, 11/06/210.

2. Secteur électrification en milieu périurbain et rural

Le financement par la Banque africaine de développement (BAD) pourra permettre à la Société Nationale d'Électricité (SNEL) de réaliser des projets d'électrification des communes périphériques de la ville de Kinshasa et en milieu rural.

Les projets de la BAD concernent, également, l'étude pour le développement du site du barrage hydroélectrique d'Inga, la réhabilitation et le renforcement des unités de production d'Inga du réseau de distribution de la ville de Kinshasa et du projet relatif à l'électrification en milieu périurbain et rural.

La signature du contrat d'engagement est intervenue après les études prospectives faites sur le terrain par la BAD. Ces études ont permis par ailleurs de déceler et d'analyser les besoins en électricité de la population afin d'accroître leurs activités.

Le financement du troisième projet relatif à l'électrification en milieu périurbain et rural est évalué à 1.300.000 dollars américains. Ce projet concerne les 26 provinces du pays. Les fonds serviront notamment à indemniser la population dont les maisons seront détruites pour faire passer une nouvelle ligne haute tension d'Inga.

La BAD a également promis de prendre des dispositions pour que l'électricité soit desservie à moindre coût à la population. Le projet vaut son pesant d'or, dans la mesure où il permettra à la population de créer de petites unités de production en vue de se prendre en charge car l'électricité favorise le développement[1].

Le projet de l'électrification périurbain et semi rural fera accroître l'activité de la population paysanne. La BAD dont on a noté des multiples interventions dans plusieurs projets en République Démocratique du Congo fera de son mieux pour que l'ensemble du territoire national puisse bénéficier du projet volet périurbain et rural.

Le démarrage du projet d'électrification en milieu périurbain et rural est intervenu au début de l'année 2011.[2]

3. Secteur minier

La Banque africaine de développement (BAD) a approuvé, au titre de son guichet du secteur privé, un prêt de 100 millions de dollars américains au bénéfice de la société «Tenke Fungurume Mining SARL» (TFM), pour l'exploitation d'une mine de cuivre et de cobalt au Katanga.

---

1 *Op. cit*

2 LUDI CARDOSO, *La BAD s'engage à financer les projets d'électrification en milieu périurbain et rural*, Le Potentiel, Kinshasa, 14/07/2010.

Selon le bureau de la BAD à Kinshasa, le projet de Tenke Fungurume Mining comprend l'exploitation du gisement de minerai d'oxyde à Tenke et son traitement dans une usine hydro métallurgique conventionnelle en vue de l'extraction du cuivre et du cobalt.

Ce projet produira 115.000 tonnes par an de cathode de cuivre de niveau LME, et 10.000 tonnes de métal de cobalt (mélange de produit raffiné et de métal hydroxyde).

Il comporte des activités d'exploitation minière et l'amélioration des infrastructures d'appui : routes, réseau d'alimentation en électricité et en eau, etc. Il produira également 115.000 tonnes de cathode de cuivre de nuance A 8.000 tonnes de cobalt de grade supérieur par extraction électrolytique et 2.000 tonnes de cobalt de norme hydroxyde intermédiaire.[1]

Le projet comprend plusieurs volets, notamment la construction de routes d'accès pour l'exploitation des trois corps minéralisés, la construction d'une usine de traitement pour la production de quantités spécifiques de métal, la modernisation des infrastructures d'appui (énergie, route, eau, gestion des eaux usées et logements) pour l'exploitation minière et les opérations de traitement et l'installation de gestion des résidus avec possibilité de stockage pendant toute la durée de vie de la mine.

Le projet, qui représente 11 % du PIB devrait attirer vers le pays d'immenses investissements directs étrangers. Il aura par conséquent un impact positif, en ce qu'il générera des emplois et contribuera à la croissance du PIB.

Il offrira en outre des opportunités aux entreprises locales, notamment aux PME qui pourront fournir des biens et des services. Les infrastructures qui seront améliorées dans le cadre du projet (routes, voies ferrées et réseaux d'alimentation électrique) resteront à la disposition de la population pendant les opérations et après la fermeture de la mine et offriront d'immenses avantages à long terme.

Tenke Fungurume Mining créera un Fonds de développement communautaire pour permettre à la population locale de bénéficier des avantages qu'offre le projet en termes d'éducation, de santé et de bien-être social.

Ce projet est le premier dans le secteur minier financé par le guichet du secteur privé de la BAD en République Démocratique du Congo.

---

1 PANA du 05/10/2007, African Manager du 13/06/2011.

4. Secteur agricole

Pour permettre à environ dix millions de Congolais vivant à Kinshasa, capitale de la République Démocratique du Congo, la population de la province du Katanga et celles des deux Kasaï d'accéder à une alimentation saine en viande de porc et de volaille, la Banque africaine de développement (BAD) est encore intervenue pour appuyer financièrement le projet du Gouvernement congolais par un apport important de huit millions de dollars américains.

D'autre part, un projet d'aviculture devrait être financé par la BAD dans un premier temps sur environ 4000 hectares, localisés dans la ville de Kinshasa à N'Sele, et contrôlé entièrement par le Gouvernement congolais. Son impact sur l'économie de la République Démocratique du Congo est certain dans la mesure où il permet de financer le budget national à hauteur de 15 % des ressources financières, provenant de l'aviculture comme l'affirme le document stratégique de politique agricole nationale élaboré par le Gouvernement congolais en novembre 2009[1].

Ce projet fournit de bons résultats : l'amélioration de la qualité alimentaire à hauteur d'environ 1800 poulets de chair vendus par jour à travers huit sites à Kinshasa, il fournit de l'emploi à environ 60 personnes pour la production, qui sont payées 100 dollars par mois par personne, 120 personnes dont 60 femmes sont chargées de la vente qui sont payées à 90 dollars par personne, équivalence en francs congolais.

Ce projet appuyé par la BAD pourvoit à l'alimentation des personnes pauvres et lutte contre les importations à risque de surgelés inutilement coûteux.

Cette coopération entre la BAD et le Gouvernement congolais a aussi pour but de décourager les importateurs, de les aider à repenser leurs programmes en investissant au pays dans le domaine alimentaire fondé sur la qualité, tout en les faisant participer au développement industriel durable de la République Démocratique du Congo.

C'est aussi l'occasion pour le Gouvernement congolais, la Banque centrale et les autres institutions financières et bancaires, d'organiser et d'accorder des crédits dans le but de la réalisation d'investissements locaux industriels des PME/PMI dans les 26 provinces du pays.[2]

---

1 E. CHACO, *Le projet d'aviculture à N'Sele sera-t-il à la hauteur des attentes* ?, IPS Inter Presse New Agency, Kinshasa, 27/02/2011.
2 *Op. cit.*

5. Secteur sécurité aérienne

Depuis de longues années, il existe une situation très catastrophique d'insécurité aérienne et aéroportuaire en République Démocratique du Congo justifie l'intervention financière de la Banque africaine de développement (BAD) pour sortir de cette situation ce grand pays dont l'espace aérien est un point de passage obligé et un grand carrefour aérien reliant l'Europe à l'Afrique Australe et à l'Afrique de l'Est. Cette insécurité se traduit par la succession d'accidents et d'incidents sur ce grand territoire de 2.344.850 km².

L'accord porte sur le financement de 159 millions de dollars américains en raison de 137 millions provenant de la BAD, soit 86 % de l'enveloppe et 22 millions de dollars versés par la République Démocratique du Congo, soit 14%[1].

Dans un premier temps, ce projet concerne les aéroports de Kinshasa, Lubumbashi et Kisangani. Il a pour objectifs : l'amélioration de la sécurité de transport et de navigation aérienne par la réhabilitation et la dotation d'infrastructures aéroportuaires, des logistiques et des équipements modernes aux normes légales nationales et internationales, répondant aux prescriptions de l'Organisation internationale de l'aviation civile, évitant l'isolement de l'espace aérien et la surveillance sectorielle, le renforcement de la capacité technique, la maîtrise et la gestion d'exploitation.

Outre le désenclavement intérieur et extérieur, la réduction des incidents et accidents, la réduction du coût des entretiens des infrastructures et des équipements, la réduction du coût d'exploitation des compagnies aériennes, ont un impact économique sur l'accroissement des revenus d'exploitation provenant du trafic passant par les aéroports concernés.

La transformation de la RVA en société commerciale permettrait dans un proche avenir d'améliorer son exploitation, sa rentabilité aussi dans la perspective de l'accord de gestion et de stabilisation avec le groupement formé par l'Aéroport de Paris Ingénierie (ADP)[2], la République Démocratique du Congo pourra encore rentabiliser ce domaine.

e. Le Club de Paris

Malgré l'intervention du Club de Paris en faveur de la République Démocratique du Congo, la nécessité d'amélioration du climat des

1 J. BABIA, *Sécurité aérienne en RDC. La RVA et la BAD se penchent sur l'exécution du projet*, URU, Kinshasa, 05/11/2010.
2 *Op. cit.*

affaires par la création d'un cadre juridique attractif des investisseurs, la création de la croissance, le respect de l'État de droit, la bonne gouvernance, le respect des conditionnalités imposées par l'Union Européenne pour l'acheminement de l'aide au développement. Le respect de ces conditions est exigé pour l'atteinte le point d'achèvement, ouvrant droit à l'allègement de la dette dans le cadre de la stratégie des Pays Pauvres Très Endettés (PPTE) sous l'égide des institutions de Bretton Woods (Banque mondiale et FMI).

Dans le sens de la décision du Club de Paris, l'enjeu pour la République Démocratique du Congo est la réalisation du programme triennal qui a permis le versement d'une première tranche de 560 millions de dollars.

Cette somme était affectée à la réalisation des programmes divers sociaux ainsi qu'au programme de Cinq chantiers du Gouvernement. Ce geste a engendré une détente et a créé un bon climat pour la réalisation des élections présidentielles et parlementaires.[1]

Le programme triennal a exigé une contrepartie au Gouvernement congolais qui devait fournir, dans le cadre de l'amendement du contrat avec la Chine, les efforts d'assainissement de son cadre macroéconomique, la discipline budgétaire fixant le taux de croissance à 5,5%, une inflation de 15 %, l'application d'une politique salariale plus rigoureuse et humanisante, la majoration de 2 points le PIB, faire aussi preuve de rigueur financière en réduisant sensiblement les dépenses globales de État[2]

f. Les Organismes Spécialisés des Nations Unies

Le soutien que les organismes spécialisés des Nations Unies apportent aux États membres permet d'accompagner les initiatives nationales dont bénéficient les opérateurs économiques ou industriels dans les divers secteurs.

Nous citons particulièrement les cas de deux organismes spécialisés, l'ONUDI[3] et le PNUD[4], dont l'importance nous paraît réelle dans le processus de l'industrialisation de la République Démocratique du Congo. En effet, si ces deux organismes n'interviennent pas directement dans le financement des industries congolaises, il n'en demeure pas

1 Banque Nationale du Congo, *Loi de Finance 2010*, Ministère des Finances et du Budget, Kinshasa.

2 *Afrique en ligne* du 20 août 2009.

3 Organisation des Nations Unies pour le Développement Industriel.

4 Programme des Nations Unies pour le Développement.

moins qu'ils ont notamment contribué de manière efficace à l'élaboration des études de préfinancement et dans l'encadrement par des conseils techniques et la formation essentielle.

S'agissant de l'ONUDI, elle a été créée en janvier 1967 en application de la résolution 2152 (XXI) adoptée par l'Assemblée générale des Nations Unies, le 22 novembre 1966, pour «favoriser et accélérer l'industrialisation des pays en voie de développement»[1]. Pour ce faire, l'ONUDI dispose de trois divisions particulièrement intéressantes : division économique, division technologique et division des services.

Forte de la mission confiée aux deux premières divisions citées, l'ONUDI encourage tout particulièrement les investissements directs en République Démocratique du Congo, pourvu qu'ils soient demandés par ce pays. Il faut rappeler que cette institution marque sa préférence aux accords de coentreprises qui sont profitables à toutes les parties. Cette institution peut ainsi aider la République Démocratique du Congo à augmenter, dans le cadre de sa politique industrielle et de ses priorités, la production industrielle tant du secteur privé que du secteur public en recourant à toutes les formes de coentreprises industrielles entre les promoteurs de projets d'investissement industriel dans ce pays et des partenaires étrangers. Pour cela, il s'agit de mobiliser et de maîtriser les ressources nécessaires au financement, à la technologie et à la gestion de ces projets.

Ayant mis en place des services de promotion des investissements dans les pays en voie de développement, l'ONUDI peut identifier des partenaires étrangers qui pourraient coopérer à la création de «joint venture» en République Démocratique du Congo. Ces services disposent des banques de données fournissant des renseignements détaillés sur les sociétés qui s'intéressent aux possibilités de coopération industrielle avec la République Démocratique du Congo, le secteur concerné et sur le genre d'opération recherchée[2].

Outre le rôle de catalyseur de joint-venture, les services de l'ONUDI aident à la formation des compétences dans le domaine de la promotion industrielle. Les bureaux de ces services offrent chaque année à plusieurs stagiaires la possibilité de faire localement ou à l'étranger la promotion de leurs projets.

---

1 Voir notamment Zaimaï Haquani, *Qu'est-ce que l'ONUDI ?, Industrialisation et Commerce du tiers-Monde,* Notes documentaires, n° 4808, 1986, p. 55 ; M. BELANGER, *Institutions Economique, Internationale*, Economica (Coll. Droit international), Paris, 1989, p. 69 ; G. BAKANDEJA WA MPUNGU, *Le droit du commerce international*, *op.cit.*, p. 31.

2 *Rapport de la Commission interministérielle pour la reconstruction,* Kinshasa (RDC), 1997, p. 12-21.

Le Service de l'ONUDI[1] en France en donne une bonne illustration. Créé officiellement en juin 1980, il s'occupe principalement des pays francophones d'Afrique, dont la République Démocratique du Congo ; il a pour mission d'identifier et de promouvoir des projets industriels des pays en développement, ce qui requiert des technologies, du savoir-faire et des capitaux étrangers. Son objectif est d'élargir l'horizon des entreprises françaises à de nouveaux partenariats interentreprises dans ces pays. Il est composé de deux bureaux, l'un à Paris, l'autre inauguré en 2004, à Marseille.

Le Service de l'ONUDI en France a mis en place un programme d'accueil des représentants (délégués) des pays en voie de développement[2] et s'est doté d'une série d'outils promotionnels, notamment : un fichier des sociétés françaises ; le réseau de correspondants régionaux, la collaboration avec les banques françaises et la collaboration avec l'administration française.

Depuis juin 2010, le Gouvernement congolais avait organisé une réunion avec l'Organisation des Nations unies pour le développement industriel (ONUDI) pour obtenir l'appui de son programme de coopération technique pour les années 2011-2019, et du projet de création d'un centre agroalimentaire dans la Province du Bas Congo.

Ce programme de coopération technique entre la République Démocratique du Congo et l'ONUDI s'inspire du pilier 2 du Document de Stratégie et de Croissance et de la Réduction de Pauvreté (DSCRP).

Ce système des Nations Unies était sollicité par le Gouvernement congolais pour l'organisation des ateliers sectoriels de projets au niveau de la Province du Bas-Congo. A travers l'ONUDI, c'est le Japon

---

1 Voir notamment, Activités et réseau de correspondants, les outils promotionnels, *Afrique Industrie* n° 48 du 15 juin 1986, p. 10.

2 Le programme des délégués de pays en développement permet d'accueillir au Service des spécialistes de la promotion et de la préparation des projets dans ces pays. Ces délégués font bénéficier les entreprises françaises d'un appui opérationnel. Le rapport d'activité 2004 du service de l'ONUDI en France souligne que les activités d'un délégué s'articulent autour de deux axes principaux et complémentaires : un travail général de mobilisation de la communauté économique française rédaction de documents promotionnels, organisation de réunions d'information, accueil de délégations nationales, contacts individuels avec des institutions et des entreprises, préparation de missions d'entreprises sont autant d'activités qui participent à cette activité de promotion générale ; un travail plus spécifique de promotion de projet d'investissement industriel : le délégué ici agit comme un développeur. Il lui appartient d'identifier les industriels français ou de son pays porteurs de projets, de participer à leur formulation, de rechercher les partenaires adéquats, d'assister les partenaires potentiels dans leurs démarches, leurs négociations et la préparation de leurs projets.

partenaire de la République Démocratique du Congo, qui a débloqué 1,3 million de dollars américains[1].

Le but de ce financement ONUDI/Japon est la création d'un centre technique agroalimentaire doté de structures de formation technique et de gestion d'entreprises capables de promouvoir la desserte agricole et de réaliser des projets socio-économiques sanitaires et éducatifs qui évitent la famine, la malnutrition et augmentent les revenus des paysans.

Notons que ce programme de coopération technique avec la République Démocratique du Congo, lancé depuis le 8 juin 2000 à Kinshasa va favoriser la transformation locale de manioc, d'huile de palme et du bois afin de raviver le secteur privé.

Un autre projet financé par l'ONUDI à hauteur de 1 milliard 300 millions de dollars américains est localisé à Kimpese dans la Province du Bas-Congo avec pour objectif de permettre aux paysans et agriculteurs d'acquérir les compétences, les techniques de transformation des produits avant de les exporter[2].

En ce qui concerne le PNUD, la coopération industrielle passe par le Service des études de faisabilité pour les investissements (IFSF). En effet, le principal objectif de ce service est d'aider les investissements potentiellement rentables à attirer des fonds étrangers sous forme du capital social ou de prêt. Ce service peut collaborer et aider les Bureaux d'études de la République Démocratique du Congo à promouvoir des projets productifs. Il faut rappeler que ce service accorde souvent sa préférence aux secteurs agricole et industriel.

En règle générale, on peut convenir qu'il faut encourager les partenaires industriels à définir eux-mêmes leurs projets, il n'en reste pas moins vrai que le fonctionnement des services de l'ONUDI et du PNUD paraît satisfaire tous les acteurs[3], en effet :

Les États hôtes y voient la possibilité de disposer d'un outil privilégié de coopération industrielle avec les pays en voie de développement et de maintenir des contacts économiques avec eux.

Les bureaux nationaux de l'ONUDI et du PNUD constituent incontestablement un moyen efficace pour ces organismes spécialisés des Nations Unies d'accentuer leurs actions sur le terrain ;

Enfin, pour les entreprises des pays industrialisés, les bureaux des services onusiens sont un instrument privilégié de contacts et d'informations sur les opportunités d'investissement dans les pays en

1 G. CRAVEAU, *Coopération technique RDC/ONUCI*, Agence congolaise Presse, Kinshasa, 08/06/2010.

2 *Le Congo*, Hebdomadaire d'actualités congolaises, Kinshasa, 10/06/2011.

3 Voir O. Kabe-Abbo, *op. cit.*, p. 338.

voie de développement, avec la garantie de sérieux que leur apporte le label des Nations Unies.

Pour des raisons historiques et politiques, la République Démocratique du Congo, à l'instar de nombreux pays africains, a longtemps privilégié la coopération bilatérale avec les pays occidentaux dans divers domaines, notamment dans le secteur industriel. Le moins que l'on puisse dire est que ce pays n'a pas encore réussi son industrialisation, bien au contraire, il s'est enfoncé dans une grave crise économique pour des raisons d'inadéquation des décisions politiques et de dysfonctionnement qui ont déjà été largement rappelées.

Dans le contexte actuel de la mondialisation et, compte tenu de l'option pour l'industrialisation, la République Démocratique du Congo doit davantage diversifier ses bailleurs de fonds. Par conséquent, le pays doit multiplier les accords intergouvernementaux et conclure des contrats inter-industries avec les différents autres pays intéressés, en vue de relancer la coopération industrielle. Sans nul doute que cette conception de la coopération bilatérale peut largement justifier la coopération avec les pays d'Asie, notamment le Japon, l'Inde[1], la Chine[2], la Corée, etc.

Une telle approche de la coopération bilatérale exige que la République Démocratique du Congo ait la capacité non seulement d'attirer des investissements durables, mais aussi de veiller au respect des standards économiques, sociaux et environnementaux. L'impact de cette

1 On notera qu'à l'occasion de la conférence sur le partenariat Inde-Afrique du 3 au 5 mars 2005, organisée par la « Confederation of Indian Industry », M. Jean-Pierre Bemba, alors vice-président de la République, a invité les industriels indiens à installer une taillerie de diamants en RDC. Les sociétés indiennes IZPAT (métallurgie) et TATA (automobile, sidérurgie) ont envoyé des missions au pays. Par ailleurs, une ligne de crédit de 57 millions de dollars fut accordée pour la construction d'une cimenterie et la réhabilitation du chemin de fer des Uélés.

2 En échange de concessions minières exploitées en partenariat, la RDC a signé en octobre 2007, avec la Chine, des accords portant sur un prêt au développement de 10 milliards de dollars américains ; voir notamment Journal *Le Potentiel* du 22 septembre 2007 ; T. HOFNUNG, « Le Congo se joue du FMI grâce à la Chine », *Libération* du 4 octobre 2007 ; *J.A.* n° 2438 du 30 septembre au 6 octobre 2007, n°2449 du 16 au 22 décembre 2007 ; J. Vandaele, « Partenariat RDC-Chine : La raison impose le choix obligé, n'en déplaise aux concurrents », *Le Phare,* Kinshasa le 23 février 2008 ; « RDC-Chine : Le contrat de coopération bilatérale qui fait peur aux concurrents jaloux », *Le Phare,* Kinshasa le 23 février 2008 ; O. NSONGO DIE LEMA, « Chine pour les 5 chantiers : 10 millions de tonnes pour les chinois », *L'Avenir,* Kinshasa le 23 février 2008 : P.H. *Perdrix*, « Kinshasa, Pékin et le FMI», *J.A.* n° 2467 du 20 au 26 septembre 2008, p.67 ; M. DEVEY, « Economie : la fin du tunnel ?» *AM* 275/276, août-septembre 2008, p. 70. Sur les deux conventions relatives au montage technique, financier et juridique, signées le 25 janvier 2008 entre le gouvernement congolais et la banque chinoise « Exim Bank », voir J. Ngongo, «Cinq chantiers du Chef de l'Etat : les chinois sont prêts à démarrer les travaux », *Uhuru,* Kinshasa 30 janvier 2008 ; PH PERDRIX, « *Contrats chinois : miracle ou mirage ?» Uhuru,* n° 2471 du 18 au 24 mai 2008, p. 38.

nouvelle approche de la coopération bilatérale est d'ores et déjà visible, même s'il est timide et ne se manifeste que dans certains secteurs de l'industrie congolaise.

Accompagnant l'intégration de l'économie congolaise les accords intergouvernementaux entre la République Démocratique du Congo et les bailleurs de fonds bilatéraux tendent à se réduire de plus en plus au positionnement des industriels afin de conclure des partenariats inter-industries.

Deux secteurs peuvent être cités à titre d'exemples, le secteur minier et celui des infrastructures.

D'abord le secteur minier, le sous-sol congolais démontre qu'il n'a pas révélé l'étendue des ressources et les chances qu'il offre pour le développement du pays. Pour l'heure, les experts estiment qu'il recèle 34% des réserves mondiales connues de cobalt et 10% de cuivre[1]. Le pays dispose de gigantesques ressources d'uranium, d'or, de diamant, de cobalt et de minerais rares comme le germanium. L'exploitation industrielle des ressources géologiques congolaises est appelée à croître.

D'aucuns pensent que l'envolée des cours mondiaux des matières premières, la réhabilitation des infrastructures et la perspective d'une pacification du territoire sont autant d'éléments qui doivent redonner confiance aux investisseurs[2].

Sur la liste de nombreuses industries des pays occidentaux[3] et des bailleurs de fonds bilatéraux traditionnels qui ont conclu des contrats de partenariat avec les industries minières congolaises, il faut maintenant ajouter les industries chinoises.

A titre d'exemple, la Société Générale d'Ingénierie d'Outre-mer de Chine (COVEC) est en partenariat avec la GECAMINES pour l'exploitation du gisement de Luisha et envisage également de valoriser de nouveaux sites. La China National Machinery and Equipment Import and Export Corporation (CEMEC) a signé une convention de partenariat avec la Minière de Bakwanga (MIBA)[4].

Mais il faut évoluer vers l'atteinte d'une industrie de traitement et de transformation en produits finis de minerais congolais et autres produits avant de les exporter vers les marchés étrangers.

---

1 *Jeune Afrique* n° 2438 du 20 septembre au 6 octobre 2007, p. 99.
2 *Idem.*
3 Des industries telles que BHP Billiton, Phelps Dodge, Angelo Ashanti, De Beers.
4 Aux termes de cette convention, l'industrie chinoise investira 75 millions de dollars américains pour renouveler les équipements. Ce qui devrait permettre la relance de la production de diamant à un niveau de 7 à 8 millions de carats par an.

Par ailleurs, nous signalons que d'autres gisements qui devaient être exploités par des industriels traditionnels inefficaces ont changé de mains pour revenir aux sociétés chinoises plus à même de les rentabiliser aussi au bénéfice de la République Démocratique du Congo.

L'exploitation des gisements de Machamba et de Tshinkolobwe rétrocédés à la GECAMINES par la société Katanga Mining qui était en partenariat avec le Groupe Forrest sera confiée à des sociétés chinoises, la société Katanga Mining recevra au titre de compensation, au plus tard en 2015, soit des gisements de cuivre et de cobalt, soit un versement forfaitaire de 825 millions de dollars américains[1].

Le secteur des infrastructures mérite d'être souligné, car la perspective de progression de l'activité industrielle est considérable dans ce secteur important et stratégique, telles que les installations hydroélectriques, les télécommunications, le bâtiment et les travaux publics, les ponts et chaussées, les routes, autoroutes et les routes de desserte agricole. Ce secteur offre aujourd'hui d'énormes opportunités de partenariat entre les industries congolaises (PMI et Grandes Industries) et les investisseurs étrangers, notamment les industries chinoises et autres.

Outre le projet de construction d'un grand port en eau profonde à la côte de l'Océan Atlantique, à Moanda (Bas-Congo), les industries chinoises réalisent en partenariat avec les industries congolaises, notamment[2] : 3.200 km de voies de chemin de fer entre Sakania (Katanga) et Matadi (Bas-Congo) entre Matadi-Inga, Boma et Moanda (Bas-Congo) et la reconstruction du chemin de fer Boma-Tshela ; 3.400 km de routes entre Kisangani (Province Orientale) et Kasumbalesa (Katanga) ; Une autoroute entre Lubumbashi (Katanga) et Kasumbalesa à la frontière zambienne dont on a déjà annoncé le début des travaux ; 450 km de routes dans différentes villes du pays ; 31 hôpitaux et 145 centres de santé ; des universités ; 5.000 logements sociaux.

La présence de la Chine n'empêche pas les partenaires traditionnels, notamment les États unis d'Amérique, les pays européens (Belgique, France, Allemagne, etc.) de venir investir en République Démocratique du Congo, ce pays qui pratique la politique de porte ouverte ne saurait ralentir le processus de développement industriel enclenché par le gouvernement congolais. C'est avec lucidité que l'avocat français Christophe Asselineau exprime le regret que :

1 Voir P.H. PERDRIX, « La tension monte au Katanga », *J.A.* n° 2460 du 2 au 8 mars 2008, p. 77.

2 Voir les grands chantiers annoncés par les autorités congolaises, *J.A.* n° 2438 du 30 septembre au 6 octobre 2007, p. 98.

« Les européens, et en particulier les français qui disposent d'entreprises de construction et d'énergie puissantes, parlant la même la langue et ayant l'habitude de travailler en Afrique en utilisant et en formant la main d'œuvre locale, n'aient pas proposé des offres de ce genre au gouvernement congolais »[1]

Nous pensons qu'il y a dans ce pays aux dimensions d'un continent de la place pour tous les investisseurs potentiels. L'ANAPI (Agence Nationale pour la Promotion des Investisseurs) est à la disposition de toutes les candidatures.

B. Incidence de la coopération bilatérale sur le développement de la République Démocratique du Congo. Rôle des bailleurs de fonds

a. La France

La France qui entretient des relations séculaires d'amitié et de coopération avec la République Démocratique du Congo a signé avec ce pays, à Kinshasa, des protocoles d'accord de financement de huit (8) projets d'un montant total de 525.000 dollars américains, pour la création d'emplois et l'insertion sociale des femmes et des jeunes filles congolaises[2].

L'opération de ce financement s'effectue sous le contrôle de l'Ambassade de France et du Gouvernement congolais[3].

En matière de passation du système actuel de l'Impôt sur le chiffre d'affaires (ICA) (ex-CCA à la TVA) (Taxe sur la Valeur Ajoutée), la France et la République Démocratique du Congo ont convenu d'affecter au cabinet du ministre des Finances congolais un français (Monsieur Gérard POINTE) en qualité d'Expert-conseiller en fiscalité[4].

La France traîne une expérience éprouvée en matière de TVA car elle est le pays géniteur de ce concept d'imposition fiscale. De manière générale, le principe central de la TVA est d'éviter les impositions cumulatives dites «en cascade» qui conduisent à intégrer dans l'assiette de l'impôt à chaque stade de la commercialisation d'un bien ou d'un service la valeur des taxes cumulatives récolées au stade précédent. L'assiette est toujours la valeur ajoutée et ne contient aucune part de taxe sur les

---

1 Cf. *Les Afriques* n° 22 du 27 mars au 2 avril 2008, p. 15.

2 *Mhtml : file://F : IRD Gongo* et Pana du 19/03/2011 et *op. cit.*

3 *Op.cit., Pama* du 10/06/2011.

4 TVA Système français relevant du Droit financier, appellation générique désignant au sens large un ensemble d'impôts indirects et taxes fiscales présentant le double caractère commun d'être calculé *Mhtml : file://F : IRD Gongo et Pana* du 19/03/2011 et *op. cit.*

ventes, contrairement à la plupart des systèmes de taxes sur le chiffre d'affaires.

Par rapport à d'autres formes d'imposition, la TVA présente des avantages en termes d'équité et de simplicité, tout en assurant l'État d'un bon rendement.

L'équité renvoie au fait que compte tenu de la complexité des systèmes de production et de ventes, aucun intermédiaire ne supporte la TVA qui n'est payée que par le consommateur final. La TVA est donc neutre à l'égard des modes de production (sous-traitance ou non ; importation de composants ou non). Chaque produit est taxé de la même façon qu'il soit importé ou produit par État concerné. Par ailleurs, l'administration fiscale dispose d'une information fiable sur toutes les ventes, à tous les niveaux de la chaîne économique, chaque entreprise déclare non seulement ses ventes, mais aussi ses achats, qui sont les ventes de ses fournisseurs, ce qui limite les risques de fraude.

Par contre, la simplicité est double. Elle renvoie au fait que, pour les entreprises, l'enregistrement de la TVA perçue sur les ventes se fait aussi simplement que celle grevant les achats. Ainsi, pour l'État, il est possible de moduler la pression fiscale à l'aide de quelques paramètres (taux d'imposition, assiette déductible, etc.), ou d'influencer la consommation en changeant la catégorie fiscale d'un groupe de produits, sous réserve de respecter les accords internationaux qu'il a pu souscrire, alors que, pour les finances publiques, la TVA est de fort rendement et d'un coût de collecte très faible[1].

Sur le compte de la France, il convient également de souligner le rôle joué par l'Agence française de développement (AFD) en République Démocratique du Congo dans le financement du secteur privé.

La République Démocratique du Congo connaît un accroissement important en nombre d'institutions financières et bancaires soit 22 unités depuis 2010, alors qu'en 2008 elles n'étaient que 10. Ceci a pour conséquence l'augmentation de volume de crédit à l'économie qui passe de 60 millions de dollars américains en 2008 à 688 millions de dollars américains en 2010[2].

Ce constat démontre que le système financier congolais s'étoffe, ceci est fort encourageant. Mais, il reste encore un long chemin à parcourir pour permettre au secteur bancaire de jouer pleinement son rôle d'intermédiation et de catalyseur de l'économie nationale.

---

1 F. KUEDIASALA, *La France au chevet de la République Démocratique du Congo,* Editions Le Potentiel, Kinshasa, 18/03/2011.

2 Rapport de la Banque Centrale, Kinshasa, 2010.

La capacité de bancarisation de la RDC se situe autour de 1 % alors qu'il est de plus ou moins 15 % en Afrique sub-saharienne. Le crédit à l'économie ne représente qu'environ 10 % du produit national brut alors qu'il est de 40 % en moyenne dans d'autres pays d'Afrique sub-saharienne.

La relance de l'économie nationale doit passer obligatoirement par l'amélioration du système financier national dont les capacités de financement sont pour l'instant limitées, peu développées, onéreuses et contribuent faiblement à la promotion des activités des entreprises et au développement du pays.

La faiblesse de l'épargne nationale, l'importance inquiétante de l'informel qui manipule près de 90 % des flux en devises hors circuit bancaire sont quelques-uns des éléments à la base de cette situation.

Pour accompagner et soutenir la relance économique du pays, il faut absolument trouver une solution à deux paramètres : le mauvais climat des affaires et la sous bancarisation. S'agissant du climat des affaires, c'est le rôle de l'État, une première solution vient d'être apportée avec l'adhésion du pays à l'Organisation sur l'harmonisation du droit des affaires en Afrique (OHADA) qui pourra permettre de résoudre un des problèmes majeurs, à savoir, l'insécurité juridique et judiciaire.

S'agissant du deuxième paramètre, il faudra rapidement trouver des solutions à la sous bancarisation du pays, à la faible capacité des institutions bancaires et financières nationales à octroyer des crédits en général et plus spécialement des crédits à long terme, seuls à même de soutenir l'investissement. L'État congolais doit imposer un comportement éthique dans la gestion des PME-PMI qui souffrent de manque de financement adéquat pour leur développement[1].

Encore à l'actif de la France, on a noté l'implication du Groupe des Aéroports de Lyon dans le grand projet de modernisation des 54 aéroports de la République Démocratique du Congo. Cette coopération consiste dans le transfert des compétences, l'assistance-partenariat à la Régie des Voies Aériennes (RVA) dans la recherche des bonnes solutions aux différentes difficultés, notamment la formation des cadres, la fourniture des finances nécessaires à la réalisation des projets[2].

D'autre part, le Groupe français Castel s'est engagé à investir dans les deux Kasaï Oriental et Occidental dans le domaine de l'exploitation

---

1 M. LUTETE, Extrait du *Rapport de la Banque Centrale*, Edition Journal Pontentiel, Kinshasa, 18/04/2011.

2 *Op. cit. mhtml : file///F : RD Congo Kinshasa*, 14/06/2011.

industrielle de la brasserie «Castel Beer». Le montant du projet qui créera des emplois s'élève à 4 millions de dollars américains[1].

Il faut également signaler l'implication du Groupe français pétrolier Total dans la prospection et l'exploitation du pétrole, dans le Graben Albertine au lac Edouard. Ce gisement de pétrole à l'Est de la République Démocratique du Congo était laissé pendant longtemps à la portée des moins nantis financièrement et sans expérience dans cette immense Cuvette centrale et dans le lac Edouard.

Face à la course effrénée des groupes intéressés par cette exploitation, le Gouvernement congolais fort de l'expérience et des échecs du passé, doit prendre des mesures de précaution et faire preuve de rigueur et d'éthique dans l'élaboration des contrats, en évitant des erreurs qui étaient à la base de la révision des contrats léonins signés précipitamment dans le domaine minier (cuivre, or, diamant, cassitérite, etc.), le Gouvernement veillera désormais à l'intérêt de l'État et à la transparence pour que le peuple congolais, qui a longtemps souffert, profite de la manne pétrolière avec l'arrivée des majors de l'industrie mondiale du pétrole[2].

D'autres groupes pétroliers importants sont dans la course toujours à l'Est de la République Démocratique du Congo parmi lesquels nous citerons : l'entreprise CARRIKAT, le Groupe ENI d'Italie, le groupe EXXON d'Amérique, le groupe SOCO International. Il faut souligner que les réserves en pétrole à l'Est sont évaluées en milliards de barils.[3]

b. Les Pays-Bas

Dans la perspective de permettre au Gouvernement congolais d'asseoir sa politique des énergies renouvelables à travers tout le pays pour l'amélioration de la desserte en eau potable et en électricité, l'Organisation néerlandaise de développement (SNV) a convenu avec la Commission nationale de l'énergie (SNEL) de la République Démocratique du Congo, un accord de développement dans ces domaines essentiels.

La desserte actuelle est trop insuffisante, soit 9 % pour l'électricité et 24% pour l'eau potable alors que les potentialités hydroélectriques sont importantes.

---

1 *Op. cit.*

2 *Le Potentiel*, journal congolais, 03/03/2011.

3 *Op. cit.* Afrique en ligne de juin 2011.

Le besoin en énergie de la Ville de Kinshasa, capitale d'environ 7.000.000 d'habitants, est d'environ 140 MW, sans compter les besoins non encore satisfaits des provinces.

L'énergie renouvelable a un impact pour la résolution du coût d'exploitation, de production, de réduction des fossiles, de création d'emplois, d'amélioration de l'environnement socioéconomique.

Pour le renforcement des capacités techniques et scientifiques, l'accroissement du revenu national et le développement industriel du pays en énergie sont incontournables[1].

c. La Suède

L'Organisation Non Gouvernementale suédois, dénommée FOLKE BERNADOTTE ACADEMY, est chargé par le Gouvernement suédois d'étudier les évaluations et les possibilités de renforcer la réalisation des projets de développement socioéconomique dans les Provinces de Kivu Nord, Kivu Sud et Maniema. Le protocole d'accord entre les Gouvernements suédois et congolais a été signé[2].

d. Le Portugal

Le Gouvernement portugais, par l'intermédiaire de la Chambre du commerce du Portugal a dépêché en République Démocratique du Congo une délégation d'hommes d'affaires portugais spécialisés dans la pêcherie et la transformation industrielle des produits de la pêche.

L'objectif de ce groupe qui a fait parvenir au port de Matadi dans la Province du Bas-Congo, cinq bateaux de pêche, est de lancer le projet du genre de la défunte Pêcherie Maritime Congolaise (PERMACO), une des victimes de l'opération zaïrianisation (nationalisation) tant décriée de 1973.

Pour réussir l'autosuffisance alimentaire dans ce domaine, il faudrait que le Gouvernement congolais encourage le secteur privé dans le domaine de la pêche et de la transformation industrielle à l'Océan Atlantique, au fleuve Congo et dans les lacs, notamment, le lac Inongo, etc.

Malgré l'énorme potentiel halieutique congolais, évalué à environ 700.000 tonnes de poissons par an, les investissements font défaut en

---

1 LUDI CARDOSO, article des experts réfléchissant sur le développement des énergies renouvelables, Journal le Potentiel, Kinshasa, 31/03/2011.

2 *Op., cit., Afrique en ligne* du 14 juin 2011.

République Démocratique du Congo, la production actuelle étant seulement d'environ 250.000 tonnes par an, le pays en importe encore trop, cette situation nécessite d'être remédiée[1].

e. La Belgique

Le Centre Belge d'Intelligence Stratégique et de Relation Internationale (CISRI) et l'ONG Carrefour Congo Culture, ont organisé en date du 9 et 10 juin 2011 un forum économique sur la reconstruction de la République Démocratique du Congo.

Cet événement a un impact certain sur le développement du pays dans la mesure où il porte directement sur le secteur financier et démontre que contrairement à une certaine opinion, la République Démocratique du Congo souhaite et invite directement la Belgique est les hommes d'affaires belges à investir dans le pays, c'est aussi une invitation à la diaspora congolaise à prendre des initiatives dans le même sens, en partenariat avec des entreprises et des hommes d'affaires belges, les services économiques ou juridiques de l'ambassade de la République Démocratique du Congo. Les bureaux d'études économiques peuvent aider à créer les premiers dossiers à acheminer à l'Agence Nationale pour la Promotion des Investissements (ANAPI) à Kinshasa.

f. L'Allemagne

La République Allemande qui est déjà présente dans plusieurs projets de développement socioéconomique en République Démocratique du Congo, contribue activement à la réhabilitation du grand barrage hydroélectrique d'Inga dans la Province du Bas-Congo pour un montant estimé à 600 millions d'euros.

Ce site d'Inga possède un potentiel de 40.000 à 50.000 MW sur environ 100.000 MW dont dispose tout le pays[2]. Le coût total d'investissement est évalué à 7,6 milliards de dollars US.

Avec la construction du Grand barrage Inga III, le Gouvernement congolais entend résoudre le déficit actuel dans le pays en électricité et répondre à la demande exprimée par l'extérieur[3].

---

1 *Op., cit.*, suite du 14 juin 2011.

2 PANA, République Démocratique du Congo, *Réhabiliter le barrage hydroélectrique d'Inga*, Afrique en ligne du 20/02/2011. *mhjtml : file://F* du 22/06/2011.

3 R. MASE, «Construction du barrage d'Inga III, 7,6 milliards USD», *Afrique Avenir*, Kinshasa, 19 et 23 juin 2009.

g. L'Italie

Vieille de plusieurs décennies, la coopération entre la République Démocratique du Congo et l'Italie peut être qualifiée à juste titre, d'exemplaire. Elle a maintenant l'avantage de se réchauffer continuellement et de s'ouvrir aux nouvelles opportunités pour une coopération toujours croissante après son implication importante dans la construction du barrage d'Inga.

Nous constatons un renforcement des rapports économiques en appui à plusieurs projets de développement à travers le pays : la vitesse de croisière de la coopération prend naissance à la suite des premières élections libres et démocratiques de 2006, la mise en place de cadres juridiques adéquats et sécuritaires, notamment le nouveau Code des Investissements, la nouvelle législation sur les mines et les hydrocarbures, le Code forestier, la création de l'Agence nationale pour la promotion des investissements (ANAPI) instaurant un guichet unique pour aider les investisseurs dans leurs démarches sans tracasseries. Ces initiatives des autorités congolaises ont motivé l'Italie à relancer la coopération bilatérale dans les domaines économiques, techniques et culturels.

Les projets, déjà approuvés ou en cours d'approbation, étaient évalués à au moins 9 millions de dollars USA en 2007.[1]

La coopération italienne en République Démocratique du Congo s'opère par le biais d'organismes internationaux, par les Organisations Non Gouvernementales « ONG » italiennes, par la coopération décentralisée et par le canal d'appui direct aux institutions congolaises dans les microprojets, exemple : assistance en infirmiers des secteurs socio-sanitaires, en éducation, dans la construction et la réhabilitation des infrastructures, dans la sécurité alimentaire, dans la formation des cadres, dans la scolarisation des filles, dans l'amélioration des conditions de vie des déplacés de guerres, des ex-combattants, des populations rurales et des minorités.

Pour la période 2008-2011, la coopération financière de l'Italie en République Démocratique du Congo, a investi un montant global de 25 millions de dollars américains.[2]

L'Italie s'est également impliquée dans la croissance économique pour amener la République Démocratique du Congo à atteindre les Objectifs du millénaire pour le développement à l'horizon de l'année 2015, au fur et à mesure, en instituant des bases fondamentales de sécurité, de paix,

1 M. LUTETE, «RDC-Italie, une coopération qui crée de nouvelles opportunités», *Le Potentiel*, Kinshasa, 16/07/2007. *mhjtml : file://F* du 22/06/2011.

2 PANA, Précision du montant de coopération financière, Kinshasa 01/06/2011.

de fraternité, de bonne gouvernance par la gestion éthique des affaires, en créant en faveur des entreprises nationales et étrangères un environnement adéquat pour les investissements.[1]

h. La Grande-Bretagne

Dans son programme de coopération avec la République Démocratique du Congo, la Grande-Bretagne a toujours mis l'accent sur la primauté de l'investissement privé pour réussir le développement économique durable.

Se focalisant sur le suivi du programme de réforme du secteur de la sécurité, la Grande-Bretagne a apporté un montant de 70 milliards de livres sterling, outre sa part de contribution au sommet du G20 à Londres, sur le montant de 750 milliards de dollars américains destinés aux institutions financières internationales à distribuer aux pays africains qui en justifiaient le besoin dont la République Démocratique du Congo qui connaît d'importants problèmes socio-économiques pour justifier le bénéfice de cette part d'aide au développement[2].

Pour l'intervention financière estimée entre 100 à 150 millions de dollars américains devant permettre la relance de la Minière de Bakuanga (MIBA) en partenariat avec des sociétés anglaises, la Grande-Bretagne a préconisé l'investissement privé pour améliorer la gestion de cette entreprise minière, un des poumons de l'économie congolaise.

La Grande-Bretagne qui s'implique également dans le projet d'adduction d'eau potable à Mbuji-Mayi a financé ce projet par le canal de l'Agence britannique du développement (DFID) et envisage de souscrire et renforcer d'autres projets en accord avec le Gouvernement congolais.

Dans cette perspective un protocole d'accord était signé entre les deux pays pour la réalisation d'un projet de recensement du personnel enseignant de l'Enseignement primaire, secondaire et professionnel (EPSP) et l'élaboration de la carte scolaire en République Démocratique du Congo pour un montant global de 12.403.998 livres sterling, soit 18.600.000 dollars américains : l'éducation est dans tout pays une des conditions de croissance durable et la garantie de la relève des générations présentes. Elle est aussi un des Objectifs du Millénaire pour le Développement (OMD) à l'horizon 2015.

---

1 *Op. cit.*
2 V. WA.UNDDIGA, *Les questions de coopération entre la RDC et la Grande-Bretagne*, Agence Congo Presse (ACP), Kinshasa, 07/04/2009.

Cette initiative de recensement va mettre fin à l'existence dans la Fonction Publique des fonctionnaires en général et des enseignants fictifs en particulier dont les salaires sont constamment détournés.

Ce projet permet la maîtrise de la gestion des écoles maternelles, primaires, secondaires et professionnelles, du personnel administratif de l'EPSP et de la Fonction Publique.

i. La Suisse

Pays ami de la République Démocratique du Congo, la Suisse n'a pas cessé de se montrer sensible aux graves problèmes qui se posent dans ce pays. C'est dans ce cadre que la Confédération helvétique pour accompagner le Gouvernement congolais dans son ambitieux programme de cinq chantiers pour la reconstruction nationale, a apporté une contribution financière de l'ordre de 10.000.000 de dollars américains non remboursables après signature d'un accord en date du 7 avril 2011.

Cette enveloppe servira aussi à résoudre le problème de santé dans la province du Sud-Kivu, précisément dans les zones de santé d'Uvira, Ruzizi, Nyantende, Nyangezi, Kaziba, Mwana, Mwenga et Kamituga qui hébergent une population d'environ deux millions de personnes.

Le Gouvernement congolais a fait de la santé une des priorités, car sans la santé, il n'y a pas de travail et de production, donc pas de développement.[1]

La santé est un des droits fondamentaux de l'homme. La Suisse en aidant financièrement la République Démocratique du Congo, accompagne ce pays.

Cet apport suisse, bien utilisé avec éthique, aura un impact sur le développement de la République Démocratique du Congo.

j. Les États-Unis d'Amérique

Au bilan de ses interventions en République Démocratique du Congo, nous soulignons la signature, en date du 22 février 2011, de quatre accords d'assistance à travers l'USAID.

Ces accords, pour la période de trois ans (2011-2013), portent sur des projets qui ont une incidence positive sur le développement socioéconomique de la République Démocratique du Congo, dans les domaines suivants : la mise en œuvre de la démocratie, la gouvernance, la

---

1 M. LUTETE, «La Suisse octroie 10 millions de dollars USD pour l'amélioration de la santé en RDC», *Potentiel* du 11/04/2011.

question des violences sexuelles, la paix, la stabilité, la santé, l'éducation, les droits de l'homme, la croissance économique et la réduction de la pauvreté.

La Fondation Bill Gates est intervenue pour l'éradication de la poliomyélite dans la Province du Nord Kivu, du Sud Kivu et du Maniema, provoquée par un poliovirus sauvage (PVS), la vaccination devant prévenir le développement de cette maladie à travers tout le pays, la santé de la population ayant un impact sur le développement économique[1].

Depuis 2020, suite aux nouveaux rapports économiques entre le gouvernement de la République Démocratique du Congo et l'Amérique, après le partenariat privilégié entre les deux pays, déjà réglé au niveau des experts, il sera bientôt conclu entre la République Démocratique du Congo un partenariat stratégique avec les États-Unis d'Amérique, pour la sécurité, la protection et le développement de ce grand pays au cœur de l'Afrique.

k. Le Brésil

Pour permettre la relance des activités agropastorales de la société des Grands Élevages (GE) dans la province du Bas-Congo, la firme brésilienne Endereco do Exportador a consenti un investissement en nature en exportant, au bénéfice de la société congolaise (GE) un cheptel de 1.562 têtes, composé de 880 bovins de race Nellore, 500 taurillons de race Red Sindi, 535 moutons de race Santa Iness, 12 chevaux et 130 buffles.

Cette intervention du Brésil a un impact économique pour la lutte contre la faim : aider à l'amélioration de l'industrie agropastorale et la réduction des importations de la viande.[2]

l. Le Canada

Les bonnes relations de coopération depuis plusieurs décennies entre la République Démocratique du Congo et le Canada qui se poursuivent d'ailleurs, étaient néanmoins affectées par un contentieux relatif à la décision de la Cour Suprême de Justice à cause de l'annulation des titres miniers que détenait la firme canadienne FIRST QUANTUM MINERAL (FQM) sur ses deux filiales congolaises, FRONTIER Sprl et

---

1 *mhjtml: file://F* du 22/06/2011 ; Les Etats-Unis et la RDC signent quatre accords de coopération. Communiqué de presse, Ambassade des Etats-Unis, Kinshasa, 22 février 2011.
2 PANA du 22/04/2011, *mhjtml : file://F* du 14/06/2011

la Compagnie Minière de Sakania (COMISA) et l'annulation depuis 2008 par le Gouvernement congolais d'un projet minier dénommé Kingamyambo Musonoi Talling (KMT), dans lequel la Banque mondiale fait indirectement partie par sa filiale, la Société Financière Internationale (SFI) [1].

Contre les souhaits des actionnaires de KMT de résoudre ce contentieux à l'amiable au mieux des intérêts des parties, le Gouvernement congolais avait émis un avis négatif en manifestant ses préférences pour un autre opérateur en lieu et place de FQM.

Dans ce dossier litigieux de KMT, le Canada voulant obtenir le changement de la décision du Club de Paris, qui avaient émis des réserves pour les assurances financières exigées par le Fonds Monétaire International (FMI) avant la conclusion d'un accord formel avec la République Démocratique du Congo.

Pour que le Canada adopte une attitude flexible en faveur du Gouvernement congolais, il a fallu beaucoup d'interventions dont celle des États-Unis d'Amérique lors de la réunion pour ce contentieux à Washington[2].

m. La Chine

En date du 22 avril 2009, était signé à Kinshasa un contrat avec les entreprises chinoises «China Railway Group Limited» et «Sinohydro Corporation» pour un montant total de 9 milliards de dollars pour l'exploitation des mines et divers travaux en République Démocratique du Congo.

Par ce contrat, la Chine s'était engagée à construire des infrastructures notamment les routes, les chemins de fer, les logements sociaux, les hôtels, les hôpitaux, les immeubles résidentiels, les écoles, etc., pour un montant de six milliards de dollars et trois milliards pour l'exploitation minière[3]. L'opposition parlementaire congolaise avait fait état de quantités énormes soit 10,6 millions de tonnes de réserves de cuivre, 6,8 millions de tonnes de réserves certaines et 3,8 millions de tonnes de réserves probables et possibles, ainsi que 626.000 tonnes de réserves de cobalt mises à la disposition des entreprises chinoises. En outre 426.000

---

1 ANNE MARIE, *Contentieux minier en République Démocratique du Congo – Affaire KMT,* Potentiel, Kinshasa, 25/10/2010.

2 MWANA MPUTU, Livre intitulé *Noir Canada,* dénonçant la complicité du Gouvernement canadien avec les transnationales qui pillent les ressources minières en Afrique, *op. cit.*

3 *mhjtml: file://F du 22/06/2011* Les *Afriques -com/index2.php ?option=com-content ftask =viewfid=6440*

tonnes de réserves certaines et 200.000 tonnes de réserves probables étaient cédées à la Joint-venture créée entre les entreprises chinoises (68%) et la Gécamines (32 %) sur un capital de 100 millions de dollars américains d'investissement pour l'exploitation des gisements divers devant rapporter 80 milliards de dollars américains à partager au *prorata* de mises[1].

Nous estimons que cette position de minorité de la Gécamines dans l'acte constitutif de la société avec le partenaire chinois n'est pas confortable et est susceptible de causer des préjudices à la partie congolaise en cas de litige. Nous souhaitons une modification des statuts pour ramener les deux parties au moins à des parts égales. Sinon la Gécamines doit souscrire pour au moins 51 % et la Chine 49 % afin d'aménager le pouvoir de décision pour la partie congolaise Gécamines.

Il faut souligner que 27 articles de la Convention signée à Kinshasa avec les entreprises chinoises concernaient la relance de la production agricole, minière et industrielle en République Démocratique du Congo dans le cadre d'un partenariat «gagnant-gagnant» mais cette convention est controversée et critiquée par une partie de l'opinion congolaise, les parlementaires de l'opposition, les institutions internationales, le FMI et les puissances étrangères, en tête desquelles les États-Unis d'Amérique.

Pour obtenir du Fonds Monétaire International (FMI) les facilités, les contrats chinois de 9 milliards de dollars américains ont toujours constitué la pomme de discorde, une épine dorsale. A Kinshasa, comme à Washington, le Fonds a toujours insisté sur ses exigences, à savoir, la finalisation de l'accord sino-congolais afin d'en évaluer les implications sur la viabilité de la dette et l'allègement de celle-ci, tel que le précise la décision du Club de Paris datée du 25 novembre 2010.

Signalons que la Chine n'est pas à son premier pas dans les actions de coopération en République Démocratique du Congo.

Déjà, le 14 janvier 1973, elle avait signé avec ce pays un protocole d'accord de coopération économique et technique aux termes duquel elle avait consenti à l'État congolais (zaïrois) un crédit sans intérêt de 200 millions de Yuans.

Ce crédit a servi à :

- la construction du Palais du Peuple à Kinshasa de novembre 1975 au 19 mai 1979 ;
- la construction d'un complexe sportif dénommé « Stade de Martyr » ;

1 *Op. cit.*

- la création d'une douzaine de stations de vulgarisation de techniques agricoles visant à la promotion des cultures (riz, légumes, ananas), la formation des cultivateurs, la distribution des semences de meilleures variétés pour les cultures maraîchères à Kinshasa, Kikwit et à Mbanza-Ngungu ;
- la création d'une usine de fabrication d'outillages et de matériels agricoles à Kinshasa.

Le protocole d'accord de 1974 était renouvelé le 6 septembre 1980 pour réaliser des missions médicales à Mbandaka et à Kinshasa.[1]

n. L'Inde

Pour accompagner le Gouvernement congolais dans son programme de reconstruction nationale, à sa demande, l'Inde a obtenu des titres miniers nécessaires lui permettant d'exploiter le phosphate et le potassium dans la Province du Bas-Congo, District du Bas-Fleuve, à la localité de Kanzi à 40 km de la Ville de Boma où il existe des réserves importantes, soit 30 millions de tonnes de minerai de phosphate. La société indienne a également décelé le gisement de phosphate à Nzobe à la frontière avec le Cabinda (Angola).

La société indienne (ITS) International Trasability System poursuivant sa prospection a aussi découvert un gisement de potassium à Kanzi, Mavuba, Nzobe et à Kumba dans le district du Bas-Fleuve.

Après le dépôt des rapports de prospection et de recherche systématique de minéralisation des carrés de 25 km^2 attribués, les études de faisabilité ayant conclu à la rentabilité de ces gisements de phosphate et de potassium, les banques de la société minière indienne ITS s'apprêtent à débloquer les fonds nécessaires à la réalisation des investissements qui auront un impact socioéconomique en République Démocratique du Congo[2]. Ces projets créeront des emplois dans la Province du Bas-Congo.

L'Inde a également signé en date du 29 octobre 2010 un accord avec la République Démocratique du Congo, d'un montant de 263 millions de dollars américains.

Ce financement de l'Inde se répartit comme suit : 213 millions de dollars américains pour la construction de deux barrages, 50 millions de dollars pour la construction de chemins de fer et 25 millions de dollars pour l'adduction d'eau potable à Kinshasa.

---

1 MASSALA BAFWILA et Cie. *Conjoncture Economique*, Département de l'Economie Nationale, Kinshasa, pp. 476-477.

2 PANA, société indienne prête à exploiter le phosphate et le potassium en RDC, Kinshasa, le 27/06/2011.

Outre la réalisation d'autres projets, dont le pays a manifesté l'intérêt, l'Inde réalise également en prime, un Centre de formation pour les jeunes surdoués en informatique et un atelier pour initier les femmes rurales à l'utilisation de l'énergie solaire[1].

o. La Corée du Sud

La Corée du Sud ayant de bons rapports avec la République Démocratique du Congo, a renoué avec l'Institut national de préparation professionnelle (INPP), dans le but de fournir à cette importante institution des outillages, des machines et autres matériels techniques nécessaires à la formation des ouvriers qualifiés dans divers domaines notamment : l'électronique, l'électromécanique, le domaine du froid, de la climatisation et la formation des formateurs.

Après évaluation et étude de préfaisabilité, il sera débloqué par la Corée du Sud le montant de financement de ces projets[2].

En attendant, la société sud-coréenne DAEWOO a soumis au Gouvernement congolais un projet d'investissement de 60 milliards de dollars USD pour la réalisation, dans le cadre de la reconstruction nationale des travaux des infrastructures, la construction de lignes à haute tension d'Inga, la construction des chemins de fer, des routes, des autoroutes, l'exploitation de gaz et de pétrole[3].

p. Le Japon

Depuis des décennies, le Japon entretient de bonnes relations de coopération avec la République Démocratique du Congo, à titre d'exemple, nous rappellerons qu'en date du 5 octobre 2008, à l'occasion de la réouverture à Kinshasa de son Bureau de l'Agence Japonaise de Coopération (JICA), après une quinzaine d'années d'absence, le Japon a renoué avec la République Démocratique du Congo en faisant bénéficier à l'Institut national de préparation professionnelle (INPP) l'assistance technique et matérielle, un apport important en machines, équipements et outillages était acheminé. En outre il a été mis à la disposition de cette institution professionnelle des experts formateurs. Nous soulignons qu'après une longue période de suspension de la coopération internationale avec l'Occident, à cause de la dictature du régime de la

1 *HG et http : www/F les Afriques -com/index2.php ?option=com-contenftask=viewfid=20377* 30/05/2011.
2 Olivier DIOSO, *Corée du Sud renoue avec l'INPP*, Potentiel, Kinshasa, 15/04/2011.
3 *Op. cit.*

Deuxième République et de longues guerres. La République Démocratique du Congo savoure cette reprise de la coopération avec l'Empire du Soleil Levant grâce à l'ouverture du pays à la démocratie qui s'est concrétisée par les premières élections libres et démocratiques de 2006 et le retour progressif de la paix au pays[1].

Le Japon a également signé avec la République Démocratique du Congo, en date du 14 mars 2001 trois contrats de dons de 529.250 dollars américains avec : The Project for General Time Action Survey and Deminige programme d'éducation sur les risques des mines pour la population locale qui s'expose à la menace des mines antipersonnelles et d'autres explosifs[2].

Un contrat de 100 422 dollars américains était également signé pour la réhabilitation et l'extension de l'ISTI/ITP, ce don permet aux enfants de recevoir un enseignement de qualité dans les meilleures conditions.

Un troisième contrat de 80.045 dollars américains est un don qui s'inscrit dans l'objectif d'amélioration des conditions de renforcement de capacité de formation et des formateurs.

Le Japon s'impliquant au développement socioéconomique a financé depuis 2007, 23 microprojets pour un montant de 1,6 millions de dollars américains[3].

Pour aider la République Démocratique du Congo à résoudre le problème de pénurie de ciment, le Japon avait offert à ce pays un don de 35.000 tonnes de ciment en 2011. Ce lot est destiné à la vente au prix convenu de 13 dollars par sac.

Le montant total de vente de ciment par les opérateurs économiques agréés par le Ministère du Plan, sert à la constitution de fonds de contrepartie logé au Ministère du Plan qui servira au financement des projets de développement[4].

q. L'Afrique du Sud

Dans le cadre de la coopération Sud-Sud, nous notons la coopération entre la République Démocratique du Congo et l'Afrique du Sud concrétisée par la signature de 30 accords dans divers domaines du

---

1 Digicongo JICA – Agence Japonaise de Coopération renoue avec la RDC. MBALA-MBEMBA (LR) : Le cadre de la coopération entre le Japon et la RDC, *L'Observateur*, Kinshasa, 17/03/2011.

2 Le renforcement de la coopération participe au processus du développement industriel du pays notamment dans le cadre du programme du Gouvernement

3 *Op. cit.* 17/03/2011.

4 D. MUNSALA, « Coopération bilatérale RDC/Japon : envoi de 35.000 tonnes de ciment, société », article de AFONSO BUKIKA, *Observateur*, Kinshasa, 2 mars 2011.

développement, notamment la défense, l'éducation, les infrastructures, la sécurité, les mines, l'énergie, etc.

Après avoir joué un rôle important dans le processus de la paix et la démocratie qui sont les facteurs essentiels pour le développement, l'Afrique du Sud s'est impliquée dans d'autres actions économiques plus déterminantes, notamment le financement de la réhabilitation de deux centrales électriques d'Inga dont le potentiel de production est de 40.000 mégawats, pouvant fournir de l'électricité à toute l'Afrique.

L'Afrique du Sud a également financé le coût de l'appui et l'assistance pour la réforme des Forces armées de la République Démocratique du Congo.

D'autres projets ont bénéficié du financement de l'Afrique du Sud tels que la construction de l'Académie diplomatique située dans la concession du ministère des Affaires Étrangères, lieu de la formation du personnel diplomatique ; le projet d'organisation de la sécurité aérienne dans les aéroports et le renforcement de l'agriculture, etc.

L'alimentation en électricité d'Inga de toute l'Afrique, y compris l'Afrique du Sud, aura un impact économique favorable et inestimable pour la République Démocratique du Congo.[1]

r. Le Maroc

Tant d'autres pays amis ont également signé des accords de coopération avec la République Démocratique du Congo, c'est le cas du Royaume du Maroc avec qui elle entretient depuis plusieurs décennies des rapports d'amitié et de coopération. En février 2006, ont été signés neuf (9) accords, il s'agit de[2] :

- la convention relative au financement par le Maroc du projet de renforcement de capacités d'analyse des laboratoires de l'Office congolais de contrôle (OCC) financé par l'Agence marocaine de coopération internationale ;
- le protocole d'accord dans le domaine de la pêche maritime ;
- le protocole d'accord dans le domaine agricole ;
- le protocole d'accord dans le domaine de la santé ;
- le protocole d'accord de coopération dans le domaine industriel et commercial.

1 MONSALYAKADUKU (Freddy), « Coopération RDC-Afrique du Sud », *Le Potentiel*, Kinshasa, 02/04/2008.

2 L.R. MBALA-MBEMBA, «Coopération entre la RDC et le Maroc», *Observateur*, Kinshasa, 2011.

- l'organisation d'une campagne de vaccination à Bunia pour les enfants de 0 à 5 ans. Pour cette opération le Maroc a acheminé 70.000 vaccins classiques à Bunia ;
- la réhabilitation de l'hôpital général Mama Yemo ;
- la construction d'un dispensaire à Kimpese ;
- la réhabilitation de l'Université de Kisangani (fournitures scolaires et mobiliers).[1]

s. Israël

Après une vingtaine d'années de léthargie marquée par l'absence d'une représentation diplomatique avec Tel-Aviv, la République Démocratique du Congo est déterminée à régulariser cette situation de l'histoire en œuvrant, cette fois-ci, pour le resserrement des liens étroits avec l'Etat d'Israël.

Le discours prononcé le dimanche 1er mars 2020 par le chef de l'Etat, Félix-Antoine Tshisekedi Tshilombo, à la conférence annuelle du Comité des affaires publiques israélo-américaines (AIPAC) pose les prémices du réchauffement des relations diplomatiques entre la République Démocratique du Congo et l'Israël qui ont tout à gagner dans cette nouvelle approche. Un discours d'ouverture essentiellement dirigé vers le puissant lobby juif-américain envers qui la République Démocratique du Congo affiche, d'ores et déjà, sa disponibilité à coopérer véritablement.

« L'expérience et le savoir-faire d'Israël dans les domaines de l'armée, la sécurité, l'agriculture, des mines sciences et des technologies ont leur place dans mon pays (…) »,

a indiqué le chef de l'Etat congolais. La République Démocratique du Congo et l'Etat d'Israël, a-t-il soutenu, ont de bonnes raisons de coopérer au regard notamment *« d'énormes domaines de convergence » et « d'intérêts sur le plan sécuritaire, économique, culturelle et scientifique »* qu'ils ont en commun. L'objectif étant d'amener l'Israël *« à accroître sa présence diplomatique et économique en République Démocratique du Congo »* via une coopération mutuellement avantageuse touchant les secteurs précités. Une synergie de lutte efficace contre le financement du terrorisme et le blanchiment des capitaux ainsi que la lutte contre la cybercriminalité est donc à envisager pour l'intérêt des deux Etats.

En vue de consolider les liens israélo-congolais, Félix-Antoine Tshisekedi Tshilombo a annoncé la nomination d'un ambassadeur extraordinaire et plénipotentiaire auprès de l'Etat d'Israël et la création d'une section économique animée par un personnel de haut niveau ayant pour mission de promouvoir les relations économiques entre les deux Etats.

---

1 *Op. cit.*

Conclusion de la deuxième partie

Pour conclure cette deuxième partie de notre travail, reprenons quelques principes de la déclaration de développement durable définie pour la première fois en 1987 par la Commission Brumdetland, officialisée en 1992 par le Sommet de la Planète à RIO[1] par 150 nations dont la République Démocratique du Congo concernant l'environnement dans le programme commun adopté pour le XXIe siècle, c'est l'Agenda 21 qui déclare :

« Les êtres humains sont au centre des préoccupations relatives au développement durable. Ils ont droit à une vie saine et productive en harmonie avec la nature » ;

« Le droit au développement doit être réalisé de façon à satisfaire équitablement les besoins relatifs au développement et à l'environnement des générations présentes et futures » ;

« Pour parvenir à un développement durable, la protection de l'environnement doit faire partie intégrante du processus de développement et ne peut être considéré isolement ».

Ces principes font l'objet du chapitre I de la deuxième partie de notre thèse sur l'impact environnemental de l'exploitation minière au Congo. Nous avons montré que les obstacles principaux au développement industriel durable en République Démocratique du Congo ne sont pas seulement relatifs au cadre juridique et institutionnel, mais aussi à l'absence de bonne gouvernance, et au non-respect des dimensions éthiques, démocratiques, le détournement et l'impunité. Par ailleurs, nous avons mis en évidence l'importance de l'intégration régionale, et de relance de la Zone Franche Industrielle (ZOFI), instrument susceptible de permettre l'industrialisation de la République Démocratique du Congo[2] par l'attrait de capitaux privés nationaux et étrangers qui créeront des emplois et la croissance économique.

Le secteur minier de la République Démocratique du Congo et du Katanga en particulier n'est qu'un élément du système de gouvernance nationale, de l'économie et de l'infrastructure. Les impacts environnementaux liés aux activités minières en République Démocratique du Congo sont importants et inquiétants.

---

1 *Déclaration de RIO sur l'environnement et de développement principes de gestion des forêts*, 1992. In http://www.un.org/french/events/rio92/rio-fp.htm.

2 *Op. cit*, Patrick MERIENNE, *Atlas* 2003.

En effet, tant au niveau national que provincial, la priorité est accordée, pour l'heure, aux questions économiques, techniques et commerciales alors que l'incidence sociale et environnementale de l'exploitation minière industrielle et artisanale est très considérable.

Tout au long de notre réflexion dans cette deuxième partie, nous avons essayé de faire un descriptif aussi bien normatif que sociologique de l'exploitation minière qui est largement artisanale à 90%. Nous avons également constaté que l'impact et l'évaluation environnementale qui pourtant constituent des éléments majeurs du développement industriel durable sont mal connus par les exploitants miniers particulièrement artisanaux. De même, les sociétés minières n'appliquent pas toujours les mesures contenues dans leurs études d'impact et des évaluations environnementales.

Néanmoins, nous avons découvert que l'application du principe de rétrocession des recettes fiscales minières a permis à la SASCAM, en collaboration avec certaines ONG de développement de réaliser quelques projets de développement communautaire[1].

---

1 *Op. cit* Emery Mukendi.

Conclusion générale

Au terme de nos réflexions, nous pouvons tirer les conclusions suivantes :

1. Des instruments juridiques

Les instruments juridiques et institutionnels d'exploitation économique au Congo belge étaient non seulement déficitaires tournés vers l'extérieur, mais ils étaient aussi ambitieux et incohérents. Nous avons montré que la colonisation belge s'était fondamentalement bornée à organiser une économie spécialisée, tournée vers l'extérieur, en fonction de seuls besoins des métropoles occidentales. Il était évident qu'une telle économie extravertie ne pouvait que défavoriser le développement industriel durable du Congo par l'épuisement de ses ressources et le manque d'un projet évaluable de développement de ce pays, dans la volonté politique du colonisateur.

La politique industrielle de la Première République de 1960 à 1965 n'était que la poursuite des œuvres mises en place par la colonisation dans un climat de troubles alors que la politique mise en place sous la Deuxième République de 1965 à 1997 était excessivement ambitieuse et incohérente. Sur la base de nombreux éléments analysés dans cette étude, force est de reconnaître que ce cadre était non seulement inadéquat en raison de certaines dispositions composant l'arsenal juridique et institutionnel (par exemple, les mesures relatives à la zaïrianisation (nationalisation) etc., mais aussi, il était mal appliqué par les acteurs tant politiques qu'économiques zaïrois (congolais). Les mesures de nationalisation auraient dû être négociées pour permettre la maîtrise de compétences technologiques, les moyens financiers et le marché extérieur, etc.

Nous avons évalué le poids des facteurs qui ont conduit à l'échec de l'objectif d'industrialisation de la République Démocratique du Congo. Pour de nombreux analystes, la principale erreur des pouvoirs publics de la Deuxième République était d'accorder la priorité aux complexes industriels sophistiqués qui ne répondaient pas aux besoins immédiats du pays et des populations.

Pour analyser les conditions actuelles d'un développement industriel durable au Congo, nous nous sommes penché sur la question des terres, sur l'industrie minière et forestière qui sont les principaux secteurs dans le pays, nous avons noté que l'exploitation minière et forestière tel que pratiquées actuellement, suscitent très peu d'espoir pour générer un développement industriel durable. Nous suggérons que le législateur congolais introduise le concept « développement durable » dans le droit positif. Certes, la constitution, le code minier, le code forestier et le code des investissements intègrent quelques préoccupations environnementales mais cela ne nous parait pas suffisant.

Nous pensons que la prise en compte par le législateur congolais du concept développement durable, qui est une condition de progrès, voire de survie de l'entreprise et de l'homme, pourrait inciter les sociétés minières à intégrer plus de valeur dans leur politique de gestion, d'organisation et de prise de décision. En effet, le développement durable n'est pas synonyme de coûts supplémentaires. Il est au contraire source de création de valeur durable.[1] Par ailleurs, au regard de la protection et de la défense des valeurs non marchandes notamment l'environnement, le principe de responsabilité véritable « éthique pour la civilisation technologique », notion cardinale du développement durable, sera évidemment au cœur des nouvelles contraintes[2] pour l'entreprise minière.

S'agissant de l'exploitation minière artisanale, compte tenu de son énorme éventail géographique, de son importance économique ainsi que de ses importantes applications sociales et environnementales clairement présentées dans ce travail, nous proposons la reconversion à moyen et à long terme l'exploitation à petite échelle s'effectuant au moyen des titres miniers organisés dans le code minier.

La codification des normes environnementales par le législateur congolais constitue un véritable socle pour une protection efficace et un appui certain au développement industriel durable en République Démocratique du Congo.

2. Du déficit d'éthique et de démocratie

Le déficit d'éthique et de démocratie justifie en grande partie l'échec du développement industriel durable au Congo. En effet, comme le souligne Catherine Robert, les conséquences de la corruption sur le développement social et économique sont multiples : « il est évident qu'un fonctionnaire rémunéré par tel ou tel administré perdrait de ce fait son indépendance de jugement, sa liberté d'action et ne tarderait pas à faire des lois et règlements une application intéressée, partiale et préjudiciable à l'intérêt général»[3].

1 PWC, *op cit*, p. 215.

2 Marie Pierre Blin-Frauchaunne et crts, *Entreprise et développement durable*, collection Lamy, Paris 2011, p. 26.

3 « Le fonctionnaire français », Paris, *Albin Michel*, 1961, p. 193.

Il est établi que la corruption favorise des investissements improductifs, accroît le coût des biens et services et conduit à un déclin de la qualité de tout service et de toute production.

Par ailleurs, d'autres effets négatifs sont imputables à la corruption : elle engendre de mauvais choix, encourage la compétition au niveau des pratiques de corruption plutôt qu'une saine concurrence en termes de qualité et de coût, détourne le service de ceux qui en ont besoin ; elle engendre le mépris du service public, et ralentit le développement économique et social, ce qui cause des dommages particulièrement importants dans les pays en développement ; elle détourne les richesses nationales au profit de quelques-uns, et érode la base des ressources d'un pays ; elle contribue à entretenir le cercle vicieux de la pauvreté.

En privant les membres les plus vulnérables de la société des fruits du développement par le détournement des priorités sociales de base (sécurité alimentaire, santé, éducation, travail, salaire...), elle les empêche de bénéficier de l'amélioration de la qualité de vie qui devrait résulter d'une répartition équitable des richesses. La corruption gonfle artificiellement le prix des biens et des services pour une qualité moindre et impose ainsi aux plus pauvres de payer le prix de la corruption alors même qu'ils en sont incapables[1].

En conséquence, il est impérieux de créer un environnement qui favorise l'éthique, combat l'impunité et lutte contre la corruption. Certes, il serait illusoire de prétendre enrayer définitivement la pratique de la corruption. Il est plutôt question d'éviter qu'elle ne devienne normale. Il est aussi illusoire de penser que des réformes législatives ou institutionnelles suffiront à résoudre le problème, car la corruption est un problème de gouvernance. L'effort anti-corruption ne saurait être efficace, fructueux et durable sans l'adoption d'une stratégie globale, cohérente et innovatrice dans laquelle tous les acteurs sont résolument impliqués (institutions, partis politiques, citoyens, société civile, etc.).

La contre-performance économique et industrielle du Congo est aussi le fait d'un déficit démocratique. En effet, la question de la démocratie et celle de l'Etat de droit ne peuvent être séparées. Il ne s'agit en réalité que de deux faces d'une même réalité. Il n'existe pas de cloisonnement étanche entre ces deux notions. L'une appelle l'autre, les deux s'imbriquant intimement l'une dans l'autre.

Le déficit de démocratie et de l'Etat de droit ne favorise pas la paix, indispensables à l'implantation des entreprises et des industries

---

1 TRANSPARENCY INTERNATIONAL, *Combattre la corruption : enjeux et perspectives,* Paris, Karthala, p. 47.

susceptibles d'entraîner le développement économique et social d'un pays. Par ailleurs, les principaux pourvoyeurs d'aide au développement ont instauré des conditionnalités démocratiques comme préalables à l'acheminement de leur aide aux pays en développement. La République Démocratique du Congo a ainsi été sanctionnée pendant plusieurs années et a été davantage fragilisée. Les décideurs politiques congolais devront donc privilégier la dimension démocratique pour ne pas voir l'histoire se répéter et les espoirs de tout un peuple anéanti.

3. Rénovation en matière des investissements

Afin d'obtenir l'amélioration des conditions économiques, industrielles et sociales en République Démocratique du Congo, le législateur, face aux objectifs de la troisième République d'atteindre le développement industriel durable, a décidé de réviser le Code des investissements pour des raisons d'efficacité conformément à la Loi n° 004/2002 du 21 février 2002. Il a par ailleurs opté pour une économie libérale tempérée du type «économie sociale de marché» assis sur trois bases : la promotion d'un environnement incitatif, la création des richesses et des emplois, le rôle de la société civile étant de promouvoir l'homme dans toute sa valeur[1].

Devant être le catalyseur des forces vives, l'Etat doit être l'organisateur des structures juridiques et institutionnelles. Il doit prendre en charge la réalisation des infrastructures industrielles à travers le pays pour la sécurité des biens et des personnes tandis que la production de biens et services sera assumée par le secteur privé. Cependant, ce rôle du secteur privé doit se faire en amont par la valorisation de la fonction d'investissement pour la croissance économique du pays qui se réalise grâce à une stratégie juridique adéquate incitatrice, capable de promouvoir rapidement les secteurs prioritaires du programme gouvernemental à l'aide des capitaux nationaux et étrangers, afin de réussir la reconstruction nationale du Congo dans les domaines du génie, de l'agriculture, de l'agro-industrie, de la production, de la fabrication, de la construction, des investissements lourds, de la transformation des matières premières et des exportations[2] pour améliorer la balance de paiement de la Banque Centrale. A la différence du Code des investissements régi par l'Ordonnance n° 86-028 du 5 avril 1986 abrogée, ce nouveau Code des investissements de 2002 donne les sens et les explications des termes.[3]

---

1 Loi n° 004/2002 du 21 février 2002 portant Code des investissements, Exposé des motifs, p 3.
2 *Op. cit.*, p. 4.
3 *Op. cit. Journal Officiel* n° 6 du 15 mars 2002, p. 5.

4. Une nouveauté : l'Agence nationale pour la promotion des investissements (ANAPI)

La grande nouveauté dans le nouveau Code des investissements du 21 février 2002 est surtout la création de l'Agence nationale pour la promotion des investissements, placée sous l'autorité des ministres du Plan et du Portefeuille. Elle instaure un guichet unique d'accueil et de formalités pour la création des sociétés.

L'organisation, la compétence ainsi que les conditions de fonctionnement de cet organisme sont fixées par décret du Président de la République.

Nous avons constaté la suppression du régime de Zone Franche Industrielle dans le nouveau code, concept qui était institué par l'Ordonnance-loi n° 81-010 du 2 avril 1981. Nous estimons que cette suppression de « Zone Franche à vocation industrielle » (ZOFI) est une erreur juridique et économique, car la grave situation du sous-développement dans laquelle se trouve encore la République Démocratique du Congo nécessite un flux important des capitaux étrangers. Je ne pense pas que ce pays, immense de 2.344.850 km[1], plongé dans les dettes par la mauvaise gestion de la deuxième République pendant trois décennies possède des moyens pour réaliser efficacement son programme de développement industriel à court, moyen et long terme. La relance et la mise en œuvre du régime de Zone Franche Industrielle (ZOFI) sont sur le plan éthique du développement industriel durable souhaitées dans la situation actuelle du pays. Ce régime est un moyen incitatif pour attraire le flux des capitaux nationaux et étrangers dont le pays a besoin pour son développement, la création du travail et l'absorption du chômage.

Les investisseurs souhaitant obtenir l'agrément et bénéficier des avantages prévus dans le Code des investissements doivent constituer et déposer directement une demande à l'ANAPI ou, s'ils sont à l'étranger, ils pourront prendre contact avec le service économique de Chancellerie d'ambassade où ils obtiendront des informations nécessaires à la constitution et à l'envoi d'un dossier de demande d'agrément en République Démocratique du Congo.

Pour accélérer le développement du pays, les candidats potentiels peuvent demander et obtenir un visa d'affaires auprès de Chancelleries d'Ambassade et se rendre en République Démocratique du Congo où ils effectueront ces démarches à l'ANAPI devant un guichet unique.

---

1 *Op. cit.*, *Atlas Larousse*, p. 184.

Aussi à l'étranger, les candidats investisseurs peuvent obtenir auprès du conseiller économique d'ambassade ou des bureaux agréés[1], des informations utiles à ce sujet sur la base d'un modèle *ad hoc* d'un plan juridique et économique de projet d'investissements[2].

Entre autres informations à titre d'avantages fournies par l'ANAPI, la durée de procédure a été ramenée de cinq à trois jours, les formalités réduites à trois jours, les frais d'ouverture d'une société à l'exception de société anonyme de 3.000 dollars à 120 dollars. En outre, il y a création d'un nouveau code de douane et accise et un guichet unique aux principaux postes douaniers pour réduire les coûts et accélérer le traitement des dossiers d'import-export.

Depuis 2012, pour faciliter les échanges internationaux, le Gouvernement a supprimé certaines redevances dues à l'Office Congolais de Contrôle (OCC), supprimé ou réduit les taux de taxes à l'importation.

Nous soulignons cet avertissement du Président de la Banque Mondiale, à l'encontre des systèmes de gouvernance qui ignorent les principes d'une administration intègre : «Il est difficile de mettre en place un cadre gouvernemental efficace mais cela devient impossible si la corruption règne, car c'est le principal obstacle au développement, il faut le combattre systématiquement»[3].

5. L'adhésion au Traité OHADA : quelles retombées pour la République Démocratique du Congo ?

Le traité l'OHADA est un instrument de progrès économique. Il est un droit international qui a théoriquement pour vocation de promouvoir économiquement l'Afrique, c'est-à-dire la doter des instruments d'indépendance économique en plus de l'indépendance purement politique, constitutionnelle et fondamentale à laquelle les Etats colonisés avaient accédé, très souvent sans une bonne préparation préalable sous la protection de la Charte des Nations Unies et d'autres institutions.

Le projet de loi autorisant la ratification du Traité OHADA par la République Démocratique du Congo était adopté par le Conseil des Ministres avant qu'intervienne le vote favorable du Parlement (l'Assemblée Nationale et le Sénat) réunis le 15 décembre 2009 après avis

1 *Op. cit.*, BEIDER, Bureau d'Etudes et de Recherches Socioéconomiques. Prospectus, p. 3.

2 *Code des investissements* du 5 avril 1986, pp. 30 à 37.

3 D. BENALI, « La corruption obstacle au développement », in *Revue pôle de compétence en économie*, n°1.

favorable de la Cour Suprême de Justice faisant office de Cour Constitutionnelle.

En date du 11 février 2010, le Président de la République avait promulgué l'Ordonnance-loi de ratification du Traité OHADA qui devait faire l'objet de dépôt des instruments de ratification auprès de l'Etat Sénégalais, dépositaire dudit Traité pour être opposable *erga omnes* deux mois après à la République Démocratique du Congo et à tous les autres pays membres.

Dans le processus d'adhésion de la République Démocratique du Congo, il y a eu une réserve à tous les niveaux des institutions de l'Etat. La Constitution congolaise, source de la souveraineté nationale, n'a pas été modifiée comme l'exige le Traité OHADA.

En dépit des nombreuses réticences et oppositions exprimées par les institutions et les autorités congolaises, la ratification du Traité OHADA par la République Démocratique du Congo était plus que judicieuse à la lumière de l'importance que prendrait l'espace OHADA et son marché africain avec l'adhésion de ce grand pays aux dimensions d'un sous-continent qui regorge des richesses naturelles immenses et diverses.

Située au centre du continent d'Afrique, les enjeux sont réels sur le plan géoéconomique, géostratégique et politique pour ce pays, la sous région, l'Afrique et le monde.

L'adhésion au Traité de l'OHADA invite la République Démocratique du Congo à réformer son arsenal juridique, afin de garantir la sécurité juridique et judiciaire aux opérateurs économiques et aux investissements.

Il s'agit notamment de corriger le caractère épars et inadapté largement observé dans tous les domaines du droit interne et du droit international. Cela nécessite des profondes restructurations juridiques et de nouvelles créations juridiques pour résoudre les problèmes de la caducité des textes juridiques et institutionnels inadaptés[1].

6. Les perspectives économiques

Le gouvernement congolais arrivé au pouvoir depuis le mois de mai 2012 a hérité d'une situation financière difficile progressant entre 2009 et 2012, le taux de croissance qui était de 2,8% est passé à 7,1% en 2013.

Le franc congolais est resté stable et les investissements ont augmenté de 19% à 35% du PIB, les dépenses de l'État ont progressé exigeant

1 U. BABONGENO, *Le Droit congolais des affaires, Etat actuel et perspectives de reformulation*, OHADA, D.03/07, 5 pages.

l'amélioration de la politique de bonne gouvernance sous un climat d'insécurité créé par les guerres et les rébellions à l'Est du pays.

La fin de ces guerres et rébellions nonobstant les quelques mouvements épisodiques permet au Gouvernement d'exécuter son programme de reconstruction et d'entreprendre certaines actions importantes, la paix étant un facteur de développement économique, la relance des travaux du barrage hydroélectrique (Inga III), la réduction des impôts sur les sociétés, la création en 2012 de Taxe sur la Valeur Ajoutée (TVA) pour améliorer les recettes fiscales, la construction de « villages agricoles », de 1000 écoles et universités, des hôpitaux et d'autres infrastructures, routes, autoroutes, ponts et chaussées, routes de desserte agricole[1].

Par la mise en œuvre du concept « Révolution de la Modernité » le gouvernement congolais s'est efforcé avec méthodologie de soumettre à l'Assemblée Nationale un programme en 6 axes qui sont les réformes institutionnelles, il s'agit de : la stabilité macroéconomique, la croissance et la création des emplois, la reconstruction et la modernisation des infrastructures, la bancarisation des salaires des fonctionnaires de État, des militaires et des policiers, dans le but de contrôler les effectifs et la masse salariale, environ 70% et réduire ou mettre fin aux fraudes, l'amélioration du cadre de vie et les conditions sociales des populations, le capital humain, l'éducation à la citoyenneté, la diplomatie et la coopération au développement, l'amélioration du climat des affaires avec comme retombées, le regain de confiance de la part des investisseurs nationaux et étrangers, promouvoir la croissance et l'emploi.

L'effort du gouvernement a inversé les tendances, les bons résultats approuvés par la Banque Mondiale se traduisant par l'amélioration du taux de croissance qui est passé de 7,1% en 2013 à 8,3% en 2014, 920 francs congolais valant 1 (un) dollar américain[2].

Signe d'encouragement, actuellement l'économie du pays est caractérisée par la mise en œuvre par le gouvernement d'un cadre macro-économique stable, une inflation maîtrisée en 2013 au taux de 1%. Le potentiel minier du pays est composé notamment de : cuivre, diamant, or, cobalt, zinc, cassitérite, coltan, uranium.

La bonne gestion de ces produits génère déjà des progrès : 914.631 tonnes de cuivre, 56 fois de plus qu'en 2003, qui était seulement 6.359 tonnes. Mieux que la Zambie, la République Démocratique du Congo redevient premier producteur annuel du cuivre en Afrique, 6e après le

---

1 Alain FAUJAS, Bilan du Monde, économie et environnement, édition 2013 p.170.

2 *Op. cit*, page 168.

Chili qui a 5 millions de tonnes, suivi de la Chine, du Pérou et des États-Unis d'Amérique.

Les efforts du Gouvernement ont permis à la République Démocratique du Congo d'entrer depuis le 12 juillet 2004, dans le groupe des pays qui sont conformes, selon le Conseil d'Administration, à l'Initiative pour la Transparence des Industries Extractives (ITTE).

D'autre part, actuellement, grâce à sa réelle volonté politique, le gouvernement congolais est capable de financer des projets relatifs à la santé, l'éducation, les infrastructures aéroportuaires, routières, fluviales et la construction de bâtiments publics.

La construction des bâtiments scolaires et universitaires qui représentait 6% du budget en 2007 représente actuellement 16% dans le budget de 2014. Cette capacité du gouvernement permet de construire ou de rénover 1000 écoles et universités pour une valeur annuelle de 125 milliards de francs congolais, représentant 134 millions de dollars américains.

Le pays s'achemine vers la possibilité de gratuité de l'enseignement et l'amélioration de la scolarisation des jeunes filles.

On a noté la progression de 83,7% à 101% de scolarisation entre 2007 et 2012, les effectifs étant passés de 8,8 millions à 13,6 millions d'élèves au niveau maternelle, primaire et secondaire, la gratuité scolaire pour les classes maternelles et primaires ainsi que les deux premières classes du secondaire. Le projet de bourse d'études universitaires est en étude[1].

Dans l'ensemble du pays comprenant 1.000 centres de santé et 200 hôpitaux de référence, le Gouvernement mène un grand programme pour renouveler les équipements des centres hospitaliers dans les 277 zones de santé identifiés dans les 26 Provinces dont le grand hôpital du Cinquantenaire qui a été récemment construit à Kinshasa, capitale du pays.

Un budget public de 80 milliards de francs congolais a été affecté pour la réalisation de ce programme sanitaire, y compris pour la dotation en médicaments.[2]

Depuis 2011 pour entreprendre le développement dans d'autres secteurs que les mines, le gouvernement s'efforce de convaincre les entreprises locales et les investisseurs étrangers de s'orienter vers d'autres potentialités pour diversifier les activités.

---

[1] *Op. cit.*

[2] *Op. cit.*

En matière d'assurance des investissements, la République Démocratique du Congo a adhéré au Multilateral Investisment Guarantee Agency (MIGA), à l'Association of Chartered Certified Accoutants (ACA) dont le siège se trouve à Nairobi et au Centre International de règlement en matière d'investissements (CIRGI) qui est basé à Washington.

La République Démocratique du Congo a la vocation de devenir un géant économique en Afrique Centrale dans le domaine de l'agro-industrie grâce à son potentiel agricole assis sur au moins 80 millions d'hectares de terres arables, une riche diversité climatique et une hydrologie naturelle très abondante, qui permettent d'exploiter en un an, deux récoltes à condition que le fleuve ne soit jamais détourné au préjudice de la puissance hydroélectrique des barrages Inga qui doivent alimenter plusieurs pays d'Afrique et d'Europe en électricité vert

Cette situation devait permettre au Gouvernement d'asseoir une industrialisation et la création de la stratégie de parcs agro-industries. Le premier parc était inauguré en février 2014 qui va bénéficier de mesures de renforcement financier renouvelables est situé à Bukanga Lonzo dans la province de Bandundu à 240 kilomètres de Kinshasa.

Le Gouvernement s'attèle à mettre en œuvre d'autres parcs à travers tout le pays par le procédé d'appel d'offre.

L'agriculture se fera par irrigation, le Gouvernement possède des équipements appropriés modernes pour la réalisation de ce projet.[1]

Pour soutenir cette émergence économique, le Gouvernement congolais doit renforcer la bonne gouvernance, le respect du droit de l'homme, de l'éthique et de la démocratie, combattre la corruption, le détournement des deniers publics, mettre fin à l'impunité, instaurer l'Etat de droit, la transparence dans la passation des marchés publics en appliquant le système d'adjudication, mettre en œuvre le régime de Zone Franche Industrielle capable d'attraire le flux des capitaux nationaux et étrangers, privilégier le partenariat privilégié et stratégique avec les États-Unis d'Amérique, l'APE, Accord de Partenariat Européen qui doit remplacer l'accord APC/UE car il faut évoluer vers l'arrêt de la dépendance de l'aide européenne et espérer bénéficier de l'AGOA, l'accord avec les entreprises américaines qui permettra l'entrée des produits congolais aux États-Unis sans payer la douane, l'accord d'intégration interentreprises et l'accord de coopération sud-sud, sous l'égide de la Commission économique de l'Union Africaine.

---

[1] *Op. cit.*

Pour vite remédier à la grave crise économique le gouvernement outre les mesures déjà prises doit appliquer une thérapie de choc, recenser et affecter les chômeurs dans les brigades agricoles sous la responsabilité des agronomes et vétérinaires dans chaque province sous la responsabilité du gouvernement et des gouverneurs.

Par ailleurs, il doit revisiter les contrats avec la Chine, la Corée du Sud et d'autres pays, leur demander de créer en République Démocratique du Congo les industries de transformation des produits localement pour exporter les produits finis pour réaliser la plus-value et créer des emplois.

Enfin, le Gouvernement ouvrira des Accords de partenariat industriels avec les entreprises américaines, italiennes, belges, françaises, allemandes ; japonaises, etc., pays capables d'installer en République Démocratique du Congo des industries de hautes technologies et pourvoir à la formation des ouvriers qualifiés et des techniciens congolais pour la maîtrise de compétences dans les domaines correspondants aux potentialités existantes en République Démocratique du Congo.

BIBLIOGRAPHIE

I. OUVRAGES GÉNÉRAUX

1. ALBERTINI (J.M.)
Mécanisme du sous-développement et du développement, Editions Economie et Humanisme et Ouvrière, Paris, 1981, 319 pages.
2. ALLIOT (M.)
Le droit et le service public au miroir de l'anthropologie, Textes choisis et édités par C. KUYU, épilogue par E. LE ROY, Editions Karthala, Paris, 2003.
3. AMIN (S.)
Les défis de la mondialisation, Coll., F.TM, Edition L'Harmattan, Paris, 1996.
4. BAKANDEJA WA MPUNGU (G.)
Le droit du commerce international. Les peurs justifiées de l'Afrique face à la mondialisation des marchés, Editions De Boeck Université, Paris, Bruxelles, 2001.
5. BAKANDEJA WA MPUNGU (G.)
Les finances publiques. Pour une meilleure gouvernance économique et financière en République Démocratique du Congo, Edition Larcier, Bruxelles, 2006.
6. BALANDA (G.)
Le *nouveau droit constitutionnel zaïrois*, N.E.A, Kinshasa, 1972.
7. BALUKI
Les investissements belges en République du Zaïre et perspectives, IRES, Unaza, Kinshasa, juillet 1972.
8. BAYART (J.F.)
L'Etat en Afrique. La politique du ventre, Editions Fayard, Paris, 1987.
9. BELANGER (M.)
Institutions Economique, Internationales, Economica (Coll. Droit international), Paris, 1989.
10. BELVA (L.)
L'expropriation pour cause d'utilité publique, Bruxelles, Larcier, 1955.
11. BETTENS (D.)
Les contrats entre Etats et entreprises étrangères, Paris, 1989.
12. BONTINCK (F.)
Aux origines de l'Etat indépendant du Congo. Documents tirés d'Archives américaines, Louvain 1996.
13. BOUVIER (P.)
L'accession du Congo belge à l'indépendance, IS, Bruxelles, 1965.
14. BURLET (de) L.
Précis de droit administratif congolais, Bruxelles, 1969.
15. CHALLAYE,
Histoire de la propriété, col. Que sais-je ? Paris, P.U.F, 1967.
16. CROS (M.F.) et MISSER (F.)
Géopolitique du Congo (R.D.C.), Editions Complexe, 2006.
17. DENY SAIVRE
La conférence de Berlin : 1884-1885, N.E.A., 1885.
18. DE SAINT MOULIN L. et J.C KALOMBO TSHIBANDA
Atlas de l'organisation administrative de la République Démocratique du Congo, Kinshasa, CEPAS, 2005.
19. DUMONT (R.)
La table ronde belgo-congolaise, P.U.F., Paris, 1961.

20. GABAS Jean-Jacques
«*La Convention de Lomé en questions*», Editions Karthala, Paris 1997.
21. GABAS Jean-Jacques
«*L'Union Européenne et les pays ACP, un espace de coopération à construire*», Editions Karthala, Paris, 1999.
22. GAYE (A.)
Chine-Afrique : le dragon et l'autruche, Editions L'Harmattan, Paris, 2006.
23. GELINIER (O.)
L'éthique des affaires. Halte à la dérive ! Editions du Seuil, Paris, avril 1991.
24. GLOCHEUX Dominique
Sauvez cette planète. Mode d'emploi, Editions Marabout,
25. GUETTIER (C.)
La loi anti-corruption, Editions Dalloz, Paris, 1993.
26. HABERMAS (J.)
Morale et communication, Editions Cerf, Paris, 1988.
27. HOCHSCHIL(D A.)
Les fantômes du roi Léopold, Un holocauste oublié, Paris, éd. Belfond, 1998.
28. JOUVE (E.)
Le Tiers-Monde, P.U.F, Coll. Que sais-je ? Paris, 3ème éd.1996.
29. JOYCE (P.) et LEWIN (R.)
Les trusts au Congo, Edition Société populaire, Bruxelles, 1961.
30. KALAMBAY LUMPUNGU (G.)
Droit civil : Régime foncier et immobilier, vol II, 2éd, Kinshasa P.U.C, 1999.
31. KANGULUMBA MBAMBI (V.)
Précis de droit civil des biens, Tome 1, Louvain- la- Neuve, Bibliothèque de droit africain, 2007.
32. KOBO (P.C.)
Spécificités des régimes fonciers africains, in *Pénant*, 4e trimestre 1990.
33. LACROIX (J.L.)
Industrialisation au Congo. La transformation des structures économiques, Editions Mouton, Paris, 1967.
34. LAUTIER (B.)
L'économie informelle dans le tiers-monde, Editions La Découverte, Paris, 2004.
35. LE ROY (E.)
Le jeu des lois, LGDJ, Paris, 1999.
36. LE ROY (E.)
«Introduction générale», *La sécurisation foncière en Afrique*, Editions Karthala, Paris 1996.
37. LUKONBE NGHENDA
Zaïrianisation, Radicalisation, Rétrocession en République du Zaïre, Presses universitaires du Zaïre, Kinshasa, 1979.
38. MADAULE (S.)
L'aide publique au développement, l'abécédaire de la réforme, Editions L'Harmattan, Paris, 2008.
39. MALU (Félix)
Le système énergétique de la République Démocratique du Congo, ONRD, Kinshasa, 1970, 24 pages.
40. MATHIEU (F.R.)
Les fondements de la crise économique en Afrique, Editions L'Harmattan, Paris, 1990.

41. MAUREL (A.)
Le Congo de la colonisation belge à l'indépendance, Editions L'Harmattan, Coll. ZHS, Paris, 1992.
42. MERCIER (S.)
L'éthique dans les entreprises, Editions la Découverte et Syros, Paris 1999.
43. MERLIER (M.)
Le Congo : de la colonisation belge à l'indépendance, Editions Maspero, Paris, 1963.
44. MILLET (D.)
L'Afrique sans dette, Editions CADM et Syllepse, Paris, 2005
45. MOPO KOBANDA (J.P.)
Les crimes économiques dans les Grands Lacs Africains (République Démocratique du Congo), Editions Manaibuc, Paris, 2006.
46. MPEKESA (Bongoy)
Investissements mixtes au Zaïre, Kinshasa, PUZ, 1974.
47. MUKADI BONYI
Droit du travail, CRDS, Bruxelles, 741 pages, 2008.
48. MWAYILA TSHIYEMBE
Etat multinational et démocratie africaine (sociologie de la renaissance politique), Editions L'Harmattan, Paris, 2001.
49. N'GOMA BINDA (P.)
La pensée politique africaine, Publication de l'Institut Universitaire André Ryckmans, Bruxelles, mars 2007, 400 pages.
50. NIMY MAYIDIKA NGIMBI (J.P.)
Les raisons d'un retour. Des défis pour la République Démocratique du Congo, Editions L'Harmattan, Paris, 2005, p.9.
51. PRADES (J.)
L'éthique de l'environnement et du développement. Presses Universitaires, Paris, 1995.
52. PIRON (P.) et DEVOS (J.)
Codes et Lois du Congo belge, matières civiles, commerciales, pénales, Bruxelles, Larcier, 1960.
53. RARIJAONA (R.)
Le concept de propriété en droit foncier de Madagascar, Paris, Cujas, 1967.
54. RICHER (L.)
Les contrats administratifs, Editions Dalloz, Paris, 1991.
55. RIPERT (G.)
Les forces créatrices du droit, Editions LGDJ, Paris, 1965.
56. ROCARD Michel
«L'Union Européenne et les pays ACP», Editions Karthala, Paris, 1999.
57. ROULAND (N.)
Anthropologie juridique, P.U.F., Paris, 1988.
58. SAIVRE (D.)
La conférence de Berlin (1884-1885), Abidjan, Dakar, Nouvelles éditions africaines, 1985.
59. SALOMON (C.)
L'occupation des territoires sans maître : étude de droit international, la conférence de Berlin, la question africaine, colonies et protectorats, droits des indigènes, chartes coloniales, lettres de protection, compagnies de commerce et sociétés de colonisation, A. Giard, 1889.
60. SOHIER (A.)
Traité élémentaire de droit coutumier du Congo belge, Bruxelles, Larcier, 1954.

61. STEPHANY (D.)
Développement durable et performance de l'entreprise, Editions Liaisons, Paris, 2003.
62. UNESCO
Ethiques de l'environnement et politique internationale, sous la direction de Henk A.M.J. ten Have, Collections Ethiques, Editions UNESCO, Paris, 2007.
63. VUNDUAWE TE PEMAKO (F.)
Traité de droit administratif, Bruxelles, De Boeck et Larcier, 2007.
64. VERHAEGEN (B.)
Impérialisme technologique et bourgeoisie nationale au Zaïre, in Connaissance du Tiers-Monde, Cahiers Jussieu /4, éd. 1018, p.376.
65. WEBER Max
L'éthique protestante et l'esprit capitaliste, Editions Gallimard, Paris, 1904.
66. WILLAME (J.-C.)
L'odyssée Kabila. Trajectoire pour un Congo nouveau ? Editions Karthala, Paris, 1999.
67. YAHYA OULD ABDEL WEDOUD Mohamed,
Réflexion sur la propriété foncière en Mauritanie à la lumière de la nouvelle législation foncière et domaniale, in *Pénant*, octobre-novembre 2005.

II. OUVRAGES SPECIALISES, THESES, MEMOIRES, COURS, ARTICLES, CONTRIBUTIONS, COLLOQUES

68. ABDELMALKI (L.)
Les nouvelles logiques du développement, Editions L'Harmattan, Coll. L.E., Paris, 1996.
69. ABELLATIF BENACHENHOU
«L'industrialisation du Tiers-Monde, Illusions et espoirs», *Le Monde Diplomatique*, Paris, février 1980, pp. 17-18.
70. ADDA (J.), ASSIDON (E.)
Dette ou financement du développement, Editions L'Harmattan, Paris, 1991.
71. AIRAULT (P.)
Corruption endémique, in Transparency International, L'Indice de perceptions de la corruption, Paris, 2006.
72. AIRAULT (P.)
«RDC : retour des français», *Jeune Afrique* n° 2361, *Ecofinance*, du 9 au 15 avril 2006, Paris, p. 82.
73. ALLIOT (M.)
Cours de DEA, *Etudes Africaines*, LAPJ, Paris ,1987, p. 5.
74. ALLIOT (M.)
«Etat de savoir sur le développement», *Cahier du GEMDEV*, Paris, 1985.
75. AMAVI KOUEVI (G)
« Plaidoyer pour une géofiscalité en Afrique : éléments d'une nouvelle approche de gouvernante économique et financière », in *Revue de droit fiscal,* Paris 21 juin 2007, supplément au n° 25, p. 53
76. AMEGAVIE (Y.C.)
La Banque Africaine de Développement, Editions A. Pédone, Paris, 1975.
77. AMIN (S.)
La *faillite du développement en Afrique et dans le Tiers-Monde, une analyse politique*, Editions L'Harmattan, Paris, 1978.

78. ATUNDU LIONGO (A.)
« Les cinq chantiers. Une logique économique et une dynamique sociale », *Coeur d'Afrique*, Edition double, n° 26-27, Paris, juillet-août 2007, p. 10.
79. AYITTEY (B.N)
« La démocratie en Afrique précoloniale », *Afrique 2000*, n° 2, Paris juillet-septembre 1990, p. 39.
80. AZOULAY (G.)
Les théories du développement. *Du rattrapage des retards à l'explosion des inégalités,* Collection « Didact Economic », Presses Universitaires de Rennes, 2002, p. 113.
81. BAIROCH (P.)
« Le bilan économique du colonialisme, mythes et réalités, Mythes et paradoxes de l'histoire »,in *History and development*, Editions La Découverte, Paris, 1973.
82. BAKADENJA WA MPUNGU
Note technique sur les questions régionales et internationales, Le Partenariat économique entre l'Union européenne et les pays ACP, Cours de droit des affaires, Document numéro 3, Université Paris I Panthéon-Sorbonne, Année académique 2006-2007.
83. BALUKI
Les investissements belges en République du Zaïre, réalités et perspectives, I.R.E.S, Unaza, Kinshasa, juillet 1972.
84. BAPUWA (M.)
« Une indépendance piégée : le Zaïre », in *La décolonisation de l'Afrique vue par les Africains,* Editions L'Harmattan, Paris, 1993.
85. BARACYESTE (P.)
L'enjeu géopolitique des sociétés minières internationales en République Démocratique du Congo (ex-Zaïre), Bruxelles 1999, p.8.
86. BARE (J.F.)
Regards interdisciplinaires sur les politiques de développement, Editions L'Harmattan, Paris, 1998.
87. BAUDOUIN (J.P.)
« Les actions spécifiques dans l'agriculture », in *Zaïre*, Problématique des parastataux. Contribution d'entreprises du portefeuille à un programme minimal de réactivation de l'économie, Société Nationale d'Investissement, décembre 1993, p. 37.
88. BEZY (F.)
« Changements de structure et conjoncture de l'industrie minière au Congo en 1938-1950 », in *Notes et Documents de l'IRES* n° 19/S.E-13, juillet 1961, p. 23.
89. BONDJALA BO SISIMI (J.W.)
« Le Fonds de Promotion de l'Industrie (FPI), fer de lance des industries congolaises », in *Coeur d'Afrique* magazine n° 005, Paris, février-mars 2002, p. 83.
90. BOSHAB MABUDJ (E.)
« République Démocratique du Congo ». Le Décret-Loi n° 003 du 27 mai 1997 face aux critères de la démocratie», *Revue de droit africain* n° 3, Paris, juillet 1997, p. 52.
91. BOURGI (A.)
« L'évolution du constitutionnalisme en Afrique : du formalise vers l'effectivité », in *Revue française de droit constitutionnel*, 52, 2002, Paris, p. 722-748.
92. BOURGUINAT (A.)
in *Revue BIT*, « Les marchés communs des pays en développement », Librairie Droz, Genève, 1962.

93. BRAECKMAN (C.)
« République Démocratique du Congo. Rumeurs de coup d'Etat à Kinshasa », *Courrier international* n° 903 du 21 au 27 janvier 2008, Paris, p. 28.
94. BRAECKMAN (C.)
« Comment le Zaïre fut libéré », in *Le Monde diplomatique*, n° 520, Paris, juillet 1997, p. 1.
95. BRAS (J.P.)
« L'efficacité des entreprises publiques en Inde », in *Revue Française de l'Administration publique,* octobre-décembre, Paris, 1981, p. 1.
96. CAMPAN (G.)
« De la difficulté d'investir en RDC entre corruption et éthique ». *L'essentiel des relations internationales*, n° 15, juillet-août 2007, Paris, p.116.
97. CHATEL (B.)
« Un fonds fiduciaire pour le Bassin du Congo », *Les Afriques*, n° 19 du 6 au 12 mars 2008, Paris, p. 8.
98. COMELIAU (C.)
Conditions de la planification du développement, exemple du Congo, la Haye, Editions Mouton, 1969.
99. COMMISSION ECONOMIQUE POUR L'AFRIQUE, BUREAU POUR L'AFRIQUE CENTRALE
Les économies de l'Afrique centrale 2006, Editions Maisonneuve & Larose, Paris, 2006, p.174.
100. COMMISSION ECONOMIQUE POUR L'AFRIQUE, BUREAU POUR L'AFRIQUE CENTRALE
Le *NEPAD et les enjeux du développement en Afrique,* Editions Maisonneuve & Larose, Paris, 2002.
101. CONAC (G.)
« Succès et crises du constitutionnalisme africain », in *Les constitutions africaines,* Tome 2, Collection retour aux textes, La documentation française - Paris, Bruylant, Bruxelles, 1998, p.13.
102. CRISP
Compagnie de chemin de fer, trust au Congo, 1960, Paris, pp. 23-34.
103. DANGA-KASSA (J.M.)
Politique agricole et promotion rurale au Congo-Zaïre, 1885-1997, Editions L'Harmattan, Col. H.S, Paris, 1998.
104. DE DELHAYE (Y.)
Le régime fiscal des sociétés coloniales, B, I.C.D, 1952.
105. DE HERDT (T.) et MARYSSE (S.)
L'économie informelle au Zaïre. Survie et pauvreté dans la période de transition, Institut Africain - CEDAF / ASDOC, Paris, 1996.
106. DE POOTER (F.)
L'entreprise privée en République du Congo, sa position, son évolution, *R.S.B. E.E.*, mai-juin, Paris, 1964, n° 211, pp. 383-393.
107. DE VILLERS (G.)
« Petite économie marchande et phénomènes informels au Zaïre et en Afrique », *Cahiers du CEDAF* n° 34, Paris, 1992.
108. DELAPLACE (D.)
« L'union européenne et la conditionnalité de l'aide au développement », in *Revue trimestrielle de droit européen,* Bruxelles, 2001.

109. DEMAZIERE (C.)
« L'entreprise peut-elle promouvoir le développement durable ? » *In Développement et environnement, Cahiers Français* n° 337, La documentation française, Paris, Mars-Avril 2007, p.83.
110. DJELO EMPEGE OSAKO
Le cadre constitutionnel de la gestion de transition en République Démocratique du Congo, document inédit, Kinshasa, 1997.
111. DJOLI (J.)
« Le constitutionnalisme africain : entre l'officiel et le réel et les mythes. Etat de lieux », in *A la recherche du droit africain du XXIe siècle*, sous la direction de Camille KUYU, Connaissances et Savoirs, 2005, Paris p.175-189.
112. DJOLI (J.)
Le constitutionnalisme africain entre la gestion des héritages et l'invention du futur, Thèse de doctorat en droit, Paris I, 2003.
113. DU BOIS DE GAUDUSSON (J.)
« Le constitutionnalisme en Afrique », in *Les constitutions africaines,* Tome 2, Collection retour aux textes, La documentation française - Paris, Bruylant - Bruxelles, 1998, p.9.
114. DU BOIS DE GAUDUSSON (J.)
« Les solutions constitutionnelles des conflits politiques », in *Afrique Contemporaine*, 180, oct-déc, 1996, pp. 250-256.
115. EASTERLY (W.)
Les pays pauvres sont-ils condamnés à le rester ? Groupe Eyrolles, Editions d'Organisation, 2006, p. 294.
116. EKWA BIS ISAL
L'émergence de la PME au Zaïre. Etude du CADICEC sur la problématique zaïroise, Kinshasa, CADICEC/ UNIAPAC, juillet 1993.
117. ESSOLOMUA
« Effort de guerre du Congo belge 1914-1918 et 1940-1945 », *Journal ELIMA,* Kinshasa, juin 1978 p. 4.
118. FACHEUX (S.) et NICOLAI (I.)
« Réchauffement climatique et croissance économique : risques et opportunités », in *Développement et environnement, Cahiers français*, Paris n° 337, p. 28.
119. FAUCHILLE (P.)
« L'annexion du Congo à la Belgique et le droit international », in *R.D.I.P.*, 1925.
120. FUHRER (H.)
« L'industrialisation du Tiers-Monde », *L'Observatoire de l'OCDE* n°102, janvier, Paris, 1980, p. 28.
121. GAYE (A.)
« Partenariat gagnant-gagnant ? », *Jeune Afrique*, n° 2392 12/18 novembre 2006, Paris, p.49.
122. GOBERT (B.)
L'évolution de la réglementation des investissements étrangers au Congo, Thèse de doctorat, Université de Toulouse I, 1999.
123. GOLLIER (C.) et NAKAMURA (J.L.)
« Investisseurs socialement responsables : quelle rationalité pour quelles perspectives ?», in *Développement et environnement, Cahiers français* n° 337, mars-avril 2007, Paris, p. 90.

124. GOMA (P.M.)
Intégration socio-politique de la petite entreprise et légitimité du pouvoir au Congo (la petite production de marchandises), Mémoire de DEA, Université de Paris I (UER II), 1981-1982, p. 16 à 18.
125. GRELLET (G.)
Structures et stratégies du développement économique, P.U.F., Paris, 1985.
126. GUERRAOUI (D.), RICHET (X.)
Les investissements directs étrangers. Facteurs d'attractivité et de localisation, Editions L'Harmattan, Paris, 1998.
127. GUIDE ECONOMIQUE & COMMERCIAL DE LA RDC
Le Congo, enjeu de tous temps, Ed. DRC-CONTACTS, n° 5, Kinshasa, 2005, p. 11.
128. GUILLAUMONT (P.)
Economie du développement, P.U.F., Paris, 1985.
129. HANCE GUEYE
« RD Congo, Le contrat minier chinois divise », *Les Afriques*, n°30 du 22 au 28 mai 2008, Paris, p.3.
130. HOFNUNG (T.)
« Le Congo se joue du FMI grâce à la Chine », *Libération* du 4 octobre 2007, Paris.
131. HUGON (PH.)
Les effets des politiques d'ajustement sur les structures politiques africaines, Journée d'étude sur la démocratie pluraliste en Afrique, Palais de Luxembourg, Paris 12 et 13 décembre 1990.
132. HUYBRECHTS (A.) et VAN DER STEEN (D.)
« L'Economie : structure, évolution, perspectives », in *Du Congo au Zaïre 1960-1980*, essai de bilan sous la direction de J. VANDERLINDEN, Centre de recherches et d'informations sociopolitique, Bruxelles, 1980, p. 2.
133. INADES
« La dynamique du développement », *cours d'initiation au développement n° 14, Le développement industriel*, Abidjan, 1977.
134. INADES
« La dynamique du développement », *cours d'initiation au développement n° 17, Les relations économiques*, Abidjan, 1978.
135. INADES
« La dynamique du développement », *cours d'initiation au développement n° 18, Quel développement pour l'Afrique,* Abidjan, 1978.
136. ISAAC (H.)
Le code de déontologie : outil de gestion de la qualité dans les services professionnels, Thèse de Doctorat en Science de gestion, Paris IX-Dauphine, 1996.
137. JULLIARD (P.)
Investissements, AFDI, 1986, Paris, p. 639 et s..
138. KABE-ABBO (B.)
Les difficultés inhérentes à l'investissement international dans les PME-PMI. Les cas des pays de l'Union Douanière et Economique des Etats de l'Afrique Centrale (UDEAC), Thèse de doctorat en droit, Université de Paris I - Panthéon-Sorbonne, 1994, p. 464.
139. KABUYA KALALA
« Crimes économiques : quelle stratégie pour une répression efficace ? », *Notes de conjoncture*, Kinshasa, n° 21, 1995, pp.15/16.
140. KALUBI KABASELE (G.)
« La fin de la transition la plus longue », Magazine *Coeur d'Afrique*, Edition double n° 24-25, Paris, janvier-février 2007, p.38.

141. KATANGA (T.)
«Le code des investissements de 1969 en République du Zaïre», in *Z.A.*, n° 65, mai 1972, pp. 291-302.
142. KATANGA MUKUMADI YAMATUMBA
« Code des investissements et l'industrie minière au Zaïre », in *Cahier des Presses Universitaires du Zaïre*, vol. 1, Kinshasa, 1973.
143. KATANGA MUKUMADI YAMATUMBA
« L'évolution de la législation zaïroise en matière d'investissement et son incidence économique », in *Cahier des Presses Universitaires du Zaïre,* vol IX, Kinshasa, 1971.
144. KAWATA (B.)
« De la rétrocession des sociétés et de la stabilisation », in *Horizon 80,* n° 88, p. 1.
145. KAWATA (B.)
« L'entreprise, le délégué général et la révolution », in *Horizon 80,* du 11 au 18 octobre 1975, p. 13.
146. KERBRAT (Y.)
« De quelques aspects des procédures incidentes devant la Cour Internationale de Justice : les ordonnances des 29 novembre 2001 et 10 juillet 2002 dans les affaires des 'Activités armées sur le territoire du Congo' », *Annuaire français de droit international,* Paris, 2002, pp. 343-361.
147. KITETE KEKUMBA OMOMBO
Autonomie politique et constitutionnelle du Zaïre. Essai de solution d'inadéquation institutionnelle, Thèse de doctorat d'Etat en droit public, Université de Paris II, Paris, 1980, p.471.
148. KITHAMBO IFONGE
La gestion des entreprises publiques au Zaïre, thèse de doctorat de 3ème cycle en droit public, Université de Sceaux, Paris, 1984, pp. 3048.
149. KITOKO (W.)
Les aspects constitutionnels de la Transition démocratique manquée dans l'ex-Zaïre, Thèse Université Montesquieu Bordeaux IV, 2002.
150. KOJO (E.)
« Les Africains doivent ouvrir les yeux », *Jeune Afrique,* n° 1468, Paris, 22 février 1989, p.61.
151. KOUEVI AMAVI (G.)
Plaidoyer pour une géofiscalité en Afrique : éléments d'une nouvelle approche de gouvernance économique et financière. Fiche d'enseignement, La Sorbonne, Paris, juin 2007.
152. KOVAR (R)
La congolisation de l'Union minière du Haut-Katanga, in A.F.D.I, 1967, pp.742-781.
153. DORMOY Daniel et KUYU Camille
Les changements climatiques et droits humains, Editions Espérance, octobre 2012, pp. 239-253.
154. KUYU MWISSA (C.)
Ecrits d'anthropologie juridique et politique, PUR, col. Institut Universitaire, André Ryckmans, Bruxelles, 2008, 309 pages.
155. KUYU MWISSA (C.)
Les Haïtiens au Congo (RDC), Editions L'Harmattan, Paris, 2006, 164 pages.
156. KUYU MWISSA (C.)
Musique et relation entre les sexes à Kinshasa, Anthropologie juridique et sémiologique d'une dimension de la crise zaïroise, thèse de doctorat en droit, Université Paris I, 1993.

157. KUYU MWISSA (C.),

Parenté Droit et Développement en Afrique noire, Mémoire de DESS Développement et Coopération, Université de Paris I, Paris, 1989.

159. KUYU MWISSA (C.)

Repenser les droits africains pour le XXIe siècle, Yaoundé, Editions Menoubue, 2001.

159. KYALWE (J.)

R.D.C. La chute, 5 mars 2000, in *L'Observatoire de l'Afrique centrale,* Volume 3, Paris, numéro 12, semaine du 27 mars au 2 avril 2000 ;

160. LABRUSELERIE de (H.)

Le rôle de l'éthique du respect dans la déontologie économique et de la gestion, in D.GE, Paris, n°164-165, 1998.

161. LABRUSLERIE de (H.), ROJOT (J.)

L'absence de morale menace l'économie, in T.E, Paris, 19 février 1992.

162. LACROIX (J.L.)

Industrialisation au Congo. La transformation des structures économiques, Editions Mouton, Paris, p. 17.

163. LATTY (F.)

« La Cour Internationale de Justice face aux tiraillements du droit international : les arrêts dans les affaires des activités armées sur le territoire du Congo (RDC c. Ouganda, 19 décembre 2005 et RDC c. Rwanda, 3 février 2006) », *Annuaire français de droit international,* LI-2005- CNRS Editions, Paris, 1967.

164. LEROY (E.)

Cours d'histoire des institutions, Paris, 1971-1972.

165. LEROY (E.)

« Etat de savoir sur le développement », *cahier du GEMDEV*, Paris, 2003.

167. LEROY (E.)

« Quels projets de société pour les Africains du XXIe siècle ?» in *A la recherche du droit africain du XXIe siècle*, sous la direction de Camille KUYU, Connaissances et Savoirs, Paris, 2005, p. 75.

168. LE WAT (G.) et CASTA (J.F.)

Pratique des codes des investissements en Afrique noire francophone, approche pratique, Paris, 1987.

169. LECLERCQ (C.)

L'O.N.U. et l'affaire du Congo, Editions Payot, Paris, 1964.

170. LEMBE-LEMBE N' KASHAMA (E.G.)

Le contreseing ministériel et la crise congolaise (Zaïre), 1960-1965, Thèse, Paris Il, 1993.

171. LEVY-BRULH (H.)

La coutume dans les droits originellement africains, p. 80, PUF, Paris, 1999.

172. LIENHARD (C.)

« La genèse et les enjeux de la loi 'Bachelot' en matière de risques technologiques », in *Les risques technologiques* ..., Loi du 30 juillet 2003, Sous la direction de Marie-Pierre CAMPOUX-DUFFRENE, Presse Universitaire de Strasbourg, 2005, p.13.

173. LOFOLI (E.)

« Le principe de l'autodétermination des peuples et des nations et son application en Afrique », *Etudes Congolaises*, juillet-septembre 1969, vol. XII-3, Kinshasa, p. 40.

174. LOMBARD (F.)

« Le financement des investissements privés dans les PED : l'expérience de la SFI », *Revue Banque*, n°380, janvier 1979, p.45.

175. LUIGI ELONGUI

Main basse sur le Congo, Afrique Asie, Paris, avril 2006, p.1017.

176. LUKOMBE NGHENDA (C.)

Le droit foncier zaïrois, Thèse de doctorat d'Etat, Université de Paris I - Panthéon-Sorbonne, Paris, 1973, pp. 212-243.

177. LUKOMBE NGHENDA

Zaïrianisation, Radicalisation, Rétrocession en République du Zaïre, Presses Universitaires du Zaïre, 1979, p. 8.

178. LUMBI (P.)

O.GT, Guerre en RDC, enjeux économiques : intérêt et acteurs, Rapport final, Kinshasa, 10 avril 2000.

179. LUMUNGA (P.)

Le Congo, terre d'avenir, est-il menacé ? Bruxelles, Office de Publicité, 1961.

180. LUSAMGU (S.)

Structures parentales et développement au Congo, Thèse de doctorat d'Etat, Paris I, Edition LAPJ, Paris, 1971.

181. MABANT (V.J.P.)

« Les problèmes miniers au Congo-Kinshasa », in *Afrique Contemporaine,* Paris, mars-avril 1967.

182. MABIALA (A.N.)

Contraintes économiques et soin de santé au Congo, Thèse, Montpellier I, 2001.

183. MABIKA KALANDA

Organisation des villes au Congo belge, Mémoire de licence en droit, Université Lovanium, Kinshasa, 1958, pp. 72 à 78.

184. MADAULE (Stéphane)

L'aide publique au développement, Editions L'Harmattan, Paris, 2008, 308 pages.

185. MAHAUT (J.P.)

« Les problèmes miniers au Congo Kinshasa », *Afrique Contemporaine*, Paris, n° 30, mars-avril 1972.

186. MARRES (J.)

« Le nouveau régime foncier du Congo », *Eurafrica – Tribune du Tiers Monde,* n° 7 et 8, Paris, août-septembre 1970.

187. MARTENS (L.)

Le Zaïre étranglé par la main du F.M.I, Bruxelles, 1988.

188. MARYSSE (S.) et autres

« Etude sur la problématique du secteur formel, Problématique des parastataux. Contribution d'entreprises du portefeuille à un programme minimal de réactivation de l'économie, Société Nationale d'Investissement », in *Zaïre*, Bruxelles, décembre 1993, p.5.

189. MASAMBA MAKELA

Protection des droits des consommateurs en droit congolais (République Démocratique du Congo), Thèse, Paris, 1982.

190. MASSENGO (G.B.)

L'éco*nomie pétrolière au Congo : les efforts pervers de la mono-ressource économique dans les pays en voie de développement,* Thèse de doctorat, Université d'Aix-en Provence : Marseille I, 2000.

191. MATON (J.)
« L'analyse macro-économique, Problématique des parastataux. Contribution d'entreprises du portefeuille à un programme minimal de réactivation de l'économie, Société Nationale d'Investissement », in *Zaïre* Bruxelles, décembre 1993, p. 7.
192. MBAVU MUHINDO (V.)
Le Congo- Zaïre, d'une guerre à l'autre, Editions L'Harmattan, Paris, 2003.
193. MBAYA (M.)
« Le développement endogène au Zaïre. Conceptions de la majorité silencieuse », in *A.D.*, Numéro spécial 10-11, Paris, 1997.
194. MELONE (S.)
La parenté et la terre dans la stratégie du développement. L'exemple du Cameroun, Thèse de doctorat, Edition LAJP, Paris, 1968 pp. 121 et 129.
195. MENSAH (M.S.)
« L'ouverture du marché européen est un leurre », *Africa international n° 415,* Paris, décembre 2007, p.10.
196. MEZIANE BENARAB
« Les conditions requises du franchisage industriel », in *Afrique Industrie* n° 381 du 5 décembre 1987, p. 18 à 21.
197. MONNIER (L.), BOGUMIL JEWSIEWICKI et DE VILLERS (G.)
« La chasse au diamant au Congo/Zaïre », in *Cahiers africains,* série 2000 n° 45-46, Paris, 2000.
198. MOPO KOBANDA (J.P.)
Les crimes économiques dans les Grands Lacs Africains, Ed. Menaibuc, Paris, 2006.
199. MPEKESA (Bongoy)
Investissements mixtes au Zaïre, Kinshasa, P.U.Z., 1974.
200. MPONGO BOKAKO (B.)
Le régime juridique des entreprises publiques zaïroises. Bilan d'une tentative d'unification du régime des entreprises publiques et établissements publics, Thèse de doctorat d'Etat en droit, Université de Paris I, Paris, 1980.
201 MPUTU (M.)
Les relations économiques entre l'Union européenne et la RDC de 19960-1990, Thèse, Paris 1, 2002.
202. MUAMBA TSHISHIMBI
Richesses naturelles et crise morale, le Zaïre peut-il sortir de l'impasse ? Editions UHURU, Paris, 1991.
203. MUAMBA TSHISHIMBI
Zaïre. Combat pour la deuxième indépendance, Editions L'Harmattan, Paris, 1985.
204. MUBAKE (M.)
La politique industrielle du Zaïre et la zone franche d'Inga. Vers une stratégie d'industrialisation du Zaïre, P.U.Z., Kinshasa, 1979.
205. MUGARUKA (C.)
« La politique économique du Zaïre (1973-1979) et la crise actuelle de l'économie mondiale », in *L'entrepreneur n° 8,* Kinshasa, mai 1980, p. 12.
206. MULUMBA LUKOJI
« Le Code Minier de la République du Zaïre », in *Zaïre Afrique,* Kinshasa, n° 12, mars 1972.
207. MULUMBA LUKOJI
« Les programmes de redressement de l'économie zaïroise. La situation de l'économie 1971-1974 », in *Zaïre- Afrique* n° 122, p.93.

208. MULUMBA LUKOJI

Structures des consortiums internationaux miniers au Zaïre (le groupe Tenke-Fungurume et la société de développement industriel et minier du Zaïre), in *Cahier des Presses Universitaires du Zaïre,* vol I, Kinshasa, 1973.

209. MUTAMBA LUKUSA (G.)

Redresser l'économie du Congo-Kinshasa, Editions L'Harmattan, Paris, 2003.

210. MUTINGA (M.)

« Dézaïrianisation. Demain des poursuites judiciaires ?» in *Zaïre, Hebdomadaire de l'Afrique Centrale* n° 430, 1er novembre 1976.

211. MUYANGU SWELLY (P.)

L'accès aux marchés publics. Etude des évictions, Thèse de Doctorat en Droit public économique, Université de Paris X - Nanterre, 1995.

212. NGONGO (J.)

Cinq chantiers du Chef de État : les chinois sont prêts à démarrer les travaux, Uhuru, Kinshasa, 30 janvier 2008.

213. NGUYA-NDILA (C.)

Les conséquences juridiques de l'indépendance du Congo-Kinshasa sur les engagements internationaux antérieurs, Thèse de doctorat État, Université de Paris II, juillet 1962.

214. NSONGO DIE LEMA (O.)

« Chine pour les 5 chantiers : 10 millions de tonnes pour les Chinois », *L'Avenir,* Kinshasa, 23 février 2008.

215. PEEMANS (J. PH.)

Le Congo-Zaïre au gré du XXe siècle, État, économie, société, 1880-1990, Montrial, Editions L'Harmattan, Paris, 1997.

216. PEEMANS (J.PH.)

« Les nouvelles formes de la dépendance économique du Zaïre, 1965-1980 », in *Zaïre.*

217. POIRIER (J.)

Intr*oduction à l'ethnologie de l'appareil juridique, Ethnologie générale,* Pléiade, Paris, 1968, p.1094.

218. RACHET (J.M.)

« De la compétence de l'union européenne en matière de défense et de promotion des droits de l'homme », in *Revue du Marché commun et de l'Union européenne,* Paris, 1995.

219. RIDEAU

« Les clauses de conditionnalité droits de l'Homme dans les accords d'association avec la communauté européenne », Christophe Tchakaloff, M.-F. (dir), *Le concept d'association dans les accords passés par la Communauté : Essai de clarification,* Bruxelles, Editions Bruylant, 1999.

220. SCHAFFER (E.)

Droit du développement, in C.LI.A.P, n° 5, Paris, 1986, p. 58.

221. TAENGAHO LUKUNDO

« Le paradoxe des réformes au Zaïre », in *Z.A.,* 1991, n° 251, pp. 11-21.

222. TAMARA (K.)

Quel développement. Quelle coopération internationale ? Ed. CRID et CETIM 2007, Genève, 170 pages.

223. BRUNEL (S.), TIERS MONDES

Controverses et réalités, sous la Direction de Sylvie Brunel, Editions Economica, Paris, 1987, 519 pages.

224. TOHON (C.)
Le droit pratique du commerce «informel» : un exemple de plurijuridisme au Bénin, in A la recherche du droit africain du XXIe siècle, sous la direction de Camille KUYU, Connaissances et Savoirs, Paris, p.245.
225. TOUSCOZ (J.)
« La coopération internationale et les matières premières exportées par les pays du Tiers-Monde : les conditions d'un échange égal », in *R.T.M.*, Archives UNIKIN, Kinshasa, avril-juin 1976.
226. USELE MAWISA
« Importance du secteur minier dans l'économie zaïroise et ses perspectives », in *Cahier des Presses Universitaires du Zaïre*, Kinshasa, 1973.
227. UYNH CAOTRI,
Administration participative et développement endogène, I.I.S.A/ U.N.E.S.C.O, Paris, 1986.
228. VANDAELE (J.)
Partenariat RDC-Chine : la raison impose le choix obligé, n'en déplaise aux concurrents, Le Phare, Kinshasa le 23 février 2008 ; *RDC-Chine : le contrat de coopération bilatérale qui fait peur aux concurrents jaloux*, Le Phare, Kinshasa, 23 février 2008.
229. VANDERLINDEN (J.)
Contribution à l'étude de la crise congolaise de 1960, Bruxelles, A.R.S.O.M., 1972.
230. VERHAGEN (B.)
L'impérialisme technologique et bourgeoisie nationale au Zaïre, in Connaissance du tiers-monde, cahiers Jussieu / 4, Ed. 1018, Paris, 1978, p. 367.
231. VINAY (B.)
Les problèmes d'application des codes des investissements, Pénant, n°719, 1968 ; LE WAT (G.) et CASTA (J.F.), *Pratique des codes des investissements en Afrique noire francophone, approche pratique*, Paris, 1987.
232. VIRALLY (M.)
L'O.N.U. et l'affaire du Congo, in A.F.D.I., Paris, 1960.
233. VUDISA (J.N.)
Le droit constitutionnel face à la réalité en République Démocratique du Congo : un regard sur la constitution de la transition et ses perspectives, in «A la recherche du droit africain du XXIe siècle «, sous la direction de Camille KUYU, Connaissances et Savoirs, Paris, 2005, p. 199.
234. WERWILGHEN
« Le régime juridique des investissements privés au Congo », in *Cahiers Economiques et Sociaux*, IRES, Paris, Vol. 4, juin 1966, p.173. S'agissant de l'évolution de la question des investissements, voir notamment BALUKI, *Les investissements belges en République du Zaïre et perspectives*, I.R.E.S., Unaza, Kinshasa, juillet 1972.
235. WILLIAM (J.C.)
Zaïre, l'épopée d'Inga, chronique d'une prédation industrielle, Editions L'Harmattan, Paris, 2009, Coll.V.E.
236. ZALA L.N'KANZA
Les origines sociales du sous-développement politique au Congo belge, De Peobroado à la loi Fondamentale, Presse Universitaire du Zaïre, Kinshasa, 1985, 411 p.

III. JURISPRUDENCE

237 Les arrêts : RDC c. Ouganda, 19 décembre 2005 et RDC c. Rwanda, 3 février 2006. Les deux arrêts sont consultables sur le site de la Cour Internationale de Justice (CIJ) (http://www.icj-cii.org.)

IV. TEXTES, DOCUMENTS, RAPPORTS, REVUES

238. Accord du Parlement belge, Répertoire des Archives, *Bulletin Officiel*, Bruxelles, 1889, pp. 121 à 135.

239. Acte constitutionnel de la Transition, *Journal Officiel de la République du Zaïre* Numéro spécial, avril 1994.

240. Acte du Parlement belge, Titre de Souverain de l'E.I.C, *Bulletin Officiel*, Bruxelles 22 mai 1885, p.114.

241. Acte Général de Bruxelles, Répertoire des Archives du Ministère de la Justice, *Bulletin Officiel*, Kinshasa, 1987, p. 121.

242. Agence Nationale pour la Promotion des Investissements (ANAPI), République Démocratique du Congo, vaste pays au Centre de l'Afrique, terre aux multiples potentialités, 2003, p.12.

243. AGONDJO-AKAWE P-L., Les droits fonciers coutumiers au Gabon (société Nkomi, groupe Myene), in *Revue juridique et politique indépendance et coopération*, 1970.

244. ANTAGANA AMOUGOU (J.L.), AFRILEX, « Conditionnalité juridique des aides et respect des droits fondamentaux », 2001.

245. BANQUE AFRICAINE DE DEVELOPPEMENT (BAD) *Rapport sur le développement en Afrique*, 1997, New York, Oxford University Press.

246. BANQUE DU ZAIRE, *Rapport annuel 1975*, p. VX.

247. BEAUCORPS S.J DE, La propriété chez les Basongo de la Luniungu et de la Gobari, in *Bulletin des Juridictions Indigènes et du droit coutumier congolais*, n°1 1943, p 6

248. BELTRAN (J.), « Irak et Serbie : les sanctions économiques au cœur du débat transatlantique », Notes de l'Ifri, 2000.

249. BOELAERT E., Législation foncière de État Indépendant du Congo et Droit naturel, in *Aequatoria* n°2, 1954, p 45

250. BOELAERT E., État Indépendant du Congo et les terres indigènes, Bruxelles, Académie royale des sciences coloniales, 1956, p 15

251. BUREAU INTERNATIONAL DU TRAVAIL, Réflexion pour une politique de l'emploi au Zaïre, alternatives pour le secteur rural et le secteur non-structuré, *Rapport de mission*, Addis-Abeba, PECTA, 1984.

252. CAMPAN (G.), De la difficulté d'investir en République Démocratique du Congo entre corruption et éthique, in L'essentiel des relations internationales, n° 15 juillet-août 2007.

253. COMMISSION DES INVESTISSEMENTS, Régime prioritaire du code des investissements, Archives, Economie Nationale et Industrie, Kinshasa, 1965, p. 4.

254. Communiqué de presse du Groupe Consultatif de la Banque Mondiale sur la République Démocratique du Congo réuni à Paris les 17 et 18 décembre 2003.

255. Constitution du 18 février 2006, *J.O. de la République Démocratique du Congo*, Numéro spécial, Kinshasa 18 février 2006.

256. Décret du 16 décembre 1910 modifié et complété par le Décret du 16 avril 1919.

257. Décret royal du 01 avril 1887, Répertoire des Archives du Ministère de la Justice, Kinshasa, 1961, p. 150.

258 Décret royal du 06 octobre 1891 ; Répertoire des Archives du Ministère de la Justice, Bulletin Officiel, Kinshasa, 1961, p. 72.

259. Décret royal du 23 juin 1906, Répertoire des Archives du Ministère de la Justice, *Bulletin Officiel,* Kinshasa, 1961, p. 65.

260. Décret royal n° 1421 R qui transforme le domaine de la Couronne en Fondation de la Couronne, *Bulletin Officiel,* Bruxelles janvier 1903, p. 15.

261. Décret royal portant création des sociétés et modification de statuts, *Bulletin Officiel,* Bruxelles, 1904, pp. 2 à 38.

262. Décret royal portant loi civile 1 et II, voir Répertoire des Archives du Ministère de la Justice, *Bulletin Officiel,* Kinshasa, 1961, p. 62.

263. Décret royal portant loi civile III, voir notamment Répertoire des Archives du Ministère de la Justice, *Bulletin Officiel,* Kinshasa, 1961.

264. Document de la stratégie de croissance et de réduction de la pauvreté du Gouvernement congolais, Juillet 2006, Kinshasa, 118 pages.

265. Etude des Nations Unies portant sur 875 cas de nationalisations dans les PED entre 1960 et la mi-1974 souligne que la proportion des nationalisations touchant les industries d'extractions, l'industrie pétrolière et l'agriculture qui était de 45 % en 1970 s'est élevée à 62% pendant la période 1970-1974, Voir Souveraineté permanente sur les ressources naturelles. Document A9716 Nations Unies, Rapport du Secrétariat Général, New York, 31 janvier 1975.

266. Etude sur la minéralisation au Zaïre, Rapport, Bureau de Génie Contractors, Kinshasa, 1995, pp. 4 et 5 (source inédite).

267. Etudes Zaïroises, Le droit administratif de l'expropriation et des autres marchés publics cité par Mbemba Misekele. Le nouveau régime zaïrois et cause d'utilité publique, vol. 2, juin-juillet 1974.

268. FURHER (H.), Observatoire de l'OCDE, L'industrialisation du Tiers Monde, n°102, Paris, janvier 1980.

269. GANNAGÉ P., Les droits fonciers coutumiers : rapport général, in *Revue juridique et politique indépendance et coopération,* 1970.

270. GIANOLA-GRAGG E., Réflexions sur le droit foncier nzakara (la Centrafrique et le Zaïre), in *Droit et Cultures,* n° 28, l'Harmattan, 1994

271. GREVISSE F., les Bayeke, in *Bulletin des Juridictions Indigènes et du droit coutumier congolais,* n°5, 1937.

272. HULSTAERT G., Sur le droit foncier nkundo, in *Aequatoria, 1954, n°2, pp 58-59*

273. HAQUANI ZAIMAÏ ; Notes documentaires, Qu'est-ce que l'ONUDI ? Industrialisation et commerce du tiers-monde, Paris, n° 4808, 1986.

274. *Jeune Afrique, Les grands chantiers annoncés par les autorités congolaises,* n° 2438, 30 septembre au 6 octobre 2007, Paris.

275. KALAMBAY LUMPUNGU G., Le droit foncier zaïrois et son unification, Thèse de doctorat, Université Catholique de Louvain, 1973

276. KALAMBAY LUMPUNGU G., Les droits fonciers coutumiers à travers la législation de la République Démocratique du Congo, in *Revue juridique et politique indépendance et coopération,* 1970.

277. KALAMBAY LUMPUNGU (G.), *Cahiers Economiques et Sociaux, Le nouveau droit foncier zaïrois,* vol. XIX (n°1-2), Kinshasa, juin 1981.

278. KAMERHE VITAL M., Discours programme de, Président de l'Assemblée Nationale, prononcé le 8 janvier 2007, s'inscrit dans les priorités de la législature, Kinshasa, 2006-2011.

279. KONE Mariatou et IBO Guehi, Les politiques foncières et l'accès des femmes à la terre en Cote d'Ivoire : cas d'Affalikro et Djangobo dans la région d'Abengourou et de Kalakala et Togognière dans la région de Ferkessedougou, www. Docstoc.com, avril 2009.

280. KREMER E., Le droit foncier coutumier du Congo belge, in *Bulletin des juridictions Indigènes et du droit coutumier congolais*, n°9, 1956

281. KRUEGER (Anne, O.), *American Economic Review, The political Economy of the rent-seeking society*, vol. 64, 1974.

282. LAFONTAINE, L'évolution juridique de la société congolaise, in *Bulletin des Juridictions Indigènes et du droit coutumier congolais,* n°1, 1956

283. LEBRUN A.G., De la tenure de la terre chez les populations indigènes du territoire de Kabalo, in *Bulletin des Juridictions Indigènes et du droit coutumier congolais*, 1956, n°8

284. Livre blanc du portefeuille de la République Démocratique du Congo, Kinshasa, 1970.

285. Loi Fondamentale, Moniteur Belge n° 127-128, Bruxelles, 27 et 28 mai 1960.

286. Loi française du 30 juillet 2003 relative à la prévention des risques technologiques et naturels et à la réparation des dommages, Paris, *J.O* n° 175 du 31 juillet 2003.

287. Loi française n°93-122 du 29 janvier 1993 relative à la corruption et à la transparence de la vie économique et des procédures publiques, *J.O.* du 30 janvier 1993, p. 1588 et s.

289. Loi n° 004/ 2002 du 21 février 2002 portant code des investissements, *J.O. de la République Démocratique du Congo,* Numéro 6, Kinshasa -15 mars 2002.

300. Loi n° 007/2002 du 11 juillet 2002 portant code minier, *J.O. de la République Démocratique du Congo,* Numéro Spécial, Kinshasa, 15 juillet 2002.

301. Loi n° 007-89 du 6 juillet 1989 portant code des investissements du Gabon.

302. Loi n° 011/ 2002 du 29 août 2002 portant code forestier, *J.O. de la République Démocratique du Congo*, Numéro Spécial, Kinshasa 31 août 2002.

303. Loi n° 88-004 du 9 mai 1988 portant code des investissements en République centrafricaine.

304. Loi n° 83-03 du 4 juillet 1984 portant code des investissements du Cameroun.

305. LOUWERS O., Le problème des terres indigènes, in *Journal des Tribunaux d'Outre-mer*, n°47, 1954.

306. LUKOMBE NGHENDA, Le nouveau régime foncier zaïrois et l'expropriation pour cause d'utilité publique, *Etudes Zaïroises*, vol. 2, Kinshasa, juin-juillet 1974.

307. LUKOMBE NGHENDA, Droit civil : les biens, Kinshasa, Publications des Facultés de Droit des Universités du Congo, 2003.

308. LUMUMBA Patrice Emery, Discours du 30 juin 1960, in Textes et Documents n° 123, Ministère des Affaires Etrangères, Bruxelles ;

309. LUMPUNGU KAMANDA, Le régime foncier au Zaïre et son incidence sur le développement agricole, in *Cahiers Economiques et Sociaux,* vol xi, n°s 3 et 4, 1973.

310. MALENGREAU G., Les droits fonciers coutumiers chez les indigènes du Congo belge, Bruxelles, IRCB, 1947, p 71

311. MARCHAL R., Le droit foncier coutumier des Bazela, des Balomotwa et des Banwenshi, in *Bulletin des Juridictions Indigènes et du droit coutumier congolais,* n°1, 1937.

312. MARRES J., « Le nouveau régime foncier du Congo », *Eurafrica - Tribune du Tiers monde,* n° 7 et 8 août-septembre 1970.

313. MAYER Ch., Enquête sur le droit coutumier des Bena Tshitolo, in *Bulletin des Juridictions Indigènes et du droit coutumier congolais,* n° 2, 1953.

314. MBEMBA MULOPO MISEKELE, « Le nouveau régime foncier zaïrois et l'expropriation pour cause d'utilité publique », *Etudes zaïroises,* vol. n°2, juin-juillet 1974.

315. MIGNOLET J., Notes relatives à la tenure de la terre dans le groupe Munene de la chefferie des Bakongolo, in *Bulletin des Juridictions Indigènes et du droit coutumier congolais*, n°8, 1954.

316. MINISTERE DE LA JUSTICE, Constitution de la République, in Moniteur congolais, Kinshasa, 1967.

317. MINISTERE DE L'ECONOMIE, Conjoncture économique, Zaïre, Kinshasa, 1984, 572 pages.

318. MINISTERE DE L'ECONOMIE ET DE L'INDUSTRIE, Recensement de Sociétés industrielles et commerciales du Zaïre, Kinshasa, 1987.

319. MINISTERE DU PLAN, COMMISSION DES INVESTISSEMENTS, Code des investissements de la République du Zaïre, Kinshasa, *JO* du 5 avril 1986.

320. MOBUTU SESE SEKO, Discours du Président du 25 novembre 1975, Paris.

321. MOBUTU SESE SEKO, Discours du Président MOBUTU SESE SEKO du 30 novembre 1973.

322. *Moniteur Belge,* n° 127-128 des 27 et 28 mai 1960, Bruxelles.

323. MOREL (E) Déclarations du Parti Libéral Belge, Compte rendu des débats parlementaires, Bruxelles, juillet 1908.

324. Nations Unies, Annuaire statistique 1962 et Commission Economique pour l'Afrique, Division statistique, Addis-Abeba 1964.

325. NGONGANG-OUANDJI A., La dévolution successorale au Cameroun, *Revue juridique et politique indépendance et coopération*, n°4,1972.

326. Nguema I., la terre dans le droit traditionnel ntumu (Gabon), in Revue juridique et politique indépendance et coopération, 1970, p. 1119

327. NYAMUGABO MPOVA, Réflexion critique sur la gestion de la loi foncière, in *La loi du 20 juillet 1973 portant régime général des biens, régime foncier et immobilier et régime des sûretés au Congo. Trente ans après : Quel bilan ? Essai d'évaluation,* Louvain-la-Neuve, Bruylant-Academia, 2004.

328. OMARI A.J., Le droit foncier congolais, in *La Voix du Congolais*, n°48, 1950, p 138

329. PHILIPPE R., Notes sur le régime foncier au Lac Leopold II, in *Aequatoria*, 1954, n°2.

330. ONUDI, Les industries alimentaires, New York, Nations Unies, 1969.

331. Ordonnance du 05 octobre 1891 portant création de la police administrative, Répertoire des Archives du Ministère de la Justice, *Bulletin Officiel*, Kinshasa, 1961, p. 1.

332. Ordonnance n° 025-PR-87 du 8 décembre 1987 portant code des investissements du Tchad.

333. Ordonnance-Loi n° 63-341 du 7 juin 1966, In *Moniteur congolais,* Kinshasa, 1966, p.523.

334. Ordonnance-Loi n° 66 du 07 juin 1966 dite Loi BAKAJIKA, In *Moniteur Congolais* n° 15 du 15 août 1966, Kinshasa, p. 560.

335. Ordonnance-Loi portant code des contributions, Kinshasa, 1970.

336. PERROUX, CUSENER, BERMIS, KERR, DUNLOP, MARBISON et MYERS, I.S.E.A. Dakar, notes générales sur l'expansion de l'industrialisation et l'aménagement de l'économie traditionnelle, document ronéotypé cité par novembre, Paris 1962.

337. SOHIER A., *Le droit coutumier du Congo belge*, in Bulletin des Juridictions Indigènes et du droit coutumier congolais, n° 10, 1946, p 308

338. SOHIER A., Les problèmes des terres indigènes, in *Journal des Tribunaux d'Outre- mer,* n°63, 1955, p 126

339. SOHIER A., Les terres indigènes, in *Journal des Tribunaux d'Outre-mer,* n°50, 1954, p.116

340. Programme du Gouvernement congolais de 69 pages, période 2007-2011, Kinshasa, février 2007.

341. Rapport annuel de la GECAMINES, Kinshasa, 1971.

342. Rapport annuel 1997-1998 de la Coalition Mondiale pour l'Afrique, Tendances économiques et sociales en Afrique, p. 24.

343. Rapport de dix commissions des experts nationaux sur le pillage et l'exploitation illégale des ressources naturelles et autres richesses de la R.D.C, octobre 2001.

344. Rapport de l'OMS, La santé dans le monde. Performance globale du système de santé «queue de classement», la République Démocratique du Congo occupe la 188ème place sur 191 Etats, Ed. Medicos, Paris, 1999.

345. Rapport de la Banque Centrale du Congo, Kinshasa, 2003.

346. Rapport de la Banque Mondiale, Paris, 1982.

347. Rapport de la Banque Mondiale, Paris, 1990.

348. Rapport de la Banque Mondiale, Paris, 2001.

349. Rapport de la Banque Mondiale, Paris, 1994.

350. Rapport des travaux de la commission spéciale de l'Assemblée Nationale, chargée de l'examen de la validité des conventions à caractère économique et financier conclues pendant les guerres de 1997-1998 et de 1998-2003, Kinshasa, 26 juin 2005.

351. Rapport du Groupe d'Expert sur l'exploitation illégale des ressources naturelles et autres richesses de République Démocratique du Congo, Nations Unies, Kinshasa, S/ 2001 / 357.

352. Rapport final de la Commission d'examen des rapports d'audit des entreprises publiques, Assemblée Nationale de la République Démocratique du Congo, Kinshasa, 20 novembre 2004.

353. Rapport pour les Nations Unies, Bruntland (G.H.), Our common future, 1987.

354. Rapports de groupe S/2002/1146, S/2003/1027 d'experts de l'ONU sur l'exploitation illégale des ressources naturelles et autres richesses de la République Démocratique du Congo, Kinshasa, mai 2002 et octobre 2003.

355. Rapports FAO et Banque Mondiale, Genève, 1999.

356. RCN Justice et Démocratie est une organisation non gouvernementale internationale de droit belge qui œuvre dans le domaine de la justice et de la démocratie.

357. RCN Justice et Démocratie, Les conflits fonciers en Ituri : de l'imposition à la consolidation de la paix, www.rcn-ong.be, septembre 2009, p 27

358. *Revue économique Usine Nouvelle,* Chevalier (Alain), Pour un nouvel ordre économique, n° 22 mai 1984, Paris.

359 Afrique : contribution à une analyse de la corruption, Travaux et Documents, n°43, Bordeaux, 1994.

360. UNESCO, Ethiques de l'environnement et politique internationale, sous la direction de Henk A.M.J Ten have, Collections Ethiques, Editions UNESCO, Paris, 2007.

361. UNICEF, «Adjustment with a human face», Oxford University Press, Oxford, 1987.

362. ULWORTHO GENOMBE M., La question des terres, vecteur de la guerre en Ituri, in *Paroles de justice,* 2005,

363. VAN BOECKHOUT J., Le droit foncier chez le groupement Bena Kankonde du secteur Bena Ngoshi province Kasaï, in *Bulletin des Juridictions Indigènes et du droit coutumier congolais,* n°2, 1957.

364. VAN HAMME P.E., Enquête sur le droit coutumier des Bakwa-Lubo, in *Bulletin des Juridictions Indigènes et du droit coutumier congolais,* n°12, 1952.

365. VANNES J., Le droit foncier coutumier en territoire de Kabongo : Essai de synthèse, in *Bulletin des Juridictions Indigènes et du droit coutumier congolais*, n°7.

366. VANSINA J., Le droit foncier dans la société kuba, in *Zaïre,* 1956.

ANNEXES

A] ELABORATION DE PROJETS DE FINANCEMENT

B] PROGRAMME GLOBAL DU DÉVELOPPEMENT INDUSTRIEL DURABLE EN RÉPUBLIQUE DÉMOCRATIQUE DU CONGO

C] COUT D'UN PROJET

D] LES STATISTIQUES ESSENTIELLES DE LA RÉPUBLIQUE DÉMOCRATIQUE DU CONGO

E] CARTE DES 26 PROVINCES DE LA RÉPUBLIQUE DÉMOCRATIQUE DU CONGO

F] RESSOURCES MINIÈRES DE LA RDC

A] ELABORATION DE PROJETS DE FINANCEMENT METHODE PNUD PRESENTATION DE LA NOTE SUCCINCTE DE PROJET

N° DU PROJET……………………………………………………

INTITULE DU PROJET…………………………………………

INFORMATIONS GENERALES	
Porteur de la demande	Nom de l'organisation : Acronyme de l'organisation : Type d'organisation (*préciser si c'est une ONG, une association ou une OCB)* Adresse : E-mail : Tél fixe : ………………………….. Cellulaire ………………………
Informations sur l'organisation	Date de création : Date et numéro de reconnaissance officielle, immatriculation Localisation (Région, Préfecture) : Nombre de membres : Total :…. Femmes :…. Hommes :…. Personnel de l'organisation : Total :…. Femmes :…. Hommes :….
Responsables de l'organisation	Noms et prénom : Lieu de résidence et contacts : Fonction :
Personne chargée de coordonner l'exécution du projet	Nom : Qualification : E-mail : Tél. : ………………………….. Cellulaire ……………………… Lieu de résidence………………………………………………… Expériences par rapport au projet :
Mission de l'organisation	
Domaines d'activité de l'organisation	
Expériences par rapport au projet	
Partenaires de l'organisation	*Partenaires, contact terrain, services techniques, direction (régionale et préfectorale de l'environnement) etc.*
DOMAINE DU PADEP CIBLE PAR LE PROJET	
Information par rapport au PADEP	prévention des conflits et ☐ préservation de la paix
LOCALISATION	
Localisation exacte du projet	
CARACTERISTIQUES DU PROJET	
Bénéficiaires	Total :…. Femmes :…. Hommes :….
Groupe cible	
Enjeux et problèmes à résoudre	*10 lignes au maximum*
Objectif général	

<table>
<tr><td>Objectifs spécifiques</td><td colspan="4">1.
2.
3.</td></tr>
<tr><td>Principaux résultats attendus</td><td colspan="4">3 maximum par objet spécifique
Indiquer les quantités en chiffres</td></tr>
<tr><td>Principales activités du projet</td><td colspan="4"></td></tr>
<tr><td>Stratégies de mise en œuvre</td><td colspan="4"></td></tr>
<tr><td colspan="5">MOYENS</td></tr>
<tr><td></td><td></td><td>Montant euros</td><td>Montant $US</td><td>Pourcentage</td></tr>
<tr><td rowspan="3">MOYENS FINANCIERS</td><td>Financement total</td><td></td><td></td><td></td></tr>
<tr><td>Apport des bénéficiaires (financier, matériel et valorisation de la main d'œuvre, apport individuel)</td><td></td><td></td><td></td></tr>
<tr><td>Apport de l'ONG / Association /OCB (financier, humain, matériel, etc.)</td><td></td><td></td><td></td></tr>
<tr><td rowspan="2"></td><td>Autres financements</td><td></td><td></td><td></td></tr>
<tr><td>Subvention demandée au PADEP/PNUD (Inférieur ou égal à 7.000 $US)</td><td></td><td></td><td></td></tr>
<tr><td colspan="5">COMPTE BANCAIRE</td></tr>
<tr><td>N° compte bancaire</td><td colspan="4"></td></tr>
<tr><td>Nom et adresse de la banque</td><td colspan="4"></td></tr>
<tr><td>Signataires du compte (signatures conjointes exigées)</td><td colspan="4">1.
2.
3.</td></tr>
<tr><td colspan="5">CALENDRIER DE MISE EN OEUVRE</td></tr>
<tr><td>Date souhaitée pour le démarrage :</td><td colspan="4"></td></tr>
<tr><td>Durée totale du projet :</td><td colspan="4"></td></tr>
</table>

Signature
Nom et prénoms

PRESENTATION DETAILLEE DU PROJET (*20 PAGES*)

1. TITRE DU PROJET

2. BREVE DESCRIPTION DE L'ORGANISATION (*1 page au maximum*)

Démontrez clairement l'expérience, la capacité et l'engagement de l'ONG/Association/OCB pour mettre en œuvre les activités prévues et pour atteindre les résultats escomptés. Les principaux éléments à retrouver sont, entre autres, les suivants :

- L'ONG/Association/OCB candidate : objectifs, mandat, spécialisation, bases constitutives et structure (membership, distribution de l'autorité-organigramme), financement antérieur (du PMFLFEM, d'autres bailleurs).
- L'expérience de l'ONG/Association/OCB par rapport aux thèmes du PADEP/PNUD.
- Les projets déjà réalisés, les résultats obtenus, les groupes cibles touchés et les leçons apprises de l'expérience.

3. LOCALISATION, PUBLIC CIBLE ET BENEFICIAIRES

Décrire la situation géographique du projet (joindre une carte si possible). Précisez l'expérience de l'ONG/Association/OCB dans cette région, les avantages dont elle bénéficie et les facteurs qui lui permettront d'être efficace. Présenter sommairement le public cible et les bénéficiaires directes et indirectes du projet.

4. CONTEXTE ET PROBLEMES (1 page au maximum)

Les questions clés auxquelles l'on peut se référer sont, entre autres :

- Quelle est la situation de départ ? Détailler la ligne de base pour la mesure des impacts du projet.
- Dans quel contexte (social, culturel, économique, environnemental, etc.) se déroulera le projet ?
- Quel est le problème ou le défi que le projet veut résoudre ?
- A quels besoins spécifiques des femmes le projet répondra-t-il ?

5. JUSTIFICATION DU PROJET (*Demi-page*)

Statuez clairement et spécifiquement sur ce que le projet va accomplir et pourquoi ceci est important.

- Quels sont les principaux objectifs visés par le projet (objectif général long terme et objectifs spécifiques moyen terme) ?
- Quelle sera la contribution du projet aux objectifs et priorités du PADEP/PNUD ?
- Pour accroître l'impact du projet, quelles relations et synergie seront créées entre le projet et :
    - Les activités ou programmes locaux ou nationaux ;
    - Les projets des autres partenaires ;
    - Les autres actions des communautés, ONG/Association/OCB ou secteur privé dans la même zone d'intervention.

6. RESULTATS ATTENTUS ET INDICATEURS

Les résultats attendus du projet sont les changements d'état descriptibles ou mesurables occasionnés par une relation de cause à effet. Les résultats attendus correspondent aux situations souhaitées au bout du processus.

Le concept de causalité est omniprésent dans le domaine de la Gestion des Ressources : les produits sont issus des activités du projet ; les effets sont issus d'une combinaison de produits ; et l'impact est issu (d'une combinaison d'effets.

Les indicateurs sont des mesures, quantitatives ou qualitatives, efficaces qui permettent : i) d'apprécier/d'évaluer l'état d'avancement du projet ; ii) de mettre en évidence les progrès accomplis lorsque les choses se déroulent normalement ; iii) de prévenir lorsque les choses ne se déroulent pas comme prévu ; iv) de renforcer l'efficacité du système de gestion sur le plan de la planification, du suivi et de l'évaluation. Les indicateurs permettent de dire si les situations souhaitées sont ou en voie d'être atteintes.

Déterminez les résultats attendus :

- Les produits sont les changements à court terme. Ils sont la conséquence logique de la mise en œuvre d'activités du projet.
- Les effets sont les résultats ou les changements à moyen terme. Ils seront observables au cours de la durée du projet. Les effets sont liés aux objectifs immédiats du projet. Les effets découlent d'un ensemble de produits atteints dans le cadre du projet.
- L'impact est le résultat ultime, le changement à long terme. L'impact est lié à l'objectif de développement du projet. Il découle des effets obtenus du projet.

Définissez les indicateurs :
Pour chaque résultat attendu, définissez les principaux indicateurs qui vont permettre de mesurer correctement les changements apportés.

7. ACTIVITES DU PROJET

Décrivez clairement les activités qui vont permettre d'atteindre les produits souhaités. II doit exister un lien direct entre les activités et les produits attendus. Une incohérence à ce niveau est une raison majeure pour ne pas financer le projet.

Indiquez :

- ce qui va être fait, en précisant comment les femmes seront impliquées et comment les activités tiendront compte de l'intérêt des populations et du savoir-faire local ;
- qui va réaliser les activités (participation individuelle et collective) : rôles et responsabilités de chacun ;
- quand les activités seront réalisées (durée - début, fin) ;
- où se dérouleront les activités ;
- qui vont être les bénéficiaires (hommes/femmes).

Présentez le chronogramme des activités sur la durée du projet, en vous inspirant du tableau ci-après.

CHRONOGRAMME

	PÉRIODE					
	S1	S2	S3	S4	S5	S6
PRODUIT 1.1 **ACTIVITÉS** **1.1.1…….** **1.1.2……..** **1.1.3……..** **PRODUIT 1.2** **ACTIVITÉS** **1.2.1 …….** **1.2.2 ……..** **1.2.3 ……..** **PRODUIT 2.1** **ACTIVITÉS** **2.1.1 …….** **2.1.2 ……..** **2.1.3 ……..** **PRODUIT 2.2** **ACTIVITÉS** **2.2.1 …….** **2.2.2 ……..** **2.2.3 ……..** **PRODUIT 3.1** **ACTIVITÉS** **3.1.1 …….** **3.1.2 ……..** **3.1.3 ……..**						

8. CONDITIONS DE REUSSITE/FACTEURS DE RISQUES

Pour chaque niveau de résultat (produits, effets, impact), identifiez et listez les conditions de réussite pouvant faciliter l'atteinte des résultats ou les facteurs de risque pouvant nuire à l'atteinte des résultats du projet, particulièrement les conditions/facteurs externes sur lesquels l'ONG/Association/OCB n'a pas ou a peu de contrôle. L'analyse devrait être très prudente et démontrer que l'ONG/Association/OCB a pensé à toute une série d'éventualités qui pourrait interférer avec le projet.

9. CADRE DES RESULTATS

Remplissez le cadre des résultats du projet (voir modèle ci-après) à partir des informations décrites ci-dessus : objectifs visés, résultats attendus, indicateurs, activités, conditions de réussite ou facteurs de risque.

CADRE DES RESULTATS

TITRE DU PROJET : ....

Objectifs du projet :						
Réalisation(s) attendue(s) / Effet(s) escompté(s)[1] *Veuillez numéroter chaque réalisation / effet* Indicateurs de réalisations : (*qualitatifs ou quantitatifs*)						
Données de base-référence	Résultats/produits attendus	Activités originales	Cocher si l'activité est une étape intermédiaire	Calendrier (1 mois)	Entité(s) responsable(s)	
Indiquer pour chaque résultat les données disponibles sur le contexte initial dans lequel s'inscrit le projet. Si elles ne sont pas disponibles. Décrivez brièvement la situation.	Préciser chaque résultat (qualitatif ou quantitatif) prévu afin de permettre d'atteindre les réalisations/effets escomptés : Veuillez numéroter chaque résultat.	Indiquer les principales activités nécessaires pour produire chaque résultat/effet. Veuillez numéroter chaque activité principale.		Indiquer quand l'activité doit avoir lieu.	Préciser qui doit réaliser l'activité (l'Agence de mise en œuvre et les partenaires de mise en œuvre)	Préciser le montant des moyens/ressources nécessaires pour produire chaque activité.
[1] Moyens : Ressources utilisées pour votre projet (experts, ressources matérielles et financières) Activité : Une action spécifique ou un processus entrepris par l'organisation porteuse du projet pour convertir les ressources (moyens), en produits ou services (résultats) Résultat : Produits et services tangibles qui découlent des activités réalisées avec les moyens investis pour le projet. Les résultats procèdent de l'exécution des activités. Ils mesurent la quantité et la qualité des services et produits obtenus. Réalisation (effet direct) : Il s'agit de l'ensemble des changements réels ou recherchés par le projet. C'est l'unité de mesure des avancées concrètes pour atteindre un objectif.						

INDICATEUR DE RÉALISATION : DE NATURE QUANTITATIVE OU QUALITATIVE, IL CONSTITUE UN MOYEN DE MESURER LE DEGRÉ D'ACCOMPLISSEMENT DES RÉALISATIONS PRÉVUES.

10. BUDGET DU PROJET

L'élaboration et la gestion du budget sont deux aspects importants pour la bonne réussite d'un projet. En accordant une attention particulière aux questions de finance, l'ONG/OCB s'assure que le projet puisse produire les résultats attendus.

Les principes suivants devraient être pris en compte lors de la préparation du budget du projet :

Le budget doit être conforme au contenu du projet.

- Les lignes budgétaires doivent démontrer clairement comment les fonds seront dépensés.

Le budget doit être réaliste et ne présenter que le coût actuel réel des activités prévues. Un budget surestimé ou sous-estimé ne pourrait que donner une note défavorable au moment d'analyser le projet.

- Uniquement les coûts qui sont directement liés à la mise en œuvre des activités visant à atteindre les résultats escomptés peuvent être pris en charge par le PADEP/PNUD. Les coûts indirects ne sont pas financés par le PADEP/PNUD et ne devraient pas faire partie de la requête. Les autres coûts associés devraient être pris en charge par d'autres sources.

Le budget doit comporter une rubrique pour le suivi évaluation du projet par l'ONG/Association/OCB, les services techniques de l'Etat, les auto-évaluations et l'évaluation finale).

Le tableau qui suit permet de présenter succinctement le budget du projet. Le même format servira de base au rapport financier.

Activité	Désignation des dépenses	Coût unitaire	Quantité	Montant	Contri-bution ONG	Sub-vention PADEP/PNUD
A- Activité 1.1Atelier 1.1. sur	*Transport* *Nourriture*					
Sous-total A						
B- Activité 2						
Sous-total B						
C- Activité 3						
Sous-total C						
D. Activité 4						
Sous-total D						
TOTAL EN F CFA						
TOTAL EN $ US						

11. DURÉE DU PROJET

LE POSTULANT DOIT INDIQUER LA DURÉE DU PROJET

Capacités techniques et financières de l'organisation

PROJETS SIMILAIRES REALISES AU COURS DES TROIS DERNIERES ANNEES

	Nom du projet	Bénéficiaires : (Nom de la localité, téléphone et email de la personne de contact)	Sources de financements (Nom du bailleur/ partenaire : téléphone et Email de la personne de contact)	Coût total du projet en F CFA
1				
2				
3				

ROLE ET CONDITIONS D'INTERVENTION DU CENTRE DE DEVELOPPEMENT INDUSTRIEL (C.D.I.) DE BRUXELLES DANS LE PARTENARIAT ACP/CEE

a) **Les différents contextes**

1/ Les objectifs du CDI et de BEIDER

Promouvoir le partenariat industriel entre les entreprises de l'ACP et les entreprises de la CEE, la participation au capital social par des accords de joint-venture et d'autres accords notamment de savoir-faire (know-how), de commercialisation, de gestion et d'assistance à la commercialisation des produits manufacturés dans les pays ACP en République Démocratique du Congo et dans d'autres pays membres de la coopération ACP/CEE, comme le Congo Brazzaville, le Gabon, l'Angola, Centrafrique, etc.

2/ La synergie entre le Bureau d'Etude BEIDER et le Centre de Développement industriel (CDI)

Sauf disposition contraire du gouvernement de la République Démocratique du Congo, le Bureau d'Etudes BEIDER souhaite la relance et la mise en œuvre de la nouvelle politique de Zone Franche Industrielle (ZOFI) en République Démocratique du Congo avec l'intervention de CDI auprès des entreprises de la Communauté Economique Européenne (CEE), les motivant de travailler en partenariat avec le Gouvernement congolais, les entreprises publiques et privées, les organisations non-gouvernementales (ONG) et la Société civile.

Grâce à la stratégie du Centre CDI, les entreprises ainsi que les banques européennes et les autres institutions apporteront leurs expériences, les équipements, les connaissances techniques ainsi que les financements, alors que les entreprises congolaises encadrées par le Gouvernement et les experts locaux offriront à ce partenariat les matières premières, connaissances de l'environnement, les avantages fiscaux et douaniers, et l'importante main-d'œuvre locale aux conditions qui défient toute concurrence.

La formule de partenariat « Joint Venture » pourra accélérer le développement industriel de la République Démocratique du Congo de manière rentable et durable en privilégiant la transformation locale des matières premières sur place.

3. Le choix de la formule d'entreprise en participation ou joint-venture

Pour plus d'efficacité le Bureau d'Etudes BEIDER souhaite travailler en synergie avec le CDI pour la mise en œuvre de la formule de partenariat ACP et les pays de la CEE. Dans cette formule d'entreprise en participation ou joint-venture, les deux associés investissent de préférence dans une nouvelle entreprise pour réaliser leurs objectifs.

Pour la répartition des parts ou actions BEIDER propose que les entreprises de la République Démocratique du Congo souscrivent pour au moins 50% si non 60% ou plus, par tous les moyens légaux dans le capital social. Dès le début les deux partenaires devront prendre la décision de partager les bénéfices, les risques, ils apporteront leurs expériences techniques et commerciales respectives. Toutes choses étant clairement convenues par ailleurs, les deux associés se respectant comme exigé par l'éthique des affaires.

4. L'assistance du Centre du Développement Industriel (CDI)

Le CDI peut intervenir à tous les stades de constitution d'un partenariat dans les domaines énumérés ci-dessous, à titre indicatif non limitatif :

- l'évaluation de la demande initiale,
- la recherche d'un associé,
- la participation au financement de l'étude de faisabilité ou l'étude du marché,
- la participation aux frais de voyage,
- l'aide dans les négociations,
- la fourniture d'accords pour le partenariat,
- le contact avec les banques,
- les conseils techniques pour le choix de l'usine,
- l'assistance d'experts CEE pour le démarrage et le test des équipements,
- l'aide à la formation du personnel ACP,
- l'évaluation d'un équipement d'occasion.

b) Le rôle de l'ANAPI (Agence Nationale de Promotion des Investissements)

1/ Le rôle de l'ANAPI

L'ANAPI accueille et accompagne les entreprises qui sont décidées d'investir en République Démocratique du Congo en instaurant le système de « Guichet Unique » pour mettre fin aux tracasseries et à la corruption.

D'autre part, dans le cadre des avantages fiscaux et douaniers que le gouvernement congolais accorde aux investisseurs étrangers et nationaux, le Code des Investissements a mis en place une procédure résumée dans le plan qui suit pour permettre aux entreprises de bénéficier de l'exonération des droits d'entrée et de sortie ainsi que d'autres avantages.

2. Plan juridique et économique d'une demande d'agrément d'un projet d'investissement[1] pour bénéficier des exonérations fiscales, douanières et D'AUTRES AVANTAGES

---

[1] Méthodologie du code des investissements congolais adoptée par le Bureau d'Etudes socio-économiques BEIDER, créé à Paris en 1995, autorisé par la Préfecture sous le n° 95/0076, Dossier 118733 P. J.O. du 1er février 1995, insertion p. 480 al. 1815.

I. Renseignements

1.1. Entreprises nouvelles

1.1.1. Entreprise individuelle

— Identité du promoteur : nom, post-nom, âge, nationalité ; état-civil, situation familiale, études faites, fonctions exercées en dehors du commerce, références diverses

—Registre de commerce et identification nationale

— Adresse complète et localisation du projet

—Activités commerciales exercées ou autres

— Références bancaires

1.1.2. Société

— Raison sociale

— Registre de commerce et identification nationale

— Forme juridique

— Siège social

— Siège d'exploitation

— Références bancaires

— Capital social et répartition

—Promoteurs : identité, expérience en affaires et assise financière des promoteurs

1.2. Entreprises existantes

1.2.1. Identité de l'entreprise

—Raison sociale

—Registre de commerce et identification nationale

—Forme juridique

—Siège social

— Siège d'exploitation

— Références bancaires

—Capital social et répartition

—Actionnaires : identité, expérience en affaires et assises financières.

1.2.2. Historique de l'entreprise

1.2.3. Description détaillée des activités exercées et des moyens de production

1.2.4. Volume et décomposition de la production des 3 dernières années (nature et gamme de produits fabriqués)

II. Le projet d'investissement[1]

2.1. Justification et objectifs du projet

2.1.1. Justification du projet
2.1.2. Nature et objectifs du projet

2.2. Etude du marché

2.2.1. Situation générale du secteur
2.2.2. Principaux débouchés
2.2.3. Estimation de la demande
2.24. Prix pratiqués et tendance à l'évolution : pour les produits se substituant à des importations, on donnera le prix du produit importé et sa décomposition
2.2.5. Organisation du marché
— type de produits à fabriquer
— quantités à vendre et prix par produit
— conditions de commercialisation
— circuits d'approvisionnement en matières premières

2.2.6. Position concurrentielle de l'entreprise : par rapport à l'importation ou aux entreprises existantes ; présentation sur un tableau de l'estimation du marché et du programme de production pour faire apparaître la part relative quelle détiendra sur ce marché

2.3. Définition technique du projet

2.3.1. Variantes techniques et justification du choix de la technologie
2.3.2. Procédé de fabrication
2.3.3. Diagramme de production
2.3.4. Description des investissements et des équipements
2.3.5. Capacité de production et capacité d'utilisation
2.3.6. Quantités de matières premières et autres, consommation par unité de produit
2.3.7. Planning de réalisation du projet

2.4. Gestion du projet

2.4.4. Organigramme de la société
2.4.2. Personnel à employer
— effectif
— répartition par catégories socioprofessionnelles et par nationalité
— rémunérations, et avantages sociaux (INSS, logement, transport, syndicat)
2.4.3. Politique et programme de formation

---

1 *Op. cit.*

2.5. Etude financière

2.5.1. Décomposition du montant de l'investissement

— frais d'établissement
— terrain
— constructions
— équipements
— matériels
— mobilier
— fonds de roulement
— intérêts intercalaires
— frais de montage et de mise en marche
— imprévus (provisions pour inflation, variation du taux de change, variation de prix. etc.)

Faire apparaître :

— pour les éléments importés
- valeur CIF
- droits d'entrée
- taxes diverses (statistique, OCC- Office congolais de contrôle, OGEFREM…)
- frais de transport
- frais de montage en RDC
- autres frais

— pour les acquisitions locales
- frais divers
- valeur « rendu usine »

Ces valeurs seront justifiées par des devis et de factures pro forma.

2.5.2. Plan de financement

Indiquer les apports faits en monnaie étrangère et en monnaie locale

— capital social : indiquer comment se feront les apports au capital social

— autofinancement avances des associés : répartition de ces avances en devises et monnaie locale entre les différents associés

— crédits : indiquer :
- l'origine
- la monnaie dans laquelle est libellé le crédit
-conditions de crédits (taux d'intérêt, durée de remboursement, échéancier de remboursement)

— autres sources.

2.5.3. Exploitation prévisionnelle

2.5.3.1. Evolution de la production

2.5.3.2. Evolution des recettes

— prix de revient
— prix de vente
— chiffre d'affaires

2.5.3.3. Evolution des charges d'exploitation (suivant le P.G.C [1])

(a) matières et fournitures consommées

Indiquer pour les matières importées, la provenance et la décomposition du prix rendu usine (coût CIF droits d'entrée, taxes, autres frais locaux, etc.)

(b) transports consommés

(c) autres services consommés

(d) charges et pertes diverses

(e) charges du personnel

(f) impôts et taxes

(g) frais financiers

(h) dotations aux provisions et amortissements

2.5.4. Tableau prévisionnel de formation de résultat

2.5.5. Echéancier de flux financiers

2.5.6. Tableau Ressources — Emplois

III Pièces à joindre au dossier

3.1. Statuts juridiques notariés

3.2. Preuves de financement

3.3. Factures pro forma, devis, dessins, etc.

3.4. Bilans et TFR[2] des 3 derniers exercices

---

1 PCGC : Plan comptable générale congolais.

2 TFR : Tableau de Formation du Résultat

RESSOURCES – EMPLOIS

Rubriques/Années						
Ressources - Capital social - Avance associée - Autofinancement - M.B.A. - Autres (…) - Crédits						
Total						
Emplois - Investissements - Fonds de roulement - Renouvellement - Remboursement associés - Remboursement crédits - Autres (…)						
Total **Solde annuel** **Solde cumulé**						

ECHEANCIER DE CASH FLOW

Rubriques/Années						
- Investissements - Fonds de roulement - Renouvellements - Marge brute						

Ce schéma est susceptible d'être réaménagé

TABLEAU DE FORMATION DU RESULTAT

Production vendue		....
Production stockée		....
Consommations matières	....	
et fournitures	....	
Transports consommés	....	
Autres services extérieurs consommés	....	....

Valeur ajoutée		
Charges ou pertes diverses	....	
Charges du personnel	....	
Contributions et taxes	....	
Charges financières	....	
Produits et profits divers	....	....
	....	....
		....

Résultat brut d'exploitation		
Dotations aux amortissements	....	....
	....	....

Résultat net avant contribution		
Provision fiscale s/exploitation	....	....
	....	....

Résultat net de l'exercice Cash-flow		
Résultat net de l'exercice	....	....
Dotation de l'exercice	....	....
aux amortissements		

3/ Schéma synthèse de mise en œuvre du partenariat ACP/CEE

Responsabilités Activités	Promoteur ACP	Société CEE	Conjointes ACP/CEE	Assistance et intervention du CDI
Etapes préliminaires Définir les besoins et le projet	ACP			Antennes du CDI et propositions de projets
Fournir des informations au CDI	ACP			Evaluation du projet
	ACP			
Identifier et sélectionner un partenaire CEE				Recherche de partenaires dans la CEE
			ACP/CEE	
Accords préliminaires				
			ACP/CEE	Assistance aux voyages de contact et négociation
Montage de l'accord Etude de faisabilité				
			ACP/CEE	
Evaluation de l'étude				Cofinancement avec les partenaires
			ACP/CEE	
Négociation du financement				
			ACP/CEE	Evaluation indépendante
Négociation des accords avec le partenaire CEE et signature				
				Contacts avec les bailleurs de fonds ACP et CEE
Autorisations gouvernementales, licences	ACP			
				Fourniture d'accords types et assistance neutre
Démarrage de l'activité Construction/Aménagements des bâtiments	ACP		ACP/CEE	
			ACP/CEE	
Appels d'offres/installation et réception des équipements				Possibilité d'avis techniques autres
Formation du personnel (pré-opérationnelle)		CEE		
				Evaluation de l'équipement
Démarrage				Cofinancement des programmes
				Cofinancement d'une assistance au démarrage

FINANCEMENT DE PETITS PROJETS ASSOCIATIFS ET MICROECONOMIQUES PAR LE FONDS SOCIAL EUROPEEN (FSE)

A/ OBECTIFS ET HORIZONS D'ACTIONS DU FSE

a) Opération de renforcement de la cohésion sociale

Opérer le renforcement de la cohésion sociale. Lutter contre l'exclusion dans un territoire pour une meilleure réinsertion sociale ou publique par la création des emplois, notamment en milieu rural.

b) Organisation du développement

Organiser le développement de l'économie solidaire et sociale par la création des activités.

c) Amélioration et adaptation de la main-d'œuvre

Favoriser l'amélioration et l'adaptation de la main-d'œuvre dans l'approche d'égalité homme/femme, en encourageant la scolarité sans discrimination de sexe.

B/ LES ACTIVITES ET LES CONDITIONS D'ELIGIBILITE AU FSE

a - Petits projets locaux d'utilité sociale

Ces petits projets doivent être constitués juridiquement et être dotés de la personnalité morale et doivent avoir une adresse, un compte bancaire, un numéro de SIRET, avoir une capacité financière ne pouvant permettre de créer un microprojet sans le Fonds Social Européen (FSE) ou autre. Le microprojet impliquant les bénévoles ou associant des usagers. Le microprojet doit être clairement expliqué et identifié pour être financé par le Fonds Social Européen (FSE).

b -Porteurs de microprojets en création dans le domaine de l'utilité sociale

Dans la démarche, le porteur de microprojet sera accompagné par un des organismes intermédiaires suivant selon le secteur d'action en Ile-de-France (AREVA Ile-de-France), FNARS Ile-de-France et PROJETS -19).

c -Couveuse de création de microprojet

La couveuse, organisme habilité et qualifié qui guide la création du microprojet et son financement, pourra être versée à l'organisme chargé d'accompagner les personnes en train de créer pour les assister à bien mener lesdits microprojets.

C/ LES DEUX TYPES DE SOUTIEN ET DE FONDS SOCIAL EUROPEEN (FSE)

a -Opération d'accompagnement et d'assistance

La réalisation de microprojet peut d'abord bénéficier des actions d'accompagnement des actions en amont permettant de passer de l'idée à la création du projet et de toucher aux personnes éloignées : obtenir une aide à la constitution de dossier de la demande de subvention, montage de bilan prévisionnel, budget, élaboration du projet, constitution d'une personne morale, obtention de récépissé, etc.

b - Octroi de subventions

Intervenant dans les microprojets en Ile-de-France dans le domaine d'utilité sociale, les subventions sont accordées lorsque les projets sont clairement identifiés, le résultant devant être évalué.

En outre, ces microprojets devront créer des emplois et être éligibles au financement de fonds communautaire, l'intervention ne pouvant dépasser 23.000 € et s'inscrire dans le cadre d'une affaire innovante dans un partenariat large mais limité à un montant de 23.000€, réfléchir éventuellement sur l'intervention d'un partenariat acquis ou envisagé en dehors de ce financement limité.

Dans l'évaluation, votre attention doit penser à la perspective du projet à la fin du financement qui sera consenti par le Fonds Social Européen (FSE).

Le dossier de demande de fonds sera envoyé en deux copies avec en annexe les pièces suivantes :
- les statuts ;
- photocopies de récépissé de la déclaration officielle ;
- compte de résultat et éventuellement du bilan de l'année précédente sauf pour les associations qui existent depuis moins d'un an ;
- relevé d'identité bancaire ou postale (RIB).

Pour être sûr de l'éligibilité du dossier les experts et collaborateurs devront prendre rendez-vous avec l'organisme d'intermédiaire où les dossiers seront déposés.
Il faut deux à trois mois pour recevoir la réponse avis motivé du FES.
Il est conseillé de faire preuve de rigueur dans la procédure.

B] PROGRAMME GLOBAL DU DÉVELOPPEMENT INDUSTRIEL DURABLE EN RÉPUBLIQUE DÉMOCRATIQUE DU CONGO

Dans la perspective d'application des stratégies du développement industriel durable en République Démocratique du Congo, il sera question d'effectuer une démarche citoyenne et patriotique dans le sens des propositions à adresser au Président de la République, autorité compétente qui appréciera pour prendre la décision.

Les préalables à l'exécution des programmes pour mettre en œuvre le programme global du développement industriel durable de la République conformément à la Constitution.

Notre dossier sera composé de la présente brochure et d'une lettre de motivation expliquant notre intention de contribuer au développement du pays.

Nous donnerons des explications et exposerons les étapes de la réalisation du programme à court, moyen et long terme de la manière suivante :

I. Programme à court terme

- Créer la police des mines et hydrocarbures qui s'occupera de la sécurité armée des sites.
- Organiser les services de sécurité : l'armée, la gendarmerie, la police et le service secret.
- Organiser la douane et la sécurité des frontières.
- Améliorer les infrastructures des services de santé rurale et urbaine, notamment les hôpitaux, maternités, dispensaires et pharmacies à travers le pays.
- Financer et construire des écoles et des universités tant du secteur public que privé dans toutes les provinces.
- Décider de la gratuité de l'enseignement primaire et secondaire et accorder des bourses d'études pour l'enseignement supérieur et universitaire.
- Privilégier la recherche scientifique et technologique, réhabiliter les anciens Instituts Supérieurs et en créer d'autres dans le domaine de l'informatique, des Sciences appliquées et d'autres disciplines.
- A défaut de privatiser l'Institut National de Sécurité Sociale actuellement déficitaire, lui doter un budget conséquent en partenariat avec la Sécurité Sociale française.
- Promouvoir et valoriser le Franc Congolais et dédollariser l'économie congolaise, interdire les opérations de change sans agrément de la Banque Centrale.
- Financer les plantations de café, cacao et thé dans toutes les provinces et relancer l'exportation de ces produits et d'autres.

II. Programme à moyen terme

- Promouvoir le secteur privé national et le secteur privé étranger en créant les banques de développement et les banques de crédit agricole.
- Améliorer la politique du code des investissements notamment pour les importations des machines et des équipements pour créer des infrastructures, routes, autoroutes, ponts et autres grands travaux
- Appliquer le principe de politique agricole en créant des brigades agricoles, faire de l'agriculture « la priorité des priorités ».
- Imposer les travaux d'agriculture et d'élevage aux prisonniers dans toutes les provinces. Les brigades agricoles et vétérinaires seront dirigées par des agronomes et des vétérinaires sous la direction des officiers de l'armée, de la police et des services pénitentiaires.

III. Programme à long terme

- Construction des grandes infrastructures : ports, autoroutes, chemins de fer, métros, trams dans les villes, unités de construction et de montage d'automobiles, des usines de fabrication de pièces de rechange, d'équipements et d'outils sur la base de cuivre, fer, zinc, aluminium, usines de fabrication de bateaux, d'avions, etc..
- Construction d'usines d'exploitation et de traitement de minerais, de diamant, d'or, de coltan, de bauxite, de fer, de cuivre, des industries de transformation des matières premières, construction de barrages dans toutes les provinces.
- Construction de maisons sociales, d'écoles, d'hôpitaux, de prisons et des bases.
- Renouveler et moderniser des villes et des communes.
- Construction des camps militaires, de gendarmerie et de police loin des quartiers habités par les civils.
- Création d'une armée républicaine forte de 100.000 hommes composée de plusieurs unités spéciales de commandos d'infanterie, de paras commandos aéroportés (bérets rouges et verts), des unités de génie, des bases militaires à toutes les frontières, construction des écoles de guerre, etc.
- Recensement et attribution d'une nouvelle carte d'identité à tous les Congolais sur la base des seules ethnies ou tribus congolaises, renforcer la politique d'immigration et de douane.
- Critères de limites légales du territoire de l'Etat congolais (RDC), seules ces limites géographiques reconnues par l'ONU et le Royaume Belge, ancien colonisateur, sont valables.
- Au-delà de la diplomatie avec tous les pays, la République Démocratique du Congo doit entretenir de bonnes relations diplomatiques et économiques sincères avec tous ses voisins.
- Construction d'hôpitaux militaires, construction de DCMP (Dépôt Central Médical et Pharmaceutique), des usines de fabrication de médicaments sous le contrôle du Ministère de la Santé, des Facultés de Médecine et de Pharmacie.
- Construction d'usines de fabrication de farine de manioc et de maïs, de soja dans toutes les provinces, des industries manufacturières, industries de pêche, industries de chaussures, industries nucléaires, d'armement et de drones, industries de charrois civils et militaires, industries d'engins agro-forestiers en partenariat avec le investisseurs étrangers sérieux.

- Construction par la GECAMINES sous l'égide des Ministères des Mines, du Plan, des Finances et de l'Energie d'usines de transformation des matières premières des produits exploités dans le pays, interdire d'exportation des produits bruts.

- Construction en cours d'un grand port en eau profonde verra bientôt le jour à Banana sur l'Océan Atlantique, les études sont en cours pour rendre le fleuve Congo navigable depuis l'Océan Atlantique jusqu'à Lualaba au Katanga.

- Rendre la navigation possible sur le fleuve Congo tout en protégeant les barrages d'Inga, les villes et villages, l'environnement et la biodiversité jusqu'à l'Océan Atlantique.

Pour terminer, nous conseillons qu'au-delà de la coopération économique avec tous les pays amis, la conclusion de partenariat privilégié et de partenariat stratégique entre la République Démocratique du Congo et les États-Unis d'Amérique pour la protection, la sécurité et le développement industriel durable de ce grand pays pour l'épanouissement du peuple congolais était souhaitée.

Pour améliorer de manière juste et importante la balance des paiements et créer de la richesse en faveur de la République Démocratique du Congo à partir de nos ressources naturelles, en organisant l'intégration verticale dans le processus de transformation des produits finis à exporter. L'intégration verticale permettra de créer réellement les richesses. Il faut encourager la promotion de la loi sur la sous-traitance et encadrer les artisans. Les banques doivent accompagner les industries dans l'exécution des projets économiques dans tous les domaines ou secteurs. Toutes les parties prenantes doivent respecter les droits et les obligations. Il faut créer la bourse minière et faire des efforts pour améliorer les structures institutionnelles, la gestion et mettre fin à l'externalisation décisionnelle. Pour la transformation des produits et d'autres opérations il faut appliquer le schéma économique d'intégration verticale que j'appelle (IV).

C] Coût du projet

1. Dépenses d'investissement

	Année 1	Année 2	Année 3	Année 4
DIRECTION Acquisition terrain Nettoyage terrain Sable et cailloux Construction Machine à écrire Meubles Voiture				
TOTAL PARTIEL (1)				
FORMATION AGRICOLE Nettoyage terrain Sable - cailloux Puits Constructions Achat 14 bœufs Charrues - charrettes Dessouchage 40 hectares Achat mobylettes Meubles (bancs...)				
TOTAL PARTIEL (2)				
DISPENSAIRE Nettoyage - sable-cailloux Puits Construction Equipement - Meubles				
TOTAL PARTIEL (3)				
TOTAL GENERAL (1) + (2) + (3)				

Rappel : les dépenses d'investissement concernent les biens durables

2. Dépenses de fonctionnement

	Année 1	Année 2	Année 3	Année 4
DIRECTION Fournitures bureau Essence Entretien. Assurances Divers frais gestion Salaires				
TOTAL PARTIEL (1)				
FORMATION AGRICOLE Fournitures bureau Essences mobylettes Entretien. Assurances Nourriture des stagiaires Autres frais formation Semences. Engrais Soins et aliments bœufs Petits outils Salaires formateurs				
TOTAL PARTIEL (2)				
DISPENSAIRE Fournitures bureau Médicaments Fournitures diverses Campagne vaccination Formation : salaires matrones Salaires infirmiers et sage-femme				
TOTAL PARTIEL (3)				
AMORTISSEMENTS (4)				
TOTAL GENERAL (1) + (2) + (3) + (4)				

Amortissements

- Pour le matériel roulant (voiture, mobylettes), et l'équipement de la culture attelée, on prendra en compte le montant des amortissements sur 5 ans.

- Pour les autres équipements et les constructions, des provisions seront faites pour les réparations, et d'éventuels remplacements, selon les disponibilités.

Remarques : Les dépenses de fonctionnement de la troisième année sont légèrement supérieures à celles de l'année précédente pour tenir compte de l'augmentation des prix.

3. Coût local du projet

	Première année	Deuxième année	Troisième année	TOTAL
Investissement Fonctionnement				
TOTAL				

4 Viabilité du projet et budget de trois mois

	Première année	Deuxième année	Troisième année
DEPENSES Fonctionnement Direction du centre Formation agricole Dispensaire amortissements			
Sous-total			
Investissements Direction du centre Formation agricole Dispensaire			
Sous-total (1 + 2)			
RECETTES Apport villageois Subvention Etat Ventes produits agricoles Recettes dispensaire			
TOTAL RECETTES			
A TROUVER (Dépenses – Recettes)			

D] LES STATISTIQUES ESSENTIELLES DE LA RÉPUBLIQUE DÉMOCRATIQUE DU CONGO[1]

Géographie	
Capitale	Kinshasa 10 à 15 millions d'habitants (2009)
Superficie	2 345 410 km²
Population	
Population (2014)	77 433 744
Densité de population (2013)	32,2 hab/km²
Population (1950)	12 200 000
Prévision population (2050)	189 300 00
Population de moins de 15 ans (2014)	43,1 %
Population de plus de 64 ans (2014)	2,6 %
Espérance de vie à la naissance (2014)	56,54 ans
Population urbaine (2013)	41 %
Population vivant dans des agglomérations de plus de 1 million d'habitants (2013)	27,0 %
Âge médian (2014)	17,9 ans
Taux de fécondité (2014)	4,8 ans
Taux de natalité (2014)	35,62 %
Taux de natalité (1970)	48,0 %
Taux de mortalité (2014)	10,30 %
Taux d'accroissement naturel (2014)	2,53 %
Mortalité infantile (2014)	73,15 %
Mortalité maternelle pour 100 000 naissances (2010)	540
Taux de mortalité de moins de 5 ans (2011)	168 %
Taux de migration (2014)	- 0,33 %
Économie	
PIB en millions de dollars US courants (2011)	15 300
PIB par habitant en dollars US	110
Prélèvements obligatoires (% du PIB) (2011)	20,7 %
Taux de croissance (2013)	6,2 %
Taux d'inflation (2013)	7,1 %
Part dans les importations mondiales (2006)	0,02 %
Principal pays importateur, Afrique du Sud (2011)	21,7 %
Part dans les exportations mondiales (2006)	0,02 %
Principal pays d'exportation, Chine	48,1 %
Indices	
Pourcentage de population sous-alimentée (2007)	69 %
Indice de développement humain – IDH (2013)	0,338
Taux de scolarisation (école primaire) (2006)	52 %

[1] Source : Tshiani K.M. (Noël) *La Force du changement*, Ed. Panthéon 2016, pages 90-91-92

Indice de corruption (2011)	2,0 %
Pourcentage de femmes au Parlement (2011)	10,0 %
Agriculture	
Population active agricole (2014)	61,30 %
Part du PIB agricole dans le PIB total (2011)	34,9 %
Terres arables (%de superficie émergée) (2009)	3,0 %
Forêts (pourcentage du territoire) (2012)	67,7 %
Santé	
Dépenses de santé par habitant (2012)	15 $
Nombre de médecins pour 1000 habitants (2007)	0,1
Décès dus au SIDA (estimation 2007)	29 000
Proportion 15/49 ans infectés par le virus du SIDA (2007)	4,2 %
Prévalence de l'obésité (2013)	4,0 %
Logement	
Population ayant accès à l'électricité (2011)	9,0 %
Pourcentage d'habitants de bidonvilles dans la population urbaine (2009)	61,0 %
Éducation	
Taux d'alphabétisation 15 ans et + (2003)	31,76 %
Communication	
Nombre de lignes de téléphone fixe pour 1000 habitants (2011)	0,5
Utilisation d'internet pour 1000 habitants (2008)	4
Abonnés à l'internet fixe haut débit pour 1000 habitants (2011)	0,2
Domaine Internet	cd
Nombre de postes de téléphone pour 1000 habitants (2011)	2
Transports	
Réseau ferroviaire (2008)	4 007 km
Réseau ferroviaire pour 1000 km² (2008)	1,7 km
Frontières de la République Démocratique du Congo	
Angola	2 511 km
Burundi	233 km
Centrafrique	1 577 km
Congo-Brazzaville	2 410 km
Ouganda	765 km
Rwanda	217 km
Sud-Soudan	628 km
Tanzanie	459 km
Zambie	1 930 km
Total	10 730 KM

E] CARTE DE LA REPUBLIQUE DEMOCRATIQUE DU CONGO

CARTE DE LA RÉPUBLIQUE DÉMOCRATIQUE DU CONGO

APRÈS DÉCOUPAGE EN 26 PROVINCES

F] CARTE DES RESSOURCES MINIÈRES DE LA REPUBLIQUE DEMOCRATIQUE DU CONGO

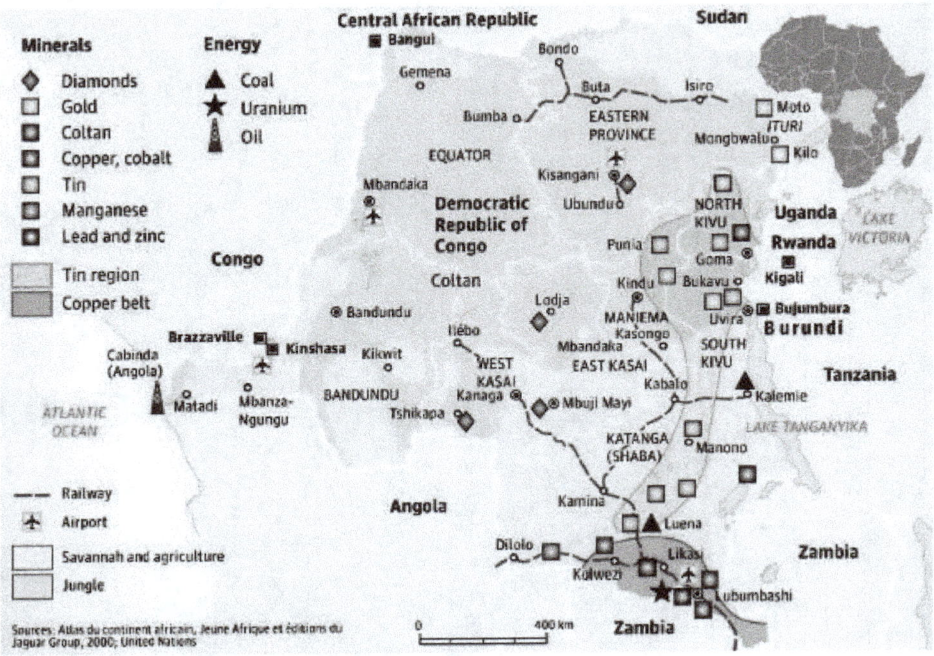

Table des matières

DEUXIÈME PARTIE
Sur les conditions d'un développement industriel durable en République Démocratique du Congo

Annexes

Structures éditoriales du groupe L'Harmattan

L'Harmattan Italie
Via degli Artisti, 15
10124 Torino
harmattan.italia@gmail.com

L'Harmattan Hongrie
Kossuth l. u. 14-16.
1053 Budapest
harmattan@harmattan.hu

L'Harmattan Sénégal
10 VDN en face Mermoz
BP 45034 Dakar-Fann
senharmattan@gmail.com

L'Harmattan Cameroun
TSINGA/FECAFOOT
BP 11486 Yaoundé
inkoukam@gmail.com

L'Harmattan Burkina Faso
Achille Somé – tengnule@hotmail.fr

L'Harmattan Guinée
Almamya, rue KA 028 OKB Agency
BP 3470 Conakry
harmattanguinee@yahoo.fr

L'Harmattan RDC
185, avenue Nyangwe
Commune de Lingwala – Kinshasa
matangilamusadila@yahoo.fr

L'Harmattan Congo
219, avenue Nelson Mandela
BP 2874 Brazzaville
harmattan.congo@yahoo.fr

L'Harmattan Mali
ACI 2000 - Immeuble Mgr Jean Marie Cisse
Bureau 10
BP 145 Bamako-Mali
mali@harmattan.fr

L'Harmattan Togo
Djidjole – Lomé
Maison Amela
face EPP BATOME
ddamela@aol.com

L'Harmattan Côte d'Ivoire
Résidence Karl – Cité des Arts
Abidjan-Cocody
03 BP 1588 Abidjan
espace_harmattan.ci@hotmail.fr

Nos librairies en France

Librairie internationale
16, rue des Écoles
75005 Paris
librairie.internationale@harmattan.fr
01 40 46 79 11
www.librairieharmattan.com

Librairie des savoirs
21, rue des Écoles
75005 Paris
librairie.sh@harmattan.fr
01 46 34 13 71
www.librairieharmattansh.com

Librairie Le Lucernaire
53, rue Notre-Dame-des-Champs
75006 Paris
librairie@lucernaire.fr
01 42 22 67 13

www.ingramcontent.com/pod-product-compliance
Lightning Source LLC
LaVergne TN
LVHW011438061026
849535LV00004BA/859